Tezhong Huowu Hangkong Yunshu

特种货物航空运输

文军　唐慧敏　主编

西南财经大学出版社

中国·成都

图书在版编目(CIP)数据

特种货物航空运输/文军,唐慧敏主编.—成都:西南财经大学出版社,
2019.3(2021.12 重印)
ISBN 978-7-5504-3867-5

Ⅰ.①特… Ⅱ.①文…②唐… Ⅲ.①航空运输—货物运输
Ⅳ.①F560.84

中国版本图书馆 CIP 数据核字(2019)第 001826 号

特种货物航空运输
文军 唐慧敏 主编

责任编辑:邓克虎
责任校对:乔雷
封面设计:张姗姗
责任印制:朱曼丽

出版发行	西南财经大学出版社(四川省成都市光华村街55号)
网　　址	http://cbs.swufe.edu.cn
电子邮件	bookcj@swufe.edu.cn
邮政编码	610074
电　　话	028-87353785
照　　排	四川胜翔数码印务设计有限公司
印　　刷	郫县犀浦印刷厂
成品尺寸	185mm×260mm
印　　张	21.5
字　　数	508 千字
版　　次	2019 年 3 月第 1 版
印　　次	2021 年 12 月第 3 次印刷
印　　数	6001— 10000 册
书　　号	ISBN 978-7-5504-3867-5
定　　价	49.80 元

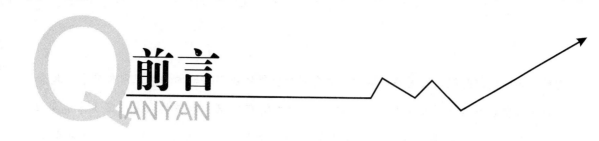

前言

随着经济全球化的不断深入与中国经济进一步融入世界经济体系，各国间的贸易往来日趋频繁，由此带动了航空货运市场的蓬勃发展，相应地，对特种货物航空运输的需求也日益旺盛，尤其对航空危险品运输的需求。近10年来，随着我国各行各业的大力发展以及人们生活水平的不断提高，空运特种货物的运输量呈指数增加，我国每年涉及的特种货物进出口种类达成千上万种，特别是2017年我国危险品运输总量达到57.6万吨，国内能够运输危险品的机场达到78个，涉及国内外航空公司83家（国内航空公司33家），涉及的从业人员达到31.3万人。

特种货物所具有的爆炸性、易腐性、贵重性以及生命性等特性，使其在航空运输过程中会因为气压、温度变化，或受震动、空间限制以及监管不善等，可能发生爆炸、自燃、毒性物质泄漏以及货物的丢失、破损甚至死亡等现象，给航空公司的运营管理、航班飞行等带来较大的经营组织困难和生产安全隐患，同时带来经济损失和产生法律纠纷。特种货物所具有的特殊性，使得特种货物运输的生产组织和运营管理都具有非常强的专业性，要求货物运输操作人员除了具有普通货物的运输组织和生产管理的知识外，还应具备特种货物航空运输的专业知识。实践表明，只要掌握特种货物的特质，妥善组织特种货物运输的各个作业环节，严格执行特种货物运输的操作规范，完全可以杜绝各种不正常运输事件的发生，保证航班的飞行安全和正常运营。

本书主要根据中国民用航空局针对飞行人员要求掌握的特种货物航空运输的知识和内容编写而成，并结合了我国航空运输中特种货物运输的实际情况，同时参阅了中国民用航空局和国际民航组织以及国际航空运输协会对特种货物航空运输的相关规则和要求，包含了特种货物航空运输过程中要求飞行人员掌握的所有知识。本书共六章，第1章、第2章、第3章、第4章由文军编写，第5章由唐慧敏编写，第6章由文军和唐慧敏共同编写。

在本书的编写过程中，得到了许多民航运输行业人士的热情指导和关心帮助，同时也参阅了不同作者编写的航空货物运输教材和文章，在此谨向他们表示诚挚的谢意！

由于编者水平有限，书中难免存在不足之处，敬请广大读者提出宝贵意见并批评指正。

编者

2018年9月于四川广汉中国民航飞行学院

目录

第 1 章　绪论

1.1　航空货运业的产生与发展

1.1.1　交通运输业的概念及分类

1.1.1.1　交通运输业的概念

交通运输业是指在国民经济发展中借助于交通运输工具，将旅客、行李、货物、邮件等运输对象发生位置移动变化的社会生产部门，其通常简称为"运输业"。交通运输业是商品经济发展的产物，是随着经济不断发展和人民生活水平不断提高产生的一种派生需求，是国民经济的重要组成部分，是国民经济发展的基础产业，是一个国家发展所必需的公共服务性行业，属于第三产业的范畴。

使旅客和货物等运输对象发生物理位移的有目的的交通运输活动就是交通运输的功能所在，通过交通运输方式实现了运输对象的空间效用。虽然交通运输不会产生任何实物形态产品，但是在社会扩大再生产过程中处于纽带地位，因此，在交通运输建设上需要具有超前的意识，为未来经济发展对交通运输能力上的需求留足发展空间，以便发挥交通运输业在国民经济发展中的先行经济作用。

根据运输对象的不同，交通运输业分为旅客运输和货物运输。旅客运输是指借助于运输工具使旅客和行李发生物理位移的有目的的社会经济活动。货物运输是指通过交通运输工具将货物和邮件发生物理位移的有目的的社会经济活动。

按照货物运输地域界限的不同，货物运输可以划分为国内货物运输和国际货物运输两大类。国内货物运输是指货物运输发生在一国境内不同地区之间的货物运输活动；国际货物运输是指货物运输发生在国家与国家、国家与地区之间的货物运输活动。

按照所运输货物类型的不同，货物运输可以划分为普通货物运输和特种货物运输。普通货物是指在收运、运输、装卸、保管以及运输文件等运输环节中没有特别要求的，不必采用特殊方式或手段就可以运送的货物。特种货物是指由于所运输的货物的特殊性质，在运输技术、生产组织和运营管理等方面有特别规定和要求的物品，主要涉及危险品、活体动物、鲜活易腐物、贵重物品、航材、公务货物以及超大超重货物等。

1.1.1.2　交通运输业的分类

交通运输业根据所使用的运输设备和运输工具的不同，可分为航空运输业、铁路运输业、公路运输业、水路运输业、管道运输业。

航空运输业是指采用飞机、气球和气艇等运输工具在空中进行的客货运输活动。铁路运输业是指采用铁路机车、铁路车辆和列车等载运工具进行的客货运输活动。公路运输业是指采用汽车、兽力车、人力车等运输工具进行的客货运输活动。水路运输业是指采用船、驳、舟、筏等运输工具在远洋、沿海、内河、内湖以及运河等水上通道进行的客货运输活动。管道运输业是指通过管道对气体、液体、浆体以及粉末状固体物质开展的运输活动。

由于每一种运输方式所处的运输环境、运输动力、运输设备和运输工具的不同，呈现出不同的特点，具体如表 1-1 所示。

表 1-1　　　　　　　　　　　　　不同运输方式的特点

运输业分类	优点	缺点
航空运输业	运输速度最快；货损货差最低；机动性强；安全舒适；适合国际远程运输。	运营成本高；能耗大；运输能力较小；技术要求严格；受气候条件影响大；不适宜短途运输。
铁路运输业	运行速度快；运输能力大；运输计划性较强；受自然气候条件影响小；运输过程安全性高；客货到发的准确性好；运输成本较低；网络的覆盖面较大。	资金投入大；灵活机动性较差。
公路运输业	机动灵活性强，可实现"门到门"的运输；集散速度较快，适合城内配送。	运输能力小；能耗和运输成本较高；货物损耗较高；劳动生产率低，不适宜对大宗长途货物的运输。
水路运输业	运输能力大；资金投入少；运营费用最低；劳动生产率高，适于大宗货物运输。	受自然条件的影响很大；运输速度慢，增加了货主的流动资金占用量；运输时间不易保证；运营班次少，可获得性差。
管道运输业	工程建设周期短，节约土地；运输量大；能耗最低；运输成本低；受自然条件影响最小。	运输对象范围有限；管道网络的建设依赖于基础设施建设。

1.1.2　航空货运的概念及特点

1.1.2.1　航空运输的概念

航空运输是指公共航空运输企业使用民用航空器将旅客、行李以及货物、邮件等进行空间位置移动的商业运输活动，包括公共航空运输企业使用民用航空器办理的免费运输。公共航空运输企业，即航空公司，是指以营利为目的，使用民用航空器运送旅客、行李、货物以及邮件等的企业法人。航空运输中的货物，根据国际航空运输协会（IATA）的定义，是飞机上运载的任何东西，包括凭航空货运单或装运记录的行李以及航空邮件，但不包括乘客机票及行李票下所携带的行李。

随着社会经济的发展和人民生活水平的提高，人类的政治、经济、文化、体育以及旅游、休闲、娱乐等社会经济服务和社会活动越来越依靠民航运输方式才得以开展与完成。民用航空发展水平不仅已经成为当今世界一个国家经济发达程度的重要标志，也是一个国家现代化程度的象征。

根据所运输对象的不同，航空运输分为航空货物运输和航空旅客运输。

1.1.2.2　航空货物运输的概念

航空货物运输是指通过航空器将货物和邮件由一地运往另一地的运输方式，同时包括城市市区与民用机场之间的地面运输活动。

相较于铁路运输、公路运输、水路运输、管道运输等现代货物运输方式，虽然航空货物运输的起步较晚，但是航空货物运输在开辟新市场、适应市场需要与变化等方面有着其他运输方式不可比拟的优越性，因此航空货物运输发展异常迅速。据测算，航空货物运输虽然只占全球贸易运输总量的1%，但其所运输的货物总价值超过了全球贸易货运总价值的35%。航空货物运输的主要特点体现在以下几方面：

（1）运输速度快捷

航空运输业诞生之日起，就以比其他运输方式速度快而著称。迄今为止，飞机仍然是最快捷的交通工具，常见的喷气式飞机的经济巡航速度可达850~950千米/小时。快捷的交通工具大大缩短了货物在运输途中的时间，降低了货物运输中的各种风险，特别适宜运输易腐烂、易变质的鲜活商品，时效性、季节性强的报刊、节令性商品，抢险救灾物品、救急医用品等公务急件货物，以及贵重物品、精密仪器等货物。

快速、高效、安全的特点与全球密集的航空运输网络，使得人们对于以前可望而不可及的鲜活商品、电子产品等货物开辟了远距离的消费市场，使消费者享有更多的利益。当今国际市场竞争日益激烈，航空运输所提供的快速高效的服务，让商品生产企业可以对瞬息万变的国内外市场行情作出敏捷的反应，迅速推出适销对路的产品占领市场，获得较好的经济效益，增强企业的市场竞争力。

（2）不受地形条件限制

航空运输利用天空这一天然通道，不受地理条件的限制，空间跨度大，航空运输与其他运输方式相比，不仅因运输速度快而有质的差别，而且因运输距离不同产生了量的差别。航空运输所完成的每吨千米的运载能力远远大于地面运输方式，因此航空运输的周转量大，节约了社会劳动消费，尤其是地面条件恶劣、交通不便的内陆地区非常适合开展航空运输，有利于当地货物资源的输出，促进当地经济的繁荣发展。

航空运输使得世界各地互通有无，对外的辐射面广，同时与公路运输和铁路运输相比，航空运输所占用的土地更少，对寸土寸金、地域狭小的地区发展对外交通是十分适宜的。

（3）破损率小，安全性高

与其他货物运输方式相比，航空货物运输的安全性较高。现代化运输机的飞行高度均在1万米左右，在此高度上，气流稳定，飞行平稳，颠簸很小，航空公司执行航班发生严重事故的风险率约为三百万分之一，其安全事故发生的概率远远低于地面运输方式。同时，航空货物运输中各部门制定了严格的运输管理制度，运输的中间环节较少，货物在途遗失、被盗的概率较低，减少了货损货差和货物运输的破损率，且世界各航空公司都十分重视服务质量和航班正点率，货物运输质量和运输时间得到了保障。此外，集装设备在航空货物运输中的大量使用，大大提高了货物运输的安全性和便利性以及经济性。

（4）节约包装、利息、保险等费用

由于航空货物运输具有迅捷、安全、准时的超高效率，使得货物在途时间缩短，资金周转速度加快，大大缩短了货物的交货期，对于物流供应链加快资金周转及循环起到了极大的促进作用，企业存货可以相应减少，这一方面有利于资金的回收，减少利息支出，另一方面可以降低企业仓储费用。同时，由于航空货物运输安全准确、货损货差少，所以航空货物运输的包装相对简化，从而减少了包装成本和保险费用，降低了企业的经营成本，增加了企业收益。

（5）适用于某些特殊商品的运输

由于航空运输距离较长，因此适用于需要中长距离运输的商品；同时，由于空运计算运费的起点比海运低，具有运送快捷、准点的特点，尤其适宜于运送小件货物、鲜活商品、季节性商品和贵重商品等物品。

任何运输方式都存在一定的局限性和缺点，航空货物运输的主要缺点有：运输费用偏高，不适合低价值货物；受运输重量和货舱体积的限制，载运量有限，限制了大件货物或大批量货物的运输；飞机飞行安全容易受恶劣气候影响；货物目的地不能离民航机场太远等。这些缺点在一定程度上限制了航空货物运输的发展。

1.1.2.3　航空货物运输的分类

根据航空货物运输发生的地域范围，分为国内航空货物运输和国际航空货物运输。

国内货物运输是指根据运输合同，货物的出发地、约定的经停地点和目的地均在一国境内的航空运输。

国际货物运输是指根据当事人订立的航空运输合同，无论运输有无间隔或有无转运，运输始发地、目的地或者约定的经停地点之一不在一国境内的货物运输。

根据航空货物运输所运输的货物对象，分为普通货物航空运输和特种货物航空运输。

普通货物是指所运输的货物是不具有特殊性质的一般货物，其在航空运输的各个环节中没有特别的要求和规定。

特种货物是指由于货物自身的特殊性在运输的整个过程中需要进行特殊处理，满足特殊运输条件的货物，针对货物的特殊性质，在航空运输的各个环节都制定了与其特殊性质相适应的操作程序和规则要求。

1.1.3　航空特种货物的定义

特种货物是指在货物运输的收运、储存、保管、运输及交付等过程中，因货物本身的性质、价值或重量等原因，需要进行特殊处理，满足特殊运输条件的货物。

（1）特种货物的种类

在航空货物运输中涉及的特种货物主要有：

- ·危险物品
- ·鲜活易腐物品
- ·急件货物
- ·活体动物

- ·禁止运输、限制运输货物
- ·枪械、弹药
- ·押运货物
- ·外交信袋

- 贵重物品
- 植物以及植物产品
- 菌种、毒种及生物制品
- 骨灰、灵柩

- 车辆
- 公务货
- 超大、超重货物
- AOG 航材

（2）特种货物运输的一般规定

国际航空运输协会（IATA）每年定期出版相关特种货物运输的手册或资料，各家经营人必须使用最新版本的特种货物运输手册或资料，用于指导特种货物的航空运输。

用于指导经营人的有关特种货物运输的各类手册包括：

IATA　*Dangerous Goods Regulations*（《危险品规则》，DGR）；

IATA　*Live Animals Regulations*（《活体动物规则》，LAR）；

IATA　*Perishable Cargo Regulations*（《鲜活易腐货物规则》，PCR）；

IATA　*Airport Handling Manual*（《机场操作手册》，AHM）；

IATA　*TACT Rules*（第 7 章国家规定和第 8 章经营人规定）。

这些手册介绍了危险品、活体动物、鲜活易腐货物及其他特种货物在收运、仓储、运输及交付过程中的规定或要求，主要涉及的内容有：

①托运人托运特种货物时，应遵守有关国家以及经营人关于特种货物运输的规定。托运的特种货物同时具有两种或者两种以上特种货物的性质时，应同时符合这几种性质特种货物的运输规定和要求。特种货物的包装应当符合特种货物包装的有关要求。托运人应当在经营人指定的地点托运特种货物。

②收运特种货物时，除应当遵守普通货物运输的规定外，还应当同时遵守与其性质相适应的特种货物运输规定。收货人应当在经营人指定的地点提取特种货物。

③特种货物发运时，应按规定的货物发运顺序发运。

④运输特种货物时，应填写"特种货物机长通知单"（Special Load Notification to Captain，简称 NOTOC），进行认真交接。

⑤装有特种货物的航班，飞机起飞后应立即按规定拍发有关电报通知到达站或中转站。

⑥特种货物运价按照 45 千克以下普通货物运价的 150% 计算。按特种货物运价计收运费的有：急件、贵重物品、动物、危险品、灵柩、骨灰、微生物制品、植物和植物产品、鲜活易腐物品、枪械、弹药、押运货物等。

1.2　国际航空运输组织简介

1.2.1　国际民用航空组织（ICAO）

国际民用航空组织（International Civil Aviation Organization，缩写为 ICAO），简称为国际民航组织，是协调世界各国在民航发展中出现的政治、经济和法律问题，并制定各种民航技术标准和航行规则的国际组织，是联合国系统中负责处理国际民航事务的专门机构。

国际民航组织正式成立于 1947 年，总部设在加拿大蒙特利尔，其主要职责是研究国际民用航空的问题，制定民用航空的国际标准和规章，鼓励使用安全措施、统一业务规章和简化国际边界手续。国际民航组织标志如图 1-1 所示。

图 1-1　国际民航组织标志

（1）成立

国际民航组织是在 1919 年《巴黎公约》成立的空中航行国际委员会（International Commission for Air Navigation，简称 ICAN）的基础上成立的。第二次世界大战极大地推动了航空器技术的发展，各行各业对航空运输的需求大增，在世界上形成了完善的航线网络，随之带来了一系列急需国际社会协商解决的民航发展中出现的政治、经济、法律和技术问题。1944 年 11 月 1 日至 12 月 7 日，52 个国家响应美国政府的号召，在芝加哥举行了国际会议，会议签署了《国际民用航空公约》（通称《芝加哥公约》），按照公约规定成立了临时国际民航组织（PICAO）。1947 年 4 月 4 日，《芝加哥公约》正式生效，标志着国际民航组织正式成立，并于 5 月 6 日召开了第一次会员大会。1947 年 5 月 13 日，国际民航组织正式成为联合国的一个专门机构。1947 年 12 月 31 日，"空中航行国际委员会"终止，并将其资产转移给"国际民用航空组织"。截至目前，国际民航组织共有 191 个成员国。

（2）宗旨和目的

根据《芝加哥公约》第 44 条规定，国际民航组织的宗旨和目的在于发展国际航行的规则和技术，促进国际航空运输的规划和发展，以便实现以下各项目标：

①确保全世界国际民用航空安全和有秩序地发展；

②鼓励作为和平用途的航空器设计和操作技术；

③鼓励发展国际民用航空应用的航路、机场和航行设施；

④满足世界人民对安全、正常、有效和经济的航空运输需求；

⑤防止因不合理的竞争而造成经济上的浪费；

⑥保证缔约各国的权利充分受到尊重，每一缔约国均有经营国际空运企业的公平机会；

⑦避免缔约各国之间的差别待遇；

⑧促进国际航行的飞行安全；

⑨促进国际民用航空在各方面的发展。

以上 9 条共涉及国际航行和国际航空运输两个方面问题。前者为技术问题，主要是安全；后者为经济和法律问题，主要是公平合理，尊重主权。两者的共同目的是保证国际民航安全、正常、有效和有序地发展。

（3）组织机构

国际民航组织结构设置由大会、理事会和秘书处三级框架组成。

①大会

大会是国际民航组织的最高权力机构，由全体成员国组成。大会由理事会召集，一般情况下每 3 年召开一次，但理事会认为必要时或经 1/5 以上成员国向秘书长提出要求，可以召开特别大会。大会决议一般以超过半数通过，参加大会的每一个成员国只有一票表决权。但在某些情况下，如《芝加哥公约》的任何修正案，则需 2/3 多数票通过。

大会的主要职能为：选举理事会成员国；审查理事会每年的预算和财务安排等各项报告；提出未来 3 年的工作计划；授权理事会必要的权力以履行职责，并可随时撤回或改变这种权力；审议关于修改公约提案；审议提交大会的其他提案；执行与国际组织签订的协议；处理其他事项等。

大会召开期间，一般分为大会、行政、技术、法律、经济 5 个委员会对各项事宜进行讨论和决定，然后交大会审议。

②理事会

理事会是向大会负责的常设机构，由大会选出的 33 个理事国组成。理事国分为三类：第一类是在航空运输领域居于特别重要地位的成员国，第二类是对提供国际航空运输的发展有突出贡献的成员国，第三类是区域代表成员国。其比例分配为 10：11：12。

理事会设主席一名。主席由理事会选举产生，任期 3 年，可连选连任。

理事会每年召开 3 次会议，每次会议会期约为两个月。理事会下设财务、技术合作、非法干扰、航行、新航行系统、运输、联营导航、爱德华奖 8 个委员会。每次理事会开会前，各委员会先分别开会，以便将文件、报告或问题提交理事会讨论。

理事会的主要职责有：执行大会决议，并向大会报告本组织及各成员国执行公约的情况；管理本组织财务；领导下属各机构工作；通过公约附件；向缔约各国通报有关情况；研究并参与国际航空运输发展和经营有关的问题，并通报成员国；对争端和违反《芝加哥公约》的行为进行裁决等。

③秘书处

秘书处是国际民航组织的常设行政机构，由秘书长负责保证国际民航组织各项工作的顺利进行，秘书长由理事会任命。秘书处下设航行局、航空运输局、法律局、技术合作局、行政服务局以及财务处、外事处。此外，秘书处还设有 1 个地区事务处和 7 个地区办事处，分设在亚洲太平洋区（曼谷）、中东区（开罗）、西非和中非区（达喀尔）、南美区（利马）、北美、中美和加勒比区（墨西哥城）、东非和南非区（内罗毕）及欧洲区（巴黎）。地区办事处直接由秘书长领导，主要任务是建立和帮助缔约各国实行国际民航组织制定的国际标准和建设措施以及地区规划。

（4）国际民航组织的成员

关于成为国际民航组织成员的资格问题，在《芝加哥公约》和国际民航组织与联合国签订的协议里做了明确的说明与规定。

①成员资格

各国加入国际民航组织，必须在通过联合国批准的基础上，加入《芝加哥公约》获得国际民航组织的成员资格。《芝加哥公约》规定，最初批准公约的 26 个国家成为国际民航组织的创始成员国。创始成员国不具备任何特权，与之后加入的成员所享有的权利和承担的义务是完全相同的。公约生效后，即开放加入，但范围仅限于联合国成员国、与联合国成员国联合的国家或在第二次世界大战中的中立国。同时，公约也准许其他国家加入，但需得到联合国的许可并经大会 4/5 的票数通过；如果该国在第二次世界大战中侵入或者攻击了其他国家，那么必须在得到受到侵入或者攻击的国家的同意后，由国际民航组织把申请书转交联合国全体大会，若大会在接到第一次申请后的第一次会议上没有提出拒绝这一申请，国际民航组织才可以按照公约规定批准该申请国加入国际民航组织。

②中止或暂停表决权

根据《芝加哥公约》的规定，任何成员国在合理的期限内，不能履行其财政上的义务或者违反了公约中关于争端和违约的相关规定时，将被中止或暂停其在大会和理事会的表决权。如果联合国大会建议拒绝一国政府参加联合国建立或与联合国发生关系的国际机构，则该国即自动丧失国际民航组织成员国的资格。但经该国申请，由理事会多数通过，并得到联合国大会批准后，可重新恢复其成员资格。

③退出公约

任何缔约国都可以在声明退出《芝加哥公约》的通知书送达之日起一年之后退出公约，同时退出国际民航组织。对于没有履行缔约国义务的成员，剥夺其成员资格。

（5）国际民航组织的主要工作

自国际民航组织成立以来，该组织的主要工作就是实现了航空运输服务安全、规范和高效的标准化，从而使国际民航许多领域的可靠性达到了一个高水平，尤其是在航空器、飞行机组和地面设施与服务方面。具体包括：

①法规（Constitutional Affairs）

修订现行国际民航法规条款并制定新的法律文书。主要工作有：敦促更多的国家加入关于不对民用航空器使用武力的《芝加哥公约》第 3 分条和在包用、租用和换用航空器时由该航空器登记国向使用国移交某些安全职责的第 83 分条（我国均已加入）。敦促更多的国家加入《国际航班过境协定》（我国尚未加入）。起草关于统一经营人赔偿责任制度的《新华沙公约》。起草关于导航卫星服务的国际法律框架。

②航行（Air Navigation）

制定并更新关于航行的国际技术标准和建议措施是国际民航组织最主要的工作，《芝加哥公约》的 18 个附件有 17 个都是涉及航行技术的。战略工作计划要求这一工作跟上国际民用航空的发展速度，保持这些标准和建议措施的适用性。

规划各地区的国际航线网络、授权有关国家对国际航行提供助航设施和空中交通与气象服务、对各国在其本国领土之内的航行设施和服务提出建议，是国际民航组织"地区规划（Regional Air Navigation Planning）"的职责，由 7 个地区办事处负责运作。由于各国越来越追求自己在国际航行中的利益，冲突和纠纷日益增多，致使国际民航组织的统一航行规划难以得到完全实施。战略工作计划要求加强地区规划机制的有效性，更好地协调各国的不同要求。

③安全监察（Safety Oversight Program）

全球民航重大事故率平均为 1.44 架次/百万架次，随着航空运输量的增长，如果这一比率不降下来，事故的绝对次数也将上升到不可接受的程度。国际民航组织从 20 世纪 90 年代初开始实施安全监察规划，主要内容为各国在志愿的基础上接受国际民航组织对其航空当局安全规章的完善以及对航空公司的运行安全水平进行评估。这一规划已在第 32 届大会上发展成为强制性的"航空安全审计计划（Safety Audit Program）"，要求所有的缔约国必须接受国际民航组织的安全评估。

安全问题不仅在航空器运行中存在，在航行领域的其他方面也存在，例如空中交通管制和机场运行等。为涵盖安全监察规划所未涉及的方面，国际民航组织近年还发起了"在航行区域寻找安全缺陷（Program for Identifying Safety Shortcomings in the Air Navigation Field）"计划。

作为航空安全的理论研究，现实施的项目有"人为因素（Human Factors）"和"防止可控飞行撞地（Prevention of Controlled Flight into Terrain）"。

④制止非法干扰（Aviation Security）

制止非法干扰即我国通称的安全保卫或空防安全。这项工作的重点为敦促各缔约国按照附件 17"安全保卫"规定的标准和建议措施，加强机场的安全保卫工作，同时大力开展国际民航组织的安全保卫培训规划。

⑤实施新航行系统（ICAO CNS/ATM Systems）

新航行系统即"国际民航组织通信、导航、监视/空中交通管制系统"，是集计算机网络技术、卫星导航和通信技术以及高速数字数据通信技术为一体的革命性导航系统，以替换陆基导航系统，大大提高了航行效率。20 世纪 80 年代末期由国际民航组织提出，概念在 90 年代初形成，现已进入了过渡实施阶段。这种新系统要达到全球普遍适用的程度，尚有许多非技术问题需要解决。战略工作计划要求攻克的难题包括：卫星导航服务（GNSS）的法律框架、运行机构，全球、各地区和各国实施进度的协调与合作、融资与成本回收等。

⑥航空运输服务管理制度（Air Transport Services Regulation）

国际民航组织在航空运输领域的重点工作为"简化手续（Facilitation）"，即"消除障碍以促进航空器及其旅客、机组、行李、货物和邮件畅通无阻地跨越国际边界"。18 个附件中唯一不涉航行技术问题的就是对简化手续制定标准的建议措施的附件 9"简化手续"。

在航空运输管理制度方面，1944 年的国际民航会议曾试图制定一个关于商业航空权的多边协定来取代大量的双边协定，但未获多数代表同意。因此，国家之间商业航空权的交换仍然由双边谈判来决定。国际民航组织在这方面的职责为，研究全球经济大环境变化对航空运输管理制度的影响，为各国提供分析报告和建议，为航空运输中的某些业务制定规范。战略工作计划要求国际民航组织开展的工作有：修订计算机订座系统运营行为规范、研究服务贸易总协定对航空运输管理制度的影响。

⑦统计（Statistics）

《芝加哥公约》第54条规定，理事会有权利收集、审议和公布民航运输的统计资料，各成员国有义务报送统计资料。这不仅对指导国际民航组织的审议工作是必要的，而且对协助各国民航当局根据现实情况制定民航发展政策也是必不可少的。统计资料内容主要包括：经营人运输量、各航段运输量、飞行始发地和目的地、经营人财务、机队和人员、机场业务和财务、航路设施业务和财务、各国注册的航空器、安全水平以及飞行员执照等。

国际民航组织的统计工作还包括经济预测和协助各国规划民航发展。

⑧技术合作

20世纪90年代以前，联合国发展规划署将联合国援助资金中的5%用于发展中国家的民航项目，委托给国际民航组织技术合作局实施。此后，该署改变援助重点，基本不给民航项目拨款。鉴于不少发展中国家引进民航新技术主要依靠外来资金，国际民航组织强调必须继续维持其技术合作机制，资金的来源，一是靠发达国家捐款，二是靠受援助国自筹资金，委托给国际民航组织技术合作局实施。鉴于国际民航组织技术合作机制效率低，目前主要选择以双边的合作方式直接对受援国实施项目。

⑨培训

国际民航组织向各国和各地区的民航训练学院提供援助，使其能向各国人员提供民航各专业领域的在职培训和国外训练。目前，国际民航组织培训方面的工作重点是加强民航课程的标准化和针对性。

（6）法律地位

①国际民航组织是国际法主体

国际民航组织的主体资格是由成员国通过《芝加哥公约》而赋予的。《芝加哥公约》第47条规定："本组织在缔约国领土内应享有为履行其职能所必需的法律能力，凡与有关国家的宪法和法律不相抵触时，都应承认其完全的法人资格。"同时，《芝加哥公约》还详尽规定了国际民航组织作为一个独立的实体在国际交往中所应享有的权利和承担的义务。应该说，它已经具备了一个国际法主体所必须具有的三个特征，即必须具有独立进行国际交往的能力、必须具有直接享有国际法赋予的权利以及必须构成国际社会中地位平等的实体。

②国际民航组织的权利能力和行为能力

• 协调国际民航关系。努力在国际民航的各领域协调各国的关系，制定统一的标准，促进国际民航健康、有序发展。

• 解决国际民航争议。国际民航组织成立以来就承担着调解人的角色，在调解各国关系上发挥着不可替代的作用。

• 缔结国际条约。国际民航组织不仅参与国际条约的制定，还以条约缔约方的身份签订国际条约。

• 特权和豁免。国际民航组织各成员国代表和该组织的官员，在每个成员国领域内，享有为达到国际民航组织的宗旨和履行职务所必需的特权和豁免。

●参与国际航空法的制定。在国际民航组织的主持下，制定了很多涉及民航各方面活动的国际公约，从《芝加哥公约》及其附件的各项修正到制止非法干扰民用航空安全的非法行为，以及国际航空私法方面的一系列国际文件。

③国际民航组织是政府间的国际组织

国际民航组织是各主权国家以自己本国政府的名义加入的官方国际组织，取得国际民航组织成员资格的法律主体是国家，代表这些国家的是其合法政府。对此，《芝加哥公约》第21章作出明确规定，排除了任何其他非政治实体和团体成为国际民航组织成员的可能，也排除了出现两个以上的政府机构代表同一国家成为国际民航组织成员的可能。

④国际民航组织是联合国的一个专门机构

1946年，联合国与国际民航组织签订了一项关于它们之间关系的协议，并于1947年5月13日生效，据此，国际民航组织成为联合国的专门机构。该类专门机构是指通过特别协定而同联合国建立法律关系或根据联合国决定创设的针对某一特定业务领域，担负着"广大国际责任"的政府间专门性国际组织。但它们并不是联合国的附属机构，而是在整个联合国体系中享有自主地位。协调一致，是国际民航组织与联合国相互关系的一项重要原则。联合国承认国际民航组织在其职权范围内的职能，国际民航组织承认联合国有权提出建议并协调其活动，同时定期向联合国提出工作报告，相互派代表出席彼此的会议，但无表决权。

（7）国际民航组织在中国

1971年11月19日，国际民航组织第74届理事会第16次会议通过决议，承认中华人民共和国政府的代表为中国驻国际民航组织的唯一合法代表。1974年2月15日，我国政府致函国际民航组织，承认《芝加哥公约》并从即日起参加国际民航组织的活动。1974年9月24日至10月15日，中国代表团出席了国际民航组织第21届会议并当选为第二类理事国。同年12月，中国政府派出了常驻国际民航组织理事会的代表，又于2004年正式成为一类理事国并连任至今。目前，在蒙特利尔设有中国驻国际民航组织理事会代表处。

1.2.2 国际航空运输协会（IATA）

（1）国际航空运输协会简介

国际航空运输协会（International Air Transport Association，IATA），简称"国际航协"，是一个由世界各国航空公司所组成的非营利、非政府的大型国际组织，会员必须是国际民用航空组织的成员国颁发的具有定期航班运输许可证的航空公司，其前身是1919年在海牙成立并在第二次世界大战时解体的由6家航空公司组成的国际航空业务协会（International Air Traffic Association）。1944年12月，出席芝加哥国际民航会议的一些政府代表和顾问以及空运企业的代表聚会，商定成立一个委员会为新的航空公司组织起草章程。1945年4月16日，在哈瓦那会议上修改并通过了草案章程，58家航空公司签署了文件，IATA成立；同年12月18日，加拿大议会通过特别法令，同意赋予其法人地位。IATA总部设在加拿大蒙特利尔，执行总部设在瑞士日内瓦。国际航空运输协会标志如图1-2所示。

图 1-2　国际航空运输协会标志

截至 2018 年 10 月底，有 290 家航空公司成为国际航空运输协会的会员，占据了现有国际航空运输总量 82% 的市场份额。其总部设在加拿大蒙特利尔，在全球有 7 个地区办事处：比利时的布鲁塞尔（负责欧洲事务）、智利的圣地亚哥（负责拉丁美洲事务）、约旦的安曼（负责中东事务）、肯尼亚的内罗毕（负责非洲事务）、中国的北京和新加坡（负责亚洲事务）、美国的华盛顿（负责美国事务）。

与由国家政府加入的国际民航组织相比，国际航空运输协会是一个由经营人（航空公司）组成的国际协调组织，管理在民航运输中出现的诸如票价、危险品运输、活体动物以及鲜活易腐物品等问题。国际航协的目标是调解有关商业飞行上的一些法律问题，简化和加速国际航线的客货运输，促进国际航空运输的安全和世界范围内航空运输事业的发展。

（2）国际航协的宗旨和目的

①为世界人民的利益，促进航空运输安全、准时和经济的发展，扶持航空商业并研究与之相关的问题。

②为直接或间接从事国际航空运输服务的各航空运输企业提供协作的途径。

③为开展与国际民航组织、其他国际组织和地区航空公司协会的合作提供便利。

（3）国际航协的会员管理

国际航协的会员向所有经营定期和不定期航班的航空公司开放，并要求通过国际航协运营安全审计（IOSA，IATA Operational Safety Audit）。

国际航空运输协会的会员分为正式会员和准会员两类。国际航空运输协会向获得符合国际民航组织成员国身份的政府所颁发执照的任何提供定期航班的经营性航空公司开放。国际航空运输协会正式会员向直接从事国际经营的航空公司开放，而国际航空运输协会准会员只向国内航空公司开放。

①加入条件

申请加入 IATA 的正式会员，必须符合下列条件：批准其申请加入 IATA 的政府是国际民航组织成员国；在两个或两个以上国家间从事航空运输服务的航空公司。

国际航协的执委会负责审议航空公司的申请并有权决定接纳航空公司成为正式会员或准会员。

②会员权利的限制

为防止国际航协会员拖欠会费，章程明文规定，如果一个会员在 180 天之内未缴纳会费、罚金或其他财政义务，也没有能够在此期限内作出履行此类义务的安排，则该会员的权利将受到限制，不再拥有表决权，其代表也不可以成为 IATA 任何机构的成员，但是其会员资格并未终止，仍然享有根据协会章程所应享有的其他权利和义务。

③会员终止

任何会员可以自行通知 IATA 理事长退出该组织，并自通知发出之日起 30 天生效。如果会员违反了 IATA 的有关章程或规定，或者航空公司所代表的国家被国际民航组织除名，或者会员宣告破产，执行委员会可以取消其会员资格。

（4）国际航协组织结构

国际航协的最高权力机构为全体会议，另设有分管法律、运输、财务和技术 4 个专门委员会。

①全体会议

全体会议是 IATA 的最高权力机构，每年举行一次会议，经执行委员会召集，也可随时召开特别会议。所有正式会员在决议中都拥有平等的一票表决权，如果不能参加，也可授权另一正式会员代表其出席会议并表决。全体会议的决定以多数票通过。在全体会议上，审议的问题只限于涉及国际航协本身的重大问题，如选举协会主席、执行委员会委员、成立有关委员会以及审议本组织的财政问题等。

②执行委员会

执行委员会是全会的代表机构，对外全权代表国际航协。执行委员会成员必须是正式会员的代表，由年会选出的空运企业高级人员组成，执行委员会委员任期 3 年，每年改选 1/3 的委员。执行委员会的职责包括管理协会的财产、设置分支机构、制定协会的政策等。执行委员会的理事长是协会的最高行政和执行官员，在执行委员会的监督和授权下行使职责并对执行委员会负责。在一般情况下，执行委员会会议应在年会即全体会议之前召开，其他会议时间由执行委员会规定。执行委员会下设秘书长、专门委员会和内部办事机构，维持协会的日常工作。目前执行委员会有 30 名执行委员。

③专门委员会

协会专门委员会分为运输、财务、法律和技术委员会，秘书处是办事机构。各委员会由专家、区域代表及其他人员组成并报执行委员会和大会批准。目前运输委员会有 30 名成员，财务委员会有 25 名成员，技术委员会有 30 名成员，法律委员会有 30 名成员。在新加坡、日内瓦、贝鲁特、布宜诺斯艾利斯、华盛顿设地区运输业务服务处；在曼谷、日内瓦、伦敦、内罗毕、里约热内卢和达喀尔设地区技术办事处；在日内瓦设清算所，为各会员公司做统一财务结算。

④分支机构

IATA 总部设在加拿大蒙特利尔，但主要机构还设在日内瓦、伦敦和新加坡。IATA 还在安曼、雅典、曼谷、达卡、香港、雅加达、吉达、吉隆坡、迈阿密、内罗毕、纽约、波多黎各、里约热内卢、圣地亚哥、华沙和华盛顿设有地区办事处。

（5）主要职责和工作

协会的主要工作是统一国际航空运输的规则和承运条件，办理业务代理及空运企业间的财务结算，协调运价和班期时刻，促进技术合作，参与机场活动，进行航空法律工作和人员培训等。具体活动分为三类：

①同业活动

代表会员进行会外活动，向具有权威的国际组织和国家当局申述意见，以维护会员的利益。

②协调活动

监督世界性的销售代理系统，建立经营标准和程序，协调国际航空客货运价。

● 运价协调

国际航协通过召开运输会议确定运价，经有关国家批准后即可生效。第二次世界大战以后，确立了通过双边航空运输协议经营国际航空运输业务的框架。在此框架内，由哪一家航空公司经营哪一条航线以及运量的大小，由政府通过谈判确定，同时，在旅客票价和货物运费方面也采用一致的标准，而这个标准的运价规则是由 IATA 制定的。如有争议，有关国家政府有最后决定的权力。

● 运输服务

国际航协制定了一整套完整的标准和措施，以便在客票、货运单和其他有关凭证以及对旅客、行李和货物的管理方面建立统一的程序，即"运输服务"，主要包括旅客、货运、机场服务三个方面，同时包括多边联运协议。

● 代理人事务

国际航协在 1952 年制定了代理标准协议，为航空公司与代理人之间的关系设置了模式。协会定期举行一系列培训代理人的课程，为航空销售业培养合格的代理人员。协会近年来随自动化技术的应用发展制定了适用客、货销售的航空公司与代理人结算的"开账与结算系统"和"货运账目结算系统"。

● 法律

国际航协的法律工作主要表现在：为世界航空的平稳运作而规定运输文件和运输程序的标准；为会员提供民用航空法律方面的咨询和诉讼服务；在国际航空立法中，表达航空运输经营人的观点。

● 技术

国际航协对《芝加哥公约》附件的制定起到了重要的作用，目前在技术领域仍然进行着大量的工作，主要包括航空电子和电信、工程环境、机场服务、航行技术、航空医学、简化手续以及航空保安等。

③行业服务活动

国际航协为航空公司和代理人提供了专业出版物、财务金融、市场调研、国际会议、培训服务等服务项目。如帮助发展中国家航空公司培训高级和专业的航空技术人员；出版物为《IATA 评论》（季刊，英文版）。

（6）IATA 在中国

目前，中国（不含港澳台地区）共有 24 家航空公司成为国际航协的会员，是全世界拥有会员最多的国家。1993 年 8 月，中国国际航空公司、中国东方航空公司和中国南方航空公司加入，1994 年 4 月 15 日，该协会在北京设立了中国代理人事务办事处。1995 年 7 月 21 日，中国国际旅行社总社正式加入该组织，成为该协会在中国（不含港澳台地区）

的首家代理人会员。中国国际旅行社总社取得该组织指定代理人资格后，中国国际旅行社便有权使用 IATA 代理人的专用标志，可取得世界各大航空公司的代理权，使用 IATA 的统一结算系统，机票也同世界通用的中性客票相同。

1.2.3 国际货运代理协会联合会（FIATA）

（1）成立

国际货运代理协会联合会（International Federation of Freight Forwarders Associations，FIATA），中文简称"菲亚塔"。FIATA 根据《瑞士民法典》（ZGB）第 60 条的规定，由 16 个国家的货运代理协会于 1926 年 5 月 31 日在奥地利维也纳成立，首任主席是哥本哈根的 P. Lenman 先生，总部设在瑞士苏黎世，是一个非营利性的国际货运代理行业组织，并分别在亚太（Asia/Pacific）、欧洲（Europe）、美洲（Americas）、非洲和中东（Africa/Middle East）4 个区域设立了地区办事处，任命有地区主席。其中亚洲和太平洋地区秘书处设在印度孟买。国际货运代理协会联合会标志如图 1-3 所示。

图 1-3 国际货运代理协会联合会标志

（2）宗旨和目的

FIATA 创立的宗旨是保障和提高国际货运代理在全球的利益并促进行业的发展。工作目标是团结全世界的货运代理行业，以顾问或专家身份参加国际性组织，处理货物运输业务，代表、促进和保护货物运输业的利益；通过发布信息、分发出版物等方式，为贸易界、工业界和货运代理人提供服务；制定和推广统一货运代理单据、标准交易条件，改进和提高货运代理的服务质量，协助货运代理人进行职业培训，处理责任保险问题，提供电子商务服务等。

（3）会员分类

FIATA 的会员分为 4 类：一般会员、团体会员、联系会员、名誉会员。目前，有 86 个国家和地区的 96 个一般会员，在 150 多个国家和地区有 2 700 多家联系会员，代表 4 万多家货运代理企业、近 1 000 万从业人员。

①一般会员

代表某个国家全部或部分货运代理行业的组织和在某个国家或地区独立注册的唯一国际货运代理公司可以申请成为 FIATA 的一般会员。一般会员加入和退出协会，由主席团提出议案，会员代表大会作出决定，且决定是最终决定，不能更改。每个一般会员都拥有提出议案权、选决权和任命权三项基本权利，并有权在本国领域内使用 FIATA 标志，根据 FIATA 的指示在其控制的会员范围内公布 FIATA 的文件。如果某个国家或地区尚未建立货运代理协会，会员代表大会也可以根据主席团的建议破例决定在该国家或地区独立注册的唯一国际货运代理公司具有一般会员的地位。例如，在中国国际货运代理协会联合会成立以前，中国对外贸易运输总公司曾于 1985 年以一般会员的身份加入了 FIATA。

②团体会员

代表某些国家货运代理行业的国际性组织、代表与 FIATA 相同或相似利益的国际性货运代理集团，其会员在货运代理行业的某一领域比较专业的国际性协会，可以申请成为 FIATA 的团体会员。如果代表某些国家货运代理行业的国际性组织的所有成员都是一般会员，则该组织在 FIATA 享有一般会员资格。团体会员加入和退出协会，由主席团提出议案，会员代表大会作出决定，且决定是最终决定。每个团体会员均可通过其代表行使投票选举权。

③联系会员

货运代理企业或与货运代理行业密切相关的法人实体，经其所在国的一般会员书面同意，可以申请成为 FIATA 的联系会员。会员加入和退出协会，由主席团决定，且其决定是最终决定。联系会员没有提出动议或参加投票、选举的权利。

④名誉会员

对 FIATA 或货运代理行业作出特殊贡献的人，可以成为 FIATA 的名誉会员。名誉会员资格的批准和取消，由主席团提出议案，会员代表大会作出决定。名誉会员没有提出动议或参加投票、选举的权利。

FIATA 会员资格自协会发出书面批准通知，收到其缴纳的会费、摊派费开始。不能按时履行缴费义务的会员，将被协会秘书处书面通知中止会员资格。待缴纳所有欠款以后，再恢复会员资格。

（4）组织机构

国际货运代理协会联合会的最高权力机构是会员代表大会，下设主席团和扩大主席团。主席团对外代表 FIATA，对内负责 FIATA 的管理。

会员代表大会下设主席团，根据 FIATA 章程和会员代表大会决议完成有关工作。其中，代表权通常由主席团的两名成员共同行使。主席团由主席、上届主席、三位副主席、秘书长、司库组成，任期两年，每年至少召开两次会议，以多数票通过决议。在赞成票和反对票相当的情况下，主席拥有最终决定权。

扩大主席团由主席团成员、各研究机构主席、常设委员会负责人和会员代表大会从一般会员和团体会员推荐的候选人中选举的 12 名副主席组成，任期两年，可以连选连任。主席团扩大会议每年至少召开两次，由主席或从扩大会议成员中选举产生扩大主席团主持，以多数票通过决议。在赞成票和反对票相当的情况下，主席拥有最终决定权。扩大主席团会议的主要职责是向主席团提出建议；在专业领域和地区事务中向秘书处提供支持；接受年度报告；确定各研究机构和常设委员会的工作计划；协调各研究机构和常设委员会的工作；组织研究机构和常设委员会的共同工作；指定某些会员参与不同地区的相关活动，保护地区利益；指定某些会员在不同的国际组织中代表 FIATA，并提供相关报告。

为了研究国际货物运输的动向，FIATA 下设了若干研究机构、常设委员会和临时工作组。目前，FIATA 设有航空货运、海关事务、多式联运三个研究机构，危险货物咨询委员会、信息技术咨询委员会、法律事务咨询委员会、公共关系咨询委员会、职业培训咨询委员会五个常设委员会。每个研究机构还根据研究的题目分别成立了若干常设工作组，其中，航空货运研究机构下设国际航空运输协会事务工作组，海关事务研究机构下设进口税工作组和海关简化工作组，多式联运研究机构下设海上运输工作组、铁路运输工作组和公路运输工作组。

除了第二次世界大战期间 FIATA 曾经被迫中断了活动外，国际货运代理协会联合会自从成立以来一直比较活跃，不仅起草了提供各国立法时参考的《国际货运代理业示范法》，推荐各国货运代理企业采用的《国际货运代理标准交易条件》，还制定了 FIATA 运送指示、FIATA 货运代理运输凭证、FIATA 货运代理收货凭证、FIATA 托运人危险品运输证明、FIATA 仓库收据、FIATA 不可转让联运提单、FIATA 可转让联运提单、FIATA 发货人联运重量证明八种货运代理单证格式，培训了数万名学员，取得了举世瞩目的成就，被誉为"运输业的建筑师"。作为世界运输领域最大的非政府间国际组织，国际货运代理协会联合会被联合国及许多政府组织、权威机构和非政府的国际组织，如国际商会、国际航空运输协会、国际铁路联合会、国际公路运输联合会、世界海关组织等认为是国际货运代理行业的代表，并在联合国经济及社会理事会、联合国贸易与发展大会、联合国欧洲经济委员会、联合国亚洲及太平洋经济和社会理事会、联合国国际贸易法委员会中拥有咨询顾问的地位。

FIATA 每年举行一次世界性的代表大会，即 FIATA 年会。大会通过 FIATA 上年度的工作报告和财务预算，并对一年内世界货运代理业所发生的重大事件进行回顾，探讨影响行业发展的紧迫问题，通过主要的法规和条例，促进世界贸易和货运代理业健康发展。

（5）FIATA 在中国

我国对外贸易运输总公司以国家级会员的身份，于 1985 年加入 FIATA。1992 年，上海货运代理协会成立，这是我国第一个货运代理企业自发组成的民间团体，2000 年 9 月 6 日，中国国际货运代理协会（China International Freight Forwarders Association，CIFA）在北京成立，次年作为国家级会员加入 FIATA，并于 2003 年申办成功在中国上海举办 2006 年 FIATA 年会（2006 FIATA World Congress Shanghai China）。CIFA 的业务指导部门是商务部，目前有会员单位 600 多家，其中包括 22 家省级地方货运代理协会作为团体会员。

中国货运代理协会是全国性、自愿的、非营利的民间行业协会组织，是国际货运代理行业的全国性组织，也是联系政府与会员之间的纽带和桥梁，其最高权力机构是会员代表大会，每 4 年召开一次。其宗旨是：协助政府部门加强对我国国际货运代理行业的管理；维护国际货运代理行业的经营秩序；推动会员企业间的横向交流与合作；依法维护本行业利益；保护会员企业的合法权益；促进对外贸易和国际货运代理行业的发展。

1.3 集装器简介

1.3.1 集装化运输的概念

集装化运输是指在航空货物运输中，将同一流向一定数量的货物、邮件、行李，在满足航空货物装卸条件下，整合装入集装箱或装在带有网套的集装板上，作为一个运输单元运往目的地机场的货物运输方式。

在大型宽体飞机没有出现之前，货物、邮件及托运行李一直都以散货的形式装在客机腹舱或小型货机上运输。20世纪60年代中期大型货机DC-8和B707等机型的出现，使得航空器集装运输货物成为可能，为了提高航空货物运输的生产运营效率和降低货损货差，大量的货物装入集装器进行航空运输，这就是航空货物运输的集装化运输。

集装器（United Load Device，简称ULD）分为集装箱和集装板。集装器可以认为是飞机结构中的部件，只是具有移动性。为了保障航空货物运输的安全，要求集装器任何时候都要处于良好的工作状态中。

1.3.2 集装化运输的特点

集装化运输在航空货物运输中的大量使用，极大地促进了航空货物运输的发展。货物航空集装化运输的特点主要体现在：

（1）缩短了航空货物装运的时间，提高了航空货物运输的工作效率。

（2）减少了飞机的地面等待时间，提高飞机的利用率。

（3）降低了货物周转次数，提高了航空货物的完好率。

（4）减少了货物的差错事故，提升了客服满意度。

（5）节省了货物运输的包装材料和费用。

（6）有利于开展联合运输和实现门到门的服务。

1.3.3 集装器的种类

集装器是指在航空货物运输中用于运输散货的专用设备，主要有集装板以及带有网套的集装板、结构以及非结构集装棚和集装箱，其中有些集装器可用于多式联运，有些仅仅用于航空货物运输。

（1）根据集装器的适航审定划分

①适航审定的飞机集装器

适航审定的飞机集装器是指满足航空器适航审定要求的集装器，该集装器不会对飞行安全产生任何影响，是由所在国政府有关部门授权集装器厂家生产的。适航审定的飞机集装器被认为是飞机上的移动货舱，适宜于飞机安全载运，在整个航空运输使用过程中不会对航空器的内部结构造成损害。

②非适航审定的飞机集装器

非适航审定的飞机集装器是指未经有关部门授权生产的，没有取得适航认证的集装器。非适航审定的集装器不能看作飞机的一部分。因为它与飞机不匹配，一般不允许装入飞机的主货舱，它仅适合于某些特定机型的特定货舱，但禁止装在货机、宽体客机、客货混装飞机的主舱。当允许将此类集装器装入某些飞机的下货舱时，用于装载此集装器的货舱的顶部及舱壁必须加固以限制集装器和货物。

适航审定的集装箱与非适航审定的集装箱如图1-4所示。

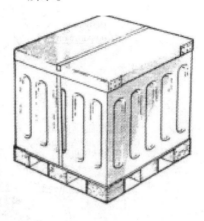

图1-4（a）　适航审定的下货舱半尺寸集装箱　　图1-4（b）　非适航审定的集装箱

图1-4　适航审定的下货舱半尺寸集装箱与非适航审定的集装箱

（2）根据集装器的结构划分

①部件组合式集装器

部件组合式集装器是指航空货物运输中的集装板，主要有两种形式。

第一种是飞机集装板加网套。这种集装板是标准尺寸的，集装板四周带有卡锁轨或网带卡锁眼，底板由硬铝合金材料制成，中间是夹层的，以便承受货物的一定重量；网套用于将货物固定在集装板上，用专门的卡锁装置将网套固定。识别代码字母"P"用于表示集装板，这种集装板通常都用于装规则形状的物体。

第二种是飞机集装板加网套再加一个非结构性的集装棚。这种集装板在板和网的基础上增加了一个非结构的棚罩，这个棚罩是由轻金属材料制成的，罩在货物和网套之间。这种集装板主要用于散货的装配。

②整体结构式集装器

整体结构式集装器是指航空货物运输中的集装箱或者集装板，主要有两种形式。

第一种是底舱货物集装箱，它只能在宽体客机下部集装货舱内使用，分为全型和半型两种，其高度不得超过163cm。

第二种是主舱货物集装箱，只能在货机或客货机的主货舱内使用，其高度在163cm以上。

图1-5（a）是部件组合式集装器，图1-5（b）是整体结构式集装器。

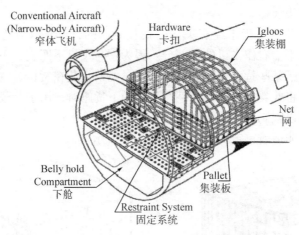

图 1-5 （a）部件组合式集装器

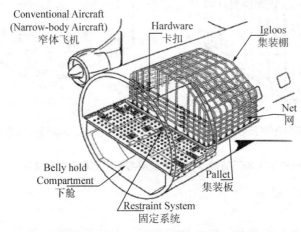

图 1-5 （b）整体结构式集装器

图 1-5 集装器在飞机中的结构图

（3）根据集装器的种类划分

①集装板

集装板是用于装载货物的一种集装设备，考虑不同飞机机型的要求制造的具有一定承载能力的平板。考虑所载货物的航班机型和舱门尺寸，在地面提前将货物集合装载在集装板上，同时用网套或集装棚将货物固定，然后装入与其匹配的货舱内，并在货舱内用固定系统将货物锁定，以此提高航空货物运输的装卸效率。

常用的集装板见表 1-2。

表 1-2   常用的集装板

PAG 集装板	类型	PA
	规格尺寸	318cm×224cm
	净重	120kg
	最大毛重	6 033kg
	适用机型	B747、B747F、B767、B777、A330、A340 等机型下货舱；B747F、B747Combi 主货舱、下货舱
PRA 集装板	类型	PR
	规格尺寸	498cm×244cm
	净重	400kg
	最大毛重	11 340kg
	适用机型	B747F、B747Combi 主货舱
PMC 集装板	类型	PM
	规格尺寸	318cm×244cm
	净重	135kg
	最大毛重	6 804kg
	适用机型	B747、B747F、B767、B777，A330、A340 等机型下货舱；B747F、B747Combi 主货舱、下货舱

表 1-2（续）

PGA 集装板	类型	PG
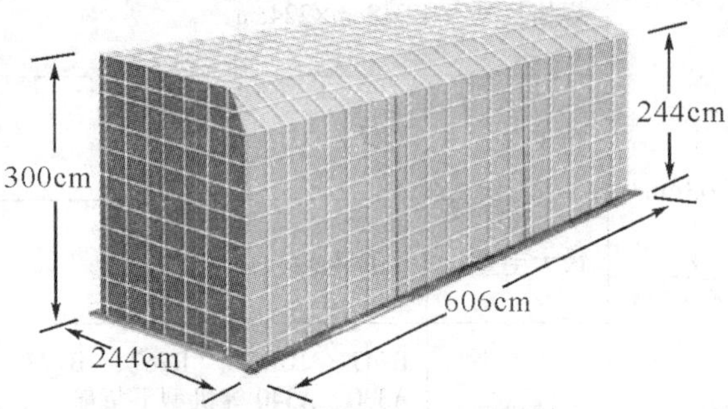	规格尺寸	606cm×244cm
	净重	500kg
	最大毛重	13 608kg
	适用机型	B747F、B747Combi 主货舱
FQA 集装板	类型	P8
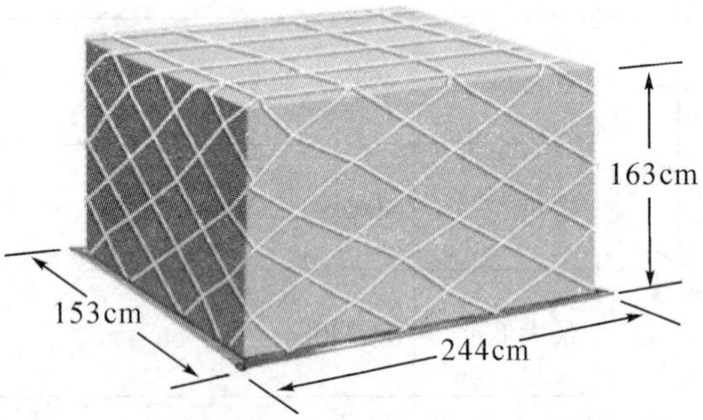	规格尺寸	244cm×153cm
	净重	60kg
	最大毛重	2 449kg
	适用机型	B767 下货舱
PLA，PLB，FLA 集装板	类型	PL
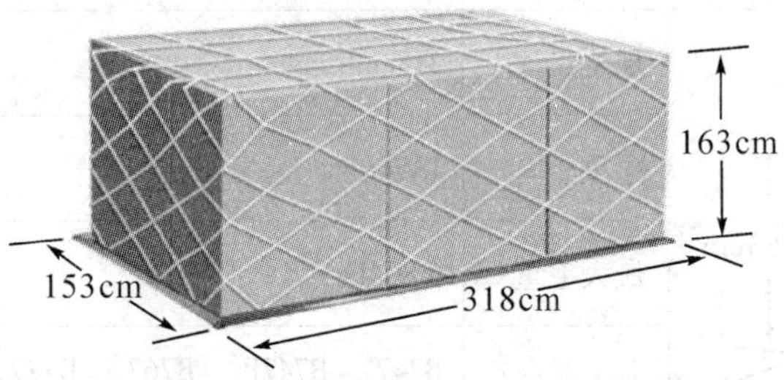	规格尺寸	318cm×153cm
	净重	68kg
	最大毛重	3 175kg
	适用机型	B747、 B747F、 B747Combi、B777、A330、A340 等机型下货舱

常用集装板底板的厚度通常都不大于 1in（1in＝2.54cm），集装板四周带有挂网的网槽，网套是用绳子编成为菱形或方形的网眼，如图 1-6 所示。

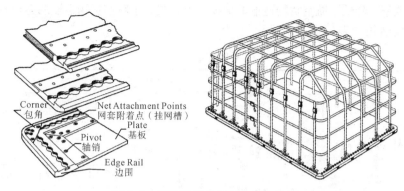

图 1-6 集装板平台与组合的集装板

②集装棚

集装棚分为非结构性的集装棚和结构性的集装棚。

非结构性的集装棚是在集装板上面加装了具有一定硬度外壳的集装设备，该外壳是由玻璃纤维、金属及其他合适的材料制成的，为了便于装载货物，集装棚的前面是敞开的，集装棚的外在构型与其适合的机型外形轮廓相适应，刚好罩住整个集装板，但是在整个航空货物运输过程中需要用网套对货物进行固定。非结构性的集装棚如图 1-7 所示。

结构性的集装棚是指由玻璃纤维、金属及其他合适的材料制成的坚硬外壳与集装板一起构成一个整体的集装设备，其在航空货物运输过程中并不需要用网套对货物进行固定。结构性集装棚构型如图 1-8 所示。

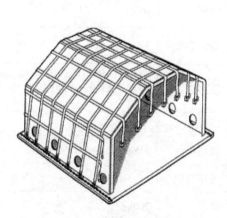

图 1-7 非结构性的集装棚

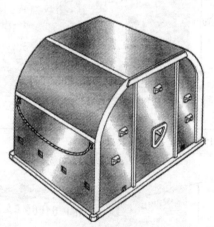

图 1-8 结构性的集装棚

③集装箱

集装箱是指便于货物运输周转使用的航空货物运输设备。考虑航空运输各个环节和环境的影响，集装箱不仅需要具有一定强度和刚度，同时还需要考虑与装载的航空器构型相匹配。当货物使用集装箱运输时，货物在始发机场仓库直接装入集装箱，到达目的地机场仓库直接卸货，中途转机时无须将货物从箱内取出换装。集装箱运输的大量使用大大提高了航空货物运输的效率，降低了航空货物运输的货损货差，提升了航空货物运输的客户满意度。

常用的集装箱如表 1-3 所示。

表 1-3　　　　　　　　　常用的集装箱

AKE 集装箱		IATA 代码	LD3
		规格尺寸	156cm×154cm×163cm
		可用容积	4.3m³
		净重	73kg［布门］/100kg［金属门］
		最大毛重	1 588kg
		适用机型	B747、B747F、B747Combi、B767、B777、A330、A340 等机型下货舱
ALF 集装箱		IATA 代码	LD6
		规格尺寸	318cm×153cm×163cm
		可用容积	8.9m³
		净重	160kg
		最大毛重	3 175kg
		适用机型	B747、B747F、B747Combi、B777、A330、A340 等机型下货舱
AMP 集装箱		IATA 代码	AM
		规格尺寸	318cm×244cm×163cm
		可用容积	11.5m³
		净重	200kg
		最大毛重	6 804kg
		适用机型	B747、B747F、B747Combi、B767、B777，A330、A340 等机型下货舱；B747F、B747Combi 主货舱

表 1-3（续）

AMA 集装箱	IATA 代码	AMA
	规格尺寸	318cm×244cm×244cm
	可用容积	17.5m^3
	净重	379kg
	最大毛重	6 804kg
	适用机型	B747F、B747Combi 主货舱
DPE 集装箱	IATA 代码	LD2
	规格尺寸	119cm×153cm×163cm
	可用容积	3.4m^3
	净重	100kg
	最大毛重	1 225kg
	适用机型	B767 下货舱；B747、B777 下货舱有条件装载
DQF 集装箱	IATA 代码	LD8
	规格尺寸	244cm×153cm×163cm
	可用容积	7.2m^3
	净重	125kg
	最大毛重	2 449kg
	适用机型	B767 下货舱

表 1-3（续）

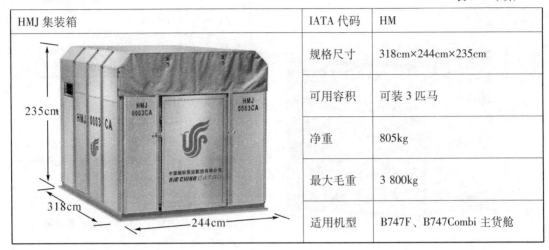

HMJ 集装箱	IATA 代码	HM
	规格尺寸	318cm×244cm×235cm
	可用容积	可装 3 匹马
	净重	805kg
	最大毛重	3 800kg
	适用机型	B747F、B747Combi 主货舱

1.3.4 集装器的识别

根据国际航空运输协会（IATA）规定，每一个集装器都必须通过注册，集装器所有权归经营人拥有。代理人可以租赁经营人的集装器使用，需要向经营人缴纳一定的集装器使用费。为了便于对集装器进行管理和使用，每一个集装器都有自己的固定编号，例如 AKE24170CA。集装器被视为飞机可装卸的零部件，每一种机型都有与其相匹配的集装器，因此，在集装器使用和保管时经营人及其代理人应注意保护和回收。

（1）集装器的识别代码

集装器的识别代码是由国际航空运输协会（IATA）规定的，用于标识集装器的类型、规格和所属人的代码。在货物装卸、地面操作、信息传递、货物控制、市场营销和财务结算等货物运输工作环节中，都需要根据集装器的识别代码开展工作。

按照国际航空运输协会（IATA）的规定，集装器的识别代码由三个部分组成。

第一部分：三个字母标识集装器的"类型代码（Type Code）"，按序分别表示集装器的类型、底板尺寸、外形或适配性。详情可查阅《IATA 集装器技术手册》（*IATA ULD Technical Manual*）。

第二部分：集装器的具体编号。自 1996 年 10 月起，全部使用 5 位数字表示，此前用 4 位数字表示。

第三部分：用两个字符标识集装器所有人或注册人。

例如 AKE24170CA 各项的含义说明如表 1-4 所示。

表 1-4 集装器识别代码的组成

第一部分			第二部分	第三部分
集装器三字代码			集装器编号	集装器所有人或注册人
A	K	E	24170	CA

集装器的外形或适配性

集装器的底板尺寸

集装器的类型代码

（2）集装器的类型代码

由于不同货物在航空运输中对集装器的需求是不一样的，为了便于对集装器的管理，IATA 对不同集装器赋予了不同的代码，具体如表 1-5 所示。

表 1-5 集装器类型代码

字母代码	集装器种类	
	英文	中文
A+	Certified Aircraft Container	适航审定的集装箱
D+	Non-Certified Aircraft Container	非适航审定的集装箱
P	Certified Aircraft Pallet	适航审定的集装板
F	Non-Certified Aircraft Pallet	非适航审定的集装板
N	Certified Aircraft Pallet Net	适航审定的集装板网套
G	Non-Certified Aircraft Pallet	非适航审定的集装板网套
R	Themal Certified Aircraft Container	适航审定的保温集装箱
M	Themal Non-structural Aircraft Container	非适航审定的保温集装箱
J	Themal Non-structural Container	非结构保温集装箱
U+	Non-structural Igloo	非结构集装箱

注："+"表示此类集装器不包括保温集装器（非固定门的其他封闭方式）。

（3）集装器的底板尺寸

集装器底板尺寸如表 1-6 所示。

表 1-6 集装器底板尺寸

字母代码	集装器底板尺寸	
	公制（cm）	英制（in）
A	224×318	88×125

表1-6(续)

字母代码	集装器底板尺寸	
	公制（cm）	英制（in）
B	224×274	88×108
E	224×135	88×53
F	244×299	96×117　3/4
G	244×606	96×238　1/2
H	244×914	96×359　1/4
J	244×1 221	96×480
K	153×156	60×62
L	153×318	60×125
M	244×318	96×125
N+	156×244	62×96
P+	120×153	47×60
Q+	153×244	60×96

（4）集装器外形与适用机型

集装器外形与适用机型如表1-7所示。

表1-7　　　　　　　　　　　　　　集装器外形与适用机型

类型	外形特征	适用机型
AVE	LD3 普通集装箱	宽体飞机下货舱
AKE	LD3 普通集装箱	宽体飞机下货舱
DPE	LD2 普通集装箱	限 B767 下货舱
RKN	LD3 冷藏集装箱	宽体飞机下货舱
RAK	LD7 进口冷藏箱	宽体飞机上/下货舱
AAP	LD7 集装箱	宽体飞机上/下货舱
DQF	B767 双体集装箱	限 B767 下货舱
AMA	244cm 高集装箱	宽体飞机上货舱
ALF	双体集装箱	宽体飞机下货舱（B767 禁用）
HMJ	马匹运输专用箱	B747、MD-11 主货舱
PAP/PlP	标准集装板	宽体飞机上/下货舱
PMC/P6P	加强型集装板	宽体飞机上/下货舱
PMW	边框加强型翼板	宽体飞机上/下货舱
PLA	普通集装板	宽体飞机下货舱（B767 禁用）

表1-7（续）

类型	外形特征	适用机型
PLB	高强度集装板	宽体飞机下货舱（B767禁用）
FQA	普通集装板	限B767下货舱使用
FQW	边框加强型翼板	限B767下货舱使用
PGE/P7E	20ft集装板	B747主货舱
PRA	16ft集装板	B747主货舱

1.3.5 常见飞机集装器装载情况

知道不同机型所能装载集装板箱的类型和数量，对于提高航空货物运输的效率有着非常重要的意义，表1-8列出了常见的几种机型集装器装载说明，图1-9给出了B747F飞机全货的情况下集装器装载示意图。

表1-8　　　　　　　　　　　　　　　　常见机型集装器装载说明

机型	舱门尺寸/cm（高×宽）	最大装载量（散舱容积）	动物舱位
B747-400 GOMBI	主货舱（305×340）	7块P6P集装板或5块20ft板	可以
	前下货舱（168×264）	5块P1P板/P6P集装板	
	后下货舱（168×264）	16个AVE箱或4块P6P板或4块P1P板加4个AVE箱	
	散装舱（119×112）	12.3m^3（4 408kg）	
B767-300	前货舱（175×340）	4块P1P板/P6P集装板	可以（无气味）
	后货舱（175×187）	14个DPE箱或7块PLA板	
	散装舱（119×97）	12.0m^3（2 925kg）	
B777-200	前货舱（170×270）	6块P1P板/P6P集装板或18个AVE箱	可以（无气味）
	后货舱（170×180）	14个AVE箱	可以（限板）
	散装舱（114×91）	17m^3（4 082kg）	可以
A340-300	前货舱（169×270）	6块P1P板/P6P集装板或18个AVE箱	可以
	后货舱（169×270）	4块P1P板/P6P集装板或14个AVE箱	不可以
	散装舱（95×95）	19.6m^3（3 468kg）	可以
B737-300	前货舱（88×121）	10.4m^3（2 269kg）	可以
	后货舱（88×117）	19.6m^3（3 462kg）	
B737-800	前货舱（89×122）	19.6m^3（3 558kg）	可以
	后货舱（84×122）	25.4m^3（4 850kg）	

1.3.6　集装货物的组装

当用集装器进行散装货物运输时，应该将货物进行合理码放，做到大不压小、重不压轻、木箱或铁箱不压纸箱，同一卸机站的货物应装在同一集装器上。一票货物应尽可能集中在一个集装器上，避免分散装在不同集装器内。货物组装时的注意事项主要有：

（1）检查所有待装的散件货物，按照货物的卸机站、重量、体积、性质、类型、包装材料以及货物运输要求设计货物运输的组装方案，如图1-10所示。

（2）通常情况下，集装板上放置大货、重货；集装箱内装入体积较小、重量较轻的货物。组装时，将体积或重量相对较大的货物放在集装器下面，并尽量向集装器中央集中码放，小件和轻货放在集装器中间，如图1-11所示；轻泡货物、精密易碎货物装在集装器的最上层，如图1-12所示；危险物品或形状特异可能危害飞机安全的货物，可用填充物将集装器塞满或使用绳、带将货物进行捆绑固定，以防运输过程中晃动，损坏飞机设备造成安全事故。

（3）采用集装箱运输的货物码放紧凑，货物之间的缝隙越小越好，如图1-13所示。

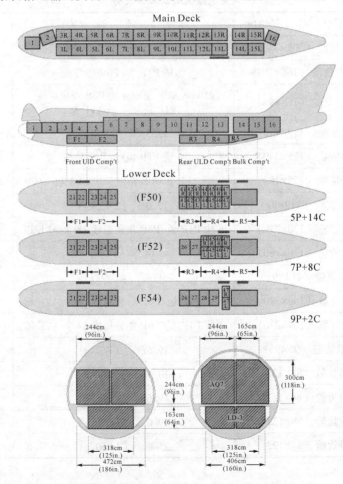

图1-9　B747F飞机全货的情况下集装器装载示意图

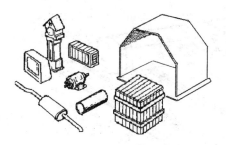

图1-10 货物装箱前准备

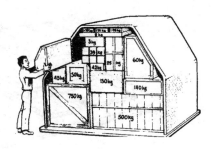

图1-11 小件和轻货放在集装器中间

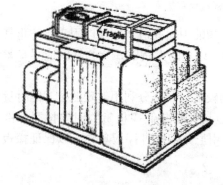

图1-12 轻泡货物、精密易碎货物装集装器在最上层

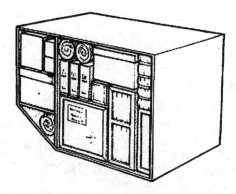

图1-13 集装箱内的货物码放紧凑

（4）当所装货物的体积不超过集装箱容积的2/3，同时单件货物重量超过150kg时，就要对集装箱内的货物进行捆绑固定。根据规定要用标准的绳具将货物固定在集装箱内的卡锁轨里，如图1-14所示。

（5）采用集装板运输的货物要码放整齐，上下层之间要相互交错，骑缝码放，避免货物与货物之间出现坍塌、滑落，码放样例如图1-15所示。

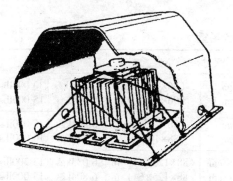

图1-14 按规定捆绑货物

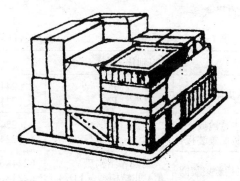

图1-15 组装集装板时货物的码放方法

（6）重物放在集装器的下层，底部为金属的货物和底部面积较小、重量较大的货物必须使用垫板，如图1-16所示，以防金属货物损坏集装板，同时可以分散货物对集装器底板的压力，保证集装器能够平稳顺利地装入飞机。

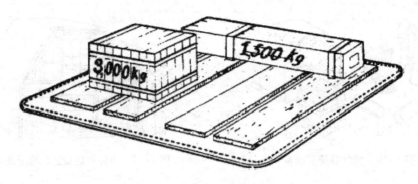

图 1-16　按规定使用垫板装载货物

（7）装在集装板上的小件货物，要装在其他货物的中间或适当地予以固定，防止其从网套及网眼中滑落。一块集装板上装载有两件或两件以上的大货时，货物之间应尽量紧邻码放，尽量减少货物之间的空隙。

（8）一般情况下不组装低探板货物。如果货物较多，需充分利用航班舱位，同时货物包装适合进行探板组装时，可以进行探板组装。但是在组装低探板货物时要按照标准码放，码放货物要合理牢固、网套要挂紧，必要时要用尼龙带捆绑探板货物，以保证探板货物在运输过程中不会发生散落或倾斜。

1.3.7　集装器装载限制条件

由于受到集装器结构、强度、硬度、构型以及空间等条件的制约，在航空货物运输中使用集装器时需要考虑一定的装载限制条件。

（1）重量限制

集装器限于其结构和强度的影响，以及所装载机型的限制，每一个集装器标有一个最大的允许毛重，整个集装器的重量不得超过这一重量。表 1-9 列出了一些集装箱或者集装板的最大毛重。

表 1-9　　　　　　　　　　　　　　集装器可承受的最大毛重

IATA 识别代码		尺寸		最大毛重	
主货舱集装板	PG PM	（244×606）cm （244×318）cm	（96×239）in （96×125）in	13 608kgs 6 804kgs	30 000lbs 15 000lbs
主货舱或下 货舱集装板	PA PB	（224×318）cm （224×274）cm	（88×125）in （88×108）in	6 804kgs 4 536kgs	15 000lbs 10 000lbs
主货舱集装棚	AA 结构型 UA 非结构型（LD7）	（224×318×163）cm （224×318×163）cm	（88×125×64）in （88×125×64）in	6 033kgs 6 804kgs	13 300lbs 15 000lbs
底货舱集装棚	AA 结构型〔LD9〕 AL 非结构型（LD11）	（224×318×163）cm （153×318×163）cm	（88×125×64）in （60×125×64）in	6 033kgs 2 449kgs	13 300lbs 5 400lbs
主货舱集装箱	AMA 10 英尺集装箱 AGA 20 英尺集装箱	（244×318×244）cm （244×606×244）cm	（96×125×96）in （96×239×96）in	6 804kgs 11 340kgs	15 000lbs 25 000lbs

表1-9(续)

IATA 识别代码		尺寸		最大毛重	
底货舱集装箱	AL full-size（LD5）	（153×318×163）cm	（60×125×64）in	3 175kgs	7 000lbs
	AK half-size（LD3）	（153×156×163）cm	（60×62×64）in	1 588kgs	3 500lbs
	DK half-size 非适航审定	（153×156×163）cm	（60×62×64）in	1 451kgs	3 200lbs

（2）体积限制

对于集装箱而言，由于受到航空器构型的影响，所装货物的体积是有限制的。

为了控制集装板上所装货物的体积和形状，可以使用一个与飞机货舱横截面的轮廓一样的模架来限制板上所装货物。用这种方法对货物打板既不会超过允许尺寸，又正好能够装入指定的飞机货舱。集装板装货限制模架如图1-17所示。

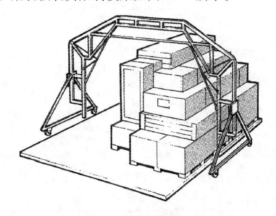

图1-17 集装板装货限制模架

一个集装板的底座适合于几种机型的货舱使用，但是集装板上所装货物的形状要与所承运的飞机的货舱内部形状相适应（各种机型货舱的最大允许横截面均可在机型手册中查找，需要的时候可以查阅）。

另外，集装板和集装箱是否能够被一架指定飞机所容纳，不仅取决于该飞机货舱内的形状，还与飞机货舱门的尺寸及位置有关。

（3）集装器底板承受力

集装器底板最大单位面积所能承受的重量不得超过该集装器底板所能够承受的最大额定负荷。集装器底板所能承受的负荷是由该设备设计所决定的。当一件比重较大的货物对集装器底板产生的压力大于最大额定负荷时，应为此件货物加木垫板，使其重量分散在较大面积的集装器底板上，否则可能引起安全事故或者安全隐患。

（4）集装器内货物的限制

虽然有些货物满足前面所规定的集装条件（如重量、体积、集装器的底板负荷等）限制，但是它们不能装在集装箱内运输。这些货物包括：

①危险品。托运人或代理人装好的集装箱内不能含有危险品（干冰除外）和运输条件上受到严格限制的货物。

②活体动物。由于热血动物和某些冷血动物的运输需要氧气，而集装棚或完全封闭的

集装箱不能满足这一特殊要求。所以这样的动物不能用集装箱运输。然而，某些冷血动物，如热带鱼等则可以用集装箱运输，因为它们不需要额外的氧气供应。

练习思考题

1. 请说明航空运输方式的特点。
2. 什么是航空特种货物运输？请列举特种货物的类型。
3. 什么是集装货物运输？有何特点？
4. 如何识别集装器的代码？
5. 集装货物的组装有哪些基本要求？

第 2 章　活体动物航空运输

　　航空运输具有快捷性与安全性，非常适合运输活体动物，活体动物运输在整个航空货物运输中具有非常重要的地位。由于活体动物的类型多种多样，不同活体动物的习性千差万别，在航空运输中具有不同的运输要求，因此对活体动物进行航空运输是一个极其复杂的系统工程。活体动物能否被经营人安全运输到达目的地，不仅关系到托运人的利益，也关系到经营人的利益。近年来，在活体动物航空运输中因活体动物的包装不符合航空运输要求或因违规装载，造成活体动物在航空运输过程中发生死亡、逃逸的事件时有发生。有的导致了航班返航、航班取消，严重影响了航班正点及飞行安全；有的甚至引发了严重法律纠纷；有的则因动物死亡或逃逸引起货主的投诉和高额索赔。这不仅会给经营人造成严重的经济损失，同时也会影响企业的社会声誉。

　　为保证将活体动物安全运达目的地，就必须在活体动物运输的各个环节建立严格的规章制度和运行程序，为此国际航空运输协会（IATA）专门编制了《活体动物规则》（*Live Animal Regulations*，*LAR*）同时各国政府部门和经营人也分别制定了关于活体动物运输的相关规定和要求。

2.1　概述

2.1.1　活体动物定义

　　活体动物是指活的家禽与家畜、野生动物（包括鸟类）、实验用动物、两栖动物、哺乳动物、爬行动物、鱼、昆虫、甲壳类动物、贝壳类动物等。不同的活体动物具有不同的特性，在航空运输中需要采用不同的运输条件，以便安全高效地完成活体动物的运输。航空货运中活体动物的三字代码为 AVI。

　　基于不同活体动物的特性及在航空运输中的特殊要求，在航空货物运输中将活体动物分为八大类。

　　（1）宠物、家畜类。其是指由人类饲养驯化，且可以人为控制其繁殖的动物，如猫、狗、猪、牛、马等。

　　（2）鸟、家禽类。其是指体表被覆羽毛的卵生脊椎动物，身体呈流线型，大多数飞翔生活，体温恒定，消化系统发达，如鸟、鸥、雀、燕、鸽、鸡、鸭、鹅等。

　　（3）灵长类。其在生物学中属哺乳纲的灵长目动物，是目前动物界最高等的类群，具有手和足，如猴、狐猴、猿、猩猩等。

（4）爬行类。爬行类是指适应陆栖生活的变温脊椎动物，身体表面具有鳞或者甲，趾端具爪，适于爬行，体温随气温高低变化，用肺呼吸，卵生或者卵胎生的动物，如蛇、蜥蜴、龟、鳖、玳瑁等。

（5）两栖类。其是指表面没有鳞片、甲以及毛发等覆盖，只有趾而没有爪的动物，其幼体在水中生活，用鳃进行呼吸，长大后用肺兼皮肤呼吸，体温随气温高低变化，能在水中和陆地生活，如青蛙、蟾蜍等。

（6）鱼类。其是指体被骨鳞、以鳃呼吸、用鳍作为运动器官和凭上下颌摄食的变温水生脊椎活体动物，属于脊索动物门中的脊椎动物亚门，在海洋、江河、湖泊、池塘中出产的水生动物，如鱼、泥鳅、黄鳝等。

（7）昆虫类。其属于无脊椎动物中的节肢动物，身体分为头、胸、腹，在动物界中种类最多，数量最大，对农业生产和人类健康造成重大影响，如蝗虫、蝴蝶、蜜蜂、蜻蜓、苍蝇、草蜢、蟑螂、蝎子、蚕等。

（8）未驯化的哺乳动物类。其是指某些哺乳动物由于先天的本能行为而未对其进行人工驯化的动物，如象、虎、狮、熊等。

2.1.2 活体动物习性

活体动物在航空运输期间对所遇到的陌生环境会本能地感到恐惧，这种恐惧如果得不到释放，就会产生刺激性反应，使活体动物在航空运输过程中感到不适，严重时甚至会威胁到活体动物的生命。为了活体动物的安全运输，有必要了解各种动物的生理习性和生活习性，根据动物的习性有针对性地采取相应的运输措施和运营程序。

活体动物的习性主要涉及以下方面：

（1）消化行为。对于食肉动物，托运人应在航空运输之前的一段时间内主动减少动物进食，在接近发运前再对动物进行喂食。牛、马等动物，在装到运输设备前不少于 2 小时给动物喂水。某些爬行动物在托运前应当使其处于饥饿状态。

（2）排泄行为。由于运输过程中，动物会排泄粪便和尿液，因此运输容器底部必须是防漏型的，并垫上适当的吸附材料。当运输牛、马等动物时，运输容器底部还应为防溅型的。

（3）发情行为。成年雄性动物与处于发情期的雌性动物处于同一场合时会出现烦躁的情绪，在运输中应尽量避免运输处于发情期的动物。如果必须一起运输成年的雌性和雄性动物，在航空运输过程中应尽量分开，越远越好。

（4）保护幼仔行为。有些雌性动物在感受外来的危险时，会出现伤害自己所带的幼小动物的现象。因此，通常情况下带有幼仔的哺乳动物尽量不要运输。

（5）合群行为。某些类型的幼小动物，在运输中尽量安排同一物种一起运输不要分开，否则会给这类动物造成一定的心理压力。

（6）躲藏行为。食肉动物出于自然本能会在运输容器中出现躲藏的现象。

（7）逃跑行为。因对运输环境的不适应，蹄类动物会寻找逃跑的路径，并尝试从运输容器中逃走。

（8）紧张行为。动物在运输过程中会由于温度、气压、高度以及气流颠簸等各种原因，出现惊吓紧张情绪而导致身体脱水。

（9）环境行为。极端温度、气压等环境的变化会使动物受到影响。

表2-1给出了在储运动物时建议设置的环境温度。

表2-1　　　　　　　　　　储运动物环境温度表

动物种类		最低温度（℃）	最高温度（℃）	备注
家畜	猫	7	24	
	狗	10	27	
	狗（家训的，狮子鼻）	10	19	
	兔子	10	21	
	小牛	12	25	
	肉牛	-8 ~8*	25	*小型动物的最低温度要高一些
	奶牛	-5	23	
	山羊	0	25	
	马	10	19	
	猪（断奶的幼畜）	20	26	
	猪（成猪）	12 ~16	22	
	雌猪（怀孕的）	15	22	
	绵羊	5 ~17*	20*	*羊毛被剪后温度适当提高
	鸡苗（一日龄）	14	23	纸板箱温度为28℃~37℃
	鸡	0	21*	*75%的相对湿度。相对湿度高的话，最高温度相应低些
	小鸭	15	23	纸板箱内温度为29℃~37℃
	鸭子	10	29	
	小鹅	15	23	纸板箱内温度为29℃~37℃
	鹅	10	29	
	野鸡（一日龄）	15	24	
	小火鸡	15	23	纸板箱内温度为29℃~37℃
	火鸡	5	19	

表2-1(续)

动物种类		最低温度（℃）	最高温度（℃）	备注
野生动物	蜂雀	18	29	
	美洲野猫	4	18	
	澳洲野狗	7	29	
	山狗	2	29	
	浣熊	4	27	
	棕熊	4	29	
	小羊驼	7	24	
	獾	4	24	
	沙鼠	10	32	
	跳鼠	10	32	
	灵长类动物（成熟的）	21	32	
	灵长类动物（幼小的）	27	29	
	袋鼠（北美）	16	29	
	豪猪（北美）	4	24	

注：最低与最高温度将随动物的年龄、品种、地板种类、空气流动速度、动物数量、装载密度、吸氧量、代谢水平、相对湿度、皮肤湿度的不同而不同。适宜的温度范围应依据其适应环境温度的能力。

2.1.3 《活体动物规则》介绍

为了保证在航空运输各个阶段，活体动物都处于一个良好的环境，并安全到达目的地，国际航空运输协会出版了《活体动物规则》（*Live Animal Regulations*，*LAR*），LAR 的封面如图 2-1 所示。该规则给出了活体动物航空运输的最低标准，对活体动物在运输之前的准备工作、包装、标记标签、收运检查、运输文件管理、装载、存储、健康标准以及卫生条件等运输各个环节和各个程序都作了详细的规定与解释，必须按此规定进行活体动物运输办理和操作。

《活体动物规则》是由国际航空运输协会（IATA）动物委员会与国际动物流行病组织（法语：Office international des épizooties，OIE）以及濒危野生动植物种国际贸易公约（Convention on International Trade in Endangered Species of Wild Fauna and Flora，CITES）联合出版的，对活体动物航空运输所涉及的各个方面都给出了详细的标准和规定。《活体动物规则》每年出版一次，有效期为10月1日至次年的9月30日。《活体动物规则》共十三章，其中英文对照目录如表2-2所示。

图 2-1 IATA LAR 封面

表 2-2　　　　　　　　　　　　LAR 中英文对照目录

章节号	英文	中文
第一章	Application of These Regulations	适用性

表2-2(续)

章节号	英文	中文
第二章	Covernment Regulations	政府规定
第三章	Carrier Regulations	承运人规定
第四章	Reservations and Advance Arrangements	预订舱位及预先安排
第五章	Animal Behaviour	动物行为
第六章	Listing, Description and Sizes of Species	动物名称表，动物种类尺寸及描述
第七章	Documentation	文件
第八章	Container Requirements	包装容器要求
第九章	Marking and Labeling	标记和标签
第十章	Handling Procedures	操作程序
第十一章	Convention on Interrnational Trade in Endangered Species of Wild Fauna and Flora	濒危野生动植物种国际贸易公约
第十二章	Life Science Logistics for Laboratory Animals	关于试验用动物的生命科学物流
第十三章	World Organisation for Animal Health（OIE）	世界动物卫生组织
附录 A	List of IATA Members	IATA 会员清单
附录 B	Questions and Answers for Shipping Live Animals by Air	航空运输活体动物问题与回答
附录 C	Examples of Acceptable Ambient Temperature Ranges for Live Animals	对于可接受的活体动物环境温度范围
附录 D	Calculation of Animal Heat and Moisture Load During Transport	运输活体动物的热、湿度的计算
附录 E	Live Animals in Airmail	航空邮件中的活体动物
附录 F	Live Animals Statistics	活体动物统计
附录 G	CITES Guidelines for the Non-Air Transport of Live Wild Animals and Plants	非航空运输的活体野生动植物的 CITES 指南

2.1.4 活体动物名称表

当活体动物进行航空运输时，必须依据 LAR 准确填写所运输活体动物的名称。活体动物的名称可以通过查阅 LAR 中的活体动物名称表获取，LAR 中公布的动物名称表有两种，一种是按照动物普通名称的英文字母排列顺序列出的动物名称表，另一种是按照动物学名的拉丁字母顺序列出的动物名称表，两表内容相同，只是排列方式不同。本书按照动物普通名称的英文字母排列顺序进行介绍，具体如表 2-3 所示。

表 2-3　　　　　　　　　　　　　　　　动物名称表节选

Common Name	Type	Container Requirement	Scientific Name	CITES Appendix
Cuckoo	B	11F	Scythrops spp.	
Cuckoo	B	11F	Sumiculus spp.	

表2-3(续)

Common Name	Type	Container Requirement	Scientific Name	CITES Appendix
Cuckoo	B	11F	Taccocua spp.	
Cuckoo	B	11F	Tapera spp.	
Cuckoo	B	11F	Urodynamis spp.	
Cuckoo	B	11F	Zanclostomus spp.	
Cuckoo shrike	B	11F	Pericrocotus spp.	
Cui-ui	F	51	Chasmistes cujus	I
Curassow	B	16	Nothocrax spp.	
Curlew	B	11H	Numenius spp.	I / III
Cuscus	M	83	Phatanger spp.	II / III
Cutthroat finch	B	11A	Amadina hypocherina	
Cuvier's Gazelle	M	73	Gazella cuvieri	I
Cyprian mouflon	M	73	Ovis orientalis ophion	I
Dalmatian pelican	B	21	Pelecanus crspus	I
Dama gazelle	M	73	Gazella dama	I
Dark coloured soft-shell turtle	R	43	Trionyx nigricans	I
Dark-handed gibbon	M	33	Hylobates agilis	I
Daubenton's Curassow	B	16	Crax daubentoni	III
Day gecko	R	41	Phelsuma spp.	II
Day old chick	B	19	Gallinacea	
Deer	M	73	Capreolus spp.	
Deer	M	73	Elaphodus spp.	
Deer	M	73	Elaphurus spp.	
Deer	M	73	Hydropotes spp.	
Deer	M	73	Cervus spp.	II / I
Deer	M	73	Mazama americana cerasina	III
Deer	M	73	Odocoileus virginianus	III
Deppe's squirrel	M	79	Sciurus deppei	III
Desert monitor	R	41	Varanus griseus	I
Desert rat-kangaroo	M	83	Caloprymnus campes-tris	I
Desman	M	79	Desmana spp.	
Desman	M	79	Galemys spp.	
Dhole	M	82	Cuon alpinus	II
Diademed sifaka	M	31	Propithecus diadema	I

表2-3（续）

Common Name	Type	Container Requirement	Scientific Name	CITES Appendix
Diana monkey	M	31	Cercopithecus diana	I
Dik-dik	M	73	Madoqua spp.	
Dingo	M	82	Canis spp.	
Dipper	B	11F	Cinclus spp.	
Diver	B	21	Cavia spp.	
Dog	M	82	Lycaon spp.	
Dog	M	82	Canis spp.	II／I
Dog	M	82	Cuon spp.	II／III
Dog (domestic)	M	1	Canis familiaris	
Dog (fighting)	M	82	Canis familiaris (ferox)	
Dog (wild)	M	82	Nyctereutes spp.	
Dog fox	M	79	Vulpes cana	II
Dog wild	M	82	Canis aureus	III
Dog-faced Water Snake	R	44	Cerberus rhynchops	III
Dolphin	M	55	Peponocephala spp.	
Dolphin	M	55	Tursiops spp.	
Dolphin	M	55	Cephalorhynchus spp.	II
Dolphin	M	55	Delphinus spp.	II
Dolphin	M	55	Grampus spp.	II
Dolphin	M	55	Inia spp.	II
Dolphin	M	55	Lagenodelphis spp.	II
Dolphin	M	55	Lagenorhynchus spp.	II
Dolphin	M	55	Lissodelphis spp.	II
Dolphin	M	55	Orcaella spp.	II
Dolphin	M	55	Pontoporia spp.	II
Dolphin	M	55	Stenella spp.	II
Dolphin	M	55	Steno spp.	II

　　LAR 活体动物名称表各栏的具体含义说明如下：

（1）"Common Name" 栏，动物普通名称（以英文形式公布的动物名称）。

（2）"Type" 栏，动物种类字母代码。每个字母代码的具体含义为：

①A——AMPHIBIAN（两栖纲），如青蛙、蟾蜍、蝾螈等。

②B——BIRD（鸟纲），如鸽子、鹦鹉、鸵鸟等。

③C——CRUSTACEAN（甲壳纲），如贝、虾、蟹等。

④F——FISH（鱼纲），如各种鱼等。

⑤I——INVERTEBRATE（无脊椎动物纲），如蜜蜂、蚕等。

⑥M——MAMMAL（哺乳纲），如猫、马、老虎等。

⑦R——REPTILE（爬行纲），如蛇、巨蜥、鳄鱼等。

（3）"Container Requirement"栏，动物包装容器具体要求。可以在 LAR 第 8 章相应包装容器要求中查阅详细内容。

（4）"Scientific Name"栏，动物学名（以拉丁文形式公布的动物名称）。

（5）"CITES Appendix"栏，濒危野生动植物种国际贸易公约附录。

CITES：英文全称 Convention on International Trade in Endangered Species of wild faunaand flora，中文全称为濒危野生动植物种国际贸易公约。此公约于 1975 年 3 在华盛顿制定，7 月 1 日生效。我国 1980 年 12 月 25 日加入该公约，1981 年 4 月 8 日对我国正式生效。

附录Ⅰ：表示禁止进行任何商业贸易的濒危物种。需要进出口许可证。

附录Ⅰ/Ⅲ：列在附录Ⅰ中的一组物种（属）中，有些是被列在附录Ⅲ中或者未列入附录中。

附录Ⅱ：目前尚未受到濒危的危险，如果对该物种的贸易不加以限制，就会成为濒危动物。需要进出口许可证。

附录Ⅱ/Ⅰ：列在附录Ⅱ的物种，也列在附录Ⅰ中。

附录Ⅱ/Ⅲ：列在附录Ⅱ的物种，也列在附录Ⅲ中，或未列入附录中。

附录Ⅲ：国家法律已生效要求保护的物种，且该国报国际公约秘书处通知各缔约国要求给予配合。

附录Ⅲ/O：一些物种或次物种列入附录Ⅲ中，其余的未列人附录。

例如：

Dog，wild——动物普通名称：野生犬。

M——动物种类：哺乳动物。

82——包装容器要求：包装容器 82。

Canis aureus——学名：Canis aureus。

Ⅲ——CITES 附录：附录Ⅲ。

2.2　托运人要求

为了保证将活体动物安全高效地运达目的地，需要托运人配合经营人开展活体动物的运输工作，为此对托运人提出了托运活体动物的一些要求和规定。主要内容涉及活体动物托运人的一般规定、活体动物包装规定以及运输文件管理规定。

2.2.1　活体动物托运人的一般规定

活体动物在航空运输过程中由于各种各样的原因，会出现活体动物发生意外的问题，为此对托运人提出了运输活体动物的一般规定，主要内容有：

托运人必须保证托运的活体动物健康情况良好，无传染性疾病。

当所托运动物需要卫生检疫时，托运人应提供当地检疫部门的免疫注射证明和动物检疫证。

当托运属于国家保护的动物时，必须提供国家有关部门出具的准运证明。

当托运濒危动物时，应提供国家有关部门出具的准运证明。

如果托运的动物属于需要进行市场管理时，必须提供市场管理部门出具的证明。

托运人在准备航空运输一票活体动物前，必须备齐进出口、过境的动物运输许可证、健康证、CITES 附录的动物出口许可证和一份 CITES 进口许可证（如果需要的话）、兽医证明、检疫证明、中转要求或禁止限制要求，还包括为动物提供的食物。由于这些规则经常变化以及运输动物的种类不同，所以托运人必须从当地领事馆或国家主管部门得到正确的要求。

托运人有责任知道目的站国家、飞越国和始发站国家航空运输动物时保护动物的法律和规定。托运人必须提供一个 24 小时电话号码，万一发生紧急事件时，经营人可以从托运人或其代理人处得到指示，这个电话号码要填写在航空货运单上。

托运人必须根据所托运的活体动物是国际还是国内，分别填写"活体动物国内运输托运证明书"或者"活体动物国际运输托运证明书"。

当运输处于发情期的雌性动物时，应通知经营人。

假如是哺乳动物，应通知经营人动物的性别。

托运人必须声明托运的哺乳动物是否怀孕或者在 48 小时前分娩过。

应预先订妥航班、日期、吨位，确定航线，如果有特殊运输要求，应做好运输前的准备。

必须提供符合 IATA 活体动物运输规则的有效包装，提供动物适当的草垫和食物，不能违反任何规定。

托运人必须向经营人提供动物喂食、饮水、清扫以及操作时间的指示说明，并将有关文件与动物包装件一起随附运输。

记录任何对动物用药的情况，比如麻醉药名称、剂量、用药时间和途径。这些信息必须标注在文件上，复印件附在包装上。

托运人应按与经营人约定的时间、地点办理托运手续，并负责通知收货人前往目的站机场等候提货。

托运人如果违反了 LAR 的有关规定以及政府法令而触犯法律，将承担相应的法律责任。

2.2.2　活体动物包装规定

在航空运输中对活体动物进行包装，是保证活体动物运输安全的重要举措。在航空货物运输中，由于托运人没有遵守活体动物运输包装要求进行活体动物托运，经营人违反活体动物包装要求进行活体动物收运，导致动物逃逸或者死亡的事故时有发生。这些事故轻的会让经营人陷入经济和法律纠纷，严重的会影响经营人航班不能正常营运，甚至产生安全事故或者隐患。因此，活体动物航空运输时，必须针对每一种活体动物的特性进行特定的包装，符合 LAR 关于活体动物的包装要求，既不能因任何原因也不能以任何方式降低包装要求。具体如下：

（1）包装容器干净整洁，防逃逸与渗漏，便于安全操作

活体动物的包装必须能够防止动物破坏、逃逸或者接触外界。例如，凶猛的动物，狮、虎、豹、熊、狼、蟒等应用铁笼盛装，外加双层铁网，并有便于装卸的把环。

为防止动物粪便、尿液散溢，包装底部必须设置有相应的设施设备，对于运输大象、牛、马等大型动物，必须在包装底部加放托盘和足够的吸湿物（禁止用稻草作为吸湿物）。

当运输经营人无法提供照料动物的特殊设备以及装卸大型动物的人力和设备时，都应由托运人提供，这必须在收运活体动物之前向托运人重点强调。

需要特殊照料的动物，托运人应在包装上注明注意事项。

活体动物运输过程需要的动物饲料，由托运人自备。

（2）包装结构合理、通风良好，使动物安全舒适

活体动物的包装尺寸应适合所运输动物机型的货舱门大小和货舱容积，并与所运输动物的习性相适应，特别注意要为动物留有适当的活动余地，如图 2-2 所示。

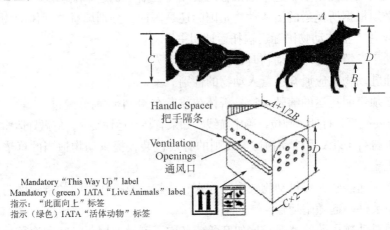

图 2-2 活体动物笼舍的尺寸要求

当所运输的活体动物需要由外界提供氧气时，应该至少在包装的三面设置足够的通气孔，防止运输过程中动物出现窒息的现象。

在运输过程中需要进食的动物，其包装上应具备或者附带有饲喂动物的设施。

（3）经经营人同意不用密闭容器盛装的动物

马、牛、羊等动物，通常由经营人使用专用的集装设备运输，而不需要托运人提供单独的容器，但是必须有防止动物走动的系留设备，如分隔栏杆、绳网、腰带、鼻环等，以免因动物走动而影响飞机平衡，且所使用的专用集装设备必须符合适航规定的要求。

含水的动物包装，应有防止液体漏溢的措施，避免运输中造成动物死亡或液体泄漏污染飞机地板或机载设备。

（4）包装举例说明

针对各类活体动物的运输所使用的包装容器，LAR 中都有相应的具体要求，内容涉及

动物所适宜的包装容器、包装容器的设计和构造、运输前需要完成的准备工作、对动物喂食和喂水的要求，以及装载等运输的各个环节的工作程序。下面以两种动物包装容器为例加以说明。

例 1　适用于运输家养猫和狗的容器，这类容器通常由纤维玻璃、金属、硬塑料、焊接的金属网、坚固的木板或夹板等材料制成。如图 2-3 所示。

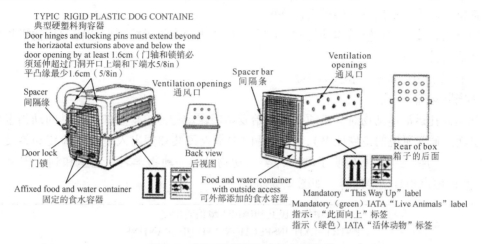

图 2-3　适于家养猫和狗的包装容器

例 2　适用于运输章鱼、海马、鱼类（除非特殊包装）、热带鱼、金鱼、水生蜗牛等的容器，这类容器采用防水纤维板、绝缘材料、塑料或木材、膨化聚苯乙烯或聚苯乙烯泡沫塑料等材料制成。如图 2-4 所示。

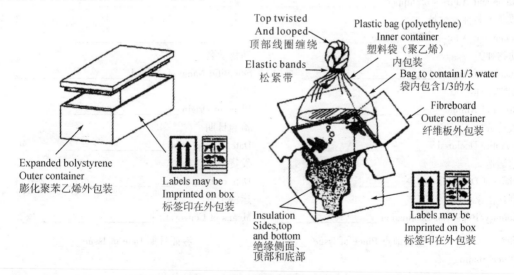

图 2-4　适于鱼类的包装容器

2.2.3　活体动物运输文件管理规定

在活体动物航空运输中，为了保证活体动物运输不会传播病菌，以及保护珍贵濒危动物，需要托运人准备完整的活体动物航空运输文件。

当运输属于检疫范围的活体动物时，托运人应该提供检疫机关的检疫证明。

托运人或者其授权的代理人在托运活体动物时应该准备填写准确完整的活体动物托运人证明书、货运单。

当托运运输属于国家保护的活体动物或者在 CITES 附录中列出的活体动物时，托运人应该提供政府主管部门签发的进出口许可证明。

经营人在接受和运输活体动物时，应当填写活体动物收运检查单和特种货物机长通知单等运输文件。

（1）动物卫生证书（检疫证书）

①国际运输

托运人托运活体动物时，必须提供由始发站国家动物检验检疫部门出具的动物卫生证书（也就是通常所说的检疫证书），我国是由中华人民共和国出入境检验检疫局签发动物卫生证书。动物卫生证书列明了动物种类、动物品种、动物学名、起运和到达国家（地区）、签证地点和日期等内容。如图 2-5 所示。

中华人民共和国出入境检验检疫

ENTRY-EXIT INSPECTION AND QUARANTINE

OF THE PEOPLE'S REPUBLIC OF CHINA

动物卫生证书　　　　　编号 No.

ANIMAL HEALTH CERTIFICATE

发货人名称及地址

Name and Address ofShipper _____

收货人名称及地址

Name and Address of Consignee _____

动物种类	动物学名
Species of Animal _____	Scientific Name of Animals _____
动物品种	产地
Breed of Animal _____	Place of Origin _____
报检数量	检验日期
Quantity Declared _____	Date of Inspection _____
起运地	发货日期
Place of Despatch _____	Date of Despatch _____
到达国家/地区	运输工具
Country/Region of Destination _____	Means of Conveyance _____

印章　　　　签证地点 Place of Issue _____　　　　签证日期 Date of Issue _____

Office Stamp

官方兽医 Official Veterinarian _____　　　　签名 Signature _____

中华人民共和国出入境检验检疫机关及其官员或代表不承担签发本证书的任何财经责任

图 2-5　动物卫生证书

②国内运输

当在国内运输活体动物时，托运人必须提供县级以上动物卫生监督的官方兽医出具的"动物检疫合格证明"。按照活体动物是否跨省运输，需要分别填写跨省境运输和省内"动物检疫合格证明"，具体格式要求和填写内容如图 2-6 和图 2-7 所示。

动物检疫合格证明（动物 A）

编号：

货主		联系电话	
动物种类		数量及单位	
启运地点	省　市（州）　县（市、区）　乡（镇）　村（养殖场、交易市场）		
到达地点	省　市（州）　县（市、区）　乡（镇）　村（养殖场、屠宰场、交易市场）		
用　途		承运人	联系电话
运载方式	□公路 □铁路 □水路 □航空		运载工具牌号
运载工具消毒情况	装运前经＿＿＿＿＿＿消毒		
本批动物经检疫合格，应于＿＿＿＿＿＿日内到达有效。 　　　　　　　　　　　官方兽医签字：＿＿＿＿＿＿ 　　　　　　　　　　　签发日期：　年　月　日 　　　　　　　　　　　（动物卫生监督所检疫专用章）			
牲畜耳标号			
动物卫生监督检查站签章			
备注			

第 联共 联

注：1. 本证书一式两联，第一联随货同行，第二联由动物卫生监督所留存。

2. 跨省调运动物到达目的地后，货主或承运人应在 24 小时内向输入地动物卫生监督机构报告。

3. 牲畜耳标号只需填写后 3 位，可另附纸填写，需注明本检疫证明编号，同时加盖动物卫生监督机构检疫专用章。

4. 动物卫生监督所联系电话：

图 2-6　跨省境运输动物"动物检疫合格证明"

全国统一动物卫生证明 监制章 中华人民共和国农业部

动物检疫合格证明（动物 B）

编号：

货主			联系电话		
动物种类		数量及单位		用途	
启运地点	市（州） 县（市、区） 乡（镇） 村（养殖场、交易市场）				
到达地点	市（州） 县（市、区） 乡（镇） 村（养殖场、屠宰场、交易市场）				
牲畜耳标号					
本批动物经检疫合格，应于当日内到达有效。 官方兽医签字：＿＿＿＿＿ 签发日期： 年 月 日 （动物卫生监督所检疫专用章）					

第 联 共 联

注：1. 本证书一式两联，第一联随货同行，第二联由动物卫生监督所留存。

2. 本证书限省境内使用。

3. 牲畜耳标号只需填写后 3 位，可另附纸填写，并注明本检疫证明编号，同时加盖动物卫生监督所检疫专用章。

图 2-7 省内运输动物“动物检疫合格证明”

（2）活体动物运输托运证明书

当托运人托运活体动物时，托运人或其授权的代理人必须准确、完整、如实地填写活体动物运输托运证明书，活体动物运输托运证明书要求最少一式两份，运营人保留一份已经签署的文本，另外一份随附货运单和活体动物一起运输。

活体动物运输托运证明书分为正反两面，正面为托运人声明，背面为托运人责任。

①托运人声明

在活体动物运输时，托运人声明的内容有：

托运人已经做好所有预先安排，并且对所运输的动物已经作出正确描述，包括动物种类、学名、普通名称。

活体动物的包装符合航空运输的相关规定，以及经营人和政府主管当局的规定。

所运输的动物健康状况良好，适于航空运输，货物中不含有受国家保护的野生动物。

当运输受到国家保护的野生动物时，必须办理政府部门签发的运输许可证，许可证附在货运单后。

②托运人责任

在活体动物运输时，托运人的责任有：

托运人应表明由于自然原因造成的动物死亡或由于动物本身的或与其他动物相互间的

行为，如咬、踢、抵、牙刺或者窒息造成的动物死亡或者伤害以及由此产生的一切费用，经营人不承担责任。

由于动物自身原因或者其行为造成的动物押运人员死亡或者伤害，经营人不承担责任。

托运人如果违反了国际航协《活体动物规则》的有关规定以及政府法令而触犯法律，将承担相应的法律责任等。

托运的动物应符合国家的有关法令和民航局的有关规定，动物在托运前已经办妥检疫手续，托运野生动物要提供政府部门所签发的许可证，所有有关证明随附在货运单后面。

对所托运的动物已经作出正确的分类及包装，动物名称准确，标签和标记完好。

已经根据经营人的各项要求做好空运前的准备工作。

收货人已经获悉有关航班的信息，并已做好提取货物的准备。

活体动物运输托运证明书正、背面内容如图 2-8 和图 2-9 所示。

（3）进、出口许可证明和 CITES 文件

属于国家保护动物或者在 CTTES 附录中列出的动物，托运人应出具政府主管部门签发的进、出口许可证明，例如濒危野生动植物种允许进出口、再出口证明书以及有关国际组织或者国家规定需要办理的进出口证书，如图 2-10 所示。

运输任何列入 CITES 附录中的物种，均应出具 CITES 文件。需要注意的是，所托运的动物物种应与在有效期之内的 CITES 文件相符，并且 CITES 文件上应有官方徽标和签发机构的名称及地址。

2.3　经营人要求

作为活体动物运输主体的经营人，在运输活体动物时，必须按照国际航协 LAR 的规定和国家的要求，履行活体动物运输的相关规定和责任。

2.3.1　活体动物收运规定

检查运输文件是否齐备，包括货运单、托运证明、进出口许可证、动物健康证明等。

接收前，充分考虑货物包装、机型、货舱空间、货舱通风情况、天气、装载位置、影响动物的其他货物、押运员、地面存储设施等因素，并向托运人作出说明。

包装容器的符合性，托运人应确保包装容器适合动物的航空运输，经营人在收运时应对其进行必要的检查。

收运检查，经营人以填制活体动物收运检查单的方式对货物进行检查、验收。

动物福利，经营人有责任确保动物得到足够的保护，免受因自然环境、恶劣天气等造成的伤害。

国家和经营人规定，充分了解运输过程中有关经营人关于动物运输的规定，并向托运人作出说明。

SHIPPER'S CERTIFICATION EXAMPLE　(Front)

SHIPPER'S CERTIFICATION FOR LIVE ANIMALS

(to be completed in duplicate)

This is to certify that (check appropriate box):

☐ In addition to having completed all advance arrangements, this consignment is properly described and packed, and is in proper condition for carriage by air according to the current edition of the IATA Live Animals Regulations and all applicable carrier and governmental regulations. The animal (s) of this consignment is (are) in good health and condition.

☐ Animals taken from the wild for shipment have been appropriately acclimatised.

☐ This consignment includes species as described in the Convention on International Trade in Endangered Species of Wild Fauna and Flora (CITES). Applicable permits/certificaties are attached to the Air Waybill.

☐ This consignmentincludes species as described in other applicable national legislation.

☐ In the case of reptiles and amphibians, the animals contained in this shipment are healthy and they have been examined prior to shipment and are free of any apparent injury and readily recognizable diseases. They are also free of external parasitic infestation, including mites, ticks and leeches that can readily be seen under normal lighting conditions.

The shipper accepts that carriers will not be liable for any loss, damage or expense arising from death due to natural causes, or death or injury of any animal caused by the conduct or acts of the live animal itself or of other animals, such as biting, kicking, goring or smothering, nor for that caused or contributed to by the conditions, nature or propensities of the animals. In no event will carrier be liable for death or injury to an animal attendant caused or contributed to by the condition, conduct or acts of animals.

Number of Package (s)	Specific Container Requirement Number (see IATA Live Animals Regulations)	Species (description and names-scientific and common) and Quantity of Animals

Name and address of shipper⋯⋯⋯⋯⋯⋯⋯⋯
⋯⋯⋯⋯⋯
⋯⋯⋯⋯⋯⋯⋯⋯⋯⋯⋯⋯⋯⋯⋯⋯⋯⋯⋯⋯⋯
⋯⋯.⋯⋯..
Signature of shipper⋯⋯⋯⋯⋯⋯⋯⋯⋯⋯⋯⋯⋯
⋯⋯⋯⋯⋯

Date ⋯⋯ ⋯⋯⋯⋯⋯⋯⋯⋯⋯⋯⋯⋯⋯⋯⋯⋯
⋯⋯⋯⋯⋯.
　　Year/Month/Day　　(See reverse side for special conditions)

Shippers failure to comply in all respects with the applicable IATA Live Animals Regulations and any other international and/or national government regulations, may be in breach of applicable law and subject to legal penalties. (Refer to Chapter 1, Section 1.2.)

Air Waybill No.	Airport of Departure	Airport of Destination

Note: Recommended size: ISO Standard A4.

图 2-8　"活体动物运输托运证明书"正面

SHIPPER'S CERTIFICATION EXAMPLE （Back）

SHIPPER'S RESPONSIBILITIES

Instructions for the shippers are given in Chapters 1, 7, 8, 9, 10 and 11 of the IATA Live Animals Regulations. Before any package containing live animals is tendered for transport by air, the shipper must ensure that：

the animals being tendered for transportation are not prohibited by governments；

all the required export, import, and/or transit health certificates, licenses or permits, etc. are accompanying the shipment；

the animal shipments are properly classified, described, packed, marked and labelled；

the IATA Shipper´s Certification for Live Animals has been properly completed in duplicate；

pregnant animals must not be tendered for transportation without official veterinary certificate certifying that the animals are fit to travel and that there is no risk of birth occuring during the entire journey；

（*Note*：*Pregnant monkeys, nursing females with suckling young and unweaned animals are not accepted for air transport.*）

no animals are to be tendered for transportation having given birth in the last 48 hours before the start of the journey；

the animals have been properly prepared for transportation（see specific container requirements for further information）；

the animal is not tranquilised without veterinary approval and supervision；

the consignee has been advised of the flight details in order to arrange immediate collection on arrival；

a 24-hour phone number that the air carrier can obtain instruction from the shipper or his agent in the event of an emergency, and such information is written on the Air Waybill.

图 2-9 "活体动物运输托运证明书"背面

仓储和装载，熟悉活体动物在仓储和装载时的隔离要求。

培训，包括对经营人相关操作人员的业务培训，以及销售代理人的业务培训，如果有必要还应包括相关托运人的业务培训。

2.3.2 活体动物收运文件

活体动物航空运输过程中，作为运输主体的经营人在收运活体动物时，必须对活体动物进行收运检查，同时在航空货运单上填写活体动物运输的所有信息，同时通过机长通知单告知机长。

（1）活体动物运输收运检查单

当收运活体动物运输时，始发站货物收运部门必须根据活体动物运输收运检查单中列明的项目，对所收运的活体动物进行逐项详细检查，任何一项的检查结果为否时，整票货物都不得收运。

濒危野生动植物种国际贸易公约

CONVENTION ON INTERNATIONAL TRADE IN ENDANGERED SPECIES OF WILD FAUNA AND FLORA

CERTIFICATE FOR PERMIT

TO IMPORT EXPORT AND REEXPORT

		PERMIT NO.（证号）：
进口	□——IMPORT（进口）	
允许　出口　证明书	□——EXPORT（出口）	VALID UNTIL 有效期：
再出口	□——REEXPORT（再出口）	

Consignee（name、address、country）收货人	Permittee（name、address、country）发货人
Special conditions 特殊条件	THE PEOPLE'S REPUBLIC OF CHINA ENDAGERED SPECIES OF WILD FAUNA AND FLORA IMPORT & EXPORT ADMINISTRATIVE OFFICE 中华人民共和国濒危物种进出口管理办公室 地址：北京和平里国家林业部 Address：State Forestry Administration Hepingli Beijing　　　TELEX：＿＿＿＿＿

NO. 序号	Species（Chinese & Scientific）Name 种名（中名、学名）	Appendix No. 附录号	Description 货物类型	Quantity or Weight（kg）数量或净重（千克）	Origin of Country 原产国	
					Country 国家	Permit No. 证号

□—The specimens taken from wild　野外获得
□—The specimens taken from bred in captivity　人工繁殖
□—The specimens taken from artificially propagated　人工培植
□—The specimens taken from pre-convention　公约前获得

Place 地点	Date 日期	Signature 签名	Official stamp（公章）

图 2-10　CITES 进出口、再出口证明书

活体动物运输收运检查单内容涉及六条内容，分别是：收运检查（5 条）、文件符合性检查（6 条）、包装检查（1 条 8 点）、标签和标记检查（6 条）、喂食和喂水检查（2 条）以及处理意见，具体如表 2-4 所示。

表 2-4　　　　　　　　　　　　　**活体动物运输收运检查单**

货运单号码：_____　始发站：_____　目的站：_____

收运	是	无	否
01 是否与有关航空公司及中转站联系做好相应的安排？	□	□	□
02 是否已通知收货人在目的站做好接货准备？	□		□
03 是否已订妥全程舱位？	□		□
04 活体动物的数量是否符合该机型的装载限制？	□		□
05 是否有动物押运员？押运员是否明确其职责？	□	□	□

文件	是	无	否
06 托运人按规定填写完备的动物托运证明书一式二份，并由其本人签字。	□		□
07 动物托运证明书上是否注明特殊的储运注意事项？	□	□	□
08 货运单上是否注明托运人、收货人的姓名、详细地址和联系电话？	□		□
09 该活体动物是否按其实际价值申报并投保？	□		□
10 是否随附有效的动物检疫证明？	□		□
11 交运野生动物，是否持有政府部门出具的准运证明？	□	□	□

包装	是	无	否
12 该种动物的容器是否符合国际航协现行《活体动物规则》的包装规定？	□		□
容器的大小是否适合于该种动物？	□		□
容器上是否有足够的、合适的通风孔？	□		□
容器结构是否坚固？	□		□
容器上是否已安装便于搬运的把手？	□	□	□
容器是否设有防漏溢及防逃逸装置？	□		□
容器是否清洁？	□		□
容器内是否有足够的衬垫、吸附材料？	□		□
容器内是否有合适的喂食、饮水装置？	□		□

标签和标记	是	无	否
13 每个容器上是否清楚地标明托运人和收货人的姓名、详细地址和联系电话？	□		□

14 每件容器上是否贴有"活体动物"标签并在标签上注明该动物名称？是否贴有"向上"标签？ □ □

15 对做实验用的无特定病原体的动物，容器上是否贴有"实验用动物"标签？ □ □

16 对能咬或蜇的有毒动物，容器上是否清楚标出"有毒"字样？ □ □ □

17 对于凶猛的、有攻击性的动物，容器上是否清楚地标出"危险动物"字样？ □ □ □

18 如果使用了镇静剂，动物容器上是否标明详细情况，如：使用镇静剂的时间、种类、剂量和有效时间等？ □ □ □

喂食与喂水

19 如果要求在中途站喂食、喂水，托运人是否用书面形式同有关航空公司做好了安排？ □ □ □

20 喂食注意事项是否已贴在容器外部的顶面上。 □ □ □

注：1. 此单一式一份。

2. 对任一问题的答案为"否"时，即不能接收此货物。

3. 在所有项目核查完之前，不要拒绝收运。

4. 如果接收此货物，将此单正本附在货单上，并将副本存档。

5. 如果拒收此货，将此单交主管负责人，并注明托运人或代理人姓名。

6. "是"表示符合活体动物航空运输条件，"否"表示不相符合，"无"表示本项不适于本批运输的货物。

处理意见：

　　　　　□接受　　　　　　　　□不接受

检查人：　　　　　（签字）　　　　　　　（机场）

日期：　　　　　　时间：

托运人/代理人：（签字）

（2）航空货运单

当运输活体动物时，货运单必须严格按照国际航协出版的《航空货物运价及规定手册》（*The Air Cargo Tariff and Rules*，TACT Rules）中的规定填写。

除随活体动物一起运输的饲料、设备外，动物不得与其他货物共用一份货运单运输。

在货运单操作注意事项"Handling Information"栏内，注明"SHIPPER'S CERTIFICATION FOR LIVE ANIMALS ATTACHED"以及随附相关文件的名称，包括国家、地区区号等信息及 24 小时应急电话。

在货运单货物品名"Nature and Quantity of Goods"栏内，应用英文注明动物的普通名称和准确数量，如果有必要，还应注明 LAR 中给出的动物分类代号。

航空货运单的具体填写内容如表 2-5 所示。

表 2-5   航空货运单

HandlingInformation SHIPPER'S CERTIFICATION FOR LIVE ANIMALS ATTACHED DO NOT FEED BUT FRESH WATER TO BEPROVIDED							
No. of Pieces RCP	Gross Weight	Kg/ lb	Rate Class		Chargeable Weight	Rate/ Charge	Total	Nature and Quantity of Goods (incl. Dimensions or Volume)
				Commodity Item No.				
4	48.0	K	S	N150	96.0	22.20	2 131.20	LIVE DOG DIMS：60cm×80cm×120cm×1

（3）特种货物机长通知单（NOTOC）

当通过航空运输的方式运输活体动物时，必须通过特种货物机长通知单告知机长飞机上装载的活体动物信息，涉及飞机上所载活体动物的名称及种类、件数、重量、集装器的识别代码、装机位置、特种货物三字代码以及附加信息等内容。

2.3.3 活体动物运输安排

所有活体动物航空运输时，必须预先订好舱位方可收运。预订舱位时需要考虑航线、机场设施、存储条件、联运等因素。

（1）航线

应尽可能地为活体动物运输选择直达航班，以避免由于中转对活体动物的多次搬运及环境温度的变化，可能对活体动物造成的伤害。

由于后续经营人可以不承担第一经营人的责任，活体动物运输应尽可能避免在不同航空公司之间联运。当联运不可避免发生时，应查阅后续运输经营人的有关规定。

在确定活体动物运输路线时，需要考虑的重要因素就是活体动物运输时间，应保证用最短的时间完成整个活体动物运输。例如当运输刚孵出一天的小鸡时，必须安排小鸡在孵出后最多 72 小时内到达目的地。因此，对活体动物运输时间进行精确计算是十分必要的。

（2）机场装卸设备和储存设施

当运输活体动物时，要保证始发站机场、中转站机场及到达站机场具有适合活体动物的装卸设备和储存设施。对于装运活体动物的容器，当需要特殊的装卸设备时，查阅有关规定，以保证机场能够提供有效的装卸设备，同时容器上应有便于搬运的把手，对于大型动物容器还必须准备叉车进行装卸。

当海关和兽医不能在周末和节假日提供活体动物检验检疫时，避免活体动物在此期间进行中转或运达目的地。

保证活体动物运输中都要有足够的通风，尤其在空运活体动物较多时，以免活体动物窒息而亡。当运输中有需要喂养的动物时，应将其放在易接近、方便照料的位置，保证通风空间不会被堵塞。

陌生环境、噪声、搬运会引起大多数驯顺的家养宠物产生剧烈反应。因此，应为这些动物开辟专门的储藏区，并保持环境的干燥、安静、通风。

通常情况下，野生动物（除了鸟类）相对喜欢黑暗或较暗的地方，驯养动物和大多数鸟则喜欢较亮的地方，这有助于它们更好地休息。

为避免活体动物所产的环境滋生病菌，应当对饲养动物的房屋或区域每隔 24 小时消毒一次，需要注意在消毒过程中，不可对动物进行饲养。

当需要对中转动物添加食物和水时，托运人有责任做好事先安排，并且在将动物交付给经营人时已将要求在货运单中明确注明。

（3）预先订舱

活体动物航空运输涉及的规则程序和操作要求较多，有必要制订详细的运输计划。因此，在活体动物运输之前，托运人必须订好整个舱位并得到确认。

当活体动物运输的整个航程涉及两家以上经营人时，应明确每家经营人都可以接收该活体动物运输。当预订舱位得到确认后，托运人必须确定办理活体动物交运手续的最晚时间，以便将活体动物的整个运输时间压缩到最低要求。

（4）到达通知

当活体动物运输的各项工作都已事先安排好，特别是舱位已订妥后，托运人应通知收货人准备安排活体动物到达目的地的各项工作，以便尽快地办理通关手续和进行卫生检疫。

（5）检疫

在活体动物进口前，收货人必须明确活体动物是否需要检疫，如需要进行检疫应做好事先安排，所产生的费用由托运人或收货人支付。

2.3.4　活体动物运输中经营人的责任

由于自然原因造成活体动物的受伤和死亡，由此给托运人产生的其他损失时，经营人不承担相应的法律责任，无赔偿责任。所涉及的自然原因有：

（1）动物自然死亡；

（2）动物自身行为造成的死亡；

（3）动物之间撕咬、踢、抵、牙刺、抓伤或者窒息等所造成的伤亡及伤害；

（4）动物自身的习性造成的伤害；

（5）动物包装不合理造成的损伤、死亡；

（6）动物自身不能抵御运输过程中环境变化造成的死亡；

（7）经营人对押运员伤亡也不负责任；

（8）由以上产生的一切费用和后果，经营人不承担责任。

若是由于工作人员引起或者由于运输条件、运输过程管理不善等发生动物损失、受伤和死亡，经营人应该承担责任。

2.4 标记与标签

2.4.1 活体动物运输标记

活体动物运输的标记是活体动物运输过程中，为便于经营人开展活体动物的运输工作，在活体动物包装件外表面书写的有关运输各种事项的信息内容。活体动物运输中主要涉及的运输标记有：

托运人和收货人的姓名和详细地址以及24小时可以联系的电话，必须与货运单上的信息保持一致。

动物的学科名称、普通名称以及每一包装件内动物的数量，其中动物的学科名称、普通名称必须与活体动物托运证明书上的信息保持一致。

"POISONOUS"（有毒）标记，当运输的活体动物通过叮、咬或接触时可能使人类感染上毒素时，必须在包装件外表面上注明。

"THIS ANIMAL BITE"标记，当托运对人具有攻击性的凶猛动物，如凶猛的禽鸟、兽类时，必须在包装件外表面上注明。

药物使用信息标记，当活体动物运输中需要使用药物时，必须将药物名称、剂量、用药时间和药效时间等信息在包装上注明。

喂食喂水说明信息标记，当活体动物运输需进行喂食喂水时，必须在包装件上面注明。

如果活体动物运输中还有其他需要特殊照料的情况，托运人还应将相关注意事项在包装上注明。

在活体动物包装件外表面进行信息标记时，一定要将相关信息标记仔细完整，并保持标注字迹的清晰与持久，以利于运输过程中工作人员阅读使用。

2.4.2 活体动物运输标签

活体动物运输的标签是在活体动物航空运输过程中，为便于工作人员操作，所提供的运输工作指导用的信息标注。活体动物运输标签分为两类：活体动物标签和操作标签。

当所运输活体动物为非实验用动物时，在活体动物包装件外表面粘贴或者拴挂一个"活体动物"标签，否则在外表面粘贴或者拴挂"实验用动物"标签，标签的具体图样如图2-11所示。

在运输活体动物时，至少在包装件外表面的两个相对侧面粘贴"向上"标签或者标注"向上"方向的标识，如有必要，应在包装件的四面都贴上"向上"标签，如图2-12所示。

活体动物运输中，任何标签都不能贴在包装件的通气孔上，特别是小动物的包装，以防氧气不足而导致动物窒息而亡。

在动物整个运输过程中，如果出现标签脱落、分开或难以识别，经营人必须重新粘贴或恢复原貌。

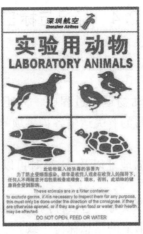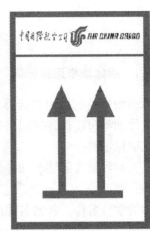

图 2-11 活体动物和实验用动物标签 　　　　图 2-12 向上标签

2.5 活体动物的存储和隔离

2.5.1 存储

环境的舒适性有利于减少动物的压力，进而降低动物的死亡率及受到伤害的程度。

受地理位置和气温变化的影响，可能使动物生病或者死亡，经营人应根据托运人的要求对动物进行仓储，尤其注意对存储环境的要求。例如，当动物属于怕冷和怕风的，应将其放置在避风处或者保暖的地方；当动物属于怕光、怕晒以及怕热的，应将其置于安静阴凉处，避免过度的光线和噪声对动物的影响。考虑动物的习性，例如野生动物包括哺乳动物和爬行动物，对黑暗或者光线暗淡的环境比较适应，应将其放置于安静阴凉的地方；家禽或者鸟类通常对于喜欢明亮的地方，应将其放置在敞亮的地方。

在高温、寒冷、降雨等恶劣天气时，不可露天存放活体动物。

在整个航空运输期间，如果托运人没有特别的要求，经营人不负责对动物进行喂食与喂水。

为了保证动物有一个较好的卫生条件，经营人应该定期清扫存放动物的区域，并在清扫时将动物移开。

通常情况下不收运妊娠期的哺乳动物。如果一级或者相当于一级的兽医部门出具证明文件，说明其在运输过程中不存在分娩可能性，经营人方可收运。但经营人必须对此类动物采取有效的防范措施。

在活体动物仓储的过程中，经营人必须禁止对活体动物进行围观、惊扰、戏逗，以免发生意外事故。

2.5.2 隔离

在活体动物航空运输时，必须在活体动物容器之间、容器与其他货物之间留有适当的间隙，以保证空气的流通。

在整个航空运输过程中，绝对禁止将活体动物与食品、有毒物质、传染性物质、放射性物质、灵柩、干冰等装入同一集装器中或者同一货舱内。

互为天敌的动物、来自不同地区的动物、发情期的动物绝对不能一起存放，装机时严禁装在同一货舱内。

为了避免交叉感染，严禁将实验用动物与其他动物放置在一起。

对于进口的动物，在到达口岸前的整个运输过程中，严禁与不同种类、不同产地、不同托运人或收货人的活体动物相互接触或使用同一运输工具。

在活体动物仓储时，同样遵循以上的隔离要求。

2.5.3 活体动物的集装器组装

冷血动物除外，严禁使用集装箱运输活体动物，除非是专用集装箱，如马厩。

当用集装板运输活体动物时，严禁用塑料布对活体动物进行直接苫盖；如果雨天使用防雨器材苫盖时，苫布与活体动物包装之间必须留有足够的空间，保证空气的流通，以免出现动物窒息而亡的现象，装机时应该去掉苫布。

装在集装板上运输的活体动物，应与其他货物分开码放，不得混装，货物之间应保留足够的距离，以保证空气流通。

为了防止活体动物的排泄物污染或者腐蚀货舱、飞机设备及集装箱和集装板，在集装板上应该加垫塑料等防水材料。

为了避免集装板滑动对活体动物造成的伤害，在航空运输中应使用保护限动装置对活体动物容器进行固定，如用集装板网罩固定动物容器。

2.5.4 装载注意事项

当运输带有不良气味的小动物，以及仅限于实验用的猴子、兔子、豚鼠以及会发出叫声的初生家禽、小狗等少量的活体动物时，只能采用飞机下货舱运输。

严禁所承运的动物数量超过该航班货舱所能允许装载的最大限制，同时应将活体动物装在适合其运输条件的货舱内。

当运输具有政治意义的活体动物时，如国家领导人互送的动物，必须报经营人相关部门领导批准，并事先通知飞行部门做好运输工作。

在活体动物运输作业时，必须妥善做好各项运输工作，以确保动物和人的健康与安全。在运输过程中，当活体动物出现生病、受伤或死亡，除非能够证明是由于经营人原因造成的，否则经营人将不负责任。如果托运人的过失或违反经营人的运输规定，导致活体动物在运输过程中造成对经营人或第三方的伤害或损失，托运人应负全部责任。活体动物在运输途中或到达目的地后死亡，应由托运人或收货人承担全部处理费用（除经营人的责任事故外）。

2.6　活体动物的运输要求

2.6.1　雏禽类动物运输

在航空运输中的雏禽类动物，是指一日龄的雏鸡、雏鸭、雏鹅、雏雉、雏火鸡等禽类动物，包括家禽类和雉类的雏鸟。

（1）运输要求

对于雏禽类动物，要求孵化后 72 小时内运达目的地，这期间不需要喂食和饮水，因此对于可能超出 72 小时才能运达目的地的雏禽类动物不予承运。

（2）包装要求

运输雏禽动物的包装必须具有一定抗压强度，保证在正常运输过程中不致变形或损坏，通常采用瓦楞纸箱、硬塑料、纤维玻璃和合成材料等进行运输包装。

如果使用单层壁的瓦楞纸箱对雏禽动物进行运输包装，应当分为 2 个或 4 个箱格进行包装。

为了保证雏禽动物有良好的运输生存环境，包装件上必须有足够数量的通风孔，通风孔开口的直径不小于 1 厘米。通风孔应位于包装箱的 4 个侧面和顶部。

当运输雏禽动物时，一只标准的包装箱（66cm×51cm×14cm）可以装运一日龄到 72 小时龄的雏鸡 50~100 只，但是在装运雏火鸡、雏鸭和雏鹅等雏禽动物时，所装运的雏禽动物数量按比例减少 20%。

如果在气温较高的季节或地区运输雏禽动物，为了保证雏禽动物有更好的通风环境，应该相应减少包装件中雏禽的数量。

（3）货物标记标签

雏禽动物运输只能使用拴挂式货物运输标记和标签，禁止使用粘贴式的标记和标签。

雏禽动物运输必须使用"向上"标签，粘贴时不能堵塞通气孔。

包装件外表面不要求使用活体动物标签。

（4）装载

由于雏禽动物对环境温度的要求为28℃，因此在地面或空中飞行中要尽可能满足雏禽动物对环境温度的要求。当环境温度过高时，应停止对雏禽动物运输。同时雏禽动物对氧气的消耗极大，为此雏禽动物周围的堆物不宜过密，保持雏禽动物周围的空气流通，为活体动物创造一个良好的运输环境，防止雏禽动物窒息而亡的事件发生。

当运输雏禽动物时，由于受不同机型的装载限制，所运输的雏禽动物数量必须与所运输的机型相匹配，同时装机时应在包装箱之间留有不少于 20 厘米的间隙，保持空气流通。

雏禽动物运输的其他要求必须按照活体动物运输的一般规定执行。

2.6.2　蛇类动物运输

绝大多数经营人原则上都不接受蛇类动物运输，特殊情况需经单位主管领导批准，方可托运蛇类动物。托运人必须提供相关文件，包括省级以上林业主管部门签发的动物准运证明、动植物检疫部门出具的动物检疫证明，才可予以承运。其包装要求：

（1）使用坚固的胶合板或膨化的聚苯乙烯、泡沫苯乙烯包装，或者用孔径不超过 0.5 厘米的网状铁笼盛装，外加麻袋包装。将袋口封好，然后吊放在胶合板制的外包装里。

（2）胶合板箱应坚固，并应有足够的通气孔，通气孔应有罗纱或铁纱保护，防蛇逃逸。

（3）箱盖应能抽动，箱底和周围应用金属片加固，箱外再用木条加固。

（4）在内、外包装上，都应设有比动物体型小的通风孔。外包装上的通风孔应当用一定强度的双层细密金属网遮盖住，防止其逃逸。

（5）如果运输时间超过 72 小时，为保持湿度需要采用潮湿的吸附材料，且此种吸附材料的使用不会造成动物的体温下降。

2.6.3　鼠类动物运输

绝大多数经营人原则上都不接受鼠类动物运输，特殊情况需经单位主管领导批准，方可承运实验鼠类动物，但必须符合经营人运输条件和国际航协《活体动物规则》的要求。其包装要求：

（1）包装应由木材或具有类似强度的材料制成，以确保其具有可以安全装运并能经受运输途中任何搬运的强度。

（2）包装内外应有双层足以防止鼠类逃逸的孔径不超过 0.5 厘米金属丝网，包装接缝处必须密封。

（3）包装的底板不能透水，底部应放置足够的吸附材料；容器内加底垫；外包装需有便于装卸的把手。

（4）包装内至少应提供能够维持动物 48 小时需要的食物和水。

（5）包装应有足够的通风孔。

2.6.4　鸟类动物运输

经营人原则上都接受鸟类动物运输，但必须符合经营人运输条件和国际航协《活体动物规则》的要求。其包装要求为：

（1）运输鸟类动物的容器大小，应根据鸟类动物的生活习性，保证其在容器内有足够自由活动的空间。

（2）包装内放置供鸟类动物使用的饲料和饮水容器。为防止鸟跌落水槽溺死，可在水槽里放置小浮板。

（3）必须将爱争斗的鸟类动物分装于不同的包装件。

（4）用于鸟类动物的包装，必须开有足够的通气孔，以免产生鸟类动物窒息而亡。如果运输鸟类动物需要用铁纱罩，必须处理好，以免伤害鸟类。

（5）为了避免出现鸟类动物中毒，严禁使用锡焊的器皿盛装饲料和饮水。

2.6.5 凶猛类动物

凶猛类动物主要有熊、山猫、野狗、狼、虎、豹、狮等。其在航空运输中的要求有：

（1）运输凶猛类动物的容器必须坚固、安全。通常采用坚硬木料制作，容器前部应用粗钢丝网或铁栏杆制成；门上栏杆的距离，应能防止动物前爪外伸；容器后部应有一活门，活门必须有安全开关，以防动物逃逸而发生事故。

（2）容器地板应做成铁筐形，使动物的排泄物能落到下面的托盘上。如不能做成铁筐形，则地板必须防漏，并应有吸湿物，保证动物的排泄物不外溢。

（3）容器必须保证空气流通，不致使动物窒息。容器的两侧，必须留有足够的通风孔，容器后面的滑门，应从上到下都有通风孔。通风孔的直径约为 2.5cm，通风孔外面应有稀麻布或铁砂保护。

（4）为了地面运输工作人员的安全，动物容器上应有便于搬运的装置。

（5）容器的大小，除应适应机门的大小外，还应根据动物的大小和数量而定，并应留有余地，保证动物能自由活动及站立。

（6）容器应装有供动物饮水的装置。

（7）此种容器亦适应运输狒狒和各种猩猩。

（8）对于有锐利爪子的动物，如熊、狗、狼等凶猛动物，容器四面应衬以金属板，以防止动物抓破容器。

2.6.6 一般类动物

一般类动物主要包括驼羊、羚羊、小骆驼、鹿、家畜、骆马、斑马等，其航空运输要求主要有：

（1）运输一般类动物的容器通常采用木质或轻金属材质，容器的两侧和顶部可用刨光的木料制作，或用麻布或帆布（内塞刨花或纤维）做衬垫。

（2）容器两侧的木板不能低于动物站立时两肩的高度，肩以上可用木条板。两边条板之间的间隔应能足以防止动物的头脚伸出去。

（3）容器的后部应设一滑门或合页门，门上应备有安全插销，防止动物逃逸。

（4）容器的地板应做成条板式的，以防止动物滑倒。地板应能防止粪便溢漏，并应有吸湿物。

（5）必要时容器上应设有食槽，可从外面放置饲料。

（6）装带角动物的容器，它的高度和宽度应保证不会伤及动物的角，且动物的角不致刺穿容器顶部。

（7）容器的大小，应能对动物的活动有所限制，使动物不能完全转身，以免动物活动时自身挤伤。容器下部四壁护板应坚固合适，使动物在活动时不致损伤动物腿蹄。

（8）当收运长颈鹿时，年龄超过 6 个月的禁止收运。因为成年长颈鹿站立时由头至脚可达6~8米，体重700~2 000千克，已经超过了航空器的装载限制。

2.6.7　甲鱼

甲鱼是航空运输中常见的活体动物，其运输要求有：

（1）运输甲鱼的包装必须用牢固的木箱包装，每只木箱不高于25cm，强度可承受同类包装、同类重量和体积的八层堆积压力。

（2）为避免甲鱼的排泄物溢出污染飞机和其他货物，运输甲鱼的木箱底部必须放置相应的吸湿物作为衬垫。

练习思考题

1. 活体动物航空运输时，托运人需要提供哪些文件？
2. 航空运输活体动物的包装有哪些要求？
3. 简述活体动物装机时的隔离要求。
4. 简述雏禽类动物航空运输的包装要求。

第3章 鲜活易腐货物航空运输

随着社会经济的发展，人民生活水平的提高，人们对新鲜水果、蔬菜、海产品等鲜活易腐产品的需求日益增多。在航空运输中由于鲜活易腐产品包装不善，产生类似如液体泄漏、水果蔬菜腐烂等事件时有发生，使得飞机、其他货物和行李遭到不同程度的污染，严重的甚至导致飞机停场清洁、后续航班延误等严重后果。如果鲜活易腐货物发生泄漏、腐烂等事件，不仅会给托运人带来取消运输或产生经济赔偿的后果，也会给经营人造成重大的经济损失，同时还会使航空公司陷入生产组织运营的困境。出现这些问题的主要原因在于，一是托运人漠视鲜活易腐货物运输的相关规定和要求，降低了包装标准或者使用了不符合要求的包装材料；二是经营人收运货物时，有章不循，放松标准，把关不严，在装载货物时经常出现侧放、倒置等导致包装破损，出现液体泄漏。

为了安全准时运输鲜活易腐货物，必须针对鲜活易腐货物运输的各个环节制定严格的规章制度和运行程序，为此国际航空运输协会（IATA）专门编制了《鲜活易腐货物规则》（*Perishable Cargo Regulations*，PCR），同时各国政府和经营人也分别根据自身的实际情况制定了关于鲜活易腐货物运输的相关规定和要求。

3.1 概述

3.1.1 鲜活易腐物定义

鲜活易腐货物是指在一般运输条件下，由于受到气候、温度、湿度、气压变化或者运输时间以及航班延误等的影响，容易引起变质、腐烂、死亡或者失去原有价值的物品。例如肉类、水果类、蔬菜类等植物类、水产品类，以及需要低温保存的食品、药品、人体器官、试剂、疫苗等生物制品，在航空运输中都归属于鲜活易腐货物，此外，活的鱼、蟹、贝类、沙蚕等活体动物不仅属于活体动物，同时也属于鲜活易腐货物，其航空运输中既要遵守活体动物运输的规定，也要遵守鲜活易腐货物运输的规定。鱼苗、蟹苗、人体蛋白等价值较高的鲜活易腐货物，托运人声明价值符合贵重物品价值标准的，还应遵守贵重物品运输的规定。当在鲜活易腐货物运输中使用干冰（固体二氧化碳）、液氮等作为制冷剂时，还应遵守危险品运输的规定。

鲜活易腐货物的三字代码是 PER，其中种蛋的三字代码是 HEG，食品的三字代码是 EAT。

3.1.2　鲜活易腐货物分类

在航空运输中，由于鲜活易腐货物类型较多，不同的鲜活易腐货物的性质各异，对运输的要求也不一样，因此需要对鲜活易腐货物进行分类。

（1）鲜花（Fresh Flowers）；

（2）植物（Live Plants）；

（3）新鲜水果（Fresh Fruits）；

（4）新鲜蔬菜（Fresh Vegetables）；

（5）新鲜的肉类（Fresh Meats）；

（6）海鲜（Fresh Seafood）；

（7）正在孵化的禽蛋（Hatching Eggs）；

（8）疫苗和医疗设施（Vaccines and Medical Supplies）。

3.1.3　鲜活易腐货物的特点

鲜活易腐货物受到地域、季节以及货物性质等的影响，具有自身的一些特点。主要表现在：

（1）运输量受到季节性影响强，变化大

水果蔬菜大量上市的季节、沿海渔场的汛期等，运量会大增。

（2）对运输时间要求紧急

大部分鲜活易腐货物都极易产生变质，要求运输时间尽可能的短，以最短的时间、最快的速度到达目的地。

（3）整个运输期间需要特殊照料

在鲜活易腐货物中，牲畜、家禽、蜜蜂、花木秧苗等货物的运输，必须配备专用设备，运输途中需要给予这些货物专门照料。

3.1.4　鲜活易腐货物运输注意事项

在鲜活易腐货物航空运输中，除了少数部分货物确因途中照料或运输工具不适造成死亡外，其中大多数货物都是因为发生腐烂变质而产生货物损坏及灭失的。

不同类型的鲜活易腐货物发生腐烂变质的原因有所不同，主要表现在：

①对于动物性食物而言，主要是由于微生物的生命活动和食物中的酶所进行的生物化学反应造成的。因为动物性食物没有生命力，如禽、畜、鱼等动物性食物，在储藏时它们的生物体与构成它们的细胞都死亡了，故不能控制引起食物变质的酶的作用，也不能抵抗引起食物腐败的微生物的作用，一旦细菌、霉菌和酵母在食物内繁殖，使蛋白质和脂肪分解，变成氨、游离氮、硫化醛、硫化酮、二氧化碳等简单物质，就会产生臭气和有毒物质。同时还会对食物里面的维生素产生破坏，通过有机酸分解使食物腐败变质不能食用。

②对于植物性食物来说，主要是呼吸作用所导致的。水果、蔬菜等易腐货物在运输过程中其植物原生质还活着，能够进行呼吸作用来维持其生命。然而尽管植物的呼吸作用能

够抵抗细菌入侵，但同时也不断消耗植物体内的养分，并且随着体内各种养分的消耗，植物体内抗病性逐渐减弱，到了一定程度细菌就会乘虚而入，加速各种营养成分的分解，植物体内营养物质消耗完毕后，就不能再维持其生命，此时，细菌的繁殖速度加快，使水果、蔬菜很快腐烂变质。

③自然界中的化学作用。运输过程中无论是动物性食物还是植物性食物，一旦被碰伤后，食物会被迅速氧化，其呼吸作用就会加强，也就加快了腐烂变质的进程。

在鲜活易腐货物运输中，只要抑制微生物的繁殖，控制呼吸作用和化学作用的强度，就能防止或推迟货物腐烂变质的过程。

因此，在鲜活易腐货物运输中需要注意以下几个方面。

（1）保持适宜的温度条件

在运输过程中为了防止鲜活易腐货物变质腐烂，必须保持在一定的温度。该温度通常称为运输温度。不同类型的鲜活易腐货物对运输温度的要求是不同的，即使是同一货物，由于运输时间、货物的冻结状态以及成熟程度的不同，对运输温度的要求也不一样。

运输温度对微生物的生存和繁殖以及鲜活易腐货物的呼吸作用都有非常大的影响。随着温度降低，微生物的繁殖能力就会减弱，当降低到一定温度，微生物的繁殖能力停止，货物会保持较长时间不会腐坏。当降低温度，果蔬类货物的呼吸也随之减弱，其营养物的消耗与分解也相应减慢，从而延长了它们的保鲜时间。

运输中，当外界气温大大高于物品所要求的运输温度时，就应使用冷藏运输。冷藏货大致分为冷冻货和低温货两种。冷冻货是指货物在冻结状态下进行运输的货物，运输温度的范围一般在-20℃~-10℃；低温货是指货物在还未冻结或货物表面有一层薄薄的冻结层的状态下进行运输的货物，一般允许的温度调整范围在-1℃~16℃。

对于鲜活易腐货物，并非温度越低越好，如水果、蔬菜保藏的温度过低，会因冻结破坏其呼吸机能而失去抗菌力，解冻时会迅速腐烂；动物性食物，冻结温度过低也会使其营养品质大大降低。

（2）提供合适的湿度

通过冷藏方法来储藏或者运输鲜活易腐货物时，除了温度是第一考虑的因素之外，鲜活易腐货物所处环境的湿度高低对货物的腐烂变质也会产生直接的影响。

湿度对鲜活易腐货物的影响甚大，湿度增大会使货物表面"发汗"，便于微生物滋长；湿度过低货物蒸发加强，货物易于干缩枯萎，失去新鲜状态，而且破坏维生素和其他营养物质，降低货物品质。

在实际运输过程中，温度与湿度可以相互配合，冷冻食物为减少干耗，湿度可以大些；水果、蔬菜温度不能太低，湿度可适当小些。

（3）保持适当的通风

蔬菜、水果以及动物性食物在运输过程中，都需要保持一定的通风，目的是排除呼吸时放出的二氧化碳、水蒸气和热量，同时换入新鲜空气。但通风对温度、湿度又有直接影响，如外界温度高，通风会提高机内温度和湿度；反之，就会下降。通风的时间也要适当，时间过短达不到换气目的，时间过长又要影响机内的温度和湿度。

（4）保持良好的卫生条件

在运输鲜活易腐货物时，保持良好的卫生条件，鲜活易腐货物沾染微生物的机会就少，能够保证货物的鲜活度，腐烂变质的概率就会大大降低。

可见，温度、湿度、通风、卫生四个运输条件之间存在既互相配合，又互相矛盾的关系，只有充分了解其作用机理，妥善处理好它们相互之间的关系，才能保证鲜活易腐货物的运输质量。

3.1.5　IATA《鲜活易腐货物规则》介绍

为了安全运输鲜活易腐货物，国际航空运输协会 IATA 出版发行了 *Perishable Cargo Regulations*，简称 PCR，中文名为《鲜活易腐货物规则》，是专门针对航空运输鲜活易腐货物编写的运输规则，也是整个航空运输界公认的鲜活易腐货物运输行业标准。IATA PCR 的 2018 年版本封面如图 3-1 所示。

IATA 每年出版《鲜活易腐货物规则》一期，每一期的有效时间为当年的 1 月 1 日–12 月 31 日。2018 年 17 版 PCR 共分为 11 章和 4 个附录，其中英文对照目录如表 3-1 所示。

3.1.6　鲜活易腐货物品名表

为了严格鲜活易腐货物的运输，IATA 在《鲜活易腐货物规则》中给出了每一种鲜活易腐货物的运输品名，同时给出了每一种鲜活易腐货物在航空运输中所需的最佳环境状态。

图 3-1　IATA PCR 封面

表 3-1　　　　　　　　　　《鲜活易腐货物规则》中英文对照目录

章节	英文	中文
Chapter 1	Application of these Regulations	适用性
Chapter 2	Government Regulations	政府规定
Chapter 3	Carrier Regulations	经营人规定
Chapter 4	Perishables Facts and Types	鲜活易腐货物的现状和类型
Chapter 5	Perishables Classification	分类
Chapter 6	Packaging	包装
Chapter 7	Perishables Operations	鲜活易腐货物运营
Chapter 8	Traceability and Tracking	可追溯性和追踪
Chapter 9	Claims	投诉赔偿

表3-1（续）

章节	英文	中文
Chapter 10	CITES	濒危野生动植物种国际贸易公约
Chapter 11	Air Transport of Cut Flowers	鲜切花的航空运输
Appendix A	Ventilation, Heating and Cooling Capability of Airbus and Boeing Aircraft	空客和波音飞机的通风、加热、冷藏能力
Appendix B	General Design Requirements for Thermal, Insulated and Refrigerated Containers	保温、隔热、冷藏集装器的设计要求
Appendix C	Picture Series	图片
Appendix D	Cargo Handling Codes	货运代码

从 IATA PCR 中节选了部分鲜活易腐货物的运输品名表，如表 3-2 所示。

表 3-2 鲜活易腐货物名称表节选

Commodity (presentation)	Cat.	Group	Tamp	min T	max T	min RH	max RH	SLF	CDPR	RBDR	EB	EPR	CS	Pck. Sec.	Pck. Flg.	Tab. 5.3 Cot.
A	B	C	D	E	F	G	H	I	J	K	L	M	N	O	P	Q
Accacla	OR	CUTF	COOL	4	4			SS						6.3.6		
African violet	OR	PFLP	COOL	10	15								10	6.3.6		
Aglaonema, cv. Fransher	OR	POFP	COOL	13	16	80	90							6.3.6		
Aglaonema, cv. Silver queen	OR	POFP	AMBT	16	18	80	90							6.3.6		
Alfaifa sprout	VG		COLD	0	2	90	98							6.3.1		
Alstroemeria	OR	CUTF	COOL	4	4			SS						6.3.6		
Amaranth	VG		COLD	0	2	90	98							6.3.1		
Amaryllis	OR	PFLP	COOL	2	5									6.3.6		
Anemone corona-ria	OR	BCRT	COOL	7	13									6.3.6		
Anemone wind-flower	OR	CUTF	COLD	0	1			SS						6.3.6		
Anise	VG		COLD	0	2	90	98							6.3.1		
Anthurium	OR	CUTF	COOL	13	13								10	6.3.6		
Apple	FR		COLD	−1	2	90	95		L	C	P	H		6.3.1	6.3.B 6.3.C 6.3.D	C E F
Apricol	FR		COLD	−0.5	2	90	95		L	C	P	M		6.3.1	6.3.B 6.3.C	F
Ardlsia crispa	OR	POFP	COOL	10	13	80	90							6.3.6		
Artichoke	VG		COLD	0	4	95	100	VH			VL			6.3.1		F
Arugula	VG		COLD	0	2	90	98							6.3.1		
Asparagus	VG		COLD	1	4	95	100	EH		S	VL		0	6.3.1	6.3.F	F
Asparagus rhizo-mes	OR	NUST	COLD	−1	0									6.3.6		
Asparagus plu-mosa	OR	FLGR	COOL	2	4									6.3.6		
Asparagus sprenger	OR	FLGR	COOL	2	4									6.3.6		
Asparagus elatior	OR	POFP	COOL	10	13	80	90							6.3.6		
Aster China	OR	CUTF	COLD	0	4									6.3.6		

表3-2（续）

Commodity (presentation)	Cat.	Group	Tamp	min T	max T	min RH	max RH	SLF	CDPR	RBDR	EB	EPR	CS	Pck. Sec.	Pck. Flg.	Tab. 5.3 Cot.
Atemoya	FR		AMBT	13	18	85	95			C				6.3.1		
Avocado	FR		COOL	5	13	85	90	H	C	P	H [r]		5	6.3.1	6.3.B	D E
Azalea (un-rooted)	OR	PFLP	COOL	2	5									6.3.6		
Azalea, un-rooted	OR	CUSC	COLD	-0.5	4									6.3.6		
Banana	FR		AMBT	13	18	85	95			C	P [r]	M [r]	12	6.3.1	6.3.D 6.3.E	C D
Banana	FR		AMBT	13	18	85	95			C	S [u]		12	6.3.1	6.3.D 6.3.E	C D
Banana	FR		AMBT	13	18	85	95			C		L [g]	12	6.3.1	6.3.D 6.3.E	C D
Barbados cherry	FR		COLD	0	2	90	98							6.3.1		
Basil	VG		COOL	7	10	85	95							6.3.1		
Bean	VG													6.3.1		
Bean sprout	VG		COLD	0	0	95	100	SS	VH					6.3.1		
Bedding plants	OR	NUST	COOL	4	13									6.3.6		
Beef	MP		COLD	0	1									6.3.4	6.3.K	C
Beef (carcass)	MP		COLD	0	1									6.3.4	6.3.K	C
Beet	VG		COLD	0	4	98	100	S	M					6.3.1		F
Beetroot	VG											VL		6.3.1		
Begonia, luberous	OR	BCRT	COOL	2	7									6.3.6		
Begonia-elatior	OR	PFLP	COOL	10	15								10	6.3.6		
Belgian endive	VG		COLD	0	4	95	100				S	VL		6.3.1		
Bell pepper	VG		COOL	7	10	85	95					L		6.3.1		
Blrd of paradlse	OR	CUTF	COOL	7	8								10	6.3.6		
Blriba	FR									C						
Bltter melon	VG		AMBT	13	18	85	95			C				6.3.1		
Blackberry	FR		COLD	-0.5	2	90	95	SS	H	NC		L		6.3.1		F
Blueberry	FR		COLD	-0.5	2	90	95	S	M	C		L		6.3.1		F
Blueberry wood (un-rooted)	OR	CUSC	COLD	-1	0									6.3.6		
Bok choy	VG		COLD	0	2	90	98							6.3.1		
Bontato	VG		AMBT	13	18	85	95							6.3.1		
Bougainvillea	OR	PFLP	COOL	10	15								10	6.3.6		
Bouvardia	OR	CUTF	COLD	0	2			SS						6.3.6		

表中：A栏［Commodity（presentation）］表示鲜活易腐货物名称。其以英文字母顺序排列。

B栏（Cat.）表示种类。

（1）DA＝奶制品

（2）EG＝蛋类

（3）FR＝水果

（4）CF＝鲜切水果

（5）CV＝鲜切蔬菜

（6）MP＝肉及肉类产品

（7）OR＝观赏植物

（8）SF＝海产品及鱼类

（9）VG＝蔬菜

C 栏（Group）表示组。列出了在一个类别下使用的分组。

（1）BCRT＝球茎、谷类、根茎、根和块茎

（2）CHEZ＝干酪

（3）CREM＝奶油

（4）CUSC＝切片和幼芽

（5）CUTF＝鲜切花

（6）FISH＝鱼类

（7）FLGR＝观叶植物

（8）MILK＝牛奶

（9）NUST＝苗木

（10）PFLP＝盆栽花卉植物

（11）POFP＝盆栽观叶植物

（12）SHFI＝贝类

D 栏（Tamp）表示温度。列出了产品的摄氏温度适用范围。

（1）室温　Ambient（AMBT）＝15℃～20℃

（2）保鲜　Cool（COOL）＝ 2℃～15℃

（3）冷冻/冷藏　Cold（COLD）＝-9℃～2℃（国内标准将冷冻定为-10℃～2℃）

（4）冰冻　Frozen（FROZ）＝<-10℃

E～F 栏（MinT、MaxT）表示最低和最高温度（℃）。

列出了货物保存的最适宜温度范围。

G～H 栏（Min RH、Max RH）表示最低和最高相对湿度（％）。以百分数列出了对货物适用的相对湿度范围。

I 栏（SLF）表示最短保质期限。对时间特别敏感的货物上的标记和分级如下：

（1）S＝保存时限不超过 14 天

（2）SS＝保存时限不超过 7 天

J 栏（CDPR）表示产生二氧化碳等级。货物的二氧化碳产生率的标记和分级如下：

（1）EH＝非常高

（2）VH＝很高

（3）H＝高

（4）M＝中等

（5）L＝低

（6）L［r］＝低（成熟的）

（7）VL＝很低

K 栏（RBDR）表示成熟时的呼吸行为。货物呼吸行为标记，货物有呼吸峰或无呼

吸峰。

（1）C=有呼吸峰

（2）NC=无呼吸峰

L栏（EB）表示乙烯行为。产生乙烯或是对乙烯敏感的货物，货物的乙烯特性的标记和分级如下：

（1）S=对乙烯敏感

（2）S［u］=对乙烯敏感（未成熟的）

（3）P=产生乙烯

（4）P［r］=产生乙烯（成熟的）

M栏（EPR）表示产生乙烯的量。产生乙烯的货物的标记和分级如下：

（1）H=高

（2）H［r］=高（成熟的）

（3）L=低

（4）L［g］=低（未成熟的）

（5）L［m］=低（成熟的）

（6）M=中等的

（7）M［r］=中等的（成熟的）

（8）［m］=成熟的

（9）［r］=成熟的

（10）VH=很高

（11）VH［r］=很高（成熟的）

（12）VL=很低

N栏（CS）表示最低冷藏温度（℃）。列出了低温敏感性货物的最低安全储藏摄氏温度。每一种货物显示的数值为不应超出的最优值。

O栏和P栏（Pck. Sec. 和Pck. Fig.）表示相应包装和图例。列出了货物适用的包装章节和图的编号。

Q栏（Tab. 5.3Cot.）表示隔离。与表中的其他货物不相容或需要按照IATA PCR进行隔离。

3.1.7　有关政府组织和国际组织的鲜活易腐货物运输规定

由于来自不同地域的鲜活易腐货物可能给其他地区或者国家带来生态环境、人的健康以及宗教信仰等问题和困扰，为此有关政府组织和国际组织都制定了鲜活易腐货物的运输规定。

（1）有关地区或者国家的鲜活易腐货物运输规定

世界上大多数地区或者国家，对包括食品在内的某些鲜活易腐货物进行限制或禁止进口，还有一些对鲜活易腐货物的转运也有严格限制，而许多地区或者国家针对初级产品的出口进行严格控制。托运人可以通过咨询当地有关地区或国家的使领馆，来获取这些地区或者国家关于鲜活易腐货物运输的详细规定（世界各政府组织有关限制或者禁止鲜活易腐货物运输的法律条款可参阅 TACT RULES 中的规定，也可以查询 IATA 出版的《鲜活易腐货物规则》的规定）。

凡属于《濒危野生动植物种国际贸易公约》内的濒危动植物及其产品或者地区或者国家保护的动植物，在航空货物运输中都必须提供所在地区或者国家林业主管部门或者濒危动植物管理部门出具的野生动植物濒危物种进出口许可。在航空运输中常见的列入《濒危野生动植物种国际贸易公约》内的濒危植物及其产品，可查阅 IATA 出版的《鲜活易腐货物规则》的规定。

在航空运输过程中，对于运输鲜活易腐货物，必须带有始发站地区或者国家有关主管当局出具的检验检疫证明及其他相关文件。

当托运鲜活易腐货物时，托运人有责任遵守货物运输过程中有关地区或者国家的各种法规，经营人在接收鲜活易腐货物前，应该尽可能查验其是否符合有关政府的规定。

例如，IATA PCR 中公布了中国进口的植物及植物产品时的规定，要求托运人必须出具 Health Certificate（健康证明书），如表 3-3 所示。

表 3-3　　　　　　　　IATA PCR 公布的中国关于进口植物及植物产品的信息

2. 2. 5　People´s Republic of China
The Ministry of Public Health exercises overall responsibility for the implementation of national policies on food safety.
The Public Health Administration of the State Council is the statutory authority responsible of the Food Hygiene Law CH1042 that governs hygiene for all food, food additives, food containers, packaging materials, instruments, equipment, detergents and disinfectants, as well as food production and marketing operation, locations and facilities.
TheImport-export Food Labelling Management Regulation-CH1044-Provides more severe verification and inspection for the enforcement of import and export food product labelling than the Food labelling standard-CH1043-that governs food labelling for all food related items for sale in China´s dometic market.
China Inspection and Quarantine
（http：//www. ciq. gov. cn/doc/english）
Law of the People's Republic of China on Import and Export Commodity Inspection
（http：//www. ciq. gov. cn/doc/english/）
Procedures for Administration of Registration of Imported Food and Food Additives Directive No. 38 of the Ministry of Agriculture of the People´s Republic of China
（http：//202. 127. 45. 180/english/ord38e. htm）

（2）有关国际组织的鲜活易腐货物运输规定

针对鲜活易腐货物运输，除了一些地区或者国家制定了管理法规之外，有些地域或者经济上的共同体，例如欧盟专门就鲜活易腐货物运输制定了法规，主要内容涉及如下：

①凡是通过航空运输方式进入欧共体的动物产品，必须在入境口岸接受兽医检查。这种检查由国家兽医部门或者其指定的机构在规定的边境检查站进行，检查内容包括文件证明检查、身份检查、生理检查。如果目的地口岸是指定的口岸检疫站，生理检查也可以在目的口岸进行。

②文件检查是对动物产品的产地及目的地和动物检疫证明等文件进行核实。

③身份检查是为了检查产品和它的各种证明文件以及戳号、标记是否一致。

④生理检查是对产品本身的检查，可能包括当场取样进行实验室测试。生理检查在指定的边境检查站进行，动物航空运输的边境检查站名称见 IATA PCR。

⑤欧盟检查中包含的动物产品。肉和肉类制品，涉及马、牛、猪、羊、兔、家禽、野禽、奇偶蹄类野生动物等。其他动物产品，如奶制品、蛋制品、鱼产品、种蛋、蜗牛、蜂蜜、蛇、猎获物、猪或者鱼的精液、牛胚胎、软体动物等。欧共体指定经营人为进口商，经营人须在货物到达目的港前将有关货物的详细信息通知边境检查站。进入欧盟境内的动物产品检疫费用，应由经营人、地面代理人、收货人或其代表向欧盟成员国的有关机构支付。

⑥关于植物和植物制品的管理规定，欧共体也正在编制中。鲜活易腐物品的管理规定一直在不断进行修订。

3.2　托运人要求

3.2.1　托运人的责任

（1）根据始发地、中转地、目的地的需要，详细申报货物的所有相关信息。

（2）在货物订舱前，确定并提供经托运人和经营人双方同意的详细的运输书面说明，包括可能会影响货物本身和其他货物的特别操作要求、条件或环境。

（3）事先获得相关的进口、出口、转运、检疫或健康需要的许可证或证明书，并在提出要求时能够出示。

（4）提交运输的货物应经过检查并妥善地包装，不能对在正常运输或操作条件下的操作人员、机组人员的安全造成危险。

（5）在货物包装件上正确黏贴标记、标签和填制运输文件。

（6）确定并提供主要联系人，该联系人对货物的全程运输负责，并保证运输过程中所有相关各方在指定的时间、地点能够与其取得联系，以获得货物的相关信息。

（7）在遇到紧急情况、延误、改变运输路线或任何其他事件时的处理程序和对策。

（8）告知和训练员工应负的责任以及应尽的义务。

（9）确定当所运货物停止时的联系办法，或在什么时候开始转移以及转移给哪一方。

（10）托运人除遵守鲜货易腐货物运输的以上责任外，还要遵守货物运输的一般责任。

3.2.2　托运人的义务

（1）托运人托运鲜活易腐货物应当遵守国际公约、国际惯例、货物出发地和运输过程中有关地区或者国家的法律和规定。

（2）托运人托运鲜活易腐货物应当遵守经营人的运输规定。

（3）为保证货物运输安全，托运人应当根据货物性质、重量、形状、体积，采用适合航空运输的内、外包装材料和包装形式，对货物进行妥善包装。

（4）因托运人违反国际公约、国家法律以及经营人的有关规定托运货物，给经营人或者经营人对之负责的其他人造成的损失，托运人应当承担责任，并对经营人运输此种鲜活易腐货物而造成的损失给予赔偿。

（5）托运人应当支付由于以下原因造成的经营人的损失或产生的费用：

①托运的鲜活易腐货物中含有法律禁止运输或者限制运输的物品；

②货物的标识、数量、地址、包装或者货物品名不正确、不合法、不完整；

③进、出口许可证明缺失、延滞或者错误；

④货物重量、体积不符；

⑤托运人没有及时办理进出口检验、检疫、海关等政府手续。

（6）由于鲜活易腐货物的自然属性或者因包装不良等情况可能危及飞机、人员和财产的安全，经营人可以在不预先通知的情况下中止运输并按照有关规定进行处理。

（7）由于运输过程中温度、湿度和飞行高度变化产生压力差，会导致液体的渗漏和不良气体的散发，因此，鲜活易腐货物的包装必须符合货物特性和经营人的要求。

（8）凡需要检验检疫证明的鲜活易腐货物，托运人托运货物前必须到检验检疫部门办理有关文件。另外，还要符合运输过程中有关国家的货物进出口及过境规定，具体可参阅TACT PCR 中的相关规定，也可直接向有关政府部门、经营人咨询。

（9）属于活体动物的鲜活易腐货物，还应符合国际航协《活体动物规则》的有关要求。

（10）托运人托运鲜活易腐货物前，应书面提出在运输中需要注意的事项以及允许的最长运输时间。如果经营人无法满足其要求的，可以拒绝收运。

（11）除另有约定外，鲜活易腐货物不办理运费到付。

（12）只有当整票货物全部由性质相近的鲜活易腐货物组成时，才能作为混载货物运输。当鲜活易腐货物作为混载货物运输时，不应包括活龙虾、螃蟹、甲鱼、活沙蚕以及贝类等活体动物。

（13）为减少鲜活易腐货物在地面停留的时间，应要求托运人或者收货人直接到机场办理托运或者提取手续。

3.2.3　鲜活易腐货物的包装

由于鲜活易腐货物类型众多，货物特性各异，一些货物特别容易腐烂变质，另一些货物对运输时间和温度要求较高，因此不同的鲜活易腐货物对包装的设计和结构的要求是不同的，同时包装也决定了货物是否能成功空运和经营人交付货物的状态是否完好。鲜活易腐货物的包装不仅要符合普通货物的包装要求，同时还要按照 PCR 的要求对货物进行包装。

3.2.3.1　一般包装要求

（1）鲜活易腐货物的包装首先必须考虑的就是如何保持货物的品质，需要将运输时间和环境因素（包括温度和湿度等）对货物的影响降到最低。货物的特性决定了货物的包装方式。

（2）鲜活易腐货物的包装都必须能够为内装物提供足够的保护，防止其中液体的渗漏或溢出以及对其他货物和飞机的污染。

（3）鲜活易腐货物的包装方式和包装结构必须能够经受住运输全过程中的正常操作。

（4）含有活体动物的鲜活易腐货物的包装要同时满足 PCR 和 LAR 的要求。

（5）鲜活易腐货物的包装一定要有足够的强度，经受住经营人规定的堆码高度。

（6）鲜活易腐货物在包装时应当考虑在运输过程中可能出现的温度、高度、角度和方向上发生的变化以及始发站、目的站、中转站地面气候的变化。

（7）通常用于鲜活易腐货物的包装材料有聚苯乙烯泡沫箱、聚乙烯袋、打蜡的纸板箱、经处理的纤维板箱、木桶/木箱/板条箱、塑料箱、金属罐、聚乙烯布、聚苯乙烯泡沫绝缘材料、吸湿纸等。

（8）许多鲜活易腐货物要求内外包装能够对货物起到足够的保护作用，冷冻的物品通常采用组合包装方式对货物进行包装。

3.2.3.2　制冷

大多数鲜活易腐货物运输中，为了保证货物的品质，需要采用低温的方式运输。通常在鲜活易腐货物运输中使用制冷剂、制冷系统、隔热方法等方式将货物保持于低温状态。

（1）制冷剂

为了提供足够的保护，许多鲜活易腐货物既要求有外包装又要求有内包装，在这种混合包装中，经常使用制冷剂。最常用的制冷方法是在货物的包装内或者在装有货物的集装箱内放入一定数量的湿冰、干冰、胶冰以及深冷液化气体。

① 湿冰

湿冰使用的时间有限，而且所需要的温度很低时，湿冰是无效的。同时，由于湿冰融化会产生水，而多数包装内带有冰的鲜活易腐货物又属于湿货，因此，必须采用更为严格的包装标准。

② 干冰

干冰使用过量或者直接接触货物，会对某些鲜活易腐货物产生损害。

干冰属于危险品，其有关的运输文件、货物标签、标记以及装卸操作必须遵守 DGR 规定。如果在运输过程中需要添加干冰，必须预先通知有关航站。

干冰不适合作为新鲜水果和蔬菜以及诸如药品和人体物质的制冷剂。

③ 胶冰

胶冰（也称冻胶、蓝冰）是一种预先包装好的化合物。通常使用的胶冰有两种：一种是装在塑料袋中的粉末，这种胶冰需要另加水；另一种是装在型料袋中的片状物。

胶冰使用前应冷冻成胶状体，胶冰的制冷强度比湿冰高，但比干冰低。

胶冰耐用并且可以重复使用。胶冰在使用过程中不渗漏，对食品没有危害，因此，建议在运输鲜活易腐货物时，以胶冰作为首选的制冷剂。

④深冷液化气体

使用深冷液化气体作为制冷剂仅限于高度专业化的领域，通常只在运输人体组织、人体器官和动物精液时使用。

深冷液化气体属于危险品，使用深冷液化气体作为鲜活易腐货物的制冷剂时，应遵守 DGR 规定。

（2）制冷系统

可通过使用干冰等制冷剂，制造为可控制的制冷系统，保持鲜活易腐货物处于低温状态，这也是运输鲜活易腐货物最适宜的方式之一。

（3）隔热方法

在鲜活易腐货物运输中，可采用隔热方法保持货物的低温，避免货物受外界温度的影响。对经过预冷处理的货物使用塑料布围裹可以减少空气的流动，保持货物处于相对较长的低温状态。对货物使用具有反光性能的外罩可以减少因阳光照射产生的热量。

3.2.3.3 鲜活易腐货物的包装类型

基于鲜活易腐货物的特性，在 IATA PCR 中规定，不同类型的鲜活易腐货物有不同的包装方式。

鲜活易腐货物的主要包装类型有：

①水果蔬菜类包装；

②鲜鱼和海鲜产品类包装；

③肉类包装；

④冷冻和冰冻类产品包装；

⑤切花和植物类包装；

⑥药品和人类器官或血液包装；

⑦奶酪和奶酪产品包装。

下面以水果蔬菜类与冰冻类产品包装为例，简单介绍鲜活易腐货物的包装要求，其他类型详见 IATA PCR。

（1）水果蔬菜类包装要求（以纸箱为例）

纸箱一般是单层、双层或者三层的瓦楞纸箱，使用经过蜡浸或者未蜡浸的瓦楞纸制成，并根据需要可以制作成多种规格的包装箱。如图 3-2 所示。

图 3-2 纸箱

蜡浸纸箱具有较强的抗水能力，通常用来包装使用湿冰作为制冷剂或者水分较大的鲜活易腐货物。瓦楞纸箱的四周通常打有通气孔，以利于冷气或者冷水进入纸箱冷却货物。使用压缩气体或者湿冰进行冷却的，开孔应在纸箱侧面；使用冷水冷却的，开孔应在纸箱上面。

　　为了保证货物处于良好的环境条件下运输，对于一些抗寒的产品，如甜玉米、小萝卜、胡萝卜、鲜洋葱、西兰花等可在纸箱中加上适量的湿冰。

　　由于湿冰融化后产生的水可能导致泄漏或者浸湿纸箱，因此，装有湿冰的纸箱除应按规定使用吸水材料外，纸箱的外面应注明"湿货（WET）"字样。

　　纸箱包装适用于绝大多数鲜活易腐货物的运输。

　　（2）冰冻类产品的包装要求

　　冰冻类产品包装箱主要由运输包装和制冷系统两部分组成。

　　冷冻类产品通常采用浸蜡的纤维板箱包装，装入绝热、制冷或温度可控集装器内运输。涂蜡纤维板不能承受长时间的潮湿环境，因此不能在冷冻易腐货物中使用。干冰通常用在冷冻产品的内包装中。

　　运输需要稳定和控制温度的冷冻类产品时，应满足如下包装要求：

　　①包装箱主要由运输包装和制冷系统组成。运输包装包括外包装和内包装，外包装箱是纤维板箱；制冷系统包括双层铝箔袋、隔热材料和制冷剂。所有的组成部分都必须是防渗漏的，箱体应有双层边和防漏角，箱体的底部必须进行防滑处理；可以使用不同类型的隔热材料为产品提供隔热以及防碰撞的保护。如图 3-3 所示。

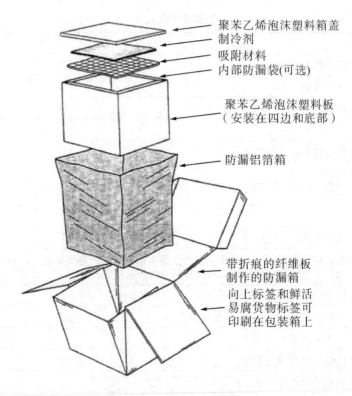

图 3-3　冷冻和冰冻品的包装

　　②使用聚乙烯袋装湿冰、干冰或者胶冰等制冷剂，以保持包装箱内的低温，干冰被归类为危险品，必须遵守国际航协《危险品规则》的规定。由于胶冰对环境影响小且制冷效

力高，通常使用胶冰作为制冷剂。所有内装制冷剂的包装必须是防渗漏的。使用湿冰作为制冷剂时，包装内必须有足够的吸湿材料。

③需要冷冻的货物包装前必须冷冻至所需要的温度。可以采用预冷方法：将胶冰冷冻至−20℃（冷冻品）或者−30℃（冰冻品）；用一层泡沫或类似材料包装冷藏或者冷冻产品以减少热源的影响。

④货物装箱时，底部必须放平确保码放安全。码放湿货前应先铺垫吸附材料。

⑤货物不能放在露天风吹雨淋或者放在阳光下曝晒。

3.2.4 鲜活易腐货物运输文件管理

（1）货运单

货运单的填开应按照 TACT 的规定，必须在货物品名栏内注明"鲜活易腐货物"（Perishable）。

在货运单的托运人和收货人栏目中，一定要注明其全称和详细地址，最好注明其电话。

在货运单的储运注意事项（Handling Information）栏内，填写经营人认可的储运注意事项。填写内容必须简明、清楚，易于理解，使用三字代码来描述货物，如表3-4所示。

表3-4 货运三字代码

三字代码	中文含义
ACT	温度控制系统
AVI	活体动物
COL	冷藏物品
EAT	食品
FRI	做动植物检疫的冷冻物品
FRO	冷冻物品
HEG	种蛋
ICE	干冰
LHO	活的人体器官或血液
PEA	猎获物、毛皮、皮革以及由《濒危野生动植物种国际贸易公约》（CITES）中列明的物种为原料制成的或者含有物种部分组织的所有产品。
PEF	鲜花
PEM	肉类
PEP	水果和蔬菜
PER	鲜活易腐货物（统称）
PES	新鲜的鱼或海产品
PIL	药品
WET	未装在防渗漏包装内的湿货

货运单上不得填写超出经营人能力的储运要求或者特定的温度要求，如"任何时候都

保持冷冻状态（Keep Under Refrigeration at all Times）""保持5℃以下（Maintain at below 5℃）"等，除非经营人同意。

如果货物附带有卫生合格证或者其他官方许可证，应在货运单储运注意事项栏（Handling Information）内列明。上述文件应牢固地随附在货运单后，不能装在货物包装件内。

在货物品名栏（Nature and Quantity of Goods）内，应准确描述货物的品名，如冻羊肉（Chilled Meat-Lamb）或者冻鱼（Fish-Frozen）。

使用干冰作为鲜活易腐货物的制冷剂时，应按国际航协《危险品规则》中规定的标准格式在货运单上注明：UN 编号、运输专用名称、包装件的数量以及每个包装件中干冰的净重。如在操作注意事项栏内注明"DANGEROUS GOODS-SHIPPER'S DECLARATION NOT REQUIRED"字样，在品名栏内注明图3-4的内容。

> FROZEN FISH
> DRY ICE
> UN1845
> 2×40KG

图3-4 干冰标记

需要充氧的水产品，所充氧气的消耗量国内运输不应少于 24 小时，国际运输不应少于 48 小时。填制货运单时，应在"Handling Information"内注明充氧结束时间及包装内所含氧气能够维持动物生存的最低时限（从充氧时间开始计算）。样式如下：

国际货物："THE LAST TIME OF OXYGEN INFLATION FOR THE SHIPMENT IS 8：00AM（OR 08：00）27 FEB, THE MINIMUM TIME LIMIT FOR THE ANIMALS' SURVIAL DUE THE INFLATED OXYGEN IS 48 HOURS."

国内货物："最后充氧的时间是 2 月 27 日早 8 点，所充氧气只能供活体动物耗氧 24 小时。"

（2）其他文件

托运人负责提供目的地国家权利机构所要求的有效证明或许可证。这些文件连同货物一同发运时，应将相关有效证明或许可证安全地附在航空货运单上。其主要有：

①始发站国家检验检疫部门出具的检验检疫证明。

②始发站政府规定的濒危动植物及其产品和国家保护动植物，必须提供所在国家主管部门或者国家濒危野生动植物管理部门出具的允许进出口的证明。

3.3 经营人要求

3.3.1 经营人责任

（1）鲜活易腐货物的运输必须考虑货物从始发到交付所需时间的长短，应尽量选择直达航班运输。如果货物必须中转运输，则须预先订妥全程舱位。对于有温度要求的货物，则应考虑中转站是否有存放鲜活易腐货物的设备或者设施。

（2）接收有特殊储运要求的鲜活易腐货物时，应考虑始发站、中转站、目的站的储运条件，如冷藏设施。接收有特殊操作要求的货物应考虑在飞行途中是否需要提供相应设施，如宽体飞机上可以使用专用的冷藏集装箱。

（3）鲜活易腐货物运输所经历的温度变化范围主要是由始发站、中转站和目的站地面装卸时的气候状况，以及飞行过程中货舱温度（飞机巡航时货舱内温度相对较低，一般约为5℃~7℃）决定的。因此，接收货物时应考虑始发站、中转站和目的站地面装卸时的气候状况，并采取相应的保护措施。

（4）有下列情况之一的鲜活易腐货物，应拒绝收运：

①货物已腐烂变质；

②包装不适合航空运输；

③托运人提出的运输条件超出经营人的能力；

④经营人认为无法按照托运人提供的收货人的地址和名称交付货物。

（5）自中国始发的属于鲜活易腐货物的活体动物，没有指定商品运价的，一律按照活体动物运价计收货物运费。

（6）需要特殊装运操作要求的，要考虑能否满足，并通知所有的相关各方。

（7）对不相容的货物要考虑货物之间的隔离。

（8）托运人及其代理人是否取得政府主管部门的许可证或其他的文件。

（9）是否所有有关货物的保安措施均遵守了始发地/中转地/目的地政府规定。

（10）延误或者延迟运输、更改航线或航班取消时，要有其他的备选程序。

（11）货物收运时还应当考虑有关国家、地区或航线的禁运情况。

3.3.2 鲜活易腐货物收运规定

（1）收运条件

①鲜活易腐货物的包装质量优良或经过检查合格。

②包装要适合货物的特性。对怕压的货物，必须有坚固而抗压力大的包装，每件重量不宜超过25千克；对需要通风的货物，其包装必须有通风孔，冷冻货物的包装要严密，便于保温及使冰水不外流。

③包装严密不致污损飞机和其他物件。客机不载运有不良气味的鲜活易腐货物。

④当运输鲜活易腐货物需要保持一定温度的设备时，由托运人自备。

（2）收运规定

①托运人应当提供最长允许运输时限和储运注意事项。除另有约定外，鲜活易腐物品的运输时限不应少于24小时（从预定航班的预计起飞时间前2小时计算）。

②托运人必须先向经营人订妥航班、日期、吨位，按与经营人约定的时间、地点办理货物托运手续，并负责通知收货人到目的站机场等候提货。

③政府规定需要进行检疫的鲜活易腐物品，托运人应当出具有关部门的检疫证明。如农业、卫生检疫或市场管理等部门的有效证明（动植物检疫证书）。

④使用干冰作为冷冻的鲜活易腐物品，货运单货物品名栏内及货物外包装上应注明"干冰"字样以及干冰的净重。

⑤在货运单储运注意事项栏内应注明"鲜活易腐物品"字样及运输中应注意的事项。

⑥需特殊照料的鲜活易腐物品应由托运人提供必要的设施，必要时由托运人派人押运。

3.3.3　鲜活易腐货物运输安排

（1）预订舱位

运输鲜活易腐货物一般需花较长时间去做运输计划，因此托运人在交运鲜活易腐货物之前必须预订所需的吨位。

运输鲜活易腐货物应安排直达航班。如果一定要有多个航班转运时，必须获得所有参加运输的经营人关于订妥吨位及选择运输路线的确认；否则，不可接受非直达航班运输鲜活易腐物品。

托运人托运鲜活易腐货物时，应提前向始发站舱位控制部门预订航班、舱位。订舱人订舱时除提供一般信息外，还应提供储运要求和申请运输的航班与日期。

（2）航线选择

当运输鲜活易腐货物时，选择运输路线需要考虑以下因素：

鲜活易腐货物应该首选直达航班进行运输，把运输时间尽可能压缩至最短。

如果需要中转运输时，应考虑中转衔接时间、中转站的仓库条件、航班密度、续程航班的机型运力等。

必须考虑中转站所在国家或地区的气候、灾情、疫情等可能对鲜活易腐货物运输带来的不良影响。

考虑中转的鲜活易腐货物是否符合中转站所在国家或地区的法律和规定。

整集装器中转的鲜活易腐货物，在选择运输路线时，应注意续程航班的机型对集装器类型、重量以及装载的限制。

（3）机场设施与储存

由于每一种鲜活易腐货物都有特殊的操作与储存（如温度、湿度等）规范，托运人应对特别要求作书面指示，如冷藏等，应在货运单上注明。

通过查阅 IATA TACT，可以确认在始发地、中转地、目的地能提供的操作设备。

考虑周末和节假日海关休息，应避免在该时间运至目的地。

食品的储存应远离有毒物品和传染性物品、活体动物和尸体、骨灰。

（4）到达通知

当已做好事先运输安排，必须马上通知收货人有关托运的细节，以便其迅速做好提取货物的准备。

3.4　标记与标签

3.4.1　标记

每个鲜活易腐货物的包装件上都应标注以下内容：托运人、收货人的姓名、地址及联系电话，如图 3-5 所示。

上海市长宁区中山西路435号	200003
上海市交通委员会交通指挥中心	王 伟　021-62286978
西南化工研究设计院	孔浩　028-85678928
四川省成都市双流区机场路近都段393号	610225

图 3-5　标记

根据货物的性质注明特殊注意事项，确认货物的具体名称。如冷冻海产品和活的海产品，操作注意事项完全不同。运输过程中需要冷藏的，注明温度范围。

当干冰作为制冷剂时，要按照危险品规定填写。

3.4.2　标签

每个鲜活易腐货物的包装件上必须粘贴或者拴挂"鲜活易腐物品"标签，如图 3-6 所示。如果有必要，鲜活易腐货物的包装上面还应粘贴"向上"标签，如图 3-7 所示。

图 3-6　鲜活易腐物品

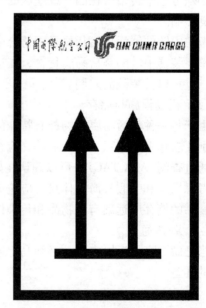

图 3-7　向上标签

对于湿货，必须粘贴"向上"标签。

经航空公司同意，托运人关于鲜活易腐货物在运输过程中的温度要求，应当注明在货运单上，并在货物包装上粘贴"温度限制"标签，如图 3-8 所示。

当用干冰作为鲜活易腐货物的制冷剂时，货物包装上应粘贴相应的危险品标签。

图 3-8 温度限制标签

3.5 隔离原则

受货物性质的限制，在收运与存储过程中必须注意不同类别的鲜活易腐货物之间的隔离要求：

①干冰不能与种蛋或者活体动物相邻放置；

②食品不能与灵柩或者活体动物相邻放置；

③种蛋不能与干冰或者深冷液化气体制冷剂相邻放置；

④严禁将食品与有毒物质、传染性物质装在同一集装箱、集装板内。

当水果蔬菜装在同一集装器时，考虑其特性和运输条件是非常重要的。对于混运的货物，最佳条件应该是预先确定如何仓储和运输。对于不相容的水果蔬菜，即使运输或仓储的时间较短，也会在颜色、味道、质地等方面产生不良的影响。所以，对于混运的水果蔬菜必须要在温度、湿度、产品和对乙烯的敏感性等方面兼容。例如，成熟的香蕉不能和莴笋、生菜、苦菜以及胡萝卜等蔬菜放在一起运输和存储，因为成熟的香蕉需要在15℃左右保存，而莴笋、生菜、苦菜和胡萝卜等要在0℃左右保存；此外，香蕉会产生大量的乙烯，使莴笋、生菜、苦菜等绿叶蔬菜的绿叶变黄（也会使黄瓜变黄）。

由于水果和蔬菜在运输过程中会产生大量的乙烯气体，并且有些水果在运输前使用了催熟剂，乙烯气体或者催熟剂会导致鲜花早熟或者腐烂。因此，鲜花不能与水果或者蔬菜装在同一集装箱或者集装板内。

受到货物性质的抵触与限制，在货物收运、存储、装机过程中必须注意不同类别的鲜活易腐货物之间的隔离要求，为此 IATA 在 PCR 中给出了不同类别鲜活易腐货物的隔离表，通过查询该表，可以有针对性的对不同鲜活易腐货物采取合适的隔离措施。表3-5给出了几种鲜活易腐货物与其他鲜活易腐货物之间的不相容或隔离要求。

表 3-5 鲜活易腐货物隔离表节选

Commodity paris		Inco	Segregation		
A	B	C	D	E	F
Apple	Apple			R	R
Apple	Banana	×			
Apple	Beef	HR			
Apple	Cabbage	SR			
Apple	Cheese	×			
Apple	Pork	×			
Apple	Potato	SR			
Apricot	Apple				R
Apricot	Apricot				R
Artichoke	Apple				L
Artichoke	Apricot				L
Asparagus	Apple				S
Asparagus	Apricot				S
Avocado	Apple			R	
Avocado	Avocado		R	R	
Banana	Apple	×			
Banana	Avacado		R		
Banana	Banana		R		
Banana	Cabbage	×			
Banana	Orange	×			
Banana	Peach	×			
Banana	Plum	×			
Banana	Potato	×			
Beef	Apple	HR			
Beef	Cabbage	×			
Beef	Cheese	SR			
Beef	Orange	×			
Beef	Potato	SR			
Beef	Apple				L
Beef	Apricot				L
Blackberry	Apple				L
Blackberry	Apricot				L
Blueberry	Apple				R
Blueberry	Apricot				R

表3-5(续)

Commodity paris		Inco	Segregation		
A	B	C	D	E	F
Blueberry	Artichoke				L
Blueberry	Asparagus				S
Blueberry	Beet				L
Blueberry	Blackberry				L
Blueberry	Blueberry				R
Broccoll	Apple				×
Broccoll	Apricot				×
Broccoll	Blueberry				×
Brussels sprout	Apple				×
Brussels sprout	Apricot				×
Brussels sprout	Blueberry				×
Cabbage	Apple	SR			×
Cabbage	Apricot				×
Cabbage	Banana	×			
Cabbage	Beef	×			
Cabbage	Cheese	×			
Cabbage	Grange	SR			
Cabbage	Orange	×			
Cabbage	Peach	SR			
Cabbage	Plum	SR			
Cabbage	Pork	×			
Cabbage	Potato	SR			
Cantaloupe	Apricot				R
Cantaloupe	Artichoke				L
Cantaloupe	Asparagus				S

表中：A 和 B 栏表示不相容或需要隔离的货物对。

C 栏表示不相容的货物。

（1）HR＝近邻装载有严重污染的危险。例如苹果和牛肉。

（2）SR＝近邻装载有轻微污染的危险。例如苹果和卷心菜。

（3）×＝禁止在一起放置。例如苹果和猪肉。

D 栏表示在 7℃～16℃产生乙烯需要隔离。

E 栏表示在 2℃～7℃产生乙烯需要隔离。

F 栏表示在 0～2℃产生乙烯需要隔离。

根据如下字母确定存储要求：

（1）L＝适合长期存储。例如在 0～2℃下苹果适合长期存储。

（2）R＝已熟果实可导致未成熟果实的成熟。例如在 0～2℃下，已成熟的杏和苹果可导致未成熟果实的成熟。

（3）S＝适合短期存储（不超过 24 小时）。例如在 0～2℃下芦笋和苹果适合短期存储。

（4）×＝不适合在一起存储（严禁一同放置）。

3.6　存储和组装

鲜活易腐货物在地面存储和组装集装器时，应严格执行各类鲜活易腐货物间的隔离标准，严禁将鲜活易腐货物放在烈日下曝晒或者放在露天风吹雨淋，在运输过程中只要出现液体渗漏的情况，必须立即停止操作，采取合适的补救措施与程序。

由于鲜活易腐货物的性质各异，不同类型的鲜活易腐货物其存储和组装的要求不同，下面介绍几种常见鲜活易腐货物的存储和组装要求。

3.6.1　含水的鲜活易腐货物

含水的鲜活易腐货物主要是指活的鱼、虾、鱼苗、泥鳅、鳗鱼等水产品，通常用塑料袋盛装，为了保证水产品的鲜活度，将氧气和水充于塑料袋中。

在航空货物运输中，为了防止含水的鲜活易腐货物包装件破损时液体溢出或者渗漏，污损飞机和设备以及其他货物，装载鲜活易腐货物时，不得将鲜活易腐货物与集装器地板直接接触，必须先在集装器地板上铺设一定面积大小的塑料布，其大小以能够将货物包裹住为宜，同时在塑料布与货物之间加垫足够的吸水材料。

装载含水的鲜活易腐货物时，严格遵循货物包装上的操作标签进行作业，保持货物朝上，严禁倒置。

当使用泡沫塑料箱和纸箱作为外包装组装在集装器上时，不能与其他货物混装。

为了防止底层货物可能被压坏，货物码放的层数通常一般不超过 4 层。

货物装载完成后，必须将塑料布的四周向上折起，将货物完全包裹，同时使用封口胶带或者绳索将封口扎住，以防货物一旦发生破损时，液体溢出或者渗漏。

3.6.2　螃蟹与甲鱼类货物

当运输螃蟹、甲鱼类货物时，为了防止包装件破损时液体溢出或者渗漏，污损飞机和设备以及其他货物，必须在货物底部铺设适量的塑料布或者吸水材料。

当鲜活易腐货物中混有活体动物时，例如活龙虾、螃蟹、甲鱼等，不能装入密封的硬门集装箱中运输，货物之间应留有适当的空隙，保证良好的通风，以免出现活体动物窒息而亡。

当用集装器装载螃蟹、甲鱼类货物时，不能与其他货物混合码放，不能使用塑料布苫盖。地面存放时严禁放在露天或者阳光下曝晒，需放置在阴凉的地方。

3.6.3 植物和鲜花

植物和鲜花类货物可以直接装在集装箱中运输。装在集装板上的植物或者鲜花尽量不要使用塑料布苫盖。

为了避免底层的货物被压坏，使用集装器运输植物或者鲜花时，码放的层数不宜过多。当与普货混装运输时，植物鲜花类货物应放在其他货物的上面。

装在集装器上的植物或者鲜花，货物之间应留有适当的空间以保证通风良好，避免货物在运输过程中由于发热而导致腐烂。

当植物或者鲜花在集装器上组装完毕后，应存放在温度和湿度都比较适宜的环境中，严禁在阳光下曝晒，冬季应注意保温，避免因气温过低植物和鲜花被冻坏。

3.6.4 水果和蔬菜

当运输水果和蔬菜类货物时，必须严格执行与其他货物的隔离要求。

当使用集装板运输水果和蔬菜类货物时，可以使用塑料布苫盖货物，其他装载要求与植物和鲜花类货物是一样的。

3.6.5 肉类和肉类制品

当运输肉类和肉类制品（包括鲜肉和冻肉）的整个过程中，运输环境都必须处于清洁卫生的状况，用于装载肉类和肉类制品的集装器必须保持干净。

肉类和肉类制品在地面存储和运输过程中，如果条件许可，尽量应该使用冷藏或冷冻设备。

使用集装板装载肉类和肉类制品时，应先在集装板底部按一般货物装载规定铺设一定尺寸的塑料布，待货物装完后，用塑料布将其完全包裹住，再用胶带将塑料布粘住封好。装载肉类和肉类制品的集装板上最好不要装载其他货物，确实需要装载其他货物时，应注意隔离限制要求，同时应将肉类和肉类制品集中装在集装板的一个区域，上面不能装载其他货物。

3.6.6 保鲜和冷藏以及冷冻的鱼及其他海产品

为了防止保鲜、冷藏和冷冻的鱼及其他海产品的腐烂，存储时应注意其对温度的要求。通常情况下，冰鲜鱼类温度应维持在5℃以下，冻海鲜应保持在-12℃以下。

为避免海水或者盐水泄漏对飞机和设备造成的腐蚀和损害，海产品采用集装器组装运输时，必须在集装器地板上面铺垫塑料布，对海产品进行封口包扎。禁止海产品与其他货物混合装运。

3.6.7 奶制品和种蛋

在奶制品和种蛋运输过程中，收运、存储、装载以及运输等各个环节都必须严格按照货物操作标签指示进行操作。禁止种蛋与干冰和低温液体相邻存放，同时必须远离放射性物质。

3.6.8 疫苗和医药用品

疫苗和医药用品运输常采用专用包装，如冰瓶、冷藏箱等。疫苗和医药用品在整个运输过程中，装载与卸货时必须注意轻拿轻放，运输中采取相应的固定措施，以防货物损坏。

疫苗和医药用品类的货物中可能有些属于危险品，还应按照危险品运输的规定进行运输操作。当采用干冰做制冷剂时，必须遵守关于干冰运输的有关规定。

3.6.9 人体器官和血液

当运输人体器官和血液采用干冰作制冷剂时，必须遵守干冰运输的相关规定。如果人体器官或者血液是作为医学诊断用的标本，必须遵守危险品运输的相关规定。

人体器官或者血液在运输时必须与灵柩和传染性物质保持规定的隔离距离。

3.6.10 冷冻胚胎

冷冻胚胎在存储及运输过程中通常采用低温液氮进行包装，而低温液氮属于危险品，必须严格按照 IATA DGR 规定操作。

冷冻胚胎属于性质特殊的货物，运输过程中必须特别注意轻拿轻放。装卸过程中应始终注意保持货物向上，禁止将冷冻胚胎货物倾斜或者倒置。

练习思考题

1. 请说明鲜活易腐货物的定义。
2. 请说明鲜活易腐货物、种蛋和食品的三字代码。
3. 航空运输鲜活易腐货物时的包装、标记和标签有哪些要求？
4. 简述鲜活易腐货物的隔离原则。
5. 对鲜活易腐货物的包装有哪些要求？
6. 简述含水的鲜活易腐货物的存储和组装要求。

第 4 章　贵重物品和紧急航材航空运输

在航空货物运输中，特种货物除了活体动物、鲜活易腐货物两大类以外，涉及较多的还有贵重物品和紧急航材，这两种特种货物在航空运输中同样提出了特别的运输要求，本章将介绍贵重物品和紧急航材的航空运输规则。

4.1　贵重物品航空运输

4.1.1　国际航空货物运输中运营人的责任

按照《华沙公约》和《海牙议定书》的相关规定，从事国际航空货物运输的航空运营人，必须保证所受托运货物的安全和正常运输。当货物在运营人的整个运输期间，无论是在机场内外或者空中与地面，当货物出现毁灭、遗失、损坏或者延误而产生损失时，除非运营人及其代理人能被证明已采取措施防止损害，或确实无法进行损害防范，否则运营人必须承担相应的赔偿责任。运营人的最高赔偿限额为每千克货物 19 特别提款权（Special Drawing Right，缩写为 SDR。2009 年 12 月 30 日起航空运输国际货物赔偿的责任限额由 17SDR 提高至 19SDR。2017 年 12 月 31 日中国人民银行公布 1 特别提款权单位折合人民币 9.325 6 元。）或者等值的货币。

对于货物价值超过最高限额部分，运营人不予赔偿，除非托运人在向运营人交付货物时，特别声明在目的地交付时的价值（即声明价值），并为此支付了货物的声明价值附加费。在此种情况下，除经营人证明托运人声明的金额高于在目的地点交付时托运人的实际利益外，经营人在声明金额范围内承担责任。

在航空货物运输中，通常情况下当所运输的货物比较贵重时，才有必要对货物进行声明价值，并缴纳声明价值附加费，以免货物在运输中出现意外使得货主蒙受损失。

4.1.2　货物运输声明价值

货物运输声明价值（简称声明价值）是指托运人向经营人特别声明的其所托运货物在目的地交付时的价值。声明价值附加费是托运人办理货物声明价值时，按照规定向运营人支付的专项费用。

目前我国对航空货物运输声明价值的规定是，当国内航空货物运输每千克（毛重）超过 100 元人民币或其等值货币，或者国际航空货物运输每千克（毛重）超过 20 美元或其等值货币时，托运人可办理货物声明价值，如运输中货物发生丢失、损坏等情况时，经营人的赔偿额以声明价值为限。

为此，托运人需要支付货物的声明价值附加费，其金额计算公式为：

声明价值附加费＝［货物的声明价值－（XX 元/千克×货物的毛重）］×YY‰

其中，XX 取值：在国内货物运输为 100 元人民币，国际货物运输为 20 美元。YY 取值：在国内货物运输为 0.5%，国际货物运输为 0.75%。

例外：从以色列运进或者运出钻石或者毛钻，按照毛重每千克超出 19 个特别提款权部分的价值的 0.10%计算声明价值附加费。

当托运人托运货物时所办理的货物运输声明价值，可以是一个具体的金额，也可以无声明价值。如果货运单已经运营人签字生效，托运货物的安全责任已由运营人承担，托运人不得再补报或更改已申报的声明价值。

当托运人托运的货物实际毛重每千克价值超过相关规定时，可以办理货物运输声明价值。货物实际毛重不包括运营人的集装器重量。托运人办理货物运输声明价值必须是一票货运单上的全部货物，不得分批或者部分办理。办理声明价值时，托运人需在货运单"Declared Value for Carriage"栏内注明声明价值的金额；否则，注明"NVD"，表明不办理货物运输声明价值。除另有约定外，国际货物每票货运单的货物声明价值的最高限额不超过 10 万美元或者其等值货币，国内货物每票货运单的货物声明价值的最高限额不超过 50 万元人民币。

当一票货运单的货物声明价值超过以上金额或其等值货币时，托运人可以用几份货运单托运货物，由此产生的费用差额由托运人承担，也可以经运营人批准后，托运人使用一份货运单托运货物。

由于货物声明价值的申报并不是强制性规定，当托运人不申报货物声明价值时，我国规定无运输声明价值的货物，其赔偿的标准是：国际货物按货物毛重每千克 20 美元，国内货物按毛重每千克 100 元人民币或其等值货币折算货物的价值。

4.1.3　贵重物品定义与类别

贵重物品是指在国内航空货物运输中每千克的声明价值等于或者超过 2 000 元人民币，国际货物运输中等于或者超过 1 000 美元或等值货币的货物，以及黄金、铂金、现钞、宝石等较易辨别的物品，都视为贵重物品。

贵重物品的三字货代代码为：VAL。

根据贵重物品的定义，可以从两方面来判断货物是否为贵重物品。一方面是从货物所具有的价值属性来判断，另一方面是从货物的具体名称进行判断。

只要含有下列一种或多种物质的货物，在航空货物运输中都视为贵重物品。

（1）金锭（包括提炼或未提炼过的）、混合金、金币和各种形状的黄金制品，包括金粒、片、粉、绵、线、条、管、环以及其他黄金的铸造物。

（2）各种形状的白（铂）金或白金类稀贵金属（如银、铱、钌、锇、铑等）的白金制品，如铂粒、锦、棒、锭、片、条、网、管、带等形状。

但上述金属和合金的放射性同位素不包括在内，而属于危险品，应该按照有关危险物品运输的规定进行运输办理。

（3）现金、旅行支票、有价证券、股票、债券、邮票以及银行发行的兑现卡和信用卡等有价值的票券和银行卡。

（4）钻石（包括工业钻石）、红宝石、蓝宝石、绿宝石、蛋白石、珍珠（包括养殖珍珠）等。

（5）镶有翡翠、蓝宝石、蛋白石、珍珠（包括养殖珍珠）的珠宝类饰品。

（6）由白银、黄金、白（铂）金制成的物品及手表，但不包括镀金制品。

（7）对于国际航空货物运输任何商品只要其每千克的声明价值大于或等于1 000美元（或者450英镑），国内航空货物运输任何商品只要其每千克的声明价值大于或等于2 000元人民币，该商品即被视为贵重物品。

4.1.4　贵重物品的包装

凡是需要通过航空运输的贵重物品，其包装的外形尺寸不得小于30厘米×20厘米×10厘米，如果外包装的任何一面尺寸小于10厘米时，托运人应该加大包装尺寸。

贵重物品（除按声明价值判定为贵重物品外）的外包装必须采用质地坚硬、完好的木箱、铁箱、硬质塑料箱。外包装必须使用铁质包装带呈"井"字形捆扎。包装的接缝处、包装带的结合部位要有托运人的铅封或火漆封志，封志上应有托运人的特别印记。

成批托运且有人押运的货币、金融债券等贵重货物可以使用结实的布袋作为包装。包装的封口必须严密，包装袋的袋体必须整洁、干净，无任何破损，袋体上不得出现任何粘贴物。

名人字画、珍贵文物必须使用木箱或铁箱作为货物的外包装，是否使用铅封由托运人根据货物性质或价值决定。包装尺寸不应超过航线机型的货舱门尺寸或集装器最大装载尺寸的限制。

运输声明价值符合贵重物品限制的其他货物时，可以根据托运人的要求确定包装材料。包装尺寸不应超过航线机型的货舱门尺寸或集装器最大装载尺寸的限制。

贵重物品包装箱内必须放置足够的衬垫物，保证箱内物品不致移动和相互碰撞。

包装上应有托运人的封志，如蜡封、铅封或者火漆封等。如可能封志的数量应该足够。

封志上托运人的名称、地址必须与航空货运单上的信息保持一致。

4.1.5　标记/标签

托运人应在外包装上清楚地写明货运单号码、件数、重量，收货人和托运人的姓名、地址、电话。

除了航空公司的识别标签和操作标签外，贵重物品外包装上不得出现任何与货物性质相关的任何标志，贵重物品外包装只允许使用挂签，不得使用贴签。

4.1.6　运输文件

（1）航空货运单

在航空货运单上书写详细的托运人、另请通知人和收货人的名称、地址、联系电话。

注明已订妥的各航段的航班号及日期。

在航空货运单货物品名栏（Nature and Quantity of Goods）内详细填写贵重物品的具体名称、净重以及包装件的尺寸，并注明"VALUABLE CARGO"（或VAL）字样。

贵重物品与其他货物使用同一份航空货运单托运时，整票货物按贵重物品处理。

收运贵重物品时，托运人必须出具能证明该货物的文件和装箱单。例如：发票、签字证明等。货物装箱单随附在航空货运单后，并在航空货运单上注明。

（2）其他文件

托运人有责任提供有关国家权力机构所要求的其他证明文件。附在航空货运单上的文件和任何其他处理信息，应在货运单的操作信息"Handling Information"栏中注明。

当这些文件同货物一起发运时，文件应安全地附在航空货运单后，有些货物（如商品）需要进口许可证书。为了保证运输，需事先查阅有关国家的相关规定，以便顺利完成运输。

4.1.7 贵重物品的保管与运输

（1）贵重物品的保管

当贵重物品由经营人的保险库房到装载上飞机，或者从飞机上卸载到经营人的保险库的整个过程中，贵重物品都必须贮存在有特别安全控制功能的贮存装置中（例如容器或箱子）或放置在经营人指定的飞机机舱区域。这些装置由被授权的经营人工作人员专门负责管理。如果条件具备，包装件较小的贵重物品可以装在保险柜里，这些柜子通常放在飞机的客舱中。任何贵重物品进出库房，都必须由专门的管理人员负责登记并签字。此外，还需了解始发、中转、目的站机场是否具有存储贵重物品的保险箱或保险库（贵重物品库）。

当在始发地、目的地没有此类设施时，必须确保贵重物品的保管操作是安全的。

在整个航空运输过程中，无论在中转还是过境以及目的站都要检查贵重物品包装件的封条数，贵重物品卸前必须检查封数条并且必须注意任何可疑之处。任何一件贵重物品有破损或丢失的迹象，都应立刻考虑到货物存在已被偷窃的可能性，必须迅速采取行动，检查并确定包装件破损范围与位置，将现场的货物情况向上级汇报。

当发现贵重物品包装存在破损或封志有异时，应会同收货人进行复查，并按规定作出货物不正常运输事故记录。必要时应请商检和公安部门介入调查。

（2）贵重物品的运输

①航线

在为贵重物品选择航线运输时，尽可能地选择直达航班以避免在运输中由于中转搬运产生的风险。

贵重物品运输时尽量避免不同经营人之间的中转，因为后续经营人可以不承担第一经营人的责任。

如果中转不可避免，要保证核实后续经营人的要求。选择距托运人位置最近的始发站机场和距离收货人最近的具有相应处理贵重货物设施的海关机场作为目的站机场。

②订舱

托运人必须为贵重物品运输预先订妥全程航班、日期、舱位。

　　如果需要将贵重物品装在飞机下货舱或者需要采取特别安全措施时，始发站应通知卸机站，经卸机站同意并证实后，方可运输。因采取特别安全措施产生的费用由托运人承担，如果托运人拒绝支付上述费用，则不予收运。如果航班有经停站，应拍发电报通知经停站；如果经停站有航空公司代表，还应拍发电报通知航空公司代表监护，防止发生错卸或其他事故。

　　对于贵重物品的运输，有些航空公司要求预订舱位。当某些航空公司不需要预订舱位时，为了安全起见，最好与航空公司取得联系，提前预订贵重物品运输舱位并确认已被接受。当运输中涉及多个经营人时，一般不会接收由贵重物品组成的货物。除非预先已做好安排，并证实所有经营人都同意参与运输该批货物。

　　③到达信息

　　当事先已安排好贵重物品的运输并且得到了各方航空公司的确认，必须马上通知收货人关于货物的详细情况。

　　④交付货物

　　在目的地应做好接货准备，同海关当局和航空公司合作，飞机到港后立即清关并将货物放行。保证报关手续的所有文件是有效和准确的，当从飞机上卸下货物时，要检查贵重物品包装件是否完整，有无盗窃迹象，根据收货人的要求，应做好安排迅速办理交货手续。在交付货物之前，应确保已经采取了必要的安全措施。

4.2　紧急航材运输

　　AOG 是英文"AIRCRAFT ON THE GROUND"的简称，按照国际惯例属于飞机停场待修所急需的零配件都属于紧急航材，AOG 是特别紧急的货物，要求在 24 小时内运到目的地。其货物标签如图 4-1 所示。

图 4-1　AOG 标签

　　货物外包装上贴（挂）"AOG"标签。

　　"AOG"航材属于优先运输的货物。一般使用最早的直达航班运输，尽量避免中转运输。

为使 AOG 航材及时、安全、准确地运输到达目的地，保证飞机正常运行，对 AOG 的运输特作如下规定：

（1）各航空公司或者机场应指定专人负责 AOG 运输工作，在仓库内划出适当区域存放 AOG 航材，不得与其他货物混放。

（2）各地对 AOG 航材必须优先收运，不得以任何借口拒绝承运或中途拉卸。

（3）收到 AOG 航材后应及时认真地核对，做到货、单相符，发现差错要及时向有关航站追查。凡属本站的 AOG 航材，应及时电话通知收货人提取，凡属外站的应尽早安排转运至目的站，如目的站无海关机构，应及时发电通知收货人前来提取。

（4）国外发来的 AOG 航材、商业发票一般都同货运单附在一起。商业发票是海关征（减、免）税放行的凭证，须妥善保管，不得遗失。凡因发票遗失，造成过关不及时而压库，不得向收货人收取仓库保管费，并应考虑收货人的方便，允许从包装袋中取出发票报关，如由于收货人不及时提取而压库，则按规定核收仓库保管费。

（5）AOG 航材价格昂贵，应严格把好运输、装卸、交接、仓储环节，防止破损、丢失、短缺等事故发生，如确系民航运输原因造成损失，应按实际价值赔偿，并追究当事人责任。

（6）为便于及时、准确地收到或查到 AOG 航材，各地可发给航材部门有关人员进入仓库的通行证件，凭证进出仓库，在仓库保管员的陪同下查找货物。

练习思考题

1. 请说明贵重物品的含义及类别。
2. 请说明 AOG 运输的注意事项。

第 5 章　危险品运输

5.1　概论

5.1.1　危险品的一般定义

一般来说，危险品是指那些可能会明显地对人、物、环境和运输工具造成损害的物质和物品。而航空危险品是指具有爆炸性、可燃性、腐蚀性和放射性的物质，即在航空运输过程中可能明显地危害人体健康、人身安全或者财产安全的物质或物品。

这个定义包含三层含义：

第一，危险品具有爆炸、燃烧、毒害、腐蚀、放射性等特殊性质，容易造成运输中发生火灾、爆炸、中毒等事故。

第二，危险品容易造成人身伤亡和财产损毁。在一定条件下发生的危险反应具有的负面效果，不仅是货物受损，还会危及环境、人员、设备和建筑等。

第三，危险品在运输装载和存储过程中需要特别防护。

5.1.2　基于法规的危险品定义

在实际工作中，危险品的认定不能仅靠一般性的定义。各种运输方式中，主管部门都会根据运输本身的特点，在遵守国际和国家有关标准和规则的前提下，颁布适用的危险品法规。在法律和法规的框架内，危险品的界定有了更精确的划分。在了解危险品相关的法律和法规的基础上，再继续对运输中受到规则限制的危险品进行定义。

5.1.2.1　危险品相关法律和法规

联合国危险品专家委员会（United Nation Committee of Experts，COE）制定了除放射性物质之外的所有类型危险物品进行运输的建议程序，即《危险品运输专家委员会建议措施》，因封面为橙色，所以常被称为橙皮书。

国际原子能机构（International Atomic Energy Agency，IAEA）制定了安全运输放射性物质的建议程序。放射性危险品是指放射性比活度值大于 70kBq/kg 的物质或物品，国际原子能机构（IAEA）是国际原子能领域的政府间科学技术合作组织，同时兼管地区原子安全及测量检查，于 1954 年 12 月由第 9 届联合国大会通过决议设立并于 1957 年 7 月成立，属于联合国的一个专门机构，总部设在维也纳。国际原子能机构（IAEA）自 1957 年成立以来制定了许多有关放射性物质运输的文件，其中最主要、最核心的文件是《放射性物质安全运输条例》。自 1996 年开始 IAEA 正式将该文件编入其安全标准丛书，即 6 号丛书。目前，IAEA 的运输安全标准已被几乎所有相关国际组织的众多成员国采用，成为这些组织和各个国家制定放射性物质运输管理法规和安全标准的准则和基础。

国际民航组织在上述两个文件基础上制定了航空运输危险品安全规则，并被编入《国际民用航空公约》附件 18 及其《航空运输危险物品安全技术细则》（Technical Instructions for the safe transport of dangerous goods by air）（简称《技术细则》或"TI"）中。《国际民用航空公约》是 1944 年 11 月 1 日至 12 月 7 日，52 个国家在美国芝加哥举行国际民用航空会议所签署的协议，该协议的签署也标志着国际民航组织（ICAO）的建立，1947 年 4 月该公约生效，将安全规则编入该条约的附件以及《航空运输危险物品安全技术细则》中凸显危险品航空运输的重要性。

国际航空运输协会，简称国际航协，是世界航空运输企业自愿联合组织的非政府性的国际组织，本质上是一个航空企业的行业联盟。在国际民航组织发布《技术细则》时，也颁布了一份规则即《危险品规则》（Dangerous Goods Regualtions，缩写为 DGR），DGR 是依据运营和行业标准实践方面的考虑所制定的，并且具有更强的约束性，这一规则每年都要进行修订。

中国民航局于 2004 年 9 月颁布了《中国民用航空危险品运输管理规定》。这部法规依据《中华人民共和国民用航空法》和《国务院对确需保留的行政审批项目设定行政许可的决定》制定，适用于在我国登记的民用航空器和在我国境内运行的外国民用航空器，共有 12 章和一个附录，规章编号为 CCAR-276。2013 年 9 月，民航局修订了《中国民用航空危险品运输管理规定》，规章编号为 CCAR-276-R1，共 13 章。修订的重点内容包括对危险品航空运输的许可模式的变化，加强对从事危险品航空运输的代理人的管理，加强对危险品培训大纲的管理，增加对培训机构和教员管理等相关要求。

5.1.2.2 法规下的危险品定义

国际民航公约附件 18 第 1 章中，对危险品的定义为：危险品是指那些能对健康、安全、财产或环境构成危险，并在《技术细则》进行分类的物品或物质。

DGR 定义的危险品是指能危害健康、危及安全、造成财产损失或环境污染，且在 DGR 危险品表中列明，或依据 DGR 分类的物品或物质。而 DGR 的危险品表和分类标准都是按照 ICAO 的技术细则制定的。

所以，在运输 DGR 中具体列名的危险品货物时，必须严格按照规则的要求办理；对于未列名但性质属于危险货物，必须根据危险品分类和分项的试验标准，由托运人提供技术鉴定书（必须是专业实验室提供的试验报告）并经过有关主管部门审核或认可后才能确认为危险品。

5.1.3 《危险品规则》适用范围

5.1.3.1 《危险品规则》适用的对象

（1）所有国际航协（IATA）的会员或者准会员航空公司。我国有多个航空公司成为国际航协（IATA）的会员航空公司，截至 2018 年 10 月，国际航协会员航空公司约 290 个，遍布 110 多个国家。在世界航空运输业务量中，会员航空公司约占 82%。

（2）国际航协（IATA）多边联运协议所有成员航空公司。多边联运协议（Multilateral Interline Traffic Agreement，MITA）的主要职能是为成员航空公司进行旅客、行李、货物的接收、中转、更改航程及其他相关程序提供统一的标准，成员航空公司间可互相销售而不必再签双边联运协议。这一协议使成员公司相互接受运输凭证，使用标准的国际航空运输协会客票和货单，将世界各航空公司各自独立的航线，结合成为有机的全球性航空运输网络。全球共有 300 家航空公司加入该协议。

（3）向上述航空公司交运危险品的所有托运人及代理人。

5.1.3.2　《危险品规则》与《技术细则》的关系

国际民航组织（ICAO）的芝加哥公约附件 18 和《技术细则》适用于进口、出口或者经过 ICAO 成员国的危险物品航空运输。ICAO 是联合国组织之一，其附件 18 和《技术细则》属于国际性公约，所有联合国的缔约国都必须执行，并可在公约的基础上制定适合本国情况的更严格的法律法规。所以，《技术细则》是需要强制执行的法律性文件，每 2 年更新一次。

而《危险品规则》是在 ICAO 的《技术细则》基础上以 IATA 的附加要求和有关文件的细节作为补充建立的。《危险品规则》每年都会更新发行一次，适用于当年的 1 月 1 日至 12 月 31 日。规则内容变动较大的年份一般都是《技术细则》更新的年份。基于运营和行业标准方面的考虑，增加了比 ICAO 的《技术细则》更具约束力的要求，所以两个规则会出现有差别的情况。这些差别会在《危险品规则》中用手形符号"☞"表示。

5.1.3.3　规则的例外

并不是所有航空器载运的危险物品都必须遵守《危险品规则》，《危险品规则》不适用于航空器在装载以下危险物品时：

（1）用于在飞行中向病人提供医疗救护的，经经营人批准后装入机上的危险品，以及为特殊用途而改装后成为机上固定设施设备的器具，包括用于装载特殊气体的气瓶以及含有湿电池的器械。

（2）飞行过程中向动物提供兽医救护或安乐死的器材和药品。

（3）与农业、园艺、森林或者控制污染有关的空中投掷。

（4）飞行中提供的与搜寻救援活动相关的援助。

（5）符合相应要求，在设计或改装用于车辆空运活动的航空器中载运的车辆。

（6）空运过程中，为运输或特定设备（如冷却系统）运转的所需动力而提供的危险品，或者为达到运营标准（如灭火器）而配备的危险品。

（7）已满足《危险品规则》规定且以货物形式运输的旅客逾重行李，但必须标明"以货物运输的逾重行李"。

5.1.4　托运人与经营人的责任

5.1.4.1　托运人的责任

根据 CCAR-276-R1 的定义，托运人是指为货物运输与经营人订立合同交运货物，并在航空货运单或货物记录上署名的人。

托运人必须完全按照《危险品规则》的要求向国际航空运输协会会员、准会员航空公司及其货物联运协议的航空公司交运危险物品；同时，托运人还必须遵守货物始发地、过境地、目的地国家的有关规定。《危险品规则》也完全符合国际民航组织《技术细则》的要求。

在《危险品规则》中："shall"和"must"表示"必须"，意味着强制性要求；"should"和"may"表示"应该"和"可以"，意味着优先选择但不具备约束力。

托运人在将危险品包装件或 Overpack 提交航空运输前必须履行以下职责：

（1）向其雇员提供足以履行危险品运输职责的相关信息。

（2）确保所交运的物质或者物品不属于航空运输禁运物质或者物品。

（3）确保交运的物质或者物品必须按照《危险品规则》的要求准确识别、分类、包装、加标记、标签以及备好运输文件，以符合航空运输的条件。

（4）确保危险物品在交付空运前，参与准备工作的所有相关人员都必须接受过培训，以便他们都按照《危险品规则》的培训标准去履行职责。

（5）危险品的包装必须符合所有适用的航空运输要求，包括：

①内包装和对每一个包装件的最大允许净含量；

②按包装说明采用合适的包装类型；

③在包装说明中指明的其他适用要求，例如禁止单一包装、只允许细则指明的内外包装、内包装基础上还需要中层包装、特定危险品还需要更高标准包装等；

④适合内外包装的封口流程要求；

⑤符合配装要求；

⑥符合对包装件衬垫及吸附材料的要求；

⑦符合内部压力标准。

此外，对于集运货物中的危险品，托运人还应该按照《危险品规则》的要求作出特殊安排。

托运人必须保存包括申报单在内的至少一套危险品运输文件或其副本，最低保存期限为3个月，或遵守有关国家主管当局规定的保存期限。

除以上《危险品规则》对托运人责任所规定的一般性要求外，我国的《中国民用航空危险品运输管理规定》（CCAR-276-R1）的第六章也对危险品运输的托运人责任从人员资格要求、托运要求、运输文件和使用语言等进行了明确。在所有条款都符合《危险品规则》要求的基础上，还提出了一些更严格的要求。例如，在国际运输时，除始发国要求的文字外，危险品航空运输文件应加用英文；托运人保留危险品运输文件、航空货运单等补充资料的时间至少为二十四个月。

5.1.4.2 经营人的责任

经营人是指使用或提供航空器以从事旅客、行李、货物、邮件运输的人、组织或企业等。

《危险品规则》指出，经营人在从事危险品运输过程中，必须按照其第9章的要求做好以下工作：

（1）存储；

（2）装载；

（3）检查；

（4）包括应急反应信息在内的信息提供；

（5）报告；

（6）保留记录；

（7）培训。

尤为注意的是，当经营人（或其附属机构或经营人代理人）在交运航空运输危险品时，该经营人（或其附属机构或经营人代理人）即为托运人，并且必须遵循有关托运人责任的规定。这些相关规定在涉及对航空器处置时就特别重要。

除以上《危险品规则》对经营人责任所规定的一般性要求外，我国的《中国民用航空危险品运输管理规定》（CCAR-276-R1）的第七章也对危险品运输的经营人及其代理人的责任进行了规定。

5.1.5　培训要求

危险品所具有的危险性使其在运输、储存过程中稍有不慎就容易导致严重事故，对财产和人员安全造成危害，为此就要求所有从事危险品运输的相关人员能够了解危险品的基本性质、特殊要求，并接受相应的安全培训。为此，国际航协规定对于从事危险物品航空运输的不同岗位的人员必须提供相应的培训，并提出最低培训要求，该培训因各岗位性质不同而有不同要求。并且每次复训间隔时间不得长于 24 个月，复训需在有效期的最后 3 个月内完成。表 5-1 表示从事航空危险品运输的所有相关人员所应接受的最低培训要求。

表 5-1　　　　　　　　　　　　危险品培训课程的最低要求

航空危险品运输相关人员应培训的最低要求	托运人和包装人		货物代理人			经营人和地面操作代理						安检
	1	2	3	4	5	6	7	8	9	10	11	12
一般宗旨	×	×	×	×	×	×	×	×	×	×	×	×
限制	×		×	×	×	×	×	×	×	×	×	×
托运人的一般要求	×		×			×						
危险物品的分类	×	×				×						×
危险品表	×	×	×							×		
一般包装要求	×	×	×			×						
包装说明	×	×	×			×						
标签和标记	×	×	×	×	×	×	×	×	×	×	×	×
申报单及其他有关文件	×		×		×	×						
危险品收运程序						×						
未申报危险物品的识别	×	×	×	×	×	×	×	×	×	×	×	×
装载和储存程序					×	×			×		×	

表5-1（续）

航空危险品运输相关人员应培训的最低要求	托运人和包装人		货物代理人			经营人和地面操作代理						安检
	1	2	3	4	5	6	7	8	9	10	11	12
特种货物机长通知单						×		×		×		
对旅客和机组的规定	×	×	×	×	×	×	×	×	×	×	×	×
应急程序	×	×	×	×	×	×	×	×	×	×	×	×

说明：×表示该内容应该掌握。

1. 托运人及承担托运人责任之人员，包括作为托运人处理经营人资产（COMAT）中危险品的经营人职员。

2. 包装人员。

3. 从事危险物品运输操作的货运代理机构员工。

4. 从事货物、邮件及库区（非危险品）操作工作的货运代理机构员工。

5. 从事货物、邮件及库区操作、存储以及装载工作的货运代理机构员工。

6. 经营人和地面操作代理机构的危险物品收运人员。

7. 经营人和地面操作代理机构中收运货物、邮件的员工和库区员工（非危险品）。

8. 经营人和地面操作代理机构中负责货物、邮件和行李搬运、储存和装载工作的员工。

9. 旅客运输服务人员。

10. 飞行机组、监装主管、平衡配载人员和航班运行控制人员/签派员。

11. 除飞行机组以外的机组成员。

12. 安检人员，负责使用安检机检查旅客和机组人员及其行李和货物或邮件、库区的人员，例如安检机操作员及其监督员和参与执行安检程序的人员。

此外，不将危险品当作货物、邮件或供应品载运的经营人必须保证其人员受到与他们职责相称的培训。其各类人员必须熟悉的内容如表5-2所示。

表5-2　　　　　　　非危险品经营人最低培训要求

航空危险品运输相关人员应熟悉的最低要求	不载运危险品的经营人和地面操作代理				
	13	14	15	16	17
一般宗旨	×	×	×	×	×
限制	×	×	×	×	×
标签和标记	×	×	×	×	×
申报单及其他有关文件	×				
未申报危险物品的识别	×	×	×	×	×
对旅客和机组的规定	×	×	×	×	×
应急程序	×	×	×	×	×

说明：×表示该内容应该掌握。

1. 收运货物或邮件（非危险品）的经营人和地面服务代理机构员工。

2. 货物或邮件（非危险品）和行李搬运、储存和装载工作的经营人和地面服务代理机构员工。

3. 旅客运输服务人员。

4. 飞行机组、监装主管、平衡配载人员和航班运行控制人员/签派员。

5. 除飞行机组以外的机组成员。

5.2 限制

5.2.1 禁止航空运输的危险品

5.2.1.1 在任何情况下都禁止航空器运输的危险品

任何物质或物品，只要在正常运输条件下，容易爆炸、发生危险性反应、起火或产生导致危险的热量、散发导致危险的毒性、腐蚀性或易燃性气体或蒸汽，在任何情况下都应禁止航空运输。

这些物质大多都属于具有爆炸性或高敏感度的物质，如含有氯酸盐和铵盐的爆炸物、对机械震动非常敏感的固体和液体爆炸物等。由于航空运输的特殊性，飞行过程中会不可避免地产生一定范围内温度、压力的变化以及机械震动，这些容易在变化中出现危险反应的物质禁止航空器运输。

虽然不可能列出所有的在任何情况下都禁止航空器运输的危险物品的名称，《危险品规则》还是尽可能在其"危险物品品名表"中列出了已知符合要求的危险品名称，如表5-3所示。这些物品或物质的运输专用名称（B 栏）用轻细体字表示，且没有 UN 代号（A 栏），在表示各种特定运输条件下数量和包装要求的 G/H、I/J 和 K/L 栏中，都标为"Forbidden"，即"禁止"，这表示客机和货机均禁止运输。

表 5-3　　　　　　　　任何情况下禁止空运的危险品品名表条目示例

UN /ID No.	Proper Shipping Name/Description	Class or Div. (sub Risk)	Hazard Labels	PG	EQ See 2.6	Ltd Qty		Pkg Inst	Max Net Qty/Pkg	Pkg Inst	Max Net Qty/Pkg	S.P. See 4.4	ERG Code
						Pkg Inst	Max Net Qty/Pkg						
A	B	C	D	E	F	G	H	I	J	K	L	M	N
	Copper acetylide					Forbidden		Forbidden		Forbidden			
	Copper amine azide					Forbidden		Forbidden		Forbidden			
1586	**Copper arsenite**	6.1	Toxic	II	E4	Y644	1kg	669	25kg	676	100kg		6L

除此之外，还包括一种特例，即因安全原因作为缺陷产品被厂家召回的锂电池，也属于航空禁运物品。

5.2.1.2 经豁免可以航空运输的危险品

《危险品规则》中明确了一些存在豁免的情况，即在非常紧急的情况下，或者其他运输方式均不适合时，或者按照所规定的要求违背公众利益时，危险物品经过有关国家（货物运输的始发国、中转国、飞越领空国、到达国和经营人注册国）的主管当局预先批准且根据《国际民航公约》附件18中的规定提供安全运输方案的条件下，可以选用航空运输方式。这些危险品一般包括：

（1）具有下列性质的放射性物质：

①带通气设施的 B（M）型物质包装件；

②需要辅助冷却系统进行外部冷却的放射性物质包装件；

③在运输过程中需要操作控制的放射性物质包装件；

④爆炸性的；

⑤可自燃的放射性液体。

（2）除非另有规定，在《危险品规则》的危险物品品名表中带有 UN 代号，且标明禁运的物质和物品（包括被注明为 "not otherwise specified" 的物品）。

（3）被感染的活体动物。

（4）需要 I 级包装且具有蒸汽吸入毒性的液体。

（5）交运温度等于或者超过 100℃（212℉）的液体物质，或者温度等于或高于 240℃（464℉）的固态物质。

（6）国家有关当局指定的任何其他物品或物质。

5.2.2　隐含的危险品

根据《危险品规则》，经营人的收运人员必须进行适当培训，以帮助他们确定和发现作为普通货物交运的危险品。

按一般情况申报的货物可能含有不明显的危险物品，这些物品可能也在行李中被发现。这些不明显的危险物品被称为"隐含的危险品（Hidden dangerous goods）"，或"潜在的危险品"。为了防止未申报的危险品装载在航空器中，同时防止旅客在行李中携带这些未经允许的危险品登机，货物收运人员和办理乘机手续人员应从托运人和旅客那里确认每件货物或行李中所装运的物品中是否含有危险物品。

一些物品的包装件上的 GHS 菱形象形图标表示包装件内可能含有危险品。GHS 是 Globally Harmonized System of Classification and Labeling of Chemicals 的缩写，意思是"全球化学品统一分类和标签制度"。在这一思想框架下，联合国于 2003 年出版了指导各国建立统一化学品分类和标签制度的规范性文件，也被称为联合国"紫皮书"。文件根据不同的危险性对化学品进行分类，并提出统一的危险信息要素，包括标签和安全数据表。

图 5-1 和图 5-2 中的象形图标是 GHS 制度所使用的图标。其中，图 5-1 用于表明物质含有的危险性，物质仅在供应和使用中存在危险。图 5-2 所示的另一些 GHS 象形图含有的符号大致相当于运输使用的危险性标签中的符号，可依此分类为危险品。

相关国家和主管部门以及经营人通过参考 GHS 信息，可以制定有关这些隐含一定危险性的物品的接收。例如，2017 年开始，我国民航局和多个经营人开始重视自热食品在旅客行李中的运输问题，在管理规定的制定过程中，自热食品包装上的 GHS 图标成为重要的参考信息和立法依据。

对于隐含的危险品，除了对货物收运人员和办理旅客登机手续的员工进行 DGR 规定的培训，还必须向这些员工和货运订舱、销售以及旅客订座和销售人员提供信息。在适当的时候，需要为这些员工提供的信息有：

（1）货物和旅客行李中可能含有危险品的常用物品的一般说明；

（2）可能含有危险品的其他迹象（例如：标签、标记）；

象形图		
图标名称	有害	健康危害
标识于	对皮肤、口服、吸入有害的	呼吸致敏、致癌、有毒，影响生育
	皮肤刺激、眼部刺激	特异性靶器官系统毒性一次性暴露
	呼吸刺激，产生麻醉效果	特异性靶器官系统毒性重复性暴露
	皮肤致敏	吸入性危害生殖细胞基因突变

图 5-1　GHS 象形图标和其标准：供应和使用中有危险的物品

象形图							
图标名称	爆炸	压力气体	易燃	氧化物和有机过氧化物	有毒	腐蚀	环境危害
识别于	爆炸品		气体气溶胶液体固体	氧化性气体氧化物液体氧化物固体	急性中毒皮肤口服吸入	腐蚀金属腐蚀皮肤严重眼损伤	急性慢性
	自反应物质及混合物		自反应物质及混合物，自燃液体和固体	有机过氧化物			
	有机过氧化物		自发热物质和混合物				
			遇水释放易燃气体的物质和混合物				

图 5-2　GHS 图标其标准：运输中存在危险品的物品

（3）可能由旅客根据 DGR 携带的某些危险品。

5.2.3　旅客和机组人员携带的危险品

为了不妨碍各国航空保安的限制，DGR 的规定并不适用于由旅客或机组成员携带、在转运过程中已与物主分离的行李（如丢失的行李或错运的行李），或在 DGR 中允许作为货物运输的逾重行李。

根据 DGR 的要求，在旅客和机组人员登机时常见的个人用品中，只有少量非常危险的物品完全禁止携带，其他物品则根据其风险程度，需要满足一定数量、性质或许可条件，能够以交运行李、手提行李等方式登机。

5.2.3.1　禁止携带的危险品

（1）保险公文箱、现金箱/现金袋。

（2）使人丧失能力的装置。

（3）液氧装置。

（4）电击武器。

5.2.3.2　由经营人许可，仅作为交运行李的危险品

有些危险物品，在获得经营人批准后，只可作为交运行李用航空器运输。这些物品包括：

（1）弹药。

（2）装有非密封性湿电池或符合特殊规定电池的轮椅/助行器。

①其密封性电池必须遵守特殊规定或经过包装说明的振动和压力差试验。

②经营人必须确认：电池两极已做好防止短路保护，例如装在电池容器内；电池牢固地固定在轮椅或助行器上；电路已断开。

③轮椅或其他电动助行器必须能够避免在货舱内移动，并且在行李、邮件或货物移动时受到损坏。

④专门设计的可以由用户取下的电池驱动或其他类似助行器（例如可拆卸的）。

（3）装有锂电池的轮椅/助行器。

装有锂离子电池的轮椅或其他类型的助行器受以下条件限制：

①电池必须是符合联合国测试与标准手册第Ⅲ部分每个试验要求的类型。

②经营人必须确认：电池两极已做好防止短路保护，例如装在电池容器内。电池牢固地固定在轮椅或助行器上。电路已断开。

③助行器能够避免在行李、邮件或货物移动时受到损坏。

④专门设计的可以由用户取下的电池驱动或其他类似助行器（例如可拆卸的）。

⑤必须通知机长安装电池的助行器装载的位置，或取下的且放在客舱内的锂电池位置。

（4）野营炉以及装有易燃液体燃料的燃料容器。

在获得经营人批准的情况下，野营炉以及用于野营炉的装有易燃液体燃料的燃料容器仅能作为交运行李托运，但前提是，野营炉的燃料罐或燃料容器必须完全排空了所有液体燃料，并采取相应措施消除了危险。为了消除危险，空燃料罐或容器必须清空至少1小时，然后在开口的情况下将空燃料罐或容器放置至少6小时，使得残余燃料彻底挥发。也可采取替代方式，如将烹调油加到燃料罐或容器中，将残余液体的闪点提升到易燃液体闪点之上，然后清空燃料罐或容器。随后，必须将燃料罐或容器的盖子上紧，用诸如纸巾等吸附材料包裹，并将其放到聚乙烯袋或等效袋中。随后，必须密封袋的顶部，或用松紧带或细绳扎紧。其实，按这种清洁方法处理过的燃料炉或容器已经可以归为非危险品类。但是为了控制这类物品的运输，DGR将它们作为受限制的危险品看待。

（5）保安型设备。

诸如公文箱、现金箱、现金袋等将危险品作为设备的一部分，如内装锂电池或烟火材料等的保安型设备，只可以作为交运行李，但必须满足下列要求：

①必须能够有效防止其意外启动的。

②若设备装有爆炸性物质或发火物质或物品，该物质或物品必须被生产国有关当局根据《危除品规则》排除在第 1 类爆炸物品之外。

③若设备含有锂电池或锂电池芯，则锂电池或电池芯必需满足下列规定：对于锂金属电池芯，锂含量不得超过 1g；对于锂金属电池，总锂含量不得超过 2g；对于锂离子电池芯，其额定瓦特小时不得超过 20Wh；对于锂离子电池，其额定瓦特小时不得超过 100Wh；每一个电池芯或电池的型号证明符合联合国测试与标准手册第Ⅲ部分每个测试要求。

④若设备含有去除颜料或墨水的气体，只有盛装气体容量不超过 50ml 的受 DGR 限制的成分的气盒和小型气罐是允许的。放出的气体不会造成机组人员的极端烦燥或不舒适而妨碍其正确履行职责。在意外发生时，所有危险的影响必须限制在设备之内且不得产生极端的噪音。

⑤有缺陷或损坏的保安型设备不得运输。

5.2.3.3　由经营人许可，仅作为手提行李的危险品

（1）水银气压计或水银温度计。

（2）备用锂电池。

含有锂金属或锂离子电池芯或电池的备用锂电池及物品，主要用于为其他装置供电，如移动电源，在以下情况可放置于手提行李中：

①便携医疗电子设备（PMED）、体外心脏自动除颤器（AED）、便携式集氧器（POC）和持续阳压呼吸辅助器（CPAP）。

②轻便电子设备，如电动工具、摄像机和笔记本电脑。

5.2.3.4　由经营人许可，可以作为手提或交运行李携带的危险品

以下列于《危险品规则》的物品在获得经营人的批准后，可作为交运行李或手提行李用航空器装运：

（1）医用氧气。

（2）安装在设备上的小型非易燃气罐。

①为自动充气安全设备如救生衣或救生背心配备的小型气罐。

②其他设备：每人携带不超过 4 个装有二氧化碳或其他无次要危险性气体的小型气罐；每个气罐的水容量不超过 50mL（水容量 50mL 的二氧化碳气罐相当于 28g 的气罐）。

（3）雪崩救援背包。

每人可携带一件内装无次要危险性压缩气体气罐的雪崩救援背包。这种雪崩救援背包的包装方式必须保证不意外启动，背包内的空气袋必须安装减压阀。

（4）化学品监视设备。

含有放射性物质的仪器，不超过 DGR 中规定的放射性活度限制，即化学品监视器或者迅速报警和识别装置监视器。

（5）固体二氧化碳（干冰）。

用于包装不受 DGR 限制的易腐物的干冰，每人携带不得超过 2.5kg，并且包装件可以释放二氧化碳气体。

（6）产生热量的物品。

（7）锂电池供电的电子设备。

由经营人批准，符合 DGR 规定的锂电池供电的电子设备允许放入交运行李或手提行李中：

①装有锂金属或锂离子电池芯或电池的轻便医疗电子设备（PMED）、体外心脏自动除颤器（AED）、便携式集氧器（POC）和持续阳压呼吸辅助器（CPAP）。

②对于含有锂离子电池的轻便电子设备，如电动工具、小型摄像机和笔记本电脑，有如下要求：锂离子电池额定瓦特小时值超过 100Wh，但不超过 160Wh；电池必须是符合联合国试验与标准手册第Ⅲ部分要求的型号。

③如果设备在交运行李中，旅客或机组人员必须采取防止意外启动的措施。

5.2.3.5　无需经营人批准可接收的物品

以下列于《危险品规则》的危险品，无需经营人允许可就可作为行李用航空器运输。

（1）药用或梳妆物品。

（2）属于 DGR 规定的气溶胶。

对以上物品，《危险品规则》同时也规定每一名旅客或机组成员携带这类物品的总净数重量不得超过 2kg 或 2L，且每一单件物品净重量不得超过 0.5kg 或 0.5L。气溶胶释放阀必须由盖子或其他适当的手段加以保护以防因疏忽而释放内装物。

（3）用于机械假肢的气瓶。

（4）心脏起搏器/放射性药剂

（5）医用/临床温度计。

（6）安全火柴或打火机。

（7）酒精饮料。

以零售包装的酒精饮料，其体积浓度在 24% 以上，但不超过 70%，盛装于不超过 5L 容器中的含酒精饮料，每人携带的总净重量不超过 5L。含酒精体积浓度低于 24% 的酒精饮料不受任何规则的限制。

（8）卷发器。

（9）内含电池的便携式电子装置（包括医疗设备）。

锂电池必须符合下列条件：

①每个安装的或备用的电池不得超过：对于锂金属或锂合金电池，锂含量不超过 2g；对于锂离子电池，瓦时额定值不超过 100Wh。

②电池和电池芯必须是符合联合国实验与标准手册第Ⅲ部分要求的类型。

③含锂金属或锂离子电池或电池芯或电池的物品，其主要用途是对另一装置提供能源，如移动电源，只允许放在手提行李中。

④含锂电池的电子香烟只允许放置在手提行李中。

⑤如果设备作为交运行李，旅客/机组人员必须采取防止意外启动的措施。

（10）轻便电子设备中的燃料电池。

为轻便电子设备（如照相机、手机、手提电脑以及便携摄像机等）提供电力的燃料电池系统，以及备用燃料盒，但必须满足以下条件：

①燃料电池和燃料电池盒只可以含易燃液体、腐蚀性物质、液化易燃气体、水反应物

质或金属氢化物形式的氢。

②不允许在飞机上给燃料电池盒充装燃料，除非安装备用燃料电池盒是允许的。

③任何燃料电池或燃料电池盒中燃料的最大数量不得超过：对于液体，200mL；对于固体，200g；对于液化气，非金属燃料电池盒120mL，金属燃料电池或燃料电池盒200mL；对于金属氢化物中的氢，燃料电池盒必须等于或小于120mL的水容量。

④每个燃料电池和每个燃料电池盒必须符合IEC的规定。

⑤每一旅客可以在手提行李、交运行李或随身携带不超过2个备用燃料电池盒。

⑥含有燃料的燃料电池盒或燃料电池只能在手提行李中运输。

⑦燃料电池与设备中集成电池组之间的相互作用必须符合IEC的规定。

⑧燃料电池的设计必须使其在轻便电子设备不使用的时候不能为电池组充电，且生产商必须有牢固的标识："只允许在客舱内携带（APPROVED FOR CARRIAGE IN AIRCRAFT CABIN ONLY）"。

⑨上述标识除了以始发国要求的文字标注外，还应该以英文标注。

（11）节能灯。

（12）含冷冻液氮的隔热包装（液氮干装）。

隔热包装含有的液氮全部被多孔的材料吸附，并且用于在低温下运输非危险品。只要隔热包装的设计能确保该隔热包装不会因放置的方向性而导致容器内压力增加和冷冻液氮逸出，则不受DGR规则的限制。

（13）含密封性电池的轻便电子装置。

在交运行李或手提行李中符合特殊规定的含密封型电池的轻便电子设备，可最多携带2个备用的密封型电池。但需满足下列要求：

①每个电池的电压不超过12V且瓦特小时值不得超过100Wh；

②装置必须防止意外启动，或电池必须与设备断开且电极绝缘保护；

③每个电池必须采用电极绝缘的方法做短路保护。

（14）与少量易燃液体一起包装的非感染性样本。

（15）内燃机或燃料电池发动机。

仅限在交运行李中，单独运输或安装在机器或其他设备上的内燃机或燃料电池发动机。

（16）渗透装置。

仅限在交运行李中，校准空气质量监测设备的渗透装置。

（17）含电池的电子香烟。

旅客或机组人员携带的个人自用的含电池电子香烟包括电子雪茄和其他个人使用的汽化器，必须仅限在手提行李中。不允许在飞机上对这些设备或电池充电。并且旅客或机组人员必须采取防止意外启动的措施。备用电池必须放入原商品包装中或使电极绝缘单独做好防短路保护，例如用胶带缠好暴露出的电极，把每块电池放在单独的塑料袋或保护袋内，并且仅能在手提行李中携带。另外，锂电池必须符合下列条件：

①每个安装的或备用的电池不得超过：对于锂金属或锂合金电池，锂含量不超过2g；对于锂离子电池，瓦时额定值不超过100Wh。

②电池和电池芯必须是符合联合国实验与标准手册第Ⅲ部分要求的类型。

5.2.3.6 旅客和机组人员携带危险品的规定汇总表

为使用和查阅方便，《危险品规则》汇总了所有旅客和机组人员携带各类物品的要求，如表5-4和表5-5所示。

表5-4　　　　　　　　　　　　　　旅客或机组携带危险品的规定

危险品不得由旅客或机组人员放入或作为交运行李或手提行李携带，下列情况例外。除另有规定外，允许放入手提行李中的危险品也允许带在身上。

物品	需由经营人批准	允许在交运行李中或作为交运行李	允许在手提行李中或作为手提行李	必须通知机长装载位置
酒精饮料 在零售包装内体积浓度在24%以上但不超过70%的酒精饮料，装于不超过5L的容器内，每个人携带的总净数量不超过5L。	否	是	是	否
安全包装的弹药（武器弹药筒、子弹夹） （只限1.4S UN0012和UN0014）仅限本人自用，每人携带毛重不超过5kg。一人以上携带的弹药不得合并成一个或数个包装件。	是	是	否	否
雪崩救援包 每人允许携带1个。含有2.2项压缩气体的气瓶。装备有净重不大于200mg 1.4S项物质的焰火引发装置。这种背包的包装方式必须保证不会意外开启。背包中的气囊必须装有减压阀。	是	是	是	否
电池，备用/零散的，包括锂金属或锂离子电池芯或电池 轻便电子装置所用电池只允许旅客在手提行李中携带。锂金属电池中的锂金属含量不得超过2g，锂离子电池的瓦特小时数不得超过100wh。以提供电力为主要目的的产品，如移动电源，应被视为备用电池。这些电池必须单独保护以防止短路。每位旅客携带备用电池的数量限制为20块。注：经营人可以批准20块以上的携带数量。	否	否	是	否
野营炉具和装有易燃液体燃料的燃料罐 带有空燃料罐和/或燃料容器详见DGR2.3.2.5。	是	是	否	否
化学品监视设备 由禁止化学武器组织(OPCW)的官方人员公务旅行携带的(详见DGR2.3.4.4)。	是	是	是	否
使人丧失行为能力的装置 含有刺激性和使人丧失能力的物质，如催泪瓦斯、胡椒喷雾剂等，禁止随身、放入交运行李和手提行李中携带。	禁止			
干冰（固体二氧化碳） 用于不受本规则限制的鲜活易腐食品保鲜的干冰，每位旅客携带不超过2.5 kg，可以作为手提或交运行李，但包装留有释放二氧化碳气体的通气孔。交运的行李必须标注"干冰"或"固体二氧化碳"及其重量，或注明干冰小于或等于2.5kg。	是	是	是	否
电子香烟 含有电池的（包括电子雪茄、电子烟斗、其他私人用汽化器）必须单独保护以防止意外启动。	否	否	是	否
电击武器（如泰涩枪)含有诸如爆炸品、压缩气体、锂电池等危险品，禁止放入手提行李或交运行李或随身携带。	禁止			
燃料电池及备用燃料罐 为轻便电子装置供电(如:照相机、手机、笔记本电脑及小型摄像机等)（详见DGR2.3.5.10)。	否	否	是	否
小型非易燃气罐 安装在自动充气安全设备，如救生衣或背心上的装有二氧化碳或其他2.2项气体的小型气罐，每个设备携带不超过2个气罐。每位旅客携带不超过1个设备和不超过2个备用小型气罐。不超过4个其他设备用的水容量不超过50ml的气罐（见DGR2.3.4.2)。	是	是	是	否
非易燃无毒气体气瓶 用于操作机械假肢的气瓶。以及，为保证旅途中的使用而携带的同样大小的备用气瓶。	否	是	是	否
含有烃类气体的卷发器 如果卷发器的加热器上装有严密的安全盖，则每名旅客或机组人员最多可带一个。在航空器上禁止使用卷发器，其充气罐不准在手提行李或交运行李中携带。	否	是	是	否
产生热量的物品 如水下电筒（潜水灯）和电烙铁（详见DGR2.3.4.6)。	是	是	否	否
含有冷冻液氮的隔热包装 （液氮干货）液氮被完全吸附于多孔物质中，内装物仅作为非危险品。	否	是	是	否
内燃机或燃料电池发动机 必须符合A70（详见DGR2.3.5.15)。	否	是	否	否
节能灯 个人或家庭使用的装在零售包装内的节能灯。	否	是	是	否

表 5-5　　　　　　　　　　　　　旅客或机组携带危险品的规定

物品	需由经营人批准	允许在交运行李中或作为交运行李	允许在手提行李中或作为手提行李	必须通知机长装载位置
锂电池：装有锂电池的保安型设备 （详见 DGR2.3.2.6）。	是	否	否	否
锂电池：含有锂金属或锂离子电池芯或电池的轻便电子装置（PED） 包括医疗装置如旅客或机组人员携带的供个人使用的便携式集氧器（POC）和消费电子产品，如照相机、移动电话、笔记本电脑、平板电脑（见DGR2.3.5.9）。锂金属电池的锂含量不超过 2g，锂离子电池的瓦时数不超过100Wh。交运行李中的设备必须完全关机并加以保护防止破损。每位旅客携带装置的数量限制为15 个。 注：经营人可以批准 15 块以上的携带数量。	否	是	是	否
锂电池：备用/零散的 消费电子装置和轻便医用电子装置(PMED)使用的瓦特小时大于100Wh，但不大于160Wh 的锂离子电池，或仅轻便医用电子装置(PMED)使用的锂含量超过2g 但不超过8g 的锂金属电池最多 2 个备用电池仅限在手提行李中携带。这些电池必须单独保护以防短路。	是	否	是	否
锂电池供电的电子装置 轻便电子装置（包括医用）使用的瓦特小时大于100Wh，但不大于160Wh 的锂离子电池。锂含量超过2g 但不超过8g 的仅医用电子装置专用锂金属电池。	是	是	是	否
安全火柴（一小盒）或一个小型香烟打火机 个人使用在身上的不含经吸附的液体燃料且非液化气体的打火机。打火机燃料或燃料充装罐不允许随身携带，也不允许放入交运行李或手提行李中。 注："即擦火柴""蓝焰"或"雪茄"打火机禁止航空运输。	否		带在身上	否
助行器：装有密封型电池或符合特殊规定 A123 和 A199 电池的电动轮椅或其他类似的助行器（见 DGR2.3.2.2）。	是	是	否	否
助行器：装有非密封型电池或锂电池的轮椅或其他类似的电动助行器（见 DGR2.3.2.3和2.3.2.4）。	是	是	否	是
助行器：装有**锂离子电池**（可拆卸的）电动助行器，锂离子电池必须拆卸下来，且在客舱内携带（见DGR 2.3.2.4）。	是	否	是	是
非放射性药品或化妆品 （包括气溶胶）如发胶、香水、科隆香水以及含有酒精的药品。	否	是	是	否
2.2 项非易燃无毒的气溶胶 无次要危险性，体育运动用或家用。其中非放射性药品和 2.2 项中非易燃无毒气溶胶的总净数量不得超过 2kg 或 2L，每单个物品的净数量不得超过 0.5kg 或 0.5L。气溶胶的阀门必须有盖子或用其他的方法保护，以防止意外打开阀门释放内装物。	否	是	是	否
氧气或空气气瓶 用于医学用途，气瓶毛重不得超过 5kg 。 注：液态氧装置禁止航空运输。	是	是	是	是
渗透装置 必须符合 A41(见 DGR2.3.5.16)。	否	是	否	否
含有密封型电池的轻便电子装置 电池必须符合 A67 且等于或小于 12V 和等于或小于 100wh 。最多可携带 2 个备用电池（见 DGR2.3.5.13）。	否	是	否	否
放射性同位素心脏起搏器或其他装置 包括那些植入体内或体外安装的以锂电池为动力的装置或作为医疗手段植入体内的放射性药剂。	否		带在身上	否
保险型公文箱、现金箱、现金袋 除 DGR2.3.2.6 节以外，装有锂电池和/或烟火材料等危险品，是完全禁运的。见 DGR4.2 危险品名表中的条目。			禁止	
非感染性样本 与少量易燃液体包装在一起，必须符合 A180 （见 DGR2.3.5.14）。	否	是	是	否
医疗或临床用温度计 含汞，个人使用时每人允许携带一支，但还要存放在保护盒内。	否	是	否	否
水银气压计或水银温度计 由政府气象局或其他官方机构携带的（见 DGR2.3.3.1）。	是	否	是	是

5.2.4 危险品的邮政运输

除 DGR 规定的几种危险品外,《万国邮政联盟公约》禁止采用航空运输形式运送含有危险物品的邮件,有关国家当局应确保在危险品航空运输方面遵守《万国邮政联盟公约》的规定。

在 DGR 中列出的几种危险品可作为航空邮件收运,不过应按照有关国家邮政当局的规定及 DGR 有关规定进行处理。这些物品包括:

(1)感染性物质。此类感染性物质仅限于生物物质,且按照包装说明的要求进行包装和用作感染性物质致冷剂的固体二氧化碳(干冰)。

(2)病患标本。病患标本是指为了研究、诊断、调查活动和疾病治疗与预防等目的,采用航空方式运输的直接从人或动物身上采集的人体或动物体物质,包括但不限于排泄物、分泌物、血液及其成分、组织和组织液拭子以及肌体部分。

病菌存在的可能性很低的病患标本,如满足下列条件,则可以采用邮政运输:

①标本必须装在能够防止泄露的包装中并且包装件上标注"感染排除的人体标本"或"感染排除的动物标本"。

②包装必须由下列三个部分组成:防泄露的主容器;防泄露的次容器;根据样本的容积、质量和使用的目的,要求外包装要有足够的强度,并且至少其中一面的最小尺寸是100mm×100mm。

③对于液体,必须在主容器和次容器之间填充吸附材料,吸附材料必须充足,能够吸收主容器中的所有内装物。这样在运输过程中,液体物质的任何释放或泄漏都不可能到达外包装,不会影响衬垫材料的完整性。

④当多个易碎的主容器装入一个次容器时,必须将它们分别包裹或隔离,以防止彼此接触。

(3)放射性物质。放射性物质作为航空运输邮件,其活度不得超过 DGR 所规定标准的十分之一,并且不符合 DGR 第 3 章规定的除第 7 类之外的分类或分项标准。其包装件必须标注托运人和收货人的姓名,包装件必须标记"Radioactive material—quantities permitted for movement by post(放射性物质——邮政允许数量)"并且贴有放射性物质例外包装件标签。

注:我国不允许在航空邮件中夹带以上任何危险品。

(4)安装在设备中的锂离子电池。符合包装说明规定不超过 4 个电池芯或 2 个电池,可以在任何单个包装件中邮寄。

(5)安装在设备中的锂金属电池。符合包装说明规定不超过 4 个电池芯或 2 个电池,可以在任何单个包装件中邮寄。

5.2.5 经营人资产中的危险品

经营人的资产,又称航空公司的资产,英文名称是"Company Materials"或"Company-owned Materials",所以常缩写为"COMAT"。经营人资产中的某些物品也可能具有危险特性，在飞机上运载时，有些例外情况是不被看作危险货物的，因而不需要按照 DGR 的要求运输；也有一部分危险品被看作危险货物的，需要按照 DGR 的要求来运输。

（1）例外情况

DGR 中关于危险物品的规定并不适用于某些航空运输经营人资产中的危险物品。根据 DGR 的规定，这些物品包括：

①航空器设备。根据分类，某些航空器设备虽然属于危险品，但它们是按照有关适航要求及经营人所在国家为符合特殊要求而颁布的运行规定或由其授权而装载于航空器内的物品，所以不受 DGR 的限制。

②消费品。飞行中或连续飞行中，在经营人的航空器上使用或者出售的气溶胶、酒精饮料、香水、科隆香水、安全火柴及液化气体打火机和含有符合 DGR 规定的锂离子或锂金属电池芯或电池的轻便电子设备等，不受 DGR 的限制。但是，一次性气体打火机和减压条件下易泄漏的打火机仍须受 DGR 的限制。

③固体二氧化碳（干冰）。在航空器内，用于冷藏在机上服务用饮料或食品的二氧化碳不受 DGR 的限制。

④电池供电的电子设备。符合 DGR 规定的经营人带上航空器在航班或一系列航班飞行中使用的含有锂金属或锂离子电池芯或电池的诸如飞行数据包、个人娱乐设备、信用卡读卡器等电子装置及其备用锂电池。未使用的备用锂电池必须单独做好防短路保护。这些电子装置的运输及使用条件必须写入经营人手册或其他适用的手册以便飞行机组、乘务及其他雇员履行其职责。

（2）受 DGR 规则限制的 COMAT

航空器零部件。除非经营人所属国家另有授权，否则 DGR 在上述例外情况中列出的"航空器设备"这一条目所指物品的替换件，或已经被替换下的该类物品，都必须遵守 DGR 的规定。但经营人使用专门设计的容器运输上述物品和物质可以例外，条件是容器至少能够满足 DGR 中对于此种物品包装的要求。

另外，除非经营人所在国特别批准，否则 DGR 在例外情况中列出的替换品也必须遵守本规则的规定。

5.2.6 例外数量的危险品

某些类型的危险品当运输量很小时，危险性也较小，这时这些危险品除了应该符合 DGR 中有关危险货物的定义、分类要求、必要的装载限制以及危险品事故处理要求以外，可以不受 DGR 中其他规定的限制，这种危险品被称为例外数量（Excepted Quantities）的危险品。

并不是所有的危险品都可以以例外数量的形式进行航空运输。作为托运人，有责任确保以"例外数量"形式运输的该危险品的类别、包装要求、数量限制以及标志要求等符合 DGR 相关规定，货运代理人和经营人、货物收运人员也必须遵守有关"例外数量"危险品的分类、包装和标志的要求等，同时应该仔细检查，确保所有包装件均正确使用各种标志、正确进行包装和填写相关运输文件。

DGR 规定了适用于例外数量形式运输的危险品的相关要求。除了在标记和运输文件方面有所例外，例外数量的危险品在运输时应遵守的要求包括：

（1）培训要求；

（2）航空邮件中的危险品；

（3）分类和包装等级标准；

（4）包装要求；

（5）装载限制；

（6）危险品事故、事件和其他情况的报告；

（7）如属放射性物质，关于放射性物质例外包装件的要求；

（8）DGR 中附录 A 中的定义。

另外，DGR 还规定，交运行李、手提行李和航空邮件中不允许含有例外数量的危险品。

5.2.6.1 允许以例外数量危险品运输的危险物品

只有允许客机运输且符合如下类别或项别及包装等级标准（详见 DGR 分类规则和包装要求）的危险品，才可以按照例外数量的危险品规定进行运输。

（1）不具有次要危险性的 2.2 项危险物品，但不包括 UN1043、UN1044、UN1950、UN2037、UN2073、UN2857 和 UN3164、UN3500 和 UN3511；

（2）第 3 类危险物品的所有包装等级，除包装等级为 I 级且有次要危险性的，以及 UN1204、UN2059 和 UN3473；

（3）第 4 类危险物品，II 级和 III 级包装，且不包括所有自反应物质以及 UN2555、UN2556、UN2557、UN2907、UN3292 和 UN3476；

（4）II 级和 III 级包装的第 5.1 项危险物品；

（5）装在化学物品箱、急救箱或聚脂树脂箱中的 5.2 项危险物品；

（6）除了 I 级包装中具有吸入毒性的危险物品之外的所有 6.1 项危险物品；

（7）属于 II 级和 III 级包装但不含有 UN1774、UN2794、UN2795、UN2800、UN2803、UN2809、UN3028、UN3477 和 UN3506 的第 8 类危险物品；

（8）除固体二氧化碳、转基因生物、转基因微生物以外的所有第 9 类危险物品。

5.2.6.2 数量限制

例外数量的危险品的分类同其他类型的危险品一样，需要按照《危险品规则》第 3 章"分类"的标准进行分类，以确定其在 9 种类别危险品中的属性。

判断某危险品是否符合例外数量运输要求，以及确定符合要求的危险品使用方式运输的具体数量限制，可以在 DGR 的"危险物品品名表"的 F 栏中得以确认。该栏用 E0、E1、E2、E3、E4、E5 六种代号表示某一具体危险品的例外数量运输要求。而 DGR 详细标明了六种代号所对应的含义，包括是否允许例外数量运输，以及允许运输时的内包装及每个包装件的最大允许净数量限制。如表 5-6 所示。

表 5-6　　　　　　　"危险物品品名表" F 栏例外数量危险品代码含义

代号	每一内包装最大数量	每一外包装最大数量
E0	不允许做为例外数量运输	
E1	30g/30mL	1kg/1L
E2	30g/30mL	500g/500mL
E3	30g/30mL	300g/300mL
E4	1g/1mL	500g/500mL
E5	1g/1mL	300g/300mL

5.2.6.3　包装性能试验要求

例外数量的危险物品所用的包装要求坚固耐用。虽然因数量较少而不需采用危险品专用的 UN 规格包装（UN 规格包装的相关知识见本章第 5 节），但例外数量的危险品包装也应满足指定的试验标准。

准备运输的整个包装件，其内包装装入不少于容量 95% 的固体或不少于容量 98% 的液体，完成下列试验后，任何内包装无破损或泄漏且效能无明显削弱，才可用于例外数量危险品的包装：

（1）自 1.8m 的高度自由跌落至一个坚硬、无弹性的水平冲击板上，当试样为箱形或桶形等不同类型时，还应以不同方向对应的平面或不同姿态跌落。

（2）顶面施加等于同样包装件 3m 高时的总重量的外力，持续 24 小时。

5.2.6.4　标记与文件

（1）标记

按照 DGR 的规定，例外数量危险品的包装件必须耐久和清晰地标以"Excepted quantities（例外数量）"标记，在包装件中的每一危险品的主要类型或项别必须显示在标记中。当托运人或收件人的名字没有显示在包装件上的其他地方时，此信息则必须包括在标记内。

例外数量标记必须是正方形，影格线和符号必须在白色或合适背景上使用同一颜色（黑色或红色）。标记的最小尺寸为 100mm×100mm 以便识别。如图 5-3 所示。

图 5-3　例外数量危险品标记

注：＊—此处需标明危险品所属的主要危险性的类别/项别代号。

＊＊—若包装件其他位置未注明危险品的托运人或收货人姓名，则需在此处标明。

（2）文件要求

例外数量危险品不需要托运人危险品申报单。

如果有航空货运单（Airway Bill）或其他文件（如装运单）伴随例外数量危险品运输，则应在相应位置注明例外数量危险品的信息。例如，在航空货运单的"货物品名与数量（Nature and quantity of goods）"栏中注明"例外数量的危险品（Dangerous goods in excepted quantity）"字样并标明件数。

5.2.7 有限数量的危险品

只有符合 DGR 中相关要求和规定，并按照危险品品名表和包装说明有关要求，才可以作为"有限数量"的危险品进行载运。有限数量的危险品的数量和规定同样适用于客机和货机。

5.2.7.1 允许以有限数量运输的危险品

仅被允许由客机载运并符合下列类别/项别和包装等级（详见 DGR 分类规则和包装要求）的危险品，可按照限制数量的危险品进行载运。

（1）第 2 类：仅限于 2.1 项和 2.2 项的 UN1950（气溶胶），无次要危险性的 2.1 项和 2.2 项的 UN2037、UN3478（燃料电池罐，含液化易燃气体）和 UN3479（燃料电池罐，含储氢氢化金属）。

（2）第 3 类：包装等级Ⅱ级和Ⅲ级的易燃液体和 UN3473（燃料电池罐，含易燃液体）。

（3）第 4 类：4.1 项中属于Ⅱ级和Ⅲ级包装的易燃固体，自身反应物质除外（不考虑包装等级）；4.3 项中属于包装等级Ⅱ级和Ⅲ级的物体，只限固体和 UN3476（燃料电池罐，含遇水反应物质）。

（4）第 5 类：5.1 项中属于包装等级Ⅱ级和Ⅲ级的氧化剂；5.2 项中仅限包装在化学品箱或急救箱内的有机过氧化物。

（5）第 6 类：6.1 项中属于包装等级Ⅱ级和Ⅲ级的毒性物质。

（6）第 8 类：属于包装等级Ⅱ级和Ⅲ级的第 8 类腐蚀性物质和 UN3477（燃料电池罐，含腐蚀性物质），但不包括 UN2794、UN2795、UN2803、UN2809、UN3028 和 UN3506。

（7）第 9 类：仅限第 9 类中的 UN1941（二溴二氟甲烷）、UN1990（苯醛）、UN2071（硝酸氨肥料）、UN3077（环境危害物质）、UN3082（环境危害物质）、UN3316（化学品箱或急救箱）、UN3334（航空限制的液体）、UN3335（航空限制的固体）和 ID8000（日用消费品）。

5.2.7.2 数量限制

判断某一具体的危险品是否可以采用有限数量方式运输，可以在 DGR 危险物品品名表中找到该危险品运输专用名称所对应的条目，并在其"Ltd Qty"栏的子栏 G 栏"Pkg Inst"和 H 栏"Max Net Qty/Pkg"中找到对应的要求。若两栏均标为"Forbidden"，则表明该危险品不允许使用有限数量方式运输。在不是"Forbidden"的情况下，这两栏将显示采用有限数量形式运输时应遵守的包装说明要求和数量限制。

另外，G 栏中的包装说明数字序号前均有英文大写字母"Y"，表示针对有限数量危险品的包装说明代号，如表 5-7 所示。与 UN 包装相比，此类包装的数量会受到更严格的限制。

表 5-7　　　　　　　　　　　限制数量的危险品品名表例

UN /ID No.	Proper Shipping Name/Description	Class or Div. (sub Risk)	Hazard Labels	PG	Passenger and Cargo Aircraft					Cargo Aircraft Only		S.P. See 4.4	ERG Code
					EQ See 2.6	Ltd Qty		Pkg Inst	Max Net Qty/Pkg	Pkg Inst	Max Net Qty/Pkg		
						Pkg Inst	Max Net Qty/Pkg						
A	B	C	D	E	F	G	H	I	J	K	L	M	N
1218	**Isoprene, stabilized**	3	Flamm. liquid	I	E3	Forbidden		351	1L	361	30L		*3H*
2528	**Isobutyl isobutyrate**	3	Flamm. liquid	III	E1	Y344	10L	355	60L	366	220L		*10L*

5.2.7.3　包装要求与标记

对于有限数量的包装，必须符合以下要求：

（1）有限数量的危险品必须使用组合包装；

（2）不允许使用单一包装，包括复合包装；

（3）内包装必须符合 DGR 的一般包装要求的标准；

（4）外包装必须经严格设计制造以达到 DGR 的结构性要求；

（5）有限数量包装件的毛重不能超过 30 千克；

图 5-4　"有限数量"包装标记

（6）有限数量包装件必须标有 DGR 所示的"有限数量"标记，见图 5-4。

5.2.7.4　包装性能测试

有限数量的运输包装必须通过如下试验：

（1）跌落试验：准备载运的包装件，必须能够承受在坚硬光滑的水平冲击板上完成的高度为 1.2m 的跌落试验。试验时要求以最易造成最大损坏的位置进行跌落。试验后，外包装不得有任何会在运输过程中影响安全的损坏，内包装亦不得有泄漏迹象。

（2）堆码试验：交运的每一包装件，必须能够承受对其顶面施加的压力等同于同样包装件堆码 3m 高时的总重量产生的外力，持续 24 小时。试验后，任何内包装无破损或泄漏且其效能无明显削弱。

5.2.8　国家及经营人差异

按照 IATA 的规定，托运人除了要遵守国际航协颁布的 DGR 所规定的一般性要求外，还必须遵守有关国家及经营人的差异性规定；经营人或经营人的货运代理人的货物接收人员应确保有关国家及经营人的差异规定均得到满足。

任何国家或经营人都可以向 DGR 提交差异性条款。

5.2.8.1　国家差异

为了区分和查找方便，DGR 对所有条款按国家进行编号，列成一个清单。每个差异条款都有一个代码。

（1）国家差异条款代码构成。

国家的差异规定代码由 3 个英文字母和两位阿拉伯数字组成。英文字母的前两位为国家的二字代码，第三个字母为"G"，是"Government"的第一个字母。阿拉伯数字是按严格顺序排列的两个数字，以"01"开始，如：CNG-01（中国的差异规定 01 号条款）、ITG-02（意大利国家差异规定 02 号条款）。表 5-8 所示为部分国家差异代码表。

表 5-8　　　　　　　　颁布了国家差异的部分国家及其差异代码

Code（代码）	State（国家）	
	英文	中文
AUG	Australia	澳大利亚
BEG	Belgium	比利时
BNG	Brunei Darussalam	文莱
CAG	Canada	加拿大
DKG	Denmark	丹麦
FRG	France	法国
DEG	Germany	德国
IRG	Islamic Republic of Iran	伊朗
ITG	Italy	意大利
JPG	Japan	日本
MYG	Malaysia	马来西亚
NLG	Netherlands	荷兰
NZG	New Zealand	新西兰
PKG	Pakistan	巴基斯坦
RUG	Russian Federation	俄罗斯
SAG	Saudi Arabia	沙特阿拉伯
SGG	Singapore	新加坡
ZAG	South Africa	南非
ESG	Spain	西班牙
VCG	Sri Lanka	斯里兰卡
CHG	Switzerland	瑞士
UKG	Ukraine	乌克兰
AEG	United Arab Emirates	阿拉伯联合酋长国
GBG	United Kingdom	英国
USG	United States	美国
VUG	Vanuatu	瓦努阿图

（2）大部分情况下，国家的差异规定比 DGR 的规定限制更严格。此时，国家差异适用于以下情况：

①所有经营人运进、运出或通过申报国拥有主权的所有领土的危险品航空运输；

②当经营人所在国即申报国时，适用于该国领土以外的全部申报国所属经营人的危险品的航空运输。

简单地讲，这些规定适用于始发国、中转国、目的站以及该国经营人。

例如，MYG-01 是马来西亚的国家差异规定 01 号条款。它适用于以下所有危险品：

①从马来西亚出发的危险物品；

②经马来西亚中转的危险物品；

③到达马来西亚的危险物品；

④在马来西亚境内注册的各经营人承运的危险物品。

MYG-01 的具体规定为：经营人需要载运所有类别的危险物品运至、始发其境内或飞经马来西亚领土必须事先经马来西亚民航局长书面同意。

个别情况下，国家差异规定的限制不如 DGR 的规定严格，则所列出的差异条款仅作为参考资料，只适用于申报国的经营人在该国领土内的运输。

（3）国家差异规定实例

【例5-1】2018 年 DGR（第 59 版）中，中国香港特别行政区的差异规定。

HKG（Hong Kong Special Administrative Region，China）

HKG（香港特别行政区，中国）

HKG-01 Operators wishing to carry dangerous goods in aircraft to, from or over the Territory of Hong Kong must obtain prior written permission from the Director-General of Civil Aviation. Applications must include details of dangerous goods training programmes. Further information may be obtained from：

Director-General of Civil Aviation

Dangerous Goods Office

Airport Standards Division

Civil Aviation Department

Civil Aviation Department Headquarters

1 Tai Fung Road, HongKong International Airport Lantau

HONG KONG

Tel：+852 2910 6980/6981/6982

Fax：+852（2）795 8469

HKG-01 经营人需要载运危险物品运至、始发其境内或飞经香港领土必须事先经香港民航处处长书面批准。其申请函中必须包括进行危险品培训项目的细节。获取进一步信息可由以下联系方式进行咨询：

民航处处长

危险品办公室

机场安全标准部

民用航空部

民用航空总署

东辉路 1 号，香港国际机场，大屿山，香港

电话：+852 2910 6980/6981/6982

传真：+852（2）795 8469

HKG-02 English must be used in addition to the language which may be required by the State of origin, and each language must be given equal prominence.

HKG-02 除货物始发国所要求使用的语言外，必须用英文另加注明，且每种语言都同等重要。

HKG-03 The shipment by air from Hong Kong of explosive articles and substances originating in HongKong is prohibited. Explosives previously imported may exported by air providing that the classification has been approved by the appropriate authority of the State of origin or manufacture.

HKG-03 禁止由香港始发空运的爆炸性物品和物质。之前转运进入香港的爆炸品只可在其分类被始发国或制造国批准的情况下，才可以经空运运出香港。

5.2.8.2 经营人差异

经营人差异规定与国家差异规定一样，为了区分和查找方便，对所有条款按经营人进行编号，列成一个清单。每个差异条款都有一个代码。

（1）经营人差异规定代码构成

经营人差异规定由经营人的两字代码加两位数字组成。如 AF-01、AF-02 表示法航差异规定 01、02 号；CA（Air China，中国国际航空公司）、CI（China Airlines Ltd，中华航空公司（中国台湾））。例如 AF-01 规定：Dangerous Goods as defined in these Regulation will not be accepted in air mail（在航空邮件中不收《危险品规则》中指定的危险品）。

经营人不得低于《危险品规则》的要求，仅适用于该经营人所从事的业务范围。经营人应该将其差异规定向国际航空运输协会申报，国际航空运输协会据此进行登记并记入《危险品规则》。主要的航空公司代码如表 5-9 所示。

表 5-9　　　　　　　　　　部分申报了差异的经营人及其代码

Airline	Code（二字代码）	
	英文	中文
Adria Airways	JP	雅得里亚航空公司（南斯拉夫）
Aerolineas Argentinas	AR	阿根廷航空公司
AeroPeru	PL	秘鲁航空公司
Air Austral	UU	奥斯特拉尔航空公司
Air Canada	AC	加拿大航空公司
Air China	CA	中国国际航空公司
Air France	AF	法国航空公司
Air Hong Kong	LD	香港航空公司
Air Namibia	SW	纳米比亚航空公司
Air Niugini	PX	新几内亚航空公司
Air Wisconsin	ZW	威斯康星航空公司（美国）

表5-9(续)

Airline	Code（二字代码）	
	英文	中文
Alaska Airlines Inc.	AS	阿拉斯加航空公司（美国）
Alitalia	AZ	意大利航空公司
All Nippon Airways	NH	全日本航空公司
American Airlines Inc.	AA	美利坚航空公司
Austrian Airlines	OS	奥地利航空公司
Asiana	OZ	韩亚航空
Biman Bangladesh Airlines	BG	孟加拉比曼航空公司
British Airways	BA	英国航空公司
Cameroon Airlines	UY	喀麦隆航空公司
Cathay Pacific Airways Limited	CX	香港国泰航空公司
China Airlines	CI	中华航空公司
Delta Air Lines	DL	三角航空公司（美国）
Deutsche Lufthansa A. G.（Lufthansa）	LH	德国汉莎航空公司
El Al Israel Airlines	LY	以色列航空公司
Era Aviation	7H	时代航空公司（美国）
European Air Transport，Leipzig GmbH- DHL	QY	欧洲货运航空运输公司
Federal Express	FX	联邦快递公司（美国）
Gulf Air	GF	海湾航空公司（中东地区海湾四国）
Hawaiian Airlines	HA	夏威夷航空公司
Hong Kong Dragon Airlines（Dragonair）	KA	港龙航空公司（中国香港）
IBERIA，Lineas Areas de Espana	IB	西班牙伊比利亚航空公司
Iran Air	IR	伊朗航空公司
Japan Airlines	JL	日本航空公司
KLM-Royal Dutch Airlines/KLM Cityhopper B. V.	KL	荷兰皇家航空公司
Korean Airlines	KE	大韩航空公司
Luxair	LG	卢森堡航空公司
Lufthansa Cargo Airlines	LH	德国汉莎货运航空公司
Martinair Holland	MP	马丁荷兰航空公司
Middle East Airlines	ME	中东航空公司
Nippon Cargo Airlines	KZ	日本货运航空公司
Philippine Airlines，Inc	PR	菲律宾航空公司空
Qantas Airways	QF	快达航空公司（澳大利亚）
Royal Jordanian	RJ	约旦皇家航空公司
Saudi Arabian Airlines	SV	沙特阿拉伯航空公司
Singapore Airlines/ Singapore Airlines Cargo	SQ	新加坡航空货运公司

表5-9（续）

Airline	Code（二字代码）	
	英文	中文
Southern Air Transport	SJ	南方航空运输公司（美国）
Swiss International	LX	瑞士国际航空有限责任公司
Thai Airways International	TG	泰国国际航空公司
Tunis Air	TU	突尼斯航空公司
Turkish Airlines	TK	土耳其航空公司
Transavia Airlines C. V.	HV	荷兰泛航空公司
United Airlines	UA	联合航空公司（美国）
United Parcel Service	5X	联合包裹服务公司（美国）
Virgin Atlantic	VS	维珍大西洋航空公司
Virgin Australia	VA	维珍澳洲航空公司
Vietnam Airlines	VN	越南航空公司
Yemen Airways	IY	也门航空公司

（2）经营人差异实例

国际航空运输协会的 DGR 是航空危险品运输的最低要求，各经营人还可以根据自己的要求作出特别的规定。这些规定列于《危险品规则》的《经营人差异列表》（List of Operator Variations）中，托运人在具体操作中可在此查阅。

【例5-2】2018 年 DGR（第 59 版）中，阿联酋航空公司的经营人差异规定。

EK（Emirates）

EK（阿联酋航空公司）

EK-01 An emergency response contact number provided by the shipper must be inserted in the Additional Handling Information box of the Shipper's Declaration for Dangerous Goods.

EK-01 托运人必须在托运人危险物品申报单上的附加操作信息栏内提供一个用于紧急响应时联系的电话号码。

EK-02 The following dangerous goods will not be accepted for carriage as cargo on Emirates：

· UN3090-Lithium metal cells and batteries, including lithium alloy cells and batteries, prepared in accordance with Section IA, IB and Ⅱ of Packing Instruction 968. This prohibition includes lithium metal batteries shipped under an approval in accordance with Special Provision A88 and A99 and exemption in accordance with Special Provision A201.

· UN3480—Lithium ion cells and batteries, including lithium polymer cells and batteries, prepared in accordance with Section IA, IB and Ⅱ of Packing Instruction 965. This prohibition includes lithium ionbatteries shipped under an approval in accordance with Special Provision A88 and A99.

Note：The prohibitions for lithium batteries do not apply to Lithium batteries (rechargeable and non-rechargeable) covered by the Provisions for Dangerous Goods carried by Passengers or Crew.

· UN 2809—Mercury.

EK-02 阿联酋航空公司不接受以下危险品货物的航空运输：

· UN3090——按照包装说明 968 第 IA、IB 和第 II 部分准备的锂金属电池芯与电池，包括锂合金电池芯和电池。此禁令也包括满足特殊规定 A88 和 A99 的锂金属电池，以及本以获得豁免的符合特殊规定 A201 的电池。

· UN3480——按照包装说明 965 第 IA、IB 和第 II 部分准备的锂离子电池芯与电池，包括锂聚合物电池芯和电池。此禁令也包括满足特殊规定 A88 和 A99 的锂金属电池。

注：对锂电池的禁令不适用于满足旅客与机组人员携带危险品规定中的锂电池（可充电或不可充电）。

· UN2809——水银。

当接受危险品时，可使用如图 5-5 所示的下列程序以确保国家或经营人的差异规定得以认真执行。

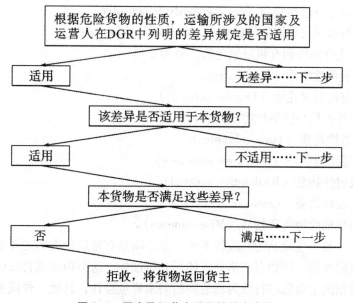

图 5-5　国家及经营人差异的检查步骤

5.3　危险品分类

为了储运安全和管理方便，《危险品规则》根据危险品的危险性质差异，将危险品划分为 9 大类，有些类别如第 1、2、4、5、6 类的危险品因其各自包括的范围比较广，进行了进一步的细分，分为不同的项别。根据不同的危险性类型，9 类危险品的类别与项别为：

第 1 类：爆炸品（Explosives），分为 6 项。

1.1 项——有整体爆炸危险的物质和物品。

1.2 项——有迸射危险，但无整体爆炸危险的物质或物品。

1.3 项——有燃烧危险，并兼有局部爆炸危险，或局部迸射危险之一，或兼有这两种危险，但无整体爆炸危险的物质和物品。

1.4 项——不呈现重大危险的物质和物品。

1.5 项——有整体爆炸危险的非常不敏感物质。

1.6 项——没有整体爆炸危险的极端不敏感物品。

第 2 类：气体（Gases），分为 3 项。

2.1 项——易燃气体（Flammable gases）。

2.2 项——非易燃无毒气体（Non-flammable and non-toxic gases）。

2.3 项——毒性气体（Toxic gases）。

第 3 类：易燃液体（Flammable liquid）。

第 4 类：易燃固体、易于自燃物质及遇水放出易燃气体的物质，分为 3 项。

4.1 项——易燃固体（Flammable solid）。

4.2 项——易于自燃的物质（Spontaneously combustible）。

4.3 项——遇水放出易燃气体的物质（Dangerous when wet）。

第 5 类：氧化性物质和有机过氧化物，分为 2 项。

5.1 项——氧化性物质（Oxidizer）。

5.2 项——有机过氧化物（Organic peroxide）

第 6 类：毒性物质与感染性物质，分为 2 项。

6.1 项——毒性物质（Toxic substance）。

6.2 项——感染性物质（Infectious substance）。

第 7 类：放射性物质（Radioactive material）。

第 8 类：腐蚀性物质（Corrosive）。

第 9 类：杂项危险物质和物品（Miscellaneous）。

许多情况下，某一危险品的危险性不止一个，除具有据以分类的主要危险特性外，还具有一些其他危险性质。例如有些易燃液体还具腐蚀性。这类物质或物品就具有多重危险性。作为分类依据的主要危险特性为该危险品的主要危险性，其他一种或多种危险特性则为次要危险性。

需要说明的是，以上 1 至 9 的分类编号顺序只是为了方便，并非表明其相对的危险程度。为了表明其危险程度，IATA 采用包装等级的概念来区分。这 3 种不同的包装等级为：

I级包装：适用于有较大危险性的危险品（有时也表述为：Packing Group I或 PG I）

II级包装：适用于有中等危险性的危险品（有时也表述为：Packing Group II或 PG II）

III级包装：适用于有较小危险性的危险品（有时也表述为：Packing Group III或 PG III）

此外，并非所有的类别或项别都有包装等级。包装等级仅适用于第 3、4、8、9 类和 5.1 项、6.1 项的危险品。

托运人按照 DGR 负责对准备空运的全部危险品进行识别、分类。特别是对任何需要空运的危险品进行包装前，托运人必须做到：

（1）正确并全面地识别托运货物中所有满足危险品标准的物品和物质；

（2）确定每一危险品的类别、项别，需要时还需指出其次要危险性；

（3）在确定每一危险品的类别、项别后，需要时还要划定其相应的包装等级。

5.3.1　第 1 类：爆炸品

爆炸品的实质就是固体和液体的混合物，其自身能够通过化学反应产生气体，并使温度、压力和速度高到能对周围造成破坏。其定义包括三个方面的内容：

（1）爆炸性物质（物质本身不是爆炸品，但能形成气体、蒸气或粉尘爆炸的不包括在第 1 类内）。其不包括那些太危险以致不能运输或那些主要危险性符合其他类危险品定义的物质。

（2）爆炸性物品，不包括下述装置：其中所含爆炸性物质的数量或特性，不会使其在运输过程中偶然或意外被点燃或引发后因迸射、发火、冒烟、发热或巨响而在装置外部产生任何影响。

（3）上述未提到的，为产生爆炸或烟火实用效果而制造的上文未提及的物质或物品。

需要说明的是，烟火物质是用来产生热、光、电、气或烟的效果的一种物质或物质的混合物，但即便不产生气体，也包括在爆炸性物质中。另外，爆炸品是指含有一种或一种以上的爆炸性物质的物品。

5.3.1.1　项别

爆炸品按其危险性程度的不同被划分为如下 6 个项别：

1.1 项——有整体爆炸①危险的物质和物品。

1.2 项——有迸射危险，但无整体爆炸危险的物质或物品。

1.3 项——有燃烧危险，并兼有局部爆炸危险，或局部迸射危险之一，或兼有这两种危险，但无整体爆炸危险的物质和物品。本项包括可产生大量的辐射热的物品和物质，或相继燃烧并产生轻度爆炸和（或）喷射效应或兼有两种效应的物品和物质。

1.4 项——不呈现重大危险的物质和物品。此项物品或物质在运输过程中被引燃或引发时仅出现较小的危险性，其影响基本被限制在包装件内部，并预计射出的碎片不大，射程也不远，外部明火也不会引起包装件内装物品的瞬间爆炸。

1.5 项——有整体爆炸危险的非常不敏感物质。此项物质在正常运输条件下极为不敏感，被火引爆的可能性极小，其最低要求是在燃烧实验中不发生爆炸。

1.6 项——没有整体爆炸危险的极端不敏感物品。此项物品只包括敏感度极低的爆轰炸药。经验证，其被意外引爆或传播爆炸的可能性极小。其危险性只限于单一物品的爆炸。

5.3.1.2　配装组

不同的爆炸品能否混装在一起安全运输，取决于它们所属的配装组。爆炸品按所含的物质不同，可以划分为 13 个配装组，以英文大写字母 A、B、C、D……表示，每一项内

---

① 注：整体爆炸是指实际上瞬间影响到几乎全部载荷的爆炸。

不同爆炸品被指定为其中的一个配装组。除 S 项外，属于同一配装组的爆炸品可以放在一起运输，反之则不能放在一起运输。

需要注意，其中 1.4S 的爆炸品是非常特殊的，S 配装组的"S"的含意是"Safety"，即"安全"，只有属于该项别和配装组组合的爆炸品可以与任意配装组进行混装运输，而且只有该类爆炸品才可以被民航客机所收运。

DGR 中列出了关于每一个配装组的说明及其所包含危险物品或物质的危险性项别，如表 5-10 所示。可以查阅此表来判断不同的爆炸品是否可以混装运输。

表 5-10 爆炸品配装组的划分

配装组	危险项别	物品或物质的分类
A	1.1	初级炸药。
B	1.1；1.2；1.4	含有初级炸药，未安装有两个或两个以上有效保险装置的制品。
C	1.1；1.2；1.3；1.4	发射药或其他爆燃性物质，或含有这些物质的制品。
D	1.1；1.2；1.4；1.5	初级爆炸物质、黑火药或含有次级爆炸物质的物品，无引发装置和发射装药，或含有初级爆炸物质和两个或两个以上的有效保护装置。
E	1.1；1.2；1.4	含有次级爆炸物质的物品，无引发装置，有发射装药（含易燃液体或胶体或自燃液体除外）。
F	1.1；1.2；1.3；1.4	含有次级爆炸物质的物品，自带引发装置，有或无推进装药（含易燃液体或胶体或自燃液体除外）。
G	1.1；1.2；1.3；1.4	自燃物质或含自燃物质的物品，或同时含有一种爆炸物质和一种照明、燃烧、催泪或发烟物质的物品。
H	1.2；1.3	含有炸药和白磷的制品。
J	1.1；1.2；1.3	含有炸药或易燃液体或凝胶的制品。
K	1.2；1.3	含有炸药和化学毒剂的制品。
L	1.1；1.2；1.3	爆炸物质或含一种爆炸物质的物品，呈现出特殊危险，需要彼此隔离的物品。
N	1.6	只含极不敏感爆炸物质的物品。
S	1.4	经如此包装或设计的物质或物品，因事故引起的危险作用仅限于包件内部，当包件被烧坏时，一切爆炸或迸射效应不会严重影响在包件附近救火或采取其他措施。

5.3.1.3 运输要求

由于危险性太大，绝大多数的爆炸品都是禁止航空器运输的。只有 1.4S 的爆炸品才可能被民航的客机所收运。仅有如下所示的爆炸品可以由货机运输：

(1) 1.3 项，配装组 C、G；

(2) 1.4 项，配装组 B、C、D、E、G、S。

在运输爆炸品之前，任何一种新型爆炸性物质和制品的分类、配装组及运输专用名称的确定必须经过生产国的主管部门批准，如有必要，还必须经过运输的主管部门批准。

例如，爆炸性物品或物质在没有得到美国交通部（US-DOT）批准之前，不得运入美国（美国国家差异 USG-05 规定）。

下列任一情况必须按照上述规定经过批准：

①与已经批准的爆炸性物质或混合物有重大区别的新的爆炸性物质、组合物或混合物；

②新设计的爆炸性制品，或含有新型爆炸性物质、组合物或混合物的制品；

③为一种爆炸性物质或制品而新设计的包装件（包括新型的内包装）。

另外，某些分类为 1.4S 的爆炸品，还需要按照联合国《实验与标准手册》第一部分中的实验系列要求进行试验以证明其危险效果被限制在包装件内部，通过试验的才能由客机运输。

5.3.1.4　常见爆炸品

（1）硝化甘油。纯净的硝化甘油是淡黄色稠厚的液体，在低温下易冻结，对机械震动的敏感性极高。冻结的硝化甘油机械感度比液体的要高，处于半冻结状态时，机械感度更高。故受暴冷暴热、撞击、摩擦、遇明火、高热时，均有引起爆炸的危险。与强酸接触能发生强烈反应，引起燃烧或爆炸。有害燃烧产物包括氧化氮、二氧化碳、一氧化碳。

存储硝化甘油时，应将其储存于阴凉、干燥、通风的专用爆炸品库房，远离火种、热源，库温不宜超过 30℃；保持容器密封；应与氧化剂、活性金属粉末、酸类、食用化学品分开存放，切忌混储；采用防爆型照明、通风设施，禁止使用易产生火花的机械设备和工具；储区应备有泄漏应急处理设备和合适的收容材料；禁止震动、撞击和摩擦。

如果发生燃烧，消防人员须戴好防毒面具，在安全距离以外，在上风向灭火。

（2）TNT 炸药。TNT 又称三硝基甲苯，由 J·维尔勃兰德于 1863 年发明，是一种无色或淡黄色晶体，溶点为 80.9℃。它带有爆炸性，由甲苯经过硝化而制成。

（3）苦味酸。其学名为三硝基苯酚，呈无色至黄色针状结晶或大块固体，具有强烈的苦味。干燥的苦味酸的爆炸敏感度较低，仅略高于 TNT，储存和运输都比较安全。但是某些苦味酸生成盐后的较为敏感，因此储存苦味酸必须用非金属容器；装于弹体中的苦味酸必须经过严格的干燥，以阻止苦味酸腐蚀金属，生成高感度的盐。

5.3.2　第2类：气体

5.3.2.1　定义

气体是指具有下列性质的物质：在 50℃（122℉）时具有大于 300kPa 蒸气压的物质，或在温度 20℃（68℉）大气压 101.3Kpa（即 1.01 个标准大气压）时完全处于气态的物质。

5.3.2.2　运输状态的气体

根据物理状态的不同，处在运输中的气体大致有以下几种状态：

（1）压缩气体，指在 -50℃（-58℉）加压装于压力容器运输时，完全是气态的。包括临界温度低于或等于 -50℃（-58℉）的所有气体，如氧、氮或天然气等。

（2）液化气体，指在温度高于 -50℃（-58℉）加压包装供运输时，其部分呈现液体的气体，如丙烷、丁烷、液化石油气及二氧化碳等。

液化气体又可分为高压液化气体和低压液化气体。高压液化气体指临界温度在-50℃（-58℉）与65℃（-149℉）之间的所有气体。低压液化气体是指临界温度在65℃以上的所有气体。

（3）深冷液化气体，指由于自身的低温而在运输包装内部分呈现液态的气体，如液氨和液氮。

（4）溶解气体，指在加压的情况下溶解于某种溶剂中并且能够被多孔物质吸收的气体，如乙炔和氨气等。

（5）吸附气体，指包装供运输时吸附到固体多孔材料导致内部容器压力在20℃时低于101.3Kpa和在50℃时低于300kPa的气体。

此外，该类危险品还包括气体混合物、气体和其他蒸气的混合物、充气的物品和气溶胶等。

5.3.2.3 本类包含内容

第2类危险品气体包含压缩气体、液化气体、深冷液化气体、溶解气体、一种或几种气体与一种或多种其他类别物质的蒸气的混合物、充气制品和气溶胶。

5.3.2.4 项别

根据运输中气体的危险性，气体分为3项。

（1）2.1项——易燃气体

该项危险品是指在20℃和一个标准大气压下，与空气混合，其体积百分比不超过13%时可以点燃的气体，或燃烧上限与下限之差不小于12%的气体。

众所周知，燃烧必不可少的条件之一是氧气，空气中含有20%的氧气便可助燃。某种可燃气体散发在空气中，与空气混合，如果可燃气体浓度太低，燃烧无法进行；反之，如果可燃气体的浓度太高，氧气的比例过低也无法使燃烧发生。

可燃性气体或可燃液体的蒸气与空气混合后遇火花引起燃烧爆炸的浓度范围，称为该物质的爆炸极限。爆炸极限用可燃物占全部混合物的百分比浓度来表示，混合气体能发生燃烧爆炸的最低浓度为爆炸下限，最高浓度为爆炸上限。在上、下限之间的混合气体叫做爆炸性混合气体。爆炸上限与爆炸下限之差为燃烧范围（Flammable Range），如图5-6所示。

所以，易燃气体的定义可以表示为爆炸下限<13%或燃烧范围≥12%的气体。

常见的易燃气体有氢气（H_2）、甲烷（CH_4）、乙烯（C_2H_4）、乙炔（C_2H_2）等。

（2）2.2项——非易燃无毒气体

该项危险品指具有如下三条中任一性质的气体：

①窒息性气体——通常会稀释或取代空气中的氧气的气体，如二氧化碳气体、氮气。

②氧化性气体——一般能提供氧气，可比空气更容易引起或促进其他材料燃烧的气体。

③不包括在第2类其他项别中的气体。

常见的非易燃无毒气体主要包括惰性气体、氟氯烷类的制冷剂和灭火剂。这类气体直接吸入人体，无毒、无刺激性、无腐蚀性，但浓度高时具有窒息性。这类气体运输时常常

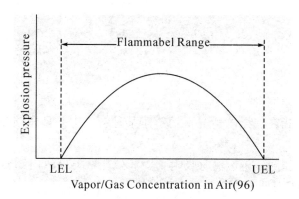

图 5-6 气体的爆炸极限或燃烧范围

以压缩气体或深冷液化气体的形式，如液氧、液氨等。

需要注意的是，非易燃无毒气体的"非易燃"性也只是相对而言。有些气体虽然非"易燃"，但还是"可燃"，当温度升高到一定程度，遇到明火也会发生燃烧，只是还没有达到划分为 2.1 项的实验标准。

（3）2.3 项——毒性气体

该项危险品是指已知其毒性或腐蚀性有害于人体健康的气体，或根据吸入毒性试验，其 LC_{50}（半数致死浓度①）的数值小于或等于 5 000mL/m³，其毒性或腐蚀性对人体健康有害的气体。

有些气体因其腐蚀性而符合上述标准的气体，将被划分为具有腐蚀性次要危险性的毒性气体。

2.3 项毒性气体泄露时，对人畜有强烈的毒害、窒息、灼伤、刺激等作用，其中有些可能还具有易燃性或氧化性，储运时还要遵守第 6 类毒性物质的有关规定。

常见的毒性气体包括一氧化碳、氨气、氯气等。

5.3.2.5 气体的混合物

气体的混合物（包括其他类危险品的蒸气）项别的确定，必须遵照有关气体混合物的易燃性、毒性、腐蚀性、氧化性指标测定和计算的相关原则，具体可参考 DGR 相关内容。

具有两个项别以上危险性的气体和气体的混合物，其危险性的主次顺序应为：2.3 项优先于其他所有项别，2.1 项优先于 2.2 项。

5.3.2.6 气溶胶制品

第 2 类危险品也包括气溶胶制品。

气溶胶制品是指装有压缩气体、液化气体或溶解气体的一次性使用的金属、玻璃或塑料制成的容器，无论里面是否装有液体、糊状物或粉末，这样的容器都有可以自动关闭的释放装置，当该装置开启时，可以喷出悬浮固体或液体小颗粒的气体，或喷出泡沫、糊状物或粉末、液体或气体。如图 5-7 所示。

---

① 注：半数致死浓度的定义参见 5.3.6.1 节中 6.1 项危险品毒性物质相关内容。

图 5-7 喷出的气溶胶

气溶胶项别或次要危险性的确定，依据在于气溶胶制品中所含物质的性质。DGR 做了以下规定：

（1）气溶胶所含的易燃成分在 85%（质量）以上且化学燃烧热量大于或等于 30kJ/g，该气溶胶应归于 2.1 项。

（2）气溶胶所含的易燃成分在 1%（质量）以下且化学燃烧热量小于 20kJ/g，该气溶胶应归于 2.2 项。

（3）不符合上述要求的气溶胶，必须根据《联合国实验标准手册》列明的实验结果进行分类。极度易燃与易燃的气溶胶必须归入 2.1 项，不可燃的气溶胶归入 2.2 项。

（4）2.3 项气体不可用作气溶胶喷雾剂中的推动剂。

（5）如果气溶胶喷雾剂内装物中除推进剂外的部分划归为 6.1 项Ⅱ级、Ⅲ级包装等级或第 8 类Ⅱ级、Ⅲ级包装等级，该气溶胶必须指定 6.1 项或第 8 类为次要危险性。

5.3.3 第 3 类：易燃液体

5.3.3.1 定义

易燃液体是指闭杯闪点试验中，不超过 60℃ 或在开杯闪点试验中温度不超过 65.6℃时，放出易燃蒸气的液体、液体混合物、含有固体的溶液或悬浊液。

闪点是指当试验容器内的液体产生的易燃性蒸气在空气中达到某种浓度而遇火源发生瞬时闪光时的最低温度。这个温度不同于液体自燃和燃烧的温度。根据化学知识，可燃液体燃烧是由于其蒸气被点燃，而非液体本身的燃烧。所以闪点与燃烧极限也有着密切的联系。可以从燃烧极限的角度理解闪点，当液体受热迅速挥发时，若液面附近的蒸气浓度正好达到其爆炸下限的浓度时，此时的温度就是闪点。

由于闪点描述的是发生瞬时闪光的最低温度，而自燃和燃烧是发生持续反应的最低温度，所以后者被称为自燃点和燃点。

对于燃点，有以下的技术定义：在极低的温度下的一种液体放出一定量的气雾，当在空气中被点燃时，该液体将继续燃烧。通常情况下闪点会低于燃点。

测定闪点时可以使用封闭式容器或开放式闭器，从而得到两种不同的闪点值——闭杯闪点与开杯闪点。封闭式容器做试验时与外界的热交换较小，所以同一易燃液体在闭杯实验中测得的闪点值较低；而开放式容器与外界有较多的热交换，故同一易燃液体在开杯实验中测得的闪点值相对校高。一般认为闭杯实验测得的闪点更精确，在应用方面，闭杯实验较多地用于测定闪点低的易燃液体，而开杯实验较多用于测定闪点较高的液体。世界各国的各种危险品规定在评测闪点时，如未加特别说明，均指闭杯闪点。图 5-8 所示即为一闭杯闪点测试仪。

图 5-8　闭杯闪点测量仪

第 3 类易燃液体还包括液态的减敏爆炸物。减敏的液态爆炸物是指溶解或悬浮在水中或其他液态物质，形成一种均匀的液态混合物，以抑制其爆炸性的物质。

此外，《危险品规则》特别规定，如果某种液体在交运时，处于等于或高于其闪点温度的状态，也应视为易燃液体。而且处于高温以液态运输或交运，在达到或低于最高运输温度（即该物质在运输中可能遇到的最高温度）时释放出易燃蒸气的物质，也属于易燃液体。

5.3.3.2　包装等级

包装等级的划分主要根据其危险性程度的大小，不同的包装等级对应了品名表中不同的包装说明及每个包装件内的货物最大数量限制。第 3 类危险品使用实验标准进行包装等级的划分。具体说来，易燃液体的包装等级是根据其闪点和初始沸点来确定的。

所谓初始沸点，就是试验中的液体最初沸腾时的最低温度。初始沸点低的液体很容易气化，因此液面附近的蒸气压和蒸气浓度容易达到爆炸极限的范围，与空气易形成爆炸混合物。初始沸点低的易燃液体，其闪点也低，反之亦然。

DGR 中用于确定易燃液体的包装等级，如表 5-11 所示。

表 5-11　　　　　　　　　　　　　　易燃液体包装等级的划分表

包装等级	闭杯闪点	初始沸点
Ⅰ	-	≤35℃
Ⅱ	<23℃	>35℃
Ⅲ	≥23℃，但≤60℃	

根据表5-11，沸点低于35℃的易燃液体，不管其闪点是多少，都应划分为Ⅰ级包装等级。沸点高于35℃的易燃液体，根据闪点的高低确定为Ⅱ级或Ⅲ级包装等级。事实上，沸点低的液体，闪点也低。例如某一液体的闪点为34℃，初始沸点为56℃，则根据表5-11可判断为Ⅲ级包装。

需要说明一点，使用表5-11断定包装等级的前提是液体已经根据实验标准划定为第3类危险品。例如，若某种可燃液体的闪点为61℃，初始沸点无论为多少，都不应视作第3类危险品，没有包装等级。

5.3.3.3 粘稠物质

闪点低于23℃的易燃粘稠液体一般都被划归为Ⅱ级包装，如油漆、瓷漆、真漆、粘合剂和上光剂。但是，《危险品规则》根据《联合国实验和标准手册》相关要求，考虑闭杯闪点、流动时间（以秒计，表明其粘度）、溶剂分离实验和容器大小等因素，也可以划为Ⅲ级包装。

具体来讲，列入Ⅲ级包装的标准是，如果闪点低于23℃的易燃粘稠液体，如油漆、清漆、真漆、粘合剂和上光剂，在满足以下要求时可以划分为Ⅲ级包装。

（1）粘度和闪点与表5-12中的数据一致；

（2）在溶剂分离实验中，分层后的澄清溶剂层在3%以下；

（3）所用容器的容积不超过30L；

（4）该混合物或任何分离出的溶剂不符合6.1项或第8类的标准。

表5-12　　　　　　　　　　　粘稠物质级包装的标准

流动时间（秒）	开口直径（mm）	闪点（℃，闭杯）
20 <t≤60	4	高于17
60 <t≤100	4	高于10
20 <t≤32	6	高于5
32 <t≤44	6	高于-1
44 <t≤100	6	高于-5
100 <t	6	低于或等于-5

由于在高温下运输或交运而被划为易燃液体的物质归入了Ⅲ级包装，高温液体通常禁止航空运输。而Ⅲ级包装会允许更多的航空运量，所以粘稠物质划分为Ⅲ级包装是更为经济的。

DGR中还列明了一些国家进行闪点测定的机构和其颁布的实验文件，如法国、德国、美国等。这些文件规定了对第3类危险品的闪点测定方法。

5.3.3.4 常见易燃液体

易燃液体是危险货物中品种最多、运输量最大的一类，此类绝大多数为有机化合物。

乙醇是一种常见的无色透明、易挥发的易燃液体，闪点低至13℃，沸点79℃，爆炸极限为4.3%~19%。乙醇能以无限比例溶于水，白酒的乙醇含量为50%~60%，闪点为22.5℃~25.5℃。但一些浓度较低的食用酒未被列入危险品的范围。另外，乙醚、二硫化碳、苯和汽油等也是常见的易燃液体。其中，乙醚、二硫化碳和苯等不仅属于易燃性液体，还具有毒性的次要危险性。

5.3.4　第 4 类：易燃固体、自燃物质和遇水释放易燃气体的物质

第 4 类危险品分为 3 个不同项别的危险品：

（1）4.1 项——易燃固体；

（2）4.2 项——易于自燃物质；

（3）4.3 项——遇水释放出易燃气体的物质。

5.3.4.1　4.1 项——易燃固体

4.1 项易燃固体是指在正常运输情况下容易燃烧或可能因摩擦而引燃或助燃的固体；可能发生强烈放热反应的自反应物质和有关物质；不充分稀释可能爆炸的经减敏处理的爆炸品，即易燃固体、自身反应物质、减敏的固态爆炸物和聚合物物质。

（1）易燃固体是指容易燃烧或摩擦起火的固体。易燃固体包括金属粉末；除金属粉末外的粉末、颗粒状或糊状物质；摩擦可能起火的固体。这些物质一般呈现粉状、颗粒状或糊状，其危险性不仅来自于燃烧，还可能来自于它们的毒性燃烧产物。属于这类的易燃金属粉末特别危险，一旦着火很难扑灭，因为常用的灭火剂如二氧化碳或水只能增加危险性。易燃固体的包装等级可以根据 DGR 中的国际实验标准来确定。

（2）自身反应物质是指在没有氧（空气）的参与下，易发生强烈的放热分解反应的物质。自身反应物质是遇热不稳定的物质。任何显示自身反应特性的物质必须划为自身反应物质。自身反应物质可因热、与催化性杂质（酸、碱、重金属化合物等）接触、摩擦或碰撞而分解。分解可能产生有毒的气体或蒸气，尤其在没有明火的情况下，这种可能性更大。此类物质中有些可以猛烈燃烧，有些可能会发生爆炸性分解，特别是在极封闭的情况下。自身反应物质的这种特性可以通过加入稀释性物质或采用合适的包装来改变，而有些则必须进行温度控制。

由于这些高危性质，自身反应物质在运输时受到很多限制。DGR 附录中列出了允许装入包装件被收运的自身反应物质，未收录的条目一般不允许空运，除非得到相关国家危险品主管机构的批准。在实际收运操作中，自身反应物质的包装件一定要避免阳光直射，远离热源，并且放置于通风良好的地方。在外包装上还要粘贴"远离热源（Keep away from heat）"的操作标签，并在托运人申报单进行说明。

（3）减敏的固态爆炸品是指被水或酒精浸湿，或被其他物质稀释而抑制其爆炸性的物质，即经过减敏处理的固态爆炸物。这种物质不充分稀释就可能发生爆炸。

（4）聚合物质是指在不添加稳定剂的情况下，在正常运输条件下可能发生强烈放热反应，生成较大分子或形成聚合物的物质。划定为 4.1 项中聚合物质有如下标准：

①在添加或未添加化学稳定剂交运的条件下，在运输该物质或混合物使用的容器、中

型散货箱或便携式罐体中，物质的自加速聚合温度① （SAPT） ≤75℃；

②显示反应温度为300J/g以上；

③不符合列入第1至第8类的任何其他标准。

值得注意的是，满足聚合物质标准的混合物，也需按第4.1项聚合物质分类。

常见的4.1项易燃固体物质包括金属类的易燃固体和非金属的易燃固体。

金属类的易燃固体一般是一些粉状可燃类金属，如镁粉、镁合金、钛粒、铝粉等。

非金属类的易燃固体种类较多，包括红磷（赤磷）、硫磺、磷与硫的化合物、萘等。

红磷是磷的几种同素异形体之一，常温常压下为紫红色的粉末，容易发生燃烧，但不易发生自燃。在空气中，红磷可与氧气发生缓慢的氧化，氧化的产物易潮解。红磷与氯酸钾、过氧化钠等氧化性物质接触都易爆炸。

硫磺的化学式为S，又简称硫。在室温下的硫磺是无味的淡黄色固体，不溶于水。遇到高温后，硫磺会先熔化再燃烧。粉状或蒸气态的硫非常容易被点燃，并可以与空气形成爆炸性混合物。硫粉与氧化剂以及金属混合都易形成爆炸性物质，其产物也多具有毒性。

5.3.4.2　4.2项——易于自燃物质

4.2项易于自燃物质是指在正常运输条件下，能自发放热，或接触空气能够放热，并随后起火的物质。该项物质包括发火物质（液态与固态）和自发放热物质两种不同类型。二者在发生自燃的条件和激烈程度上有差别。

（1）发火物质是指即使数量极少，与空气接触也可在5分钟内起火的物质，包括混合物和溶液。这种物质最易自动燃烧。详细的分类标准需参照《联合国试验和标准手册》中描述的试验进行确定。

（2）自发放热物质是指在无外部能量供应的情况下，与空气接触可以放热的物质。自发放热物质是因为与空气中的氧气反应而产生的热量不能及时散发到空气中，而导致自燃。当放热速度大于散热速度而达到自燃点温度时，就会发生自燃。这种物质只有在量大、时间较长的情况下才能发生燃烧。

所有的发火物质，包括发火液体和发火固体都必须划归为包装等级Ⅰ级。而自发放热物质的包装等级划分须以DGR中所述的试验标准为依据进行确定。

常见的4.2项易于自燃物质包括易于自燃的金属和非金属。易于自燃的金属一般是自燃点低、干燥、粉状的金属，如钙粉、钛粉、锆粉。易于自燃的非金属常见的有黄磷（白磷）和活性炭。其中，黄磷性质十分活泼，自燃点仅为30℃，在常温下的空气中只需1~2分钟就会立即自燃。所以，一般情况下黄磷被浸泡在冷水中保存，如果包装破损，水有渗漏，黄磷偶有露出水面，就会立即自燃，造成危险事故。如果发生此类危险事故，需用雾状水灭火，同时由于黄磷有剧毒，所以施救人员应配戴防毒的服装和面罩，以免发生中毒。活性炭有黑色粉末或颗粒状两种形态，内部为多孔状，对气体或液体的溶质等有较强的吸附力。活性炭的粉末接触明火会有轻度爆炸性；在空气中易缓慢发热，因而易积聚热

---

① 自加速聚合温度（SAPT，即Self-accelating Polymerization Temperature）是指与容器、中型散货箱和便携式罐体内的物质可能发生聚合反应的最低温度。自加速聚合温度应根据联合国《试验和标准手册》第Ⅱ部分第28节确定自反应物质自加速分解温度所规定的试验程序确定。

量，从而引起自燃。活性碳应存储于干燥通风的地方，并远离火种和热源，不可与氧化剂共同运输。

5.3.4.3　4.3 项——遇水释放出易燃气体的物质

4.3 项遇水释放出易燃气体的物质是指这种物质与水反应会发生自燃或产生足以构成危险数量的易燃气体。

有些物质与水接触后可以自燃或释放出易燃气体，这些气体与空气能够形成爆炸性的混合物。这种混合物很容易被所有平常的火源点燃，如无灯罩的灯、产生火花的手工工具或无防护的灯，其所产生的冲击波和火焰可能对人和环境造成危害。

按照《联合国试验与标准手册》第Ⅲ部分中所述试验对遇水放出易燃气体的物质进行测试：

（1）试验程序任何一个步骤中发生自燃，则该物质直接归于第 4.3 项物质；

（2）试验中产生了易燃气体，且达到每小时每千克该物质释放出 1L 以上者，也归为第 4.3 项物质。

对该项物质的包装等级划分标准为：

任何物质如在环境温度下遇水起剧烈反应并且所产生的气体通常显示自燃的倾向，或在环境温度下遇水容易起反应，每分钟释放易燃气体的速度等于或大于 10L/kg，必须划为包装等级Ⅰ级。

任何物质如在环境温度下遇水容易起反应，每小时释放易燃气体的最大速度等于或大于 20L/kg，并且不符合包装等级Ⅰ级的标准，须划为包装等级Ⅱ级。

任何物质如在环境温度下遇水反应缓慢，每小时释放易燃气体的最大速度等于或大于 2L/kg，并且不符合包装等级Ⅰ级或Ⅱ级的标准，须划为包装等级Ⅲ级。

该项物质中最常见的物品包括金属中的钠、钾等碱金属和非金属中的碳化钙（俗称电石）。钠与水接触，将发生剧烈的反应，释放出氢气；而碳化钙遇水释放出极易燃烧的乙炔气体。所以，在保存和收运此类物质时，一定要注意防水和防潮。对钠而言，一般保存在不含水的矿物油中，如煤油；对碳化钙，则可以保存在密封充氮的包装中，并设置放气孔，隔一段时间释放出包装中可能产生的乙炔气体。

此外，4.3 项危险品都是遇到水就会发生反应，即使吸收了空气中的水蒸气或受潮，很多物质就能发生反应，放出可燃气体和热量，所以这类物质往往包装也需要非常谨慎。

在遇到 4.3 项物品引起的火灾和事故时，严禁使用水、酸碱类灭火器以及泡沫灭火剂扑救，可以根据物品的性质采取合适的干粉灭火剂来灭火。

5.3.5　第 5 类：氧化性物质和有机过氧化物

第 5 类危险品被细分为 2 项：

（1）5.1 项——氧化性物质；

（2）5.2 项——有机过氧化物。

5.3.5.1　5.1项——氧化性物质

（1）氧化性物质的定义和分类标准

氧化性物质是指本身未必可燃，但通常因为放出氧可能引起或促使其他物质燃烧的物质。这类物质可能含在物品内。

详细的分类标准在 DGR 中分为固体氧化剂和液体氧化剂两种不同类型。

（2）氧化性物质的危险

该项物质主要可能存在以下几种危险特性中的一种或几种：

①化学性质活泼，可以与其他物质发生危险的化学反应。例如某些氧化剂与有机物品、易燃物品、醚等会发生剧烈反应，甚至引起燃烧和爆炸。有时，反应中伴随大量的热量产生，也有可能点燃周围的可燃物质。所以存放和运输氧化剂的运输工具及仓库，应清扫干净，并注意与其他化学物品的隔离，以免发生事故。

②不稳定，受热易分解。很多氧化剂性质极不稳定，在受热后会发生燃烧或爆炸，或分解释放出原子态的氧或氧气，一旦周围有明火可燃物质的存在，会进一步造成危险。所以这类物质应避免受热，避免阳光直接照射，储存氧化剂的库房玻璃应涂上颜色。

③吸水性。有些氧化剂（如过氧化钠）遇水后会释放出原子态的氧，而这类氧原子极不稳定，容易两两结合形成氧气（O_2），若遇到有机物和可燃物质，极易发生燃烧。

④毒性和腐蚀性。氧化剂一般都具有不同程度的毒性，有的还具有腐蚀性，人吸入或接触时可能发生中毒和烧伤等现象。

（3）典型的氧化性物质

常见的氧化性物质危险品有过氧化氢（又称双氧水）和过氧化钠等。

过氧化氢的化学式为 H_2O_2，是除水外的另一种氢的氧化物。纯过氧化氢是淡蓝色的黏稠液体，粘性比水稍微高，化学性质不稳定，一般以 30%或 60%的水溶液形式存放。过氧化氢有很强的氧化性，且具弱酸性，可任意比例与水混合，是一种强氧化剂，水溶液俗称双氧水，为无色透明液体。其水溶液适用于医用伤口消毒及环境消毒和食品消毒。在一般情况下会分解成水和氧气。过氧化氢的危险性主要体现在：第一，吸入双氧水的蒸气或雾会对呼吸道产生强烈刺激；眼直接接触液体可致不可逆损伤甚至失明；口服会出现腹痛、胸口痛、呼吸困难、呕吐、一时性运动和感觉障碍、体温升高等情况，甚至中毒；长期接触本品可致接触性皮炎。第二，本身不燃，但能与可燃物反应放出大量热量和氧气而引起着火爆炸。过氧化氢在碱性溶液中极易分解，在遇强光，特别是短波射线照射时也能发生分解。当加热到 100℃以上时，开始急剧分解。它与许多有机物如糖、淀粉、醇类、石油产品等形成爆炸性混合物，在撞击、受热或电火花作用下能发生爆炸。

过氧化钠的化学式为 Na_2O_2，为白至淡黄色的粉末状固体。该物质易吸潮，容易与乙醇、水和酸反应。过氧化钠是强氧化剂，可以用于消毒、杀菌和漂白等，在工业上常用做漂白剂、杀菌剂、消毒剂、去臭剂、氧化剂等。在熔融状态时，过氧化钠遇到棉花、炭粉、铝粉等还原性物质会发生爆炸。因此存放时应注意安全，不能与易燃物接触。它易吸潮，有强腐蚀性，会引起烧伤。

此外，航空运输经营人资产中的机上化学氧气发生器也是一种常见的 5.1 项危险品。

化学氧气发生器的原理是氧化性物质在化学还原剂的的作用下分解产生氧气。由于反应过程中还会释放出高热，而氧气具有助燃性，因而对运输安全也有风险，需要按照危险品的要求运输。

5.3.5.2　5.2 项——有机过氧化物

有机过氧化物是指含有二价过氧基结构的有机物，或看作一个或两个氢原子被有机原子团取代的过氧化氢的衍生物。有机过氧化物需要采用特殊的存储方法。

过氧化物遇热极不稳定，它可以放热因而加速自身分解。此外，它们还可以具有以下一种或多种危险性质：

（1）易于爆炸性分解；

（2）迅速燃烧；

（3）对碰撞或摩擦敏感；

（4）与其他物质起危险性反应；

（5）损害眼睛。

有机过氧化物的氧化性更加强烈，既具有 5.1 项氧化剂的特点，又是有机物，因此有机过氧化物比无机氧化剂更为危险。有机过氧化物绝大多数是可燃物质，有的甚至是易燃物质。其分解产生的氧气往往能引起自身燃烧，燃烧时放出的热量又加速分解，循环往复，难于扑救。

在运输有机过氧化物的过程中，需要温度控制的有机过氧化物是禁止航空运输的，除非经过豁免。而列入 DGR 的附录中的有机过氧化物是允许运输的。

5.2 项物质在收运时必须避免阳光直射，远离热源，并且放置于通风良好的地方，贴上 "远离热源" 标签。

由于危险性较高，5.2 项物质在运输时受到较多限制，航空运量也较小。

5.3.6　第 6 类：毒性与感染性物质

第 6 类危险品又细分为 2 个项别：

（1）6.1 项——毒性物质；

（2）6.2 项——感染性物质。

5.3.6.1　6.1 项——毒性物质

毒性物质也称毒害品，是指在吞食、吸入或与皮肤接触后，可能造成死亡，或严重受伤，或损害人的健康的物质。

由于毒性物质可以通过吞食、吸入或与皮肤接触三种方式进入机体，从而对应三种不同的毒性衡量途径：

（1）吞食，进入消化道。对应的毒性衡量途径为口服毒性，或入口毒性。

（2）吸入，进入呼吸道。对应的毒性衡量途径为吸入毒性。

（3）皮肤接触。对应的毒性衡量途径为皮肤接触毒性。

毒性物质的包装等级划分标准是依据动物试验中得出的半数致死量（又称致死中量，英文 Lethal Dose 50%，简称 LD_{50}）或半数致死浓度（Lethal Concentration，简称 LC_{50}）的数据而定的。其中，LD_{50}针对口服毒性和皮肤接触毒性，指通过服用或与裸露皮肤接触，14 天内致使口服该物质的年轻成年白鼠的 50% 死亡的一次性入口或接触的毒物的剂量（单位用每千克体重的毒物用量来表示，即 mg/kg）；而 LC_{50} 针对吸入毒性，指通过吸入有毒的粉尘、气雾或蒸气，14 天内致使连续吸入一小时后的成年白鼠半数死亡的吸入物质的浓度值（用每单位体积的空气的毒物用量来表示，即对粉尘和气雾的 mg/L 和对蒸气的 ml/m^3）。

毒性物质的包装等级划分，是参考人们在意外中毒事件中所取得的经验以及每种毒性物质的特性作为依据的。例如，液体、易挥发性、任何渗透的特殊可能性和特殊的生物效应。在缺少经验时，通过动物实验的可靠数据来确定毒性物质的包装等级。

DGR 中列出了口服、皮肤接触及吸入的粉尘和气雾毒性与包装等级对应的标准，如表 5-13 所示。

表 5-13　　　　口服、皮肤接触及吸入粉尘、气雾的毒性包装等级标准

包装等级	口服毒性 （LD_{50} mg/kg）	皮肤接触毒性 （LD_{50} mg/kg）	吸入粉尘、气雾的毒性 （LC_{50} mg/L）
I	$LD_{50} \leqslant 5.0$	$LD_{50} \leqslant 50$	$LC_{50} \leqslant 0.2$
II	$5.0 < LD_{50} \leqslant 50$	$50 < LD_{50} \leqslant 200$	$0.2 < LC_{50} \leqslant 2.0$
III[a]	$50 < LC_{50} \leqslant 300$	$200 < LD_{50} \leqslant 1\,000$	$2.0 < LC_{50} \leqslant 4.0$

注：[a]催泪性气体物质即使毒性数据为 III 级包装也要求必须归为 II 级包装。

需要注意的是，当具有某一毒性物质的多种途径的毒性数据，在经过表 5-13 的判断后，如果得出的包装等级不一致，则必须以最严格的包装等级（即毒性较高、更危险的那个包装等级）为最终的包装等级。

符合第 8 类标准，并且吸入粉波尘和烟雾的毒性（LC_{50}）只有在口服或皮肤接触毒性至少是 I 级或 II 级包装时，才被认可划入 6.1 项。否则，酌情划入第 8 类腐蚀性物质。

如果给出了的蒸气吸入值，则根据 DGR 的规定确定包装等级，如表 5-14 所示。

表 5-14　　　　　　　吸入蒸气的毒性包装等级标准

包装等级	蒸气吸入毒性
I	$V \geqslant 10 \times LC_{50}$ 且 $LC_{50} \leqslant 1\,000$ ml/m^3
II	$V \geqslant LC_{50}$ 和 $LC_{50} \leqslant 3\,000$ ml/m^3 且不符合 I 级包装标准
III	$V \geqslant 0.2 \times LC_{50}$ 和 $LC_{50} \leqslant 5\,000$ ml/m^3 且不符合 I 级和 II 级包装标准

注意，表 5-14 中的 V 是指在 20℃ 和标准大气压下在空气中饱和蒸气的浓度，单位用 ml/m^3。如果已知 20℃ 时的蒸气压，$V = p/P\ 10^6 ml/m^3$。其中，p=20℃ 时的蒸气压，P=标准大气压。

催泪性气体物质即使毒性数据为 III 级包装要求也必须归为 II 级包装。

在表 5-13 和表 5-14 中，如果某一毒害品在侵入人体的不同途径中表现出不同程度的毒性，则必须根据其中最高的毒性来确定它的包装等级。例如，某一毒害品，如果吸入其蒸气

与吸入其尘雾所产生的毒性大小不同,则利用两种情况中毒性较高的那一项来确定其包装等级。

5.3.6.2 6.2 项——感染性物质

（1）范围

《危险品规则》规定,这一项危险品所包含的物质和物品包括:

①感染性物质（Infectious substances）,指已知含有或有理由认为含有病原体的物质。病原体定义为可对人类和动物引起传染性疾病的微生物（包括病菌、病毒、克罗次氏病原体、寄生虫、真菌）和如朊病毒（感染性蛋白质）的其他介质。

取自植物、动物或不含有感染性物质的细菌源的毒素,或不包含在感染性物质中的毒素,应该被划分为 6.1 项,且指定其为 UN3172 号危险品。

由于 6.2 项所包括的方面较多,在提到感染性物质时,也需要区分作为整体项别名称的“感染性物质”和这里所指“感染性物质”的区别。前者是将项别内某一种具有代表性的物质名称作为了整个项别的统称。

②生物制品（Biological products）,指来源于活体生物的制品,根据国家政府部门的要求生产和配送,需要具备特殊执照。它用于人类和动物疾病预防、治疗或诊断,或与之相关的开发、实验或研究目的。其包括但不限于已制成或未制成产品,例如疫苗。

③培养物（Cultures）,指病原体被有意繁殖处理的结果,一般由实验室繁殖。

④患者标本（Patient specimens）,指直接取自人或动物,包括但不限于运用于研究、诊断、调查、疾病治疗和预防目的的排泄物、分泌物、血液或其成分、组织、组织液棉签、肢体部分。

⑤医疗或临床废弃物（Medical or clinical wastes）,指来源于人或动物医疗或生物研究的废弃物。

（2）归属与级别划分

6.2 项物质与其他类项相比,很大的一点不同是 UN/IATA 仅指定了极其有限的几个 UN/ID 代号和相应的运输专用名称,且均为泛指名称,适用于成组的物质。适用的 UN/ID 代号如下:

UN2814	Infectious Substance, affecting humans (liquid) ／ (solid)
UN2900	Infectious Substance, affecting animals only (liquid) ／ (solid)
UN3291	Biomedical waste, n.o.s.
	Clinical waste, unspecified, n.o.s.
	Medical waste, n.o.s.
	Regulated medical waste, n.o.s.
UN3373	Biological substance, Category B

①感染性物质（Infectious substance）用以下级别来表示:

A 级:当运输感染性物质时,一旦发生泄漏①,可以造成其他健康人或动物永久性伤

---

① 注:IATA 对此处的“泄漏”（DGR 原文为“exposure”）有特别说明:指染性物质溢出了保护性包装外,与人或动物发生了物理接触。

残，危及生命或致命疾病。符合 A 级标准并可导致人或动物共患的感染性物质，必须划分为 UN2814（感染性物质，感染人体的液体/固体）；只导致动物疾病的感染性物质须划分到 UN2900（感染性物质，仅感染动物的液体/固体）。

如属于 UN2814 的炭疽杆菌（Bacillus anthraces）、登革热病毒（Dengue virus）、埃博拉病毒（Ebola virus）等，以及属于 UN2900 的口蹄疫病毒（Foot and mouth disease virus）、牛疫病毒（Rinderpest virus）、绵羊痘病毒（Sheep-pox virus）、山羊痘病毒（Goat pox virus）等。符合这些标准的全部物质名称都列于 DGR 中见表 5-15。

表 5-15　　　　　　　　除另有指明，以任何形式包含在 A 级的感染性物质示例

UN 编号和运输专用名称	微生物
UN2814（感染性物质，感染人体的液体/固体）	Bacillus anthracis（cultures only）炭疽杆菌（仅限培养菌种） Brucella abortus（cultures only）流产布鲁氏菌（仅限培养菌种） Brucella melitensis（cultures only）牛养布鲁氏菌（仅限培养菌种） Brucella suis（cultures only）布氏杆菌（仅限培养菌种） Burkholderia mallei - Pseudomonas mallei - Glanders（cultures only）鼻疽伯克霍尔德氏菌（仅限培养菌种） Burkholderia pseudomallei - Pseudomonas pseudomallei（cultures only）类鼻疽伯克霍尔德氏菌（仅限培养菌种） Chlamydia psittaci - avian strains（cultures only）鹦鹉热衣原体（仅限培养菌种） Clostridium botulinum（cultures only）肉毒杆菌（仅限培养菌种） Coccidioides immitis（cultures only）厌酷球孢子菌（仅限培养菌种） Coxiella burnetii（cultures only）伯氏考克斯衣原体（仅限培养菌种） Crimean-Congo hemorrhagic fever virus 克里米亚-刚果出血热病毒（仅限培养菌种） Dengue virus（cultures only）登革热病毒（仅限培养菌种） Eastern equine encephalitis virus（cultures only）东方马脑炎病毒（仅限培养菌种） Escherichia coli，verotoxigenic（cultures only）埃希氏大肠杆菌（仅限培养菌种） Ebola virus 埃博拉病毒 Flexal virus 屈扰病毒 Francisella tularensis（cultures only）兔热病病原体（仅限培养菌种） Guanarito virus 委内瑞拉出血热病毒 Hantaan virus 汉坦病毒 Hantavirus causing hemorrhagic fever with renal syndrome 引起汉塔病毒肺综合症的汉塔病毒 Hendra virus 享德拉病毒 Hepatitis B virus（cultures only）乙肝病毒（仅限培养菌种） Herpes B virus（cultures onl virus（cultures only）B 型疱疹病毒（仅限培养菌种） Human immunodeficiency virus（cultures only）人类免疫缺陷（艾滋）病毒（仅限培养菌种） Highly pathogenic avian influenza virus（cultures only）高致病禽流感病毒（仅限培养菌种）

表5-15（续）

UN 编号和 运输专用名称	微生物
UN2814 （感染性物质，感染人体的液体/固体）	Japanese Encephalitis virus（cultures only）日本脑炎病毒（仅限培养菌种） Junin virus 胡宁病毒 Kyasanur Forest disease virus 科萨努尔森林病毒 Lassa virus 拉沙热病毒 Machupo virus 马丘皮病毒 Marburg virus 马尔堡病毒 Monkeypox virus 猴天花病毒 Mycobacterium tuberculosis（cultures only）结核分枝杆菌（仅限培养菌种） Nipah virus 尼帕病毒 Omsk hemorrhagic fever virus 鄂木斯克出血热病毒 Poliovirus（cultures only）脊髓灰质炎病毒（仅限培养菌种） Rabies virus（cultures only）狂犬病毒（仅限培养菌种） Rickettsia prowazekii（cultures only）斑疹伤寒立氏立克次体（仅限培养菌种） Rickettsia rickettsii（cultures only）斑疹伤寒普氏立克次体（仅限培养菌种） Rift Valley fever virus（cultures only）裂谷热病毒（仅限培养菌种） Russian spring-summer encephalitis virus（cultures only）俄罗斯春夏脑炎病毒（仅限培养菌种） Sabia virus 巴西出血热病毒 Shigella dysenteriae type 1（cultures only）I 型痢疾志贺菌（仅限培养菌种） Tick-borne encephalitis virus（cultures only）蜱媒脑炎病毒（仅限培养菌种） Variola virus 天花病毒 Venezuelan equine encephalitis virus（cultures only）委内瑞拉马脑炎病毒（仅限培养菌种） West Nile virus（cultures only）西尼罗河病毒（仅限培养菌种） Yellow fever virus（cultures only）黄热病病毒（仅限培养菌种） Yersinia pestis（cultures only）鼠疫杆菌（仅限培养菌种）
UN2900 （感染性物质，仅感染动物的液体/固体）	African swine fever virus（cultures only）非洲猪热病毒（仅限培养菌种） Avian paramyxovirus Type 1 – Velogenic Newcastle disease virus（cultures only）I 型禽副伤寒病毒–新城疫病毒（仅限培养菌种） Classical swine fever virus（cultures only）典型猪瘟病毒（仅限培养菌种） Foot and mouth disease virus（cultures only）口蹄疫病毒（仅限培养菌种） Lumpy skin disease virus（cultures only）结节性皮炎病毒（仅限培养菌种） Mycoplasma mycoides – Contagious bovine pleuropneumonia（cultures only）丝状支原体——传染性牛胸膜肺炎（仅限培养菌种） Peste des petits ruminants virus（cultures only）小反刍兽疫病毒（仅限培养菌种） Rinderpest virus（cultures only）牛疫病毒（仅限培养菌种） Sheep-pox virus（cultures only）绵羊痘病毒（仅限培养菌种） Goatpox virus（cultures only）山羊痘病毒（仅限培养菌种） Swine vesicular disease virus（cultures only）猪水疱病病毒（仅限培养菌种） Vesicular stomatitis virus（cultures only）水疱性口炎病毒（仅限培养菌种）

B 级：未达到 A 级标准中的感染性物质则划为 B 级。该级别有专属的 UN/ID 代号条

目，即 UN3373。

有意使之感染的和已知或怀疑携带感染性物质的活体动物绝对不能空运，除非所含的感染性物质不能由其他方式运输。由 DGR 可知，感染性活体动物属于经豁免可以空运的物品，但必须获得相关国家或主管部门的批准。

如果感染性物质不能由其他方式运输，绝对不能使用活体动物来携带。

感染了 A 级致病菌或划分为 A 级培养菌的致病菌的动物畜体必须根据条件划分为 UN2814 或 UN2900。其他感染了 B 级致病菌的动物畜体必须遵照主管部门确定的条件运输。

此外，还有一些例外情况不属于感染性物质的，可以参考 DGR。其列出了例外情况，只要满足这些例外情况中任何一种，就不可将其视为感染性物质。例如，为输血目的或为配制血液制品以进行输血或移植而采集的血液或血液成分和用于移植的任何组织或器官不受 DGR 规则限制，不视为危险品。

以上内容是为 6.2 项中的感染性物质的分级，对于该项中其他几种形式的危险品，如生物制品、转基因微生物和生物、医疗临床废弃物、感染性动物等，DGR 有如下说明。

②生物制品（biological products）

根据国家政府卫生部门要求生产和包装并为了最后包装或分售而运输的生物制品，用于医疗专业人员或个人对人员健康的护理时，不受危险品规则的限制。

不属于以上情况且已知或有理由认为含有符合 A 级或 B 级标准的感染性物质，必须划分为 UN2814、UN2900 或 UN3373。

注意，某些得到许可的生物制品只在世界部分地区可能有生物公害。在这种情况下，主管当局可要求这种生物制品遵守感染性物质的要求或强制执行其他限制。

③转基因微生物和生物（genetically modified micro-organisms or organisms）

这些微生物或生物体的遗传基因通过遗传工程有目的地进行了改变而非自然生成。不符合感染性物质定义的转基因微生物和生物必须划为第 9 类危险品。

受污染的动物或携带变异基因的动物及基因变异的生物体，已知或被认为对人类、动物或环境具有危险性则必须按照 DGR 进行运输。

④医学或临床废弃物（medical or clinical wastes）

在培养物中含有 A 类感染性物质或含有 B 类感染性物质的医疗或临床废弃物，应根据情况划分为 UN2814 或 UN2900。含有 B 类感染性物质但非培养物的医疗或临床废弃物，应划为 UN3291。

原先含有感染性物质而经过消毒的医疗或临床废弃物，不受危险品规则限制，除非它们符合其他类别的危险品的标准。

⑤感染性活体动物（infected animals）

有意使其感染和已知或怀疑带有感染性物质的活体动物，不得空运。感染性动物仅可以按照国家主管当局批准的豁免条款和条件运输。

⑥患者标本（patient specimens）

除非满足 DGR 中的例外情况之一，否则患者标本必须视合适情况划入 UN2814、UN2900 或 UN3373。

5.3.7　第 7 类：放射性物质

放射性物质是能够自发和连续地放射出来某种类型的辐射（电离辐射）的物质，这种辐射对健康有害，可使照相底片或 X 光片感光。这种辐射不能被人体的任何感官（视觉、听觉、嗅觉、触觉）所觉察，但可以用特殊的仪器来探测和测量。仪器能够测量出远低于影响到健康水平的非常小的辐射水平。

由于放射性物质有较大的特殊性，有关放射性物质的详细要求可参阅 DGR 第 10 章中规定。

5.3.8　第 8 类：腐蚀品

5.3.8.1　定义

腐蚀性物质是指在发生泄露的情况下，由于产生了化学反应而能够严重损伤与之接触的生物组织或严重损坏其他货物及运输工具的物质。常见的如氢氟酸、氢氧化钠和含有酸性或碱性物质的电池都是腐蚀性物质的例子。

5.3.8.2　包装等级

根据在动物皮肤、钢、铝上试验的结果，腐蚀品的包装等级 I、II、III 级分别对应腐蚀性强、中等和弱三种不同程度。

表 5-16 为第 8 类危险品腐蚀性物质的包装等级划分标准。另外，DGR 在该表附注，在用钢和铝的试验数据进行包装等级的判断时，只要在二者中选择的任意一种金属初次实验就已经表现出了腐蚀特性，则不需要对另一种金属再进行实验。

表 5-16　　　　　　　　　　第 8 类危险品包装等级划分标准

包装等级	接触时间	观察时间	效果
I	≤3 分钟	≤60 分钟	完整皮肤的全部坏死
II	>3 分钟，≤60 分钟	≤14 天	完整皮肤的全部坏死
III	>60 分钟，≤4 小时	≤14 天	完整皮肤的全部坏死
III	—	—	55℃实验条件下对钢、铝的腐蚀速度大于 6.25 毫米

举一个本类危险品确定包装等级的例子，如氯化锗在 13 天的观察期内，使接触 40 分钟时间的动物皮肤组织深度坏死，而且此物质不易燃、无毒性。根据表 5-16 可知，接触时间少于 60 分钟，观察时间少于 14 天，符合包装等级 II 级，则液体氯化锗包装等级为 II 级。

常见的腐蚀性物质有硫酸、硝酸、盐酸、乙酸、氢氧化钠、肼、甲醛等。仅试举几例说明典型的腐蚀品。

盐酸是氯化氢（化学式 HCl）气体的水溶液，属于一元无机强酸，工业用途广泛。盐酸的为无色透明的液体，有强烈的刺鼻气味，具有较高的腐蚀性。浓盐酸（质量分数约为 37%）具有极强的挥发性，因此盛有浓盐酸的容器打开后氯化氢气体会挥发，与空气中的水蒸气结合产生酸雾。盐酸本身和酸雾都会腐蚀人体组织，可能会不可逆地损伤呼吸器官、眼部、皮肤和胃肠等。

氢氧化钠化学式为 NaOH，俗称烧碱、火碱、苛性钠，为一种具有强腐蚀性的强碱，一般为片状或块状形态，易溶于水并形成碱性溶液，另有潮解性，易吸取空气中的水蒸气（潮解）和二氧化碳。此物质有强烈刺激和腐蚀性。其粉尘或烟雾会刺激眼和呼吸道，腐蚀鼻中隔，皮肤和眼与 NaOH 直接接触会引起灼伤，误服可造成消化道灼伤、粘膜糜烂、出血和休克。

甲醛的化学式为 HCHO 或 CH_2O，又称蚁醛，是有特殊刺激气味的无色气体，对人眼、鼻等有刺激作用。气体易溶于水和乙醇。水溶液俗称福尔马林（formalin），是有刺激气味的无色液体。甲醛的主要危害表现为对皮肤粘膜的刺激作用。由于甲醛是原浆毒物质，能与蛋白质结合，高浓度吸入时出现呼吸道严重的刺激和水肿、眼刺激、头痛。甲醛在室内达到一定浓度时，人就有不适感。大于 $0.08m^3$ 的甲醛浓度可引起眼红、眼痒、咽喉不适或疼痛、声音嘶哑、喷嚏、胸闷、气喘、皮炎等。新装修的房间甲醛含量较高，是众多疾病的主要诱因。

5.3.9 第 9 类：杂项危险品

对于航空运输而言，有些物质和物品不具备前 8 类危险性货物的任一特性，但可能会危及航空运输安全。为此联合国及国际民航组织在危险货物运输规则中专门设立了第 9 大类：杂项危险物品。

5.3.9.1 定义

凡不属于前 8 类任何一类危物品，但是在航空运输中确有危险性的物品，被列为第 9 类杂项危险品。这一类物质主要包括但不限于以下几种物质或物品：

（1）航空限制的固体或液体。具有麻醉性、有害性、刺激性或其他性质的物质，一旦在航空器上溢出或泄漏，能引起机组人员极度烦躁或不适，以至不能正常履行职责的任何物质。DGR 品名表中有两个相关的指定条目：

UN3334，Aviation regulated liquid，n.o.s.

UN3335，Aviation regulated solid，n.o.s.

（2）磁性物质。为航空运输而包装好的任何物质，如距离组装好的包装件外表面任意一点 2.1m 处的最大磁场强度使罗盘偏转大于 2 度的，即为磁性物质。使罗盘偏转 2 度的磁场强度为 0.418A/m（0.005 25 高斯）。磁性物质对飞机的导航、通讯设备有一定干扰，严重时可能危及航空安全。DGR 品名表中的指定条目为：

UN2807，Magnetized material

大部分铁磁性金属，例如机动车、机动车零部件、金属栅栏、管子和金属结构材料等，即使未达到磁性物质标准，由于可能影响飞行仪表，尤其是罗盘，也应遵守经营人的特殊装载要求。此外，单个未达到磁性物质磁场强度标准的物质在累积后可能属于磁性物质。

（3）高温物质。它是指运输或交运时，在液态下温度等于或超过 100℃ 或在固态下温度等于或超过 240℃ 进行运输或交付运输的物品。DGR 品名表中有两个相关的指定条目：

UN3257, Elevated temperature liquid, n.o.s.

UN3258, Elevated temperature solid, n.o.s.

（4）危害环境的物质。它是指对水域环境有污染的液态或固体物质及其溶剂和混合物（包括制剂和废料）。DGR 品名表中有两个相关的指定条目：

UN3077, Environmentally hazardous substance solid, n.o.s.

UN3082, Environmentally hazardous substance liquid, n.o.s.

（5）转基因生物（GMOs）和转基因微生物（GMMOs）。这类物质是指通过遗传工程以非自然的方式有意将遗传物质改变了的微生物和生物。如果得到始发国、中转国和目的地国家的批准，则不受 DGR 的限制。DGR 品名表中的指定条目为：

UN3245, Genetically modified micro-organisms

UN3245, Genetically modified organisms

（6）锂电池。含有任何形式锂元素的电池芯和电池，安装在设备中的或与设备包装在一起的电池芯和电池，必须恰当地划归为适合的杂项危险品条目。这种电池主要可分为可反复充电的锂离子电池和不可反复充电的锂金属电池。在受到高温、震动、挤压或其他原因导致短路时，锂电池可能会有燃烧或爆炸的危险，因此必须满足联合国的试验标准并符合相关的质量管理程序，才能按照要求进行航空运输。锂电池在 DGR 品名表中有 4 个相关的指定条目：

UN3090, Lithium metal batteries

UN3091, Lithium metal batteries contained in equipment 或者 Lithium metal batteries packed with equipment

UN3480, Lithium ion batteries

UN3481, Lithium ion batteries contained in equipment 或者 Lithium ion batteries packed with equipment

其中 UN3091 和 UN3481 都有两个运输专用名称，分别对应安装在设备中的锂金属（或锂离子）电池以及与设备包装在一起的锂金属（或锂离子）电池。由于近年锂电池的航空运输量较大，事故频出，ICAO、IATA 和各国主管部门都非常重视锂电池的运输，通过法规颁布了大量详细的制造、包装、标记标签和文件等要求。

（7）吸入微尘后危害健康的物质。本类主要指石棉类物质。DGR 品名表中的指定条目有两个：

UN2212, Asbestos, amphibole（amosite, tremolite, actinolite, anthophyllite, crocidolite）

UN2590, Asbestos, chrysotile

（8）电容器。DGR 品名表中的指定条目有两个：

UN3499, Capacitor, electric double layer

UN3508, Capacitor, asymmetric

（9）释放易燃蒸气的物质。其 DGR 品名表条目为：

UN2211, Polymeric beads, expandable

UN3314, Plastics moulding compound

（10）救生设备。其 DGR 品名表条目为：

UN2990，Life-saving appliances，self-inflating

UN3072，Life-saving appliances，not self-inflating

UN3268，Safety devices

（11）着火后形成二恶英的物品或物质。其 DGR 品名表条目有：

UN2315 Polychlorinated biphenyls，liquid

UN3432 Polychlorinated biphenyls，solid

另外，其品名表条目还有 UN3151 和 UN3152，由于这两个代号对应了较多的运输专用名称，具体内容可以参考 DGR 相关章节。

（12）其他杂项物品和物质。本类包含的实例和其对应的品名表条目有：

UN1841，Acetaldehyde ammonia

UN1845，Carbon dioxide，solid 或 Dry ice

UN1931，Zinc dithionite 或 Zinc hydrosulphite

UN2216，Fish meal，stabilized 或 Fish scrap，stabilized

还有一些杂项物品和物质因限于篇幅不再一一列出。

5.3.9.2　常见实例与危害

以下的几种物质和物品属于比较典型且常见的杂项危险品，它们通过不同的方式对航空的安全发生威胁或危害：

大蒜油等物质或物品，属于该类危险品中受到航空限制的固体或液体，它们本身属于或内部含有具有刺激性、有害性的物质，一旦溢出或泄露，能引起机组人员极度烦躁或不适，甚至不能正常履行职责。

聚合物颗粒是这类危险品中另一种典型物质。注入易燃气本或液体作为发泡剂的半成品聚合物品会放出少量的易燃气体，如聚乙烯颗粒等。

固体二氧化碳（又称干冰）也是非常典型的杂项危险品。在一些冷冻的蔬菜、水果和冰盒等物品中，干冰被广泛地作为致冷剂使用。干冰的危害主要是极度低温，而且会在常温下发生升华，释放出大量比空气重的二氧化碳气体，排开氧气，对活体动物或人有窒息的威胁。

磁电管、未屏蔽的永磁体和钕铁硼等属于磁性物质，会产生很强的磁场，从而干扰航空器的导航系统，对航空安全造成威胁。

5.3.10　多重危险性物质和物品的分类

在介绍各类危险物品的特性时，很容易发现某一种类的危险物品除具有据以分类的主要特性之外，还具有一些其他性质，如易燃液体除具有易燃性外，有些还具有毒性；腐蚀性物质除具有腐蚀性外，有的还具有毒性，或易燃性。这就出现了一个问题——在某一危险物品具有多种分类的属性时，如何确认其危险类别？

正如本章开头所述，危险物品具有多种分类的属性时，称为该危险品具有多重危险性，确定为分类特性的危险性为主要危险性，其他的特性为次要危险性。所以，问题的关键在于如何在多种危险特性中确定主要危险性。

为此，联合国的专家委员会推荐的《危险货物运输》及 IATA 的《危险品规则》提出了几项确立主要危险性的原则。

在两种危险性出现在第 3、4、8 类及 5.1 项、6.1 项时，必须使用 DGR 的相关规定来确定主要及次要危险性。在表 5-17 中行列交叉处是主要危险性的类或项，其余的类或项为次要危险性。行、列交叉处在主要危险性对应的位置上，同时列出了该物质正确的包装等级（两种危险性中最严格的包装等级来作为该危险品的包装等级）。

除表 5-17 中所列，IATA 的《危险品规则》规定了例外情况，某些具有多重危险性的物品或物质，如果其中一种危险性符合下列各类、项的标准，则这些类、项永远作为主要危险性，因此它们不在表 5-17 中出现，其包括以下几类：

（1）第 1 类、第 2 类和第 7 类（放射性物质的例外包装件除外）。

（2）第 5.2 项和第 6.2 项。

（3）第 4.1 项的自身反应物质及相关的物质和减敏的固体爆炸物。

（4）第 4.2 项中的发火物质。

（5）具有吸入毒性包装等级 I 级的 6.1 项物质。符合第 8 类标准的某些物质，如果其吸入尘雾的毒性（LC_{50}）为 I 级包装等级的物质应划归 6.1 项，但其口服或皮肤接触毒性（LD_{50}）为 III 级包装等级的物质应归划为第 8 类。

（6）第 3 类的减敏液体爆炸物。

表 5-17　　　　　　　　　　　　　　　主次危险性顺序表

Class or Division	Packing Group	4.2	4.2	4.3	4.3	4.3	5.1	5.1	5.1	6.1 (d)	6.1 (o)	6.1	6.1	8 (l)	8 (s)	8 (l)	8 (s)	8 (l)	8 (s)
		II	III	I	II	III	I	II	III	I	II	II	III	I	I	II	II	III	III
3	I*			4.3, I	4.3, I	4.3, I	—	—	—	3, I	3, I	3, I	3, I	3, I	—	3, I	—	3, I	—
3	II*			4.3, I	4.3, II	4.3, II	—	—	—	3, I	3, I	3, II	3, II	3, II	—	3, II	—	3, II	—
3	III*			4.3, I	4.3, II	4.3, III	—	—	—	6.1, I	6.1, I	6.1, I	3, III**	8, I	—	8, II	—	3, III	—
4.1	II*	4.2, II	4.2, II	4.3, I	4.3, II	4.3, II	5.1, I	4.1, II	4.1, II	6.1, I	6.1, I	4.1, II	4.1, II	—	8, I	—	4.1, II	—	4.1, II
4.1	III*	4.2, II	4.2, III	4.3, I	4.3, II	4.3, III	5.1, I	4.1, III	4.1, III	6.1, I	6.1, I	6.1, I	4.1, III	—	8, I	—	8, II	—	4.1, III
4.2	II			4.3, I	4.3, II	4.3, II	5.1, I	4.2, II	4.2, II	6.1, I	6.1, I	4.2, II	4.2, II	8, I	8, I	4.2, II	4.2, II	4.2, II	4.2, II
4.2	III			4.3, I	4.3, II	4.3, III	5.1, I	5.1, I	4.2, III	6.1, I	6.1, I	6.1, I	4.2, III	8, I	8, II	8, II	8, II	4.2, III	4.2, III
4.3	I						5.1, I	4.3, I	4.3, I	6.1, I	6.1, I	4.3, I	4.3, I	4.3, I	4.3, I	4.3, I	4.3, I	4.3, I	4.3, I
4.3	II						5.1, I	4.3, II	4.3, II	6.1, I	4.3, II	4.3, II	4.3, II	8, I	4.3, II	4.3, II	4.3, II	4.3, II	4.3, II
4.3	III						5.1, I	5.1, I	4.3, III	6.1, I	6.1, I	6.1, I	4.3, III	8, I	8, II	8, II	4.3, III	4.3, III	4.3, III
5.1	I									5.1, I	5.1, I	5.1, I	5.1, I	5.1, I	5.1, I	5.1, I	5.1, I	5.1, I	5.1, I
5.1	II									6.1, I	6.1, I	5.1, II	5.1, II	8, I	5.1, II	5.1, II	5.1, II	5.1, II	5.1, II
5.1	III									6.1, I	6.1, I	6.1, II	5.1, III	8, I	8, I	8, II	8, II	5.1, III	5.1, III
6.1 (d)	I													8, I	6.1, I	6.1, I	6.1, I	6.1, I	6.1, I
6.1 (o)	I													8, I	6.1, I	6.1, I	6.1, I	6.1, I	6.1, I
6.1 (i)	II													8, I	6.1, I	6.1, I	6.1, II	6.1, II	6.1, II
6.1 (d)	II													8, I	6.1, II	8, II	6.1, II	6.1, II	6.1, II
6.1 (o)	II													8, I	6.1, II	8, II	6.1, II	6.1, II	6.1, II
6.1	III													8, I	8, I	8, II	8, II	8, III	8, III

说明：（l）= 液体；（s）= 固体；（i）= 吸入；（d）= 皮肤接触；（o）= 口服；—= 不可能的组合。

＊ 指不包括自身反应物质的 4.1 项物质、减敏固态爆炸物和除减敏液态爆炸物以外的 3 类物质。

＊＊ 仅指杀虫剂，主要危险性必须是 6.1 项。

注意：本表依据联合国的危险性主次判断表制成。

关于具有多重危险性的危险品的包装等级，在不同的危险性所对应的包装等级中，须选取最严格的包装等级作为该危险品的包装等级。

此外，具有其他危险性的放射性物质必须划为第7类，并且还必须标明它的最大次要危险性。对于放射性物质例外包装件，其他危险性为主要危险性。

具有其他危险性同时也符合磁性物质标准的物品，除了作为磁性物质外，还必须根据上述原则进行鉴别。

具有其他危险性的感染性物质必须划为第6.2项，并且还应验明它的最大次要危险性。

而具有3种或更多种危险性时，其分类必须经货物始发站国家主管部门确定。

【例5-3】某物质具有第3类Ⅲ级和6.1项Ⅱ级的双重危险性。确定主要和次要危险性及其包装等级。

在表5-17中，找到第3行，即第3类Ⅲ级那一行和6.1项Ⅱ级的那一列，交叉点标示为"6.1，Ⅱ"也就是说，主要危险性是第6.1项，次要危险性是3类，需要使用的包装等级为Ⅱ级。

5.4　识别

根据上节所述，联合国整理了上千种危险品的危险特性并分门别类，形成了9个分类，并对每类危险品设置了标准，为航空运输中正确操作和处理危险品提供了基础。但危险物品种类繁多，在实际运输管理工作中，如果仅凭所属大类来进行判断和操作，并不可行。运输时还必须考虑每一个危险品的具体性质进行操作，也就是需要识别每个危险品项目的"身份"和具体属性。IATA颁布的《危险品规则》是通过建立危险物品品名表来提供危险品的识别信息的。

5.4.1　品名表和品名设置

品名表位于DGR的4.2节。在IATA发行的DGR纸质版本中，该节用蓝色页面印刷以方便查找。4.2节以表格形式列出运输中可能出现的几千多种危险品，这就像为危险品设立了一份档案。本节因篇幅所限，只能按单个条目列出某种危险品的品名表信息。

在这份档案中，危险品按照运输专用名称（Proper shipping name）进行排列，每一条记录包括危险品的UN代号、运输专用名称、包装等级、类别或项别、标签、例外数量运输要求以及由客、货机运载时的包装件数量限制等详细的操作信息。学会使用品名表来掌握特定危险品的危险特性及运输时的操作信息，是正确空运危险品的基础。

在DGR危险品表中，包含以下自A至N的14栏的相关内容，如表5-18所示。

表 5-18　　　　　　　　　　　　　　　　　　品名表例

UN /ID No.	Proper Shipping Name/Description	Class or Div. (sub Risk)	Hazard Labels	PG	EQ See 2.6	Passenger and Cargo Aircraft				Cargo Aircraft Only		S.P. See 4.4	ERG Code
						Ltd Qty		Pkg Inst	Max Net Qty/Pkg	Pkg Inst	Max Net Qty/Pkg		
						Pkg Inst	Max Net Qty/Pkg						
A	B	C	D	E	F	G	H	I	J	K	L	M	N
2528	Isobutyl isobutylate	3	Flamm. Liquid	III	E1	Y344	10L	355	60L	366	220L		3L

表 5-18 中，B 栏为危险品的运输专用名称（Proper shipping name）。上千种危险品的排列和使用时对危险品的查找均要依照运输专用名称。运输专用名称和 A 栏所示的 UN 代码是由联合国的危险品专家指定的。个别没有被指定 UN 代码的危险品由 IATA 指定一个以 8000 开始的 ID 系列编号。例如，运输专用名称为"消费品（consumer commodity）"的危险品的代号就是 ID8000。

品名表明确列出的具有危险成分并有可能用航空运输的物品或物质的名称有 3 000 多种。随着 DGR 每年一次的修订，品名表也会有相应的变动，例如在当年更新的版本中加入近年出现的新物质的名称及相关信息。

虽然此表已经收录了上千种危险品的名称并作定期修改，在实际的交运工作中还是会遇到当年品名表中没有收录的物品，为了将这些危险品包括进去并得到适当的处理，品名表特别设置了一系列未特指的广义名称，即泛指名称或 n.o.s（not otherwise specified，即未作特殊规定的）名称。所以，当遇到一种在品名表中未作收录的危险品时，不能认为其一定不受 DGR 限制。一般要通过一定的方法将其指定为适当的泛指名称下。

为了更好地指定物质适用的运输专用名称，DGR 总结了品名表中列出的 4 种类型的运输专用名称条目，并有明确的优先顺序。该优先序有利于确定那些品名表未指定名称的物质，特别是（c）类和（d）类的条目。其顺序为：

（a）单一条目/single entries，具有明确的定义的一种物质或物品，如：

Kerosene 煤油——UN1223（优于 UN1993，易燃液体）

Isopropyl butyrate 丁酸异丙酯——UN2405

（b）属性条目/generic entries，具有明确定义的一组物质或物品，如：

Adhesive 粘合剂——UN1133

Organic peroxide，Type C，liquid 液态 C 型有机过氧化物——UN3103

Paint related material 涂料的相关材料——UN1263

Triazyne pesticide，liquid，toxic 液态三嗪农药，毒性——UN2998

（c）特定的泛指条目/specific n.o.s. entries，包括一组具有某一特定化学性质或技术性质的物质或物品，如：

Refrigerant gas，n.o.s.制冷气体，泛指——UN1078

Selenium compound，solid，n.o.s 硒化合物，固态，泛指——UN3283

（d）属性泛指条目/general n.o.s. entries，包括符合一种或多种类别或项别的一组物质或物品，如：

Corrosive solid，n.o.s 腐蚀性固体，泛指——UN1759

Toxic liquid, organic, n.o.s 有机毒性液体，泛指——UN2810

5.4.2 品名表的结构

DGR 中的危险品品名表按照危险品的运输专用名称的英文字母顺序排列，表中列明危险品的类别/项别、次要危险性、危险品标签、包装等级、包装说明代码及在客/货机运输时的数量限制和特殊规定等。

运输专用名称是用来识别危险性物品或物质的标准名称，在包装件表面、托运人申报单及机长通知单上都需用运输专用名称来识别危险物品或物质。

从图 5-9 的品名表结构图上可知，品名表共有 14 栏的信息。

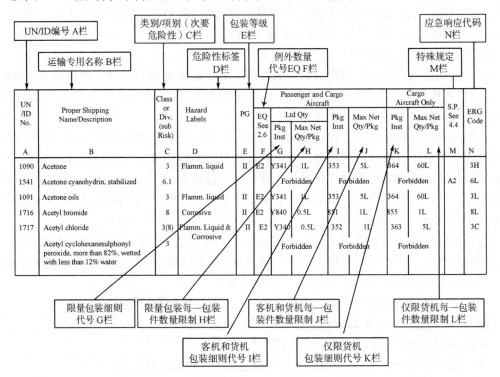

图 5-9　品名表各栏说明图

A 栏——UN/ID 代号。即联合国编号或识别编号。如果危险物品或物质采用联合国分类系统划定的系列号码，使用时必须冠以字母"UN"。如联合国编号为 1950 的危险品必须表示为 UN1950，不能表示为 1950。如果物质在联合国分类系统中没有编号，可以在8000 系统中指定一个临时的适用编号，并冠以字母"ID"。如 ID8000 Consumer commodity，8000 和 UN8000 都是错误的表示方法，ID8000 才是正确的表示方法。

B 栏——Proper Shipping Name Description。即运输专用名称与描述。本栏包括了运输专用名称及对危险品的定性描述文字。其中运输专用名称用粗体字印刷，描述其含量、状态和其他限制的说明用细体字印刷，可以用于对运输专用名称的补充。

各条目按照用粗体字印刷的运输名称的字母顺序排列，但是名称的以下部分在排序时不予考虑：

①数字；

②单个字母，如 a-，b-，m-，N-，O-，o-，p-；

③前缀，如 alpha-，beta-，meta-，omega-，sec-，tert-；

④术语 n.o.s.（n.o.s._ not other specified，表明该运输名称是泛指名称）。

例如，在查找 2-Methylbutanal 时，不考虑 2-，直接在以 "M" 开头的物质中查找；同样 n-Decane 和 alpha-Methlbenzyl alcohol，solid 也不考虑 n-和 alpha-。

另外，如果在栏目中出现以下符号，意义如下（这些符号不是运输名称的一部分，在填写运输名称时可以省略）：

★表示使用该运输名称时应在括号内附加技术名称；

†表示在 DGR 附录 A 当中有对该条目的附加说明。

C 栏——Class or Div.（Sub risk）。即类别或项别（次要危险性）。按照 DGR 第 3 章描述的联合国危险品分类标准给出每一种危险品分配的类别或项别。对于第 1 类爆炸物品还给出了相应的配装组。如 1.1D，1.4S。对于具有多重危险性的物品，其次要危险性将在紧跟的括号中注明，多个次要危险性按数字顺序排列。如该栏内为 "3（8）" 指危险品为第 3 类易燃液体，具有次要危险性即第 8 类腐蚀性物质的性质。

D 栏——Hazard Label（s）。即危险性标签，指该物品运输时在其包装件或 Overpack 外部必须贴上的危险性标签。首先列出主要危险性标签，次要危险标签紧随其后。本栏还有可能在危险性标签以外列出操作标签，如某些特定条目列出了需要粘贴的 "磁性物质（Magnetized material）" 或 "远离热源（Keep away from heat）" 操作标签。

E 栏——PG。即包装等级，PG 是 Packing Group 的缩写。该栏列出的是危险品对应的联合国包装等级：Ⅰ级包装、Ⅱ级包装或Ⅲ级包装。某些物质没有包装等级的说法，则这一栏为空。

F 栏——EQ。例外数量代号栏，EQ 是 Excepted Quantities 的缩写。该栏列出的是危险品若采用例外数量形式运输的要求。E0 到 E5 共 6 个代号等级分别显示了所对应危险品是否可以采用例外数量以及可以采用例外数量运输时的内外包装数量限制。

G 栏——Passenger and Cargo Aircraft/Ltd Qty/Pkg inst。Ltd Qty/Pkg inst 的全称为 Limited Quantity/Packing Instructions。即客机和货机采用 "有限数量" 方式运输时危险品的包装说明代码。包装说明详细规定了危险品包装使用的包装材料、包装方式等。给出了包装说明的代码，由于是采用 "有限数量" 方式运输，所有的包装说明编号前必须加上字母 "Y"，如 Y344、Y641 等，如果是 "Forbidden" 则表示该危险品不允许使用有限数量方式运输。具体的包装说明信息在 DGR 第五章。

H 栏——Passenger and Cargo Aircraft/Ltd Qty/Max Net Qty Pkg。Ltd Qty/Max Net Qty Rkg 的全称为 Limited Quantity/Maximum Net Quantity per Package，即当客机或货机采用限制数量方式运送危险品时每一个包装件内的物质的最大数量（体积或重量）。该栏中提供的数字表明净重，除非包装件运送时参照的毛重，此时以字母 G 表示。这一栏若显示为 "No limit"，则危险品的净数量或每一包装件的物品的毛重应在托运人申报单上列明。

I 栏——Passenger and Cargo Aircraft/Pkg inst。利用客机或货机采用一般方式（非"限制数量"）运送危险品时参照的联合国的包装说明代码。栏目中列出包装说明的代码，因为不是有限数量包装，所以没有前缀"Y"。

J 栏——Passenger and Cargo Aircraft/ Max Net Qty Pkg。Max Net Qty Pkg 的全称为 Maximum Net Quantity per Package，即利用客机或货机采用一般方式（非"限制数量"）运送危险品时，每一个包装件内的物质的最大数量（体积或重量）。提供的数字表明净重，除非包装件运送时参照的毛重另外以字母 G 表示。这一栏显示为"Not limit"，则危险品的净数量或每一包装件的物品的毛重应在托运人申报单上列明。

K 栏——Cargo Aircraft Only/Pkg Inst。当危险品采用仅限货机运送时，此时的包装说明代码。例如用仅限货机运输的 Acetal 时，采用的包装说明代号为 364。

L 栏——Cargo Aircraft Only/ Max Net Qty Pkg。Max Net Qty Pkg 的全称为 Maximum Net Quantity per Package，即仅限货机运输的危险品每个包装件内最大净数量。例如危险品 Acetal 只能采用货机运送的时候，每个包装件内的最大净数量为 60L。

M 栏——S. P. see 4.4，S. P. 全称是 Special Provisions，即特殊规定。它是以字母 A 开头，后面跟 1~3 个阿拉伯数字，例如 A1、A2、A3、A9、A51、A70、A81、A130、A802 等。通常用于说明对某些危险品航空运输的特殊规定。这些特殊规定可能是允许某些具体条件下取得政府批准即可运输某些禁运物品的规定，如 A1、A2 和 A109 等；也可能是对运输某些危险品的附加要求，如 A9。托运人在托运货物时，必须在 DGR 中查询这些特殊规定，检查自己的货物和准备的文件是否满足规定。

N 栏——ERG Code。其全称是 Emergency Response Drill Code，即应急训练代码，可以在国际民航组织的 ICAO 的文件《涉及危险品航空器事件应急指南》（国际民航组织文件 9481，也称"红皮书"）中查阅。应急代码由数字和字母组成，表示对应的危险品危险性和溢出、渗漏或救火的应急反应措施，如表 5-19 所示。

表 5-19　　　　　　　　　航空器应急响应操作数字和字母的含义

操作方法代号	固有的危险性	对飞机的危险	对乘员的危险	溢出或渗漏处理程序	救火措施	其他考虑因素
1	爆炸可能引起飞机结构破损	起火或爆炸	参照有关措施字母	使用 100% 氧气，禁止吸烟	梭鱼使用的灭火剂；使用标准灭火程序	可能突然失去增压
2	气体、非易燃性，压力可能在起火情况下产生危险	最小	参照有关措施字母	使用 100% 氧气，对于操作字母"A""i"或"P"的物品，打开并保持最大限度的通风	使用所有可用的灭火剂；使用标准灭火程序	可能突然失去增压

表5-19(续)

操作方法代号	固有的危险性	对飞机的危险	对乘员的危险	溢出或渗漏处理程序	救火措施	其他考虑因素
3	易燃液体或固体	起火或爆炸	烟、烟雾和高温,以及如有关措施字母所述	使用100%氧气,打开并保持最大限度的通风;禁止吸烟;尽可能最少地使用电气设备	使用所有可用的灭火剂;对于字母"W"不得使用水作为灭火剂	可能突然失去增压
4	暴露空气中时,可自动燃烧或起火	起火或爆炸	烟、烟雾和高温,以及如有关措施字母所述	使用100%氧气,打开并保持最大限度的饿通风	使用所有适用的灭火剂;岁于字母"W"不得使用水作为灭火剂	可能突然失去增压;对于操作字母"F"或"H"尽可能最少地使用电气设备
5	氧化性物质,可能引燃其他物质,可能在火的高温中受热爆炸	起火或爆炸,可能造成腐蚀性破坏	刺激眼、鼻和咽喉;与皮肤接触造成损害	使用100%氧气,打开并保持最大限度通风	使用所有适用的灭火剂;对于字母"W"不得使用水作为灭火剂	可能突然减压
6	有毒物品,吸入、摄取或被皮肤吸收可能致命	被有毒液体或固体污染	剧烈中毒,后果可能会延迟发作	使用100%氧气,打开并保持最大限度的通风;没有手套不得接触	使用所有适用的灭火剂;对于字母"W"不得使用水作为灭火剂	可能突然失去增压;对于操作字母"F"或"H"尽可能最少地使用电气设备
7	破损或未加防护的包装发出辐射	被溢出的放射性材料污染	暴露于辐射中,并对人员造成污染	不得移动包装件;避免接触	使用所有适用的灭火剂	通知专业人员接机处理
8	腐蚀性物质或烟雾,吸入或与皮肤接触可能致残	腐蚀性破坏	刺激眼、鼻和咽喉;与皮肤接触造成损害	使用100%氧气,打开并保持最大限度通风;没有手套不得接触	使用所有适用的灭火剂;对于字母"W"不得使用水作为灭火剂	可能突然失去增压;对于操作字母"F"或"H"尽可能最少地使用电气设备
9	无通常固有的危险	见有关操作字母所述	见有关操作字母所述	使用100%氧气,对于操作字母"A"打开并保持最大限度的通风	使用所有适用的灭火剂;对于字母"W"不得使用水作为灭火剂	无
10	易燃气体,如果有任何火源,极易着火	起火或爆炸	烟、烟雾和高温,以及如措施字母所述	使用100%氧气,打开并保持最大限度的通风;禁止吸烟;尽可能最少地使用电气设备	使用所适用的灭火剂	可能突然失去增压

操作方法代号	固有的危险性	对飞机的危险	对乘员的危险	溢出或渗漏处理程序	救火措施	其他考虑因素
11	感染性物质，如果通过粘膜或外露的伤口吸入、摄取或吸收，可能会对人或动物造成影响	被感染性物质污染	对人或动物延迟发作的感染	不要接触。在受影响区域保持最低程度的再循环和通风	使用所有可用的灭火剂。对于操作方法字母"Y"的物品，禁止使用水	通知专业人员接机处理

处置方案字母	附加的危险性	处置方案字母	附加的危险性
A	麻醉的	M	磁性的
C	腐蚀的	N	有害的
E	爆炸的	P	有毒性的＊（毒性物质）
F	易燃	S	自动燃烧或发火
H	高度可燃	W	遇湿释放有毒或易燃气体
i	有刺激性的/催泪的	X	氧化性物质
L	其他较低或无危险性	Y	根据感染性物质的类别而定，有关国家主管当局可能需要对人员、动物、货物和航空器进行隔离

＊注：作为毒性物质来说意味着具有毒性

5.4.3　品名表的使用

5.4.3.1　在品名表中列出名称的危险品

当危险品的运输专用名称出现在品名表中时，可按以下的方法来直接查阅各栏的内容。

第一步，查找运输专用名称和 UN/ID 代号，对应品名表的 B、A 栏。

第二步，确定危险品的类别/项别及次要危险性，对应品名表的 C 栏。

第三步，确定危险性标签，对应品名表的 D 栏。

第四步，确定包装等级，对应品名表的 E 栏。

第五步，确定例外数量包装要求，对应品名表的 F 栏。

第六步，确定包装说明代码及每一包装件的最大净数量限制，对应品名表的 G、H、I、J、K、L 栏。

第七步，检查是否有特殊规定？对应品名表 M 栏，如有，则参阅 DGR 相关规定。

第八步，查找 ERG 代码，对应于品名表的 N 栏，经营人可将此代号填写在机长通知单上，供机组使用的机上应急措施代号。

现举例详细说明品名表使用的每一步骤。

第一步，确定运输专用名称和 UN/ID 代号。

在危险品运输过程中，必须指定危险品的 UN/ID 代号和一个标准的名称作为运输专用名称，用于识别该危险品。

托运人在危险品包装件、货运单及托运人危险品申报单中均应使用适合的 UN 编号和运输专用名称。运输专用名称已经列入 DGR 品名表中的危险品，可以直接查阅品名表使用 B 栏中列明的名称。

还有一些情况，除了在包装件、货运单和申报单中使用品名表 B 栏查到的运输专用名称外，还需作适当补充。例如，第 1 类爆炸品，在运输专用名称后面可以加上它的军用名称或商业名称作补充。

由于物质存在不同的物理状态，在本栏中可能指明为液态、固态，作为运输专用名称时，必须表明相应的状态。例如，UN2814，感染性物质，对人传染（液态），即 infectious substance，affecting humans（liquid）。

当危险品废料（放射性物质除外）为了处理的目的或为了处理加工的目的而被运输时，在运输专用名称后应加上"Waste（废料）"的字样。

运输专用名称和 UN 代码之间可能出现几种不同的对应关系，现举例说明：

【例 5-4】一个运输专用名称对应一个 UN 代码。

表 5-20 中 UN1654 的运输专用名称为 Nicotine。

表 5-20　　　　　　　　　　　危险品品名表例

UN /ID No.	Proper Shipping Name/Description	Class or Div. (sub Risk)	Hazard Labels	PG	EQ See 2.6	Ltd Qty		Pkg Inst	Max Net Qty/Pkg	Pkg Inst	Max Net Qty/Pkg	S.P. See 4.4	ERG Code
						Pkg Inst	Max Net Qty/Pkg						
						Passenger and Cargo Aircraft				**Cargo Aircraft Only**			
A	B	C	D	E	F	G	H	I	J	K	L	M	N
1654	**Nicotine**	6.1	Toxic	II	E4	Y641	1L	654	5L	662	60L		*6L*

【例 5-5】一个运输专用名称对应一个 ID 代码。

表 5-21 中 ID8000 的运输专用名称为 Consumer commodity。

表 5-21　　　　　　　　　　　危险品品名表例

UN /ID No.	Proper Shipping Name/Description	Class or Div. (sub Risk)	Hazard Labels	PG	EQ See 2.6	Ltd Qty		Pkg Inst	Max Net Qty/Pkg	Pkg Inst	Max Net Qty/Pkg	S.P. See 4.4	ERG Code
						Pkg Inst	Max Net Qty/Pkg						
						Passenger and Cargo Aircraft				**Cargo Aircraft Only**			
A	B	C	D	E	F	G	H	I	J	K	L	M	N
8000	**Consumer Commodity**	9	Miscella-neous		E0	Y963	30kg G	Y963	30kg G	Y963	30kg G		*9L*

【例 5-6】一个 UN/ID 代码对应两个或两个以上的运输专用名称。

表 5-22 中 UN1203 对应 3 个运输专用名称：Gasoline，Motor spirit，Petrol。

表 5-22 危险品品名表例

UN /ID No.	Proper Shipping Name/Description	Class or Div. (sub Risk)	Hazard Labels	PG	EQ See 2.6	Ltd Qty		Pkg Inst	Max Net Qty/Pkg	Pkg Inst	Max Net Qty/Pkg	S.P. See 4.4	ERG Code
						Pkg Inst	Max Net Qty/Pkg						
A	B	C	D	E	F	G	H	I	J	K	L	M	N
1203	**Gasoline**	3	Flamm. Liquid	II	E2	Y341	1L	353	5L	364	60L	A100	*3H*
1203	**Motor Spirit**	3	Flamm. Liquid	II	E2	Y341	1L	353	5L	364	60L	A100	*3H*
1203	**Petrol**	3	Flamm. Liquid	II	E2	Y341	1L	353	5L	364	60L	A100	*3H*

【例 5-7】 当 B 栏中列出的名称是细体字时，该名称不是运输专用名称。

当品名表的 B 栏中出现细体字时，该细体字只是对运输专用名称的补充说明，并非运输专用名称的一部分。为了更好理解，用表 5-23 品名表中 UN1950 的有关信息举例说明。

UN1950 运输专用名称为 Aerosols，non-flammable，而括号内的细体字 tear gas devices 只是对运输专用名称 Aerosols，non-flammable 的补充说明。

表 5-23 危险品品名表例

UN /ID No.	Proper Shipping Name/Description	Class or Div. (sub Risk)	Hazard Labels	PG	EQ See 2.6	Ltd Qty		Pkg Inst	Max Net Qty/Pkg	Pkg Inst	Max Net Qty/Pkg	S.P. See 4.4	ERG Code
						Pkg Inst	Max Net Qty/Pkg						
A	B	C	D	E	F	G	H	I	J	K	L	M	N
1950	**Aerosols, non-flammable** (tear gas devices)	2.2 (6.1)	Non-flamm. Gas & Toxic		E0	Forbidden		Forbidden		212	50kg	A1 A45 A67	*2P*

除此之外，细体字还有可能是以下几种情况之一：

（1）参考提示信息。如表 5-24 中的 Filler，liquid 后面的 see Paint 指示要去查看 Paint。Paint 是该物质正确的运输专用名称，而 Filler，liquid 不是，只作为一个参考提示信息。

表 5-24 危险品品名表例

UN /ID No.	Proper Shipping Name/Description	Class or Div. (sub Risk)	Hazard Labels	PG	EQ See 2.6	Ltd Qty		Pkg Inst	Max Net Qty/Pkg	Pkg Inst	Max Net Qty/Pkg	S.P. See 4.4	ERG Code
						Pkg Inst	Max Net Qty/Pkg						
A	B	C	D	E	F	G	H	I	J	K	L	M	N
	Filler, liquid, see Paint (UN1263)												

（2）表示该物品在任何情况下均禁止航空运输（在品名表中没有运输专用名称，也没有 UN/ID 代码），如表 5-25 的 Quebrachitol pentanitrate。

表 5-25   危险品品名表例

UN /ID No.	Proper Shipping Name/Description	Class or Div. (sub Risk)	Hazard Labels	PG	EQ See 2.6	Ltd Qty		Pkg Inst	Max Net Qty/Pkg	Pkg Inst	Max Net Qty/Pkg	S.P. See 4.4	ERG Code
						Pkg Inst	Max Net Qty/Pkg						
								Passenger and Cargo Aircraft		Cargo Aircraft Only			
A	B	C	D	E	F	G	H	I	J	K	L	M	N
	Quebrachitol pentanitrate					Forbidden		Forbidden		Forbidden			

（3）表示该物品在航空运输条件下，不受任何限制，如表 5-26 中所示的物质条目。

表 5-26   危险品品名表例

UN /ID No.	Proper Shipping Name/Description	Class or Div. (sub Risk)	Hazard Labels	PG	EQ See 2.6	Ltd Qty		Pkg Inst	Max Net Qty/Pkg	Pkg Inst	Max Net Qty/Pkg	S.P. See 4.4	ERG Code
						Pkg Inst	Max Net Qty/Pkg						
A	B	C	D	E	F	G	H	I	J	K	L	M	N
	R11, Trichlorofluoromethane					Not restricted		Not restricted		Not restricted			

【例 5-8】一个运输专用名称对应一个以上的 UN 代码。

物质的一些性质如物理状态（固、液、气态）、浓度和纯度等都有可能影响它的危险特性，进而影响到它的分类。这些描述经常以细体字出现在品名表中，它们不作为运输专用名称的一部分，但是是确定物质或物品的分类，决定运输专用名称、UN/ID 代码及运输要求的必要信息。例如，表 5-27 中 Alkylsulphonic acids, liquid 对应二个 UN 编号：UN2586、UN2584。

UN2586 Alkylsulphonic acids, liquid with 5% or less free sulphuric acid

UN2584 Alkylsulphonic acids, liquid with more than 5% free sulphuric acid

表 5-27   危险品品名表例

UN /ID No.	Proper Shipping Name/Description	Class or Div. (sub Risk)	Hazard Labels	PG	EQ See 2.6	Ltd Qty		Pkg Inst	Max Net Qty/Pkg	Pkg Inst	Max Net Qty/Pkg	S.P. See 4.4	ERG Code
						Pkg Inst	Max Net Qty/Pkg	Passenger and Cargo Aircraft		Cargo Aircraft Only			
A	B	C	D	E	F	G	H	I	J	K	L	M	N
2586	**Alkylsulphonic acids, liquid** with 5% or less free sulphuric acid	8	Corrosive	III	E1	Y841	1L	852	5L	856	60L	A803	*8L*
2584	**Alkylsulphonic acids, liquid** with more than 5% free sulphuric acid	8	Corrosive	II	E2	Y840	0.5L	851	1L	855	30L		

第二步，决定危险品的类别/项别。

当找到 UN/ID 编号和运输专用名称后，便可在 C 栏确定其相应的危险品的类别/项别，以及可能存在的次要危险性。

【例5-9】 在表5-28 中显示的是运输专用名称为 Carbamate pesticide，liquid，toxic，flammable 的危险物质的条目，试决定该物质的类别/项别和次要危险性。

在表5-28 中查找 C 栏，可看到 UN2991 主要危险性为 6.1 项，即毒性物质，次要危险性为括号中显示的第 3 类，即易燃液体。

表 5-28　　　　　　　　　　危险品品名表例

UN/ID No.	Proper Shipping Name/Description	Class or Div. (sub Risk)	Hazard Labels	PG	EQ See 2.6	Ltd Qty		Pkg Inst	Max Net Qty/Pkg	Pkg Inst	Max Net Qty/Pkg	S.P. See 4.4	ERG Code
						Pkg Inst	Max Net Qty/Pkg						
										Cargo Aircraft Only			
A	B	C	D	E	F	G	H	I	J	K	L	M	N
2991	Carbamate pesticide, liquid, toxic, flammable, ★ flash point 23℃ or more	6.1(3)	Toxic & Flamm. Liquid	I II III	E5 E4 E1	Y641 Y641	Forbidden 1L 2L	652 654 655	1L 5L 60L	658 652 663	30L 60L 220L	A3 A4	6F 6F 6F

【例5-10】 表5-29 显示的是运输专用名称为 Boroon trifuluoride dimethyl dtherate 的危险物质条目，试决定该物质的类别/项别和次要危险性。

该物质的 C 栏显示为 "4.3（3，8）"，可断定此物质属于 4.3 项危险品，次要危险性有 2 个，分别是第 3 类易燃液体和第 8 类腐蚀品。两个次要危险性不再区分危险程度的大小，仅按危险特性所属类项的数字顺序排列。

表 5-29　　　　　　　　　　危险品品名表例

UN/ID No.	Proper Shipping Name/Description	Class or Div. (sub Risk)	Hazard Labels	PG	EQ See 2.6	Ltd Qty		Pkg Inst	Max Net Qty/Pkg	Pkg Inst	Max Net Qty/Pkg	S.P. See 4.4	ERG Code
						Pkg Inst	Max Net Qty/Pkg			Cargo Aircraft Only			
A	B	C	D	E	F	G	H	I	J	K	L	M	N
2965	Boron trifluoride dimethyl etherate	4.3(3, 8)	Dang. when wet & Flamm. Liquid & Corrosive	I	E0	Forbidden		Forbidden		480	1L		4FW

第三步，确定危险性标签。

运输某一危险品所需使用的危险性标签在品名表的 D 栏中显示。如例5-9 所对应的表5-27 中，查阅 D 栏 UN2991 有 2 个危险性标签，一是主要危险性标签 6.1 项毒性物质，二是次要危险性标签第 3 类易燃液体。本栏中的危险性标签是物质具备的每个危险性所对应的标签名称。

【例5-11】 表5-30 显示的是运输专用名称为 Bromoacetyl bromide 的危险物质的条目，试确定该物质的危险性标签。

该物质的 D 栏所显示的危险性标签为腐蚀品（Corrosive），与 C 栏中的类项数字代号 "8" 对应。

表 5-30 危险品品名表例

UN /ID No.	Proper Shipping Name/Description	Class or Div. (sub Risk)	Hazard Labels	PG	EQ See 2.6	Ltd Qty		Pkg Inst	Max Net Qty/Pkg	Pkg Inst	Max Net Qty/Pkg	S.P. See 4.4	ERG Code
						Pkg Inst	Max Net Qty/Pkg	Passenger and Cargo Aircraft		Cargo Aircraft Only			
A	B	C	D	E	F	G	H	I	J	K	L	M	N
2513	**Bromoacetyl bromide**	8	Corrosive	II	E2	Y840	0.5L	851	1L	855	30L		*8L*

个别情况，在 D 栏中显示的不一定是危险品的危险性标签。如表 5-31 所示磁性物质，运输专用名称为 Magnetized material，D 栏所示的名称是磁性物质操作标签 "Magnetized material"。实际操作中，磁性物质的包装件可不用粘贴第 9 类杂项危险品的危险性标签，但必须粘贴专属的操作标签。

表 5-31 危险品品名表例

UN /ID No.	Proper Shipping Name/Description	Class or Div. (sub Risk)	Hazard Labels	PG	EQ See 2.6	Ltd Qty		Pkg Inst	Max Net Qty/Pkg	Pkg Inst	Max Net Qty/Pkg	S.P. See 4.4	ERG Code
						Pkg Inst	Max Net Qty/Pkg	Passenger and Cargo Aircraft		Cargo Aircraft Only			
A	B	C	D	E	F	G	H	I	J	K	L	M	N
2807	**Magnetized material †**	9	Magnetized material		E0	Forbidden		953	No limit	953	No limit		*9M*

又如 4.1 项中的自身反应物质和 5.2 项危险品，D 栏中除显示它们所属的类项代号外，还会列明这两种物质所要粘贴的操作标签 "远离热源"，以示提醒，如表 5-32 所示。

表 5-32 危险品品名表例

UN /ID No.	Proper Shipping Name/Description	Class or Div. (sub Risk)	Hazard Labels	PG	EQ See 2.6	Ltd Qty		Pkg Inst	Max Net Qty/Pkg	Pkg Inst	Max Net Qty/Pkg	S.P. See 4.4	ERG Code
						Pkg Inst	Max Net Qty/Pkg	Passenger and Cargo Aircraft		Cargo Aircraft Only			
A	B	C	D	E	F	G	H	I	J	K	L	M	N
3103	**Organic peroxide type C, liquid ★ †**	5.2	Organic peroxide & Keep away from heat		E0	Forbidden		570	5L	570	10L	A20 A150 A802	*5L*

第四步，确定包装等级。

包装等级用于判断所装物质的危险程度。联合国的包装标准有 3 个等级，分别表示为 Ⅰ、Ⅱ、Ⅲ 级，用于对应大、中、小三个不同的危险程度。

品名表在 E 栏显示物质的包装等级。大多数物质一般只显示一个包装等级。但有一些物质 E 栏为空白，可能是由于禁止空运或此物质运输时不采用联合国危险品的包装标准（即 UN 规格包装）等原因；另有一些危险品出现不止一个包装等级。这取决于此危险品的特性，多数情况下该物质的条目是泛指名称，表示一类物质，因呈现不同的闪点、沸点、浓度、毒性、腐蚀性等而对应多个包装等级。

【例 5-12】表 5-33 显示的是运输专用名称为 Adhesives（黏合剂）的危险物质的条目，试确定包装等级。

黏合剂属于第 3 类易燃液体，对应三个不同的包装等级，Ⅰ、Ⅱ、Ⅲ 级。实际操作时，要根据物质试验中的闪点和初始沸点数据，并结合 DGR 规定进行判断，选择正确的包装等级，确定三条记录中所属的条目，再进一步判断后几栏的内容。

表 5-33 危险品品名表例

UN /ID No.	Proper Shipping Name/Description	Class or Div. (sub Risk)	Hazard Labels	PG	EQ See 2.6	Ltd Qty		Pkg Inst	Max Net Qty/Pkg	Pkg Inst	Max Net Qty/Pkg	S.P. See 4.4	ERG Code
						Pkg Inst	Max Net Qty/Pkg	Passenger and Cargo Aircraft		Cargo Aircraft Only			
A	B	C	D	E	F	G	H	I	J	K	L	M	N
1133	**Adhesives** Containing flammable liquid	3	Flamm. Liquid	Ⅰ Ⅱ Ⅲ	E3 E2 E1	Forbidden Y341 Y344	1L 10L	351 353 355	1L 5L 60L	361 364 366	30L 60L 220L	A3	*3L* *3L* *3L*

第五步，查看例外数量包装代号和相关要求。

品名表的 F 栏显示的是某一危险品的例外数量包装代号。它有 E0、E1、E2、E3、E4、E5 共 6 种情况，对应该危险品的例外数量包装运输要求，如是否可以采用例外包装、采用例外包装时的内外包装数量限制等。

【例 5-13】表 5-34 显示的是运输专用名称为 Dichloroacetic acid（二氯乙酸）的危险物质的条目，请确定此物质是否有可能采用例外数量包装运输。如能采用，具体的包装限制是什么？

表 5-34 危险品品名表例

UN /ID No.	Proper Shipping Name/Description	Class or Div. (sub Risk)	Hazard Labels	PG	EQ See 2.6	Ltd Qty		Pkg Inst	Max Net Qty/Pkg	Pkg Inst	Max Net Qty/Pkg	S.P. See 4.4	ERG Code
						Pkg Inst	Max Net Qty/Pkg	Passenger and Cargo Aircraft		Cargo Aircraft Only			
A	B	C	D	E	F	G	H	I	J	K	L	M	N
1764	**Dichloroacetic acid**	8	Corrosive	Ⅱ	E2	Y840	0.5L	851	1L	855	30L		*8i*

根据 F 栏显示，此物质可以采用例外数量形式运输。而且，相应的内外包装数量应遵守 DGR2.6 节中规定的代码 E2 所对应的数量限制，即每一内包装净数量限制为 30mL，每一外包装的净数量限制为 500mL。

第六步，查找包装说明代号和每个包装件允许的最大净数量。

品名表的 G 栏~L 栏显示每种危险品的包装说明代号和净数量限制，但又分为三种不同情况。使用时应根据物质或物品的实际包装情况或运输要求对照选择并查找。实际包装情况必须同时满足 G、H 栏或 I、J 栏的要求，即满足包装说明和每个包装件的净数量限制才可以在客机上运输或在货机上运输，否则此处会标明"Forbidden"的字样。K、L 栏是对仅限货机的情况提出的要求，按这两栏要求准备的包装件禁止在客机装载。如果物质太危险以致无法空运，则每两栏都会标明"Forbidden"的字样。

【例 5-14】表 5-35 显示的物质是 Diketenen, stablilized, 该物质是否允许空运？如允

许，在客机或货机中的包装件数量限制是怎样？

表 5-35　　　　　　　　　　危险品品名表例

UN/ID No.	Proper Shipping Name/Description	Class or Div. (sub Risk)	Hazard Labels	PG	EQ See 2.6	Ltd Qty		Pkg Inst	Max Net Qty/Pkg	Pkg Inst	Max Net Qty/Pkg	S.P. See 4.4	ERG Code
						Pkg Inst	Max Net Qty/Pkg						
A	B	C	D	E	F	G	H	I	J	K	L	M	N
2521	**Diketene, stabilized**	6.1(3)				Forbidden		Forbidden		Forbidden		A209	*6F*

根据 Diketenen, stablilized 在品名表 G 栏~L 栏的三个 "Forbidden" 可知由于该物质太危险，客机和货机都无法接收，为禁运的物质。

【例 5-15】表 5-36 显示的物质是 2，2-Dimethylpropane（二甲基丙烷），该物质是否允许空运？如允许，在客机或货机中的包装件数量限制是怎样？

表 5-36　　　　　　　　　　危险品品名表例

UN/ID No.	Proper Shipping Name/Description	Class or Div. (sub Risk)	Hazard Labels	PG	EQ See 2.6	Ltd Qty		Pkg Inst	Max Net Qty/Pkg	Pkg Inst	Max Net Qty/Pkg	S.P. See 4.4	ERG Code
						Pkg Inst	Max Net Qty/Pkg						
A	B	C	D	E	F	G	H	I	J	K	L	M	N
2044	**2,2-Dimethylpropane**	2.1	Flamm. gas		E0	Forbidden		Forbidden		200	150kg	A1	*10L*

二甲基丙烷的 UN 代号为 UN2044，G 栏~J 栏显示的两个 "Forbidden" 表示该物质禁止客机运输。如果按照 K 栏显示的包装说明 200 号的要求准备包装件，单个包装件内净数量限制在 150kg 以内，则仅限货机运输。

【例 5-16】表 5-37 显示了两种不同的物质，分别是 Morpholine 和 Naphthalene，refined。请确认此两种物质是否允许空运？如允许，在客机或货机中的包装件数量限制是怎样？

表 5-37　　　　　　　　　　危险品品名表例

UN/ID No.	Proper Shipping Name/Description	Class or Div. (sub Risk)	Hazard Labels	PG	EQ See 2.6	Ltd Qty		Pkg Inst	Max Net Qty/Pkg	Pkg Inst	Max Net Qty/Pkg	S.P. See 4.4	ERG Code
						Pkg Inst	Max Net Qty/Pkg						
A	B	C	D	E	F	G	H	I	J	K	L	M	N
2054	**Morpholine**	8(3)	Corrosive & Flamm. liquid	I	E0	Forbidden		850	0.5L	854	2.5L		*8F*
1334	**Naphthalene, refined**	4.1	Flamm. solid	III	E1	Y443	10kg	446	25kg	449	100kg	A803	*3L*

根据 G 栏~J 栏显示的内容，对危险品吗啉（Morpholine），UN2054，I 级包装，在客

机或货机上不可采用有限数量的方式；而如果按照包装说明 850 的要求并使单个包装件净数量限制为不超过 0.5L，可以在客机和货机上运输；采用包装说明 854 的要求并使单个包装件净数量限制 2.5L 以内，仅限货机运输。

而对危险品 Naphthalene, refined, UN1334, Ⅲ级包装。在客机或货机上可以采用有限数量运输，并遵守 Y443 号包装说明的要求进行包装，每一包装件允许的最大净数量为 10kg；采用客机或货机并按 UN 规格包装方式要遵守 446 号包装说明，每一包装件允许的最大净数量为 25kg；仅用货机运输时，遵守 449 号包装说明，每一包装件允许的最大净数量为 100kg。

第七步，检查是否有特殊规定。

品名表的 M 栏为特殊规定栏。查阅此栏可知危险物质是否有特殊规定，以及特殊规定的代码。代码对应的具体条款需在 DGR4.4 节中查阅，本章 5.4.4 节中对 DGR4.4 节的设置有进一步说明。一般来说，特殊规定有下列几种情况：

（1）经过主管部门的批准，在特定条件下准予某些禁运的危险品，如 A1 和 A2。

（2）规定了附加特殊的限制条件。

（3）规定某一危险品在满足特定的条件下可视为非危险品。

此外，是否接收经政府和主管部门许可的危险品还取决于经营人。

【例 5-17】表 5-38 显示的是物质 Naphthylthiourea 的品名表条目。试确定物质是否有特殊规定？

表 5-38 危险品品名表例

UN/ID No.	Proper Shipping Name/Description	Class or Div. (sub Risk)	Hazard Labels	PG	EQ See 2.6	Ltd Qty		Pkg Inst	Max Net Qty/Pkg	Pkg Inst	Max Net Qty/Pkg	S.P. See 4.4	ERG Code
						Pkg Inst	Max Net Qty/Pkg	Passenger and Cargo Aircraft		Cargo Aircraft Only			
A	B	C	D	E	F	G	H	I	J	K	L	M	N
1651	Naphthylthiourea	6.1	Toxic	II	E4	Y644	1kg	669	25kg	676	100kg	A6	*6L*

根据危险品 UN1651 即 Naphthylthiourea 条目的 M 栏，特殊规定代号为 A6。进一步查阅 DGR 可知 A6 的规定如下：当托运的货物属于杀虫剂类时，这些物质必须按有关的杀虫剂条目的要求，并且符合杀虫剂的规定进行运输。

第八步，查找 ERG 代号。

品名表 N 栏显示的代号是应急响应代码。应急响应代码的具体含义需在国际民航组织的 ICAO 的文件《涉及危险品航空器事件应急指南》（国际民航组织文件 9481，也称"红皮书"）中查阅。

【例 5-18】表 5-39 显示的是物质 chloromethyl chloromate 的品名表条目。试确定物质的紧急响应代码和具体的应急响应措施。

表 5-39   危险品品名表例

UN /ID No.	Proper Shipping Name/Description	Class or Div. (sub Risk)	Hazard Labels	PG	EQ See 2.6	Passenger and Cargo Aircraft				Cargo Aircraft Only		S.P. See 4.4	ERG Code
						Ltd Qty		Pkg Inst	Max Net Qty/Pkg	Pkg Inst	Max Net Qty/Pkg		
						Pkg Inst	Max Net Qty/Pkg						
A	B	C	D	E	F	G	H	I	J	K	L	M	N
2745	**Chloromethyl chloroformate**	6.1(8)	Toxic & Corrosive	II	E4	Y640	0.5L	653	1L	660	30L		6C

根据此危险品 chloromethyl chloromate 的 N 栏显示代号 6C，查阅应急事故响应措施和注意事项的代码表中 "6" 和 "C" 对应内容，可得此物质应急响应方面的信息如下。

（1）固有的危险性：有毒物质，吸入、食用或被皮肤吸收可能致命。

（2）对飞机的危险：被有毒液体或固体污染。

（3）对机上人员的危险：剧烈中毒，可能以后才有反应。

（4）溢出/渗漏处理程序：使用 100% 的氧气，打开并保持最大限度的通风；没有手套不得接触。

（5）救火措施：所有使用的灭火剂；对于代码 "W" 不得使用水做为灭火剂。

（6）应考虑的其他因素：可能突然减压；对于操作代码 "F" "H" 用电保持最低限度。

（7）具有腐蚀性。

5.4.3.2　在品名表中未列出名称的危险品

当某一新物质或混合物的名称未出现在 DGR 的品名表中，但它又有一定的危险性时，则需要根据它们的性质选择最确切的泛指物品名称 n.o.s（未作特殊规定）的条目作为它们的运输专用名称。可以按照以下方法来确定：

（1）确定物质的性质（可以通过性质实验、查阅文献等方法获得）。

（2）确定是否属于禁止航空运输的危险品。

（3）将该物质的特性与危险品的分类标准进行比较，确定其类别/项别。对于具有一种以上危险特性的物质，应该根据 DGR 相关规定来决定主要和次要危险性。

（4）确定适当的属性条目（Generic entries）或泛指条目（包括化学特定泛指条目和危险属性泛指条目，即 Specific entries，n.o.s 或 General entries，n.o.s）作为运输专用名称。

在使用属性条目或泛指名称时，托运人必须使用描述该危险品的最为准确的广义或泛指名称。按照本章 5.4.1 节中介绍的运输专用名称的优先指定顺序，某物质应优先使用适当的属性条目；若无属性条目，再考虑使用带有 "n.o.s" 的泛指名称。

泛指名称也分为两种，第一种是危险品的化学特定泛指条目（Specific entries），第二种是危险属性泛指条目（General entries）。托运人应优先使用化学泛指名称。例如如果该物质是醇、醛、烃、酮或者石油蒸馏物，其分类为：

UN1987 Alcohols，n.o.s. ★

UN1989 Aldehydes，n.o.s. ★

UN3295 Hydrocarbons，liquid，n.o.s. ★

UN1224 Ketones，liquid，n.o.s. ★

UN1268 Petroleum，distillates n.o.s. ★

如果某易燃液体在危险品品名表中找不到名称，而且该物质也无其他危险性（次要危险性），其分类通常使用从危险性角度命名的条目，例如：UN1993 flammable liquid，n.o.s. ★。

对于有"★"标记的泛指运输专用名称的危险品，要求在紧随该名称后注明该危险品的技术名称或化学组名称，并用括号"（）"括起来。该技术名称或化学组名称应该是在当前的科技手册、教科书或杂志上普遍使用并已经得到公认的名称，不能使用商业名称。此规定不适用于国家法律或国际公约禁止泄密的管制物品。例如，对于氟利昂 14 和氟利昂 23 的混合物，其托运人申报的运输专用名称应为"制冷剂，泛指名称（四氟甲烷，三氟甲烷）"。托运人不得申报为"氟利昂 14"或"氟利昂 23"，因为该名称属于商业名称。

现举例来说明对品名表中未出现的危险品的运输专用名称的指定。

方法一：按危险品的化学特定泛指名称的特定条目"Specific entries"来确定运输专用名称。

【例 5-19】物质乙基环己烷（Ethyl cyclohexane），闪点为 30℃，初始沸点为 132℃，查阅 DGR 后发现该物质的名称未列入危险品品名表中。请指定一个最合适的运输专用名称。

指定运输专用名称时，可按以下步骤进行：

（1）确定货物的性质。实验结果已经提供了相关的信息，即闪点为 30℃，初始沸点为 132℃。

（2）检查是否为禁运的危险品。根据 DGR 品名表，此物质不属于禁运危险品。

（3）确定其类别/项别。此物质属于第 3 类易燃液体，根据 DGR 第 3 章中第 3 类危险品的包装等级的划分可知，该物质应采用Ⅲ级包装。

（4）确定适当的 n.o.s. 条目作为运输专用名称。按照先化学泛指名称"Specific entries"后危险性泛指名称"General entries"的顺序使用。

为了让托运人选择最适当的运输专用名称，DGR 给出了所有类别和项别的危险品可供选择的化学泛指名称的特定条目（specific entries）和危险特性泛指名称的一般条目（Generic entries）。由于表格的篇幅较大，本书在此只节选了适用于本例的第 3 类危险品的部分条目，见表 5-40。

表 5-40　　　　第 3 类化学泛指名称特定条目和危险性泛指名称一般条目

类别/项别	次要危险性	UN/ID 代号	运输专用名称
第 3 类			
Specific entries			
3	8	3274	Alcoholates solution，n. o. s★ in alcohol
3	6.1	1986	Alcohols，flammable，toxic，n. o. s★
3		1987	Alcohols，n. o. s★

表5-40(续)

类别/项别	次要危险性	UN/ID 代号	运输专用名称
3		1989	Aldehydes, n. o. s★
3	6. 1	1988	Aldehydes, flammable, toxic, n. o. s★
3	8	2733	Amines, flammable, corrosive, n. o. s★
3	8	2985	Chlorosilanes, flammable, corrosive, n. o. s★
3		3379	Desensitized explosive, liquid, n. o. s★
3		3272	Esters, n. o. s★
3		3271	Ethers, n. o. s★
3		3295	Hydrocarbons, liquid, n. o. s★
3	6. 1	2478	Isocyanates, flammable, toxic, n. o. s★
3	6. 1	2478	Isocyanates, solution, flammable, toxic, n. o. s★
3		1224	Ketones, liquid, n. o. s★
3	6. 1	3248	Medicine, liquid, flammable, toxic, n. o. s★
3		3336	Mercaptan, mixture, liquid, flammable, n. o. s★
3	6. 1	1228	Mercaptan, mixture, liquid, flammable, toxic, n. o. s★
3		3336	Mercaptan, liquid, flammable, n. o. s★
3	6. 1	1228	Mercaptan, liquid, flammable, toxic, n. o. s★
3	6. 1	3273	Nit riles, flammable, toxic, n. o. s★
3		3343	Nitroglycerin mixture, desensitized, liquid, flammable, n. o. s★ with 30% or less nitroglycerin, by weight
3		3357	Nitroglycerin mixture, desensitized, liquid, n. o. s★ with 30% or less nitroglycerin, by weight
3		1268	Petroleum distillates, n. o. s
3		1268	Petroleum products, n. o. s
3	8	2733	Polyamines, flammable, corrosive, n. o. s★
3		2319	Terpene hydrocarbons, n. o. s★
General entries			
3		3256	Elevated temperature liquid, flammable, n. o. s★ with flash point above 60℃, at or above its flash point
3		1993	Flammable, liquid, n. o. s★
3	8	2924	Flammable, liquid, corrosive, n. o. s★
3	6. 1	1992	Flammable, liquid, toxic, n. o. s★
3	6. 1 和 8	3286	Flammable, liquid, toxic, corrosive, n. o. s★

在表5-40中可以看到，该危险品运输专用名称应该是以化学泛指名称命名的名称：Hydrocarbons, liquid, n.o.s（Ethyl cyclohexane），UN3295，"碳氢化合物，液体"，而不是

"Generic entries"中的危险性泛指名称：Flammable Liquid, n.o.s.（Ethyl cyclohexane），（易燃液体，未另作规定）。见表5-41所示的危险品品名表中的该条目：

表5-41 品名表例

UN /ID No.	Proper Shipping Name/Description	Class or Div. (sub Risk)	Hazard Labels	PG	EQ See 2.6	Ltd Qty		Pkg Inst	Max Net Qty/Pkg	Pkg Inst	Max Net Qty/Pkg	S.P. See 4.4	ERG Code
						Pkg Inst	Max Net Qty/Pkg						
A	B	C	D	E	F	G	H	I	J	K	L	M	N
3295	Hydrocarbons, liquid, n. o. s	3	Flamm. Liquid	I	E3	Forbidden		351	1L	361	30L	A3	3H
				II	E2	Y341	1L	353	5L	364	60L	A224	3H
				III	E1	Y344	10L	355	60L	366	220L		3L

【例5-20】甲基正戊基甲醇（Methyl-n-amyl Carbinol）是一种闪点为54℃的醇类，该名称也未列入危险品品名表，试指定该物质的运输专用名称。

托运人必须使用最准确的名称申报危险品，在DGR所示的类目中，应选择"specific entries"类型中的运输专用名称Alcohol, n.o.s.（Methyl-n-amyl carbinol），UN1987，即"醇类，未作特殊规定"，见表5-42所示，而不是"general entries"类的运输专用名称 Flammable liquid, n.o.s.（Methyl-n-amyl carbinol），即"易燃液体，未作特殊规定"。

表5-42 品名表例

UN /ID No.	Proper Shipping Name/Description	Class or Div. (sub Risk)	Hazard Labels	PG	EQ See 2.6	Ltd Qty		Pkg Inst	Max Net Qty/Pkg	Pkg Inst	Max Net Qty/Pkg	S.P. See 4.4	ERG Code
						Pkg Inst	Max Net Qty/Pkg						
A	B	C	D	E	F	G	H	I	J	K	L	M	N
1987	Alcohols, n.o.s. ★	3	Flamm. liquid	II	E2	Y341	1L	353	5L	364	60L	A3	3L
				III	E1	Y344	10L	355	60L	366	220L	A180	3L

方法二：按危险特性泛指名称的一般条目"General entries"，确定运输专用名称。

【例5-21】N-乙烷基环己胺（N-Ethylcyclohexylamine），闪点为35℃。该名称也未列入危险品品名表，因此需为其选择最确切的n.o.s泛指条目。

在DGR中，没有确切的按物质的化学名称分类的n.o.s特定条目可供选择，又因为它的闪点较低，所以它的运输专用名称只能按危险特性n.o.s名称的一般条目来命名，在DGR中找到对应的正确条目，见表5-43，即Flammable liquid, n.o.s（N-Ethylcyclohexyl-amine）。在品名表中可以看到该条目进一步的详细信息，如表5-43所示。

表 5-43　　　　　　　　　　　　　品名表例

UN /ID No. A	Proper Shipping Name/Description B	Class or Div. (sub Risk) C	Hazard Labels D	PG E	EQ See 2.6 F	Ltd Qty		Passenger and Cargo Aircraft		Cargo Aircraft Only		S.P. See 4.4 M	ERG Code N
						Pkg Inst G	Max Net Qty/Pkg H	Pkg Inst I	Max Net Qty/Pkg J	Pkg Inst K	Max Net Qty/Pkg L		
1993	Flammable liquid, n. o. s ★	3	Flamm. Liquid	I II III	E3 E2 E1	 Y341 Y344	Forbidden 1L 10L	351 353 355	1L 5L 60L	361 364 366	30L 60L 220L	A3	3H 3H 3L

5.4.3.3　一种或多种危险品的溶液及混合物

前面讨论的情况主要是需要运输的危险品为纯净物的情况，但如果遇到一种危险品与其他非危险品或危险品组成溶液或混合物，该溶液或混合物的性质可能与原先的危险品不同，这时也不能依靠品名表指定的运输专用名称为托运的危险品指定品名。为了指定正确的运输名称，需要遵循一定的规则。

（1）确定含有一种危险品（单一危险性）的混合物及溶液的运输专用名称

一种混合物或溶液含有一种危险品表中列出的物质及一种或几种不受 IATA DGR 限制的物质时，具有单一的危险性或者该物质本身具备的次要危险性，则该混合物或溶液以危险品品名表中列出的运输专用名称命名，但必须加上后缀"Mixture（混合物）"或"Solution（溶液）"以示区别。

下列例外情况：

①当列明的危险物质在品名表中被指明该项目仅适用于纯净物质时（混合物和溶液均为非纯净物）。

②混合物或溶液的危险性类别、项别或物理状态（固体、液体、气体）或者包装等级有变化，与所列的危险物品不同时。

③在发生紧急情况时，混合物或溶液所采用的施救措施与所列的危险品不同时。

如果出现以上任何一种情况，混合物和溶液都不能采用其所含危险物质的品名作为运输专用名称，而必须选用与其性质相适宜的泛指名称和 n.o.s.条目，并将所包含的危险物质专业技术名称写在其后的括号内，为了说明清楚状态，还是要加上表示状态的文字，即"Mixture（混合物）"或"Solution（溶液）"以示区别。

如果混合物或溶液已经在品名表中列出，但由于实际浓度不符合表中所列的对应类别或其他类别的分类标准，即由于实际浓度太低已不再对航空运输构成威胁时，则可认为是非危险物品，同时在航空货运单上标明"Not restricted（无限制）"字样，表明该混合物或溶液已经接受过检查，对航空运输不构成安全威胁。

现以实际工作中最常出现的几种情况对这类危险物品的运输专用名称指定进行说明。

第一种情况，危险程度未改变时的混合物或溶液的运输专用名称的确定。

【例 5-22】一种防冻产品由 80% 的甲醇"Methanol"和 20% 的水组成。该溶液的闪点是 20℃，初始沸点高于 70℃。请指定适合的运输专用名称。

根据该物质的闪点和初始沸点数据，可得这种物质与纯甲醇（Methanol）具有相同的可燃范围与包装等级（UN1230，Ⅱ级包装），见表5-44。由于危险性类别和包装等级都没有改变，所以这种溶液的 UN/ID 代号与运输专用名称可以报为：

UN1230　Methanol Solution，或

UN1230　Methanol 80% Solution

即只需按要求指明其是溶液或混合物即可。

表5-44　　　　　　　　　　危险品品名表例

UN /ID No.	Proper Shipping Name/Description	Class or Div. (sub Risk)	Hazard Labels	PG	Passenger and Cargo Aircraft					Cargo Aircraft Only		S.P. See 4.4	ERG Code
					EQ See 2.6	Ltd Qty		Pkg Inst	Max Net Qty/Pkg	Pkg Inst	Max Net Qty/Pkg		
						Pkg Inst	Max Net Qty/Pkg						
A	B	C	D	E	F	G	H	I	J	K	L	M	N
1230	Methanol	3(6.1)	Flamm. Liquid	Ⅱ	E2	Y341	1L	352	1L	364	60L	A104 A113	3H

第二种情况，危险物品混合物或者溶液的危险程度已经不同于品名表中所列明的运输专用名称的危险特性。

【例5-23】一种混合物，其中含有一种危险性成分 Acetal（乙缩醛），但是通过实验测定，该溶液的闪点为30℃，沸点为50℃。请指定适合的运输专用名称。

根据第3类危险品包装等级的判定方法，这种混合物属于Ⅲ级包装。

但是，根据表5-45所示，品名表中该危险品和现有的混合物的类别仍然是第3类，但包装等级不同，品名表中纯净的 Acetal 是Ⅱ级。所以不能再用作该混合物的运输专用名称。

表5-45　　　　　　　　　　危险品品名表例

UN /ID No.	Proper Shipping Name/Description	Class or Div. (sub Risk)	Hazard Labels	PG	Passenger and Cargo Aircraft					Cargo Aircraft Only		S.P. See 4.4	ERG Code
					EQ See 2.6	Ltd Qty		Pkg Inst	Max Net Qty/Pkg	Pkg Inst	Max Net Qty/Pkg		
						Pkg Inst	Max Net Qty/Pkg						
A	B	C	D	E	F	G	H	I	J	K	L	M	N
1088	Acetal	3	Flamm. Liquid	Ⅱ	E2	Y341	1L	353	5L	364	60L		3H

最后，此混合物的运输专用名称选择合适 n.o.s 条目的结果可以表示为：

Flammable Liquid，n.o.s.（Acetal），或

Flammable Liquid，n.o.s.（Acetal Solution），或

Flammable Liquid，n.o.s.（containing Acetal）

第三种情况，混合物或溶液的物理状态不同于品名表中所列的运输专用名称的。这种情况也属于要特殊对待的三种例外情况中的第二种。

【例5-24】现有溶于水的 Hydroxylamine sulphate（硫酸羟氨）溶液2升。通过测试可知，溶液与皮肤接触4小时后造成皮肤组织明显坏死。请指定适合的运输专用名称。

由给定的液体实验数据可知该溶液属第8类危险品腐蚀性物质，包装等级为Ⅲ级。品名表中所列运输专用名称为 Hydroxylamine sulphate（硫酸羟氨）的物质虽然包装等级也是

Ⅲ级，但对应的数量限制栏的数量为 kg（千克），见表 5-46 所示，kg 是固体的数量限制，与该溶液的液体物理状态不同，因此品名表中所列的运输专用名称不可用来指定该危险品，仍然需要选择适当的危险性泛指名称，即 n.o.s.条目。

所以该危险混合物品的运输专用名称为：

Corrosive liquid，acidic，organic，n.o.s.（Hydroxylamine sulphate），或

Corrosive liquid，acidic，organic，n.o.s.（Hydroxylamine sulphate solution）

表 5-46　　　　　　　　　　　　　　危险品品名表例

UN /ID No.	Proper Shipping Name/Description	Class or Div. (sub Risk)	Hazard Labels	PG	EQ See 2.6	Passenger and Cargo Aircraft				Cargo Aircraft Only		S.P. See 4.4	ERG Code
						Ltd Qty		Pkg Inst	Max Net Qty/Pkg	Pkg Inst	Max Net Qty/Pkg		
						Pkg Inst	Max Net Qty/Pkg						
A	B	C	D	E	F	G	H	I	J	K	L	M	N
2865	Hydroxylamine sulphate	8	Corrosive	Ⅲ	E1	Y845	5kg	860	25kg	864	100kg	A803	*8L*

此外，当对某危险物品的混合物或溶液在发生紧急情况时所采取的施救措施不同于该危险品时，也不能使用品名表中所列的运输专用名称，仍然必须根据其危险特性，选择适合的 n.o.s 条目，并在其后的括号内注明其技术名称。

（2）确定含有两种或多种危险物质（多重危险性）的混合物或溶液的运输专用名称

这种含有两种或多种危险物质的混合物或溶液的危险物质，一般都具有多重危险性，所以，除了要把它们看作混合物和溶液外，还要考虑其主要、次要危险性。而且，不管它们的危险成分是否列明于品名表中，都必须使用合适的泛指名称 n.o.s 条目来指定其运输专用名称，并在其后的括号内补充至少两种占主导成分的危险品技术名称，国家法律或国际公约禁止泄密的管制物品除外。如果需要，也应加上"Containing（含有）""Mixture（混合物）""Solution（溶液）"字样等。

对此类混合物的多种危险性中主要危险性和次要危险性的判定，与具有多重危险性的单种危险品的主次危险性的决定是相同的，可以在后面的举例中看到。

例如，引擎清洗混合物在危险品表中未列出。但它被描述为汽油"gasoline"和四氯化碳"carbon tetrachloride"的混合物，其闪点低于 23℃，沸点高于 35℃。这种产品的次要危险性是具有入口毒性。根据 DGR，其次要危险性属于第 6.1 项，因此这种物质应归于：

UN1992 Flammable liquid，toxic，n.o.s.（containing gasoline/carbon tetrachloride）

UN1992 Flammable liquid，toxic，n.o.s.（containing gasoline/carbon tetrachloride mixture）

UN1992 Flammable liquid，toxic，n.o.s.（containing gasoline/carbon tetrachloride solution）

为了进行分类，必须对混合物或溶液的特性进行核对，而不是对其每一成分的个别特征。

已知：汽油和四氯化碳的混合物的闪点为 22℃，初始沸点为 85℃，LD_{50} 值为 100mg/kg。

①根据已知条件确定主要危险性和次要危险性及包装等级。

②查 DGR，选取最适合于此物质的运输专用名称。

UN1992　Flammable liquid，toxic，n.o.s.★

③将后面的符号★换成此物质的技术名称，并得出 UN 编号和运输专用名称。

UN1992　Flammable liquid，toxic，n.o.s.（Gasoline/Carbon tetrachloride mixture）

④在 DGR 危险品品名表中查到对应的相关信息，如表 5-47 所示。

表 5-47　　　　　　　　　　　危险品品名表例

UN /ID No.	Proper Shipping Name/Description	Class or Div. (sub Risk)	Hazard Labels	PG	Passenger and Cargo Aircraft					Cargo Aircraft Only		S.P. See 4.4	ERG Code
					EQ See 2.6	Ltd Qty		Pkg Inst	Max Net Qty/Pkg	Pkg Inst	Max Net Qty/Pkg		
						Pkg Inst	Max Net Qty/Pkg						
A	B	C	D	E	F	G	H	I	J	K	L	M	N
1992	Flammable liquid, toxic, n. o. s ★	3(6.1)	Flamm. liquid & Toxic	I II III	E0 E2 E1	Y341 Y343	Forbidden 1L 2L	352 355	Forbidden 1L 60L	361 364 366	30L 60L 220L	A3	*3HP* *3HP* *3P*

5.4.4　与品名表有关的表

5.4.4.1　数字交叉参考表

DGR4.3 节是按 UN/ID 代号的数字顺序排列的"危险品数字交叉参考表（Numerical 'Cross-Reference' List of Dangerous Goods）"。用于根据危险品的 UN/ID 代号来查阅运输专用名称。

由于品名表是按照运输专用名称排列，在只知道危险品 UN/ID 代号时就很难直接在表中找到所需条目。此时，可先使用数字交叉参考表查到危险品的运输专用名称，再使用品名表找到这个名称所在的条目。因此，数字交叉参考表是品名表在使用中的补充。

除显示运输专用名称外，该表的每一条目还显示此物品在品名表中条目所在页码，便于使用者查找。例如，表 5-48 是从适用于 2018 年的第 59 版英文原版 DGR 的"危险品数字交叉参考表"中节选出的"UN2045"至"UN2050"几个记录。其中危险品 UN2046 的运输专用名称是 Cymenes。

表 5-48　　　　　　　　　危险品数字交叉参考表示例

UN or ID No.	Name and Description	Page No.
2045	Isobutyl aldehyde ·······················	290
2045	Isobutyraldehyde ·······················	291
2046	Cymenes ·······························	257
2047	Dichloropropenes ·······················	260
2048	Dicyclopentadiene ······················	261
2049	Diethylbenzene ·························	262
2050	Diisobutylene, isomeric compounds ········	263

5.4.4.2　特殊规定

DGR4.4 节是特殊规定（Special Provisions）。与品名表中的 M 栏 "S. P. see 4.4" 相对应。若危险品的 M 栏中有特殊规定的代码，则需在该节中查阅。

特殊规定的代码以字母 A 开头，后面跟 1~3 个阿拉伯数字，例如 A1、A2、A3、A9、A51、A70、A81、A130、A802 等。通常用于说明对某些危险品航空运输的特殊规定。这些特殊规定可能是允许某些具体条件下取得政府批准即可运输某些禁运物品的规定，如 A1、A2 和 A109 等；也可能是对运输某些危险品的附加要求，如 A9；托运人在托运货物时，必须在 DGR4.4 中查询这些特殊规定，检查自己的货物和准备的文件是否满足规定。表 5-49 举例说明了几个特殊规定的样式。

表 5-49　　　　　　　　　　　特殊规定示例：A1~A3

A1　该物品或物质只有预先得到始发国及经营人国有关当局的批准，并按照该有关当局制定的书面条件才可以用客机运输。批准文件包括数量限制和包装要求，且必须有一份伴随货物运输。该物品或物质可以按照危险品品名表的 K 栏和 L 栏的要求用货机运输。如始发国及经营人国以外的其他国家在其国家差异中规定按本特殊规定运输的危险品，必须事先得到其同意，则必须取得这些国家的批准。 注：当特殊规定 A1 适用于 4.2 中的一个条目，并在页左边的空白处印有 "手" 型 "☞" 标志时，则这些条目在得到批准并事先与经营人做好安排的情况下，可以装在货机上运输。
A2　该物品或物质只有预先得到始发国及经营人国有关当局的批准，并按照该有关当局制定的书面条件才可以用货机运输。如始发国及经营人国以外的其他国家在其国家差异中规定按本特殊规定运输的危险品必须事先得到其同意，则必须视情从运输中转国、飞越国、目的国获得批准。
A3　（223）某物质的化学或物理性质，如果在测试时，不符合 C 栏列出的类别、项别或其他任何类别、项别的定义标准，则该物质不受本规则限制。

5.5　包装

5.5.1　目的和作用

根据危险品的性质和航空运输的特点，以及包装应起到的作用，UN/IATA 提出危险货物的包装必须满足一些基本要求。所有危险品的包装在满足由于物品本身特性而提出的特殊包装要求之前，都必须先满足这些基本要求。主要是以下几方面要求：

（1）容器材质和种类应与所装危险货物的性质相适应。由于危险货物的性质不同，对包装以及容器的材质有不同的要求。如浓硫酸和盐酸都属于强酸，都是腐蚀品，但包装容器材质的选择却不相同。浓硫酸具有很强的氧化性，在与铁质和铝制容器接触时可在其表面瞬间形成致密的氧化层，反而对其形成保护，不容易与其他物质再发生进一步反应，所以浓硫酸可用铁质容器盛装；盐酸不具有强氧化性，与铁质和铝制容器接触则会迅速发生反应，造成金属的腐蚀，故需用玻璃容器盛装；氢氟酸只可用塑料、橡胶质容器装运，而不能用玻璃容器，因为其中的氟化氢成分会与玻璃中的二氧化硅发生反应造成腐蚀；硝酸是一种强酸，对大多数金属有强腐蚀性，并可引起有机材料如木材、棉花及其纤维产品的燃烧，因此，硝酸可用玻璃瓶、耐硝酸腐蚀的塑料瓶或金属制成的桶来盛装；压缩气体和冷冻液化气体，因其处于较高压力的状态下，应使用专用的耐压气体钢瓶来装运。

此外，包装与所装物品直接接触的部分，不应受某些物品的化学或其他作用的影响，必要时，制造包装的材料可采用惰性的材料或涂有适当的内深层，以防止发生危险反应。

（2）包装和容器应具有一定的强度，其构造和封闭性能需要能够经受住运输过程中正常的冲撞、震动、挤压和摩擦。包装必须使用优质材料，应有一定的强度，一般来说，性质比较危险、发生事故造成危害较大的危险货物，其包装强度要求就高。同一种危险货物，单位包装数量越大，危险性也就越大，因而包装强度的要求也越高。用于瓶装液体的内容器包装强度要求应较高。同一种类包装，运输距离越大，倒载次数越多，包装强度要求也应越高。如盛装低沸点液体的包装强度，必须具有足够的安全系数，以承受住包装内部可能产生较高的蒸气压力，因此这类包装强度要求较高。

（3）容器必须耐温且抗振，其构造和封闭性能必须保证能适应正常航空运输条件下温度和振动等方面的变化。航空运输的特点是在航行中会有温度、压力和机械震动的变化，所以在设计危险货物运输包装时，应考虑其构造能否在正常运输条件下不发生损坏，使所装物品无任何渗漏。例如，飞行中温度的变化范围在-40℃~55℃之间，在低温下加注的液体在温度升高时可能流出；飞行高度的变化引起气压变化，极端情况下气压可低至68Kpa，在正常气压装入的物质可能因为空中气压的变低发生外溢或容器的破裂；包装在民用航空器上经受震动的范围，大约在 7Hz5mm 振幅（相当于 1g 加速度）至200Hz0.05mm 振幅（相当于 8g 加速度）之间，为了避免这些可能的破损和泄漏现象的发生，每个容器或包装以及它们的封闭盖必须保证在整个运输过程中保持封闭且不会意外开启，并满足相关包装试验的要求。

（4）包装的封口应符合所装危险货物的性质。对于危险货物的包装，封口均应严密，特别是易挥发和腐蚀性强的各种气体，封口应更严密。但也有些危险货物其封口则不要求密封，而且还要求设有通气孔。因此，如何封口要根据所装危险货物的特性来确定。

根据包装性能的要求，封口可分为气密封口（不透蒸气的封口）、液密封口（不透液体的封口）和牢固封口（关闭的程度应使所装的干燥物质在正常运愉过程中不致漏出）三种。

（5）内、外包装之间应有适当的衬垫或吸附材料。内包装（容器）应装在外包装内，以防止内包装（容器）在正常运输的条件下发生破裂、戳穿或渗漏，而使内容器中所装物品进入外包装，特别是对于易破裂或戳穿的内包装（容器），如玻璃、陶瓷或某些塑料等制成的内包装（容器），应采用适当的减震衬垫材料固定在外包装内。同时，衬垫吸附材料还能对某些液体物质在出现渗漏时起到一定吸附作用，但不应与所装液体发生危险反应。属于防震、防摩擦的衬垫材料有瓦楞纸、泡沫塑料、塑料袋等，属于吸附材料的有矿土、陶土等。

（6）容器在充入液体后，内部必须保留充分的空间，以防止容器在运输过程中因液体遇热膨胀而发生泄漏或出现永久的变形。在 55℃时，液体不得完全充满容器。

（7）包装件的重量、规格和型号应便于装卸、运输和贮存。根据 DGR 的规定，每件包装的最大容积和最大净重均有规定，每个包装件的容积和净重不得过大或过重。

对于较重的包装件应设有便于提起的提手或吊装的吊扣，以便于搬运和装卸。包装还应逐步标准化，包装的尺寸和外形不仅应与危险货物的性质相符合，且应与运输工具的容积、装卸机具相配合，这样有利于堆码，有利于充分利用运输工具容积和载运力，便于装卸作业。这对于保证货物运输安全，提高运输效率，节省人力、物力和财力，都有重要作用。

（8）包装的外表应有规定的包装标记和标签。为了保证危险品运输的安全，使从事运输操作作业的人员在进行作业时提高警惕性，杜绝发生事故的可能性，并在一旦发生事故时，能及时采取正确的措施进行施救，危险品包装必须具备规定的危险品包装标记和标签并保证贴挂正确、明显和牢固。一种危险品同时具有易燃、有毒等性质，或不同品名的危险品配装在同一包装中时，应根据不同的性质，同时粘贴相应的几种包装标志以便分别进行防护。

为了说明货物在装卸、运输、保管、开启时应注意的事项，往往在包装上同时粘贴包装储运操作标签。

除此之外，在包装表面还必须注明所装货物的运输专用名称、UN/ID 代号、收货和发货人的名称和地址，以及其他相关内容等标记。

5.5.2　包装术语

（1）包装（Packaging）：符合《国际民航公约》附件 18 包装要求的一个或几个容器和为实现其容纳作用所需的其他部件或材料的集合体。

（2）打包（Packing）：对物品和物质进行包装或与之相关的操作。

（3）包装件（Package）：经过包装后的整体，包括准备进行运输的包装和其内容物，为航空运输时的最小单元。

（4）组合包装（Combination packaging）：为了运输的目的，将一个或几个内包装按一定规则要求放入一个外包装的包装组合。在结构上由内包装和外包装组成，根据不同需要，包装内还可装入吸附或衬垫材料。

对组成组合包装的内包装和外包装可以如下定义：

·内包装（Inner packaging）：指按照运输要求需加外包装的一种包装容器。

·外包装（Outer packaging）：指组合包装的外层保护，使用任何吸附性能好的材料、垫层及任何其他必要部件来容装并保护内包装。

（5）单一包装（Single packaging）：与组合包装相对的一种包装方式，指在运输过程中，不需要任何内包装来完成其盛放功能的包装，仅由一个容器组成，如一个单独的桶或罐。

（6）复合包装（Composite）：由两层或两层以上的不同材料制成的一个完整并不可分割的包装，称为复合包装。其属于一种特殊的单一包装，装满、存储、运输及倒空时均为一整体。如一个钢桶内与一只塑料胆紧密地贴合形成的钢壳塑料复合桶。

（7）Overpack：出于运输和存储的方便，将单一托运人的多个已备好可以运输的包装件进行归纳，形成一个便于操作和存储的作业单元。装在 Overpack 内的危险品必须已完成包装、标记和标签并符合 DGR 规定的要求。

Overpack 可以是"封闭式"的，例如置于一个坚硬的外包装内的一个或一个以上的包装件，这些坚硬的外包装可以是纤维板箱、木箱、木桶、金属桶或板条箱等。Overpack 也可以是"敞开式"的，例如置于木托盘上捆绑在一起的包装件或直接捆绑在一起的包装件。对于两种不同类型的 Overpack，由于内部各包装件单元的包装和标记标签情况可见程度不同，"封闭式"Overpack 往往需要重新作标记和标签。

5.5.3　包装结构与标准

（1）单从组成包装的结构来看，除放射性物质以外，危险品包装主要有两种方式：组合包装和单一包装。

①组合包装。它由一个或多个内包装及一个外包装组成。例如由木材、纤维板、金属或塑料制成的一层外包装，内装由金属、塑料、玻璃或陶瓷制成的内包装。如图 5-10 所示的液体类危险品组合包装。

②单一包装。它指一种不需要任何内包装即能在运输中发挥其包容作用的包装。一般由钢铁、铝、塑料或其他被许可的材料制成，复合包装也是其中的一种。图 5-11 所示的塑料桶就是单一包装。

图 5-10　组合包装示例

图 5-11　单一包装示例：塑料桶

（2）从包装的标准来看，除放射性物质以外，危险品主要有 4 种不同的包装方式，使用时取决于所用包装的种类及包装内所含的物品数量。

①例外数量包装。该包装只针对某些极微量的危险货物。若某物质在品名表 F 栏显示为"E1~E5"中的代码，非"E0"的代码，则可以按照例外数量危险品包装进行运输。这种规格的包装要求坚固耐用，需要进行一定的性能测试。

②有限数量包装。这是联合国针对较少数量的危险品包装件允许使用的一种高质量的组合包装的标准。包装所用容器没有 UN 规格标识，但必须标明有限数量包装件的专用标记。这种规格的包装也要通过一定的性能测试，以确保属于高质量的组合包装。包装说明代号由英文大写字母"Y"作为三位数字代码的前缀，有限数量包装必须是组合包装，且包装件最大允许毛重为 30kg。根据品名表的要求，若某物质在品名表 G 和 H 栏未显示"Forbidden"的字样，则可按照有限数量危险品包装来运输。如果可以使用这种方式，则 G 栏和 H 栏显示了容器和数量的要求。图 5-12 所示为某有限数量包装的示意图。

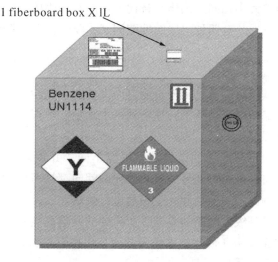

图 5-12　有限数量包装示例

③UN 规格包装。该包装针对普通数量和较大数量的危险货物。这种包装需要通过严格的性能测试，并且为了易于识别，测试合格的容器还应由生产商注明规格标记，是一种最为普遍适用的危险品的包装。

④其他类型的包装。其他包装指的是既非例外数量，也非有限数量或 UN 规格包装的类型。针对一些个别的危险品，如气体的钢瓶、干冰的包装、磁性物质的包装。这些危险物质或物品在品名表中所对应的包装说明代号即使位于 I、J、K、L 栏，也不属于 UN 规格包装的类型，如包装说明 202、872、874、950、951 等。其他包装可以是单一包装也可以是组合包装。但必须仍然满足 DGR 中的一般包装要求。

5.5.4　危险品包装性能测试

危险品的包装有着严格的性能要求，必须采用优质材料，符合一定的强度和密封性要求。特别是适用于普通数量和较大数量危险品运输的 UN 规格包装，必须确保达到联合国所规定的容器制造标准。

进行包装的性能测试，目的就是为了测定包装本身的性能，如它的垂直耐冲击能力、气密性、液密性、耐压程度等。此外，考虑到在运输过程中可能发生的损坏，必须估计到装卸、搬运及存放中最坏的情况，如包装件不慎跌落和存放时堆码过多等，以此为参考将制造标准提高到一定程度，能够使包装在遇到此类情况时仍然能最大程度为危险品提供保护。进行包装性能测试时，一般有两种方法：一是以实际运输情况进行试验，随时分析包装破损发生的事故；二是用一定的设备摸拟运输的实际情况。

进行测试之前，必须保证用于试验的包装按交运时的状态进行准备。例如，对于组合包装，应包括其使用的内包装。就内容器或内包装、单一容器或单一包装而言，所装入的液体须不低于其最大容量的 98%，所装入的固体须不低于其最大容积的 95%。包装能装入的最大质量以其能正常使用为前提。装入包装进行试验的固体和液体，只要不会造成试验结果无效，既可以是拟运输的危险货物，也可以是与拟运物质具有相同的物理特性替代物，如采用重量和颗粒大小相同的固体来替代拟运的某种固体危险物。

针对危险品包装，现共有四种主要的性能测试：跌落试验、防渗漏试验、液压试验和堆码试验。

（1）跌落试验

跌落试验是为测试包装的垂直抗冲击能力而设计的。试验方法是将按交运状态准备的包装和其内容物从一定高度自由落下，撞击到一个固定、平坦、坚硬且足够大的水平表面后，观察包装的完好程度。

不同材质和类型的容器所需的试样数量可能不同，并需要从不同的方向进行多次跌落，以确保不同的朝向下最有可能导致包装破损的朝向都被考虑到。如箱式的包装需要分别以箱底、箱顶、长侧面、短侧面和一个箱角进行跌落。

针对盛装不同包装等级危险品的容器，所需要的跌落高度是不同的。例如，对直接采用运输时拟盛装固体或液体（而非将水作为试验替代物）进行试验的包装，一般包装等级和跌落高度之间的对应关系是：

Ⅰ级包装——1.8m；

Ⅱ级包装——1.2m；

Ⅲ级包装——0.8m。

此外，对于某些材料，除在常温下作跌落试验外，还需在更低温度下进行试验。如塑料和带有塑料的复合容器，其样品及内装物的温度需要降到-18℃以下进行测试。

试验的合格标准为：盛装液体的包装无泄漏即为合格；盛装固体的包装的内包装或外容器仍能将所有内装物封装在内即为合格；复合包装或组合包装不得出现可能影响运输安全的任何损坏，内容器或内包装物品必须全部在外包装内且不得出现内装物质的泄漏。

（2）防渗漏试验

此试验的目的是测试包装的气密性。拟装液态物质的所有设计型号的包装均须进行防渗漏试验，但组合包装的内包装不需要进行此项试验。

试验时，每种设计型号及每一个生产商采用3个试验样品，向包装内充入空气产生压力后，包装及其封闭装置必须置于水中保持5分钟，将包装保持在水中的方法不得影响试验的结果。充入空气的压力要求为：

Ⅰ级包装——不低于30kPa；

Ⅱ级包装——不低于20kPa；

Ⅲ级包装——不低于20kPa。

试验的合格标准为无渗漏。

（3）液压试验

液压试验又内压试验，目的在于测试包装的气密性。除组合包装的内包装外，所有拟盛装液体的金属、塑料和复合包装均应进行此项试验。金属包装须进行5分钟的试验，塑料和其复合包装须进行30分钟的试验。在试验中，向容器内连续且均匀地施加拟盛装液体的蒸气，压力大小由一定方法计算，不同方法下施加压力的温度也不同（55℃或50℃）。

对于 UN 规格包装的液体的单一包装，液压试验的最大压力值将标注在其 UN 规格标识中。

试验合格的标准为包装无渗漏。

（4）堆码试验

堆码试验用以测定包装的耐压程度，除袋子外，所有包装的设计型号均应进行堆码试验。

试验时，每种设计型号及每一个生产商采用 3 个试验样品，对试验的顶部表面施加压力，所施加压力应等于在运输中可能堆码在它上面的相同包装件的总重量，堆积的最低高度（包装试样在内）应为 3m，试验持续时间为 24 小时。但用于盛装液体的塑料桶、方形桶和复合包装的试验时间应为 28 天并且温度不能低于 40℃。

试验的合格标准为无任何渗漏。

5.5.5　UN 规格包装

如前所述，UN 规格包装是普通数量和较大数量的危险品进行运输时所采用的一种标准规格的包装方式，包装具有严格的性能要求，通过了联合国所规定的性能测试并打有表明测试合格的规格标记。UN 规格包装可简称为 UN 包装，UN 包装的箱或桶也可简称为 UN 箱、UN 桶。

5.5.5.1　UN 包装类型代码

根据航空运输使用的 UN 规格包装标准，危险品的包装将按不同的类型给予不同的类型代码。类型代码为整个 UN 规格标记的一部分，如不符合 IATA《危险品规则》中 UN 包装规格的外包装，不得在其上标明规格标记。如图 5-13 所示为具有 UN 规格标记的外包装，它们都是 UN 规格包装。

图 5-13　UN 规格包装示意图

（1）外包装/单一包装类型代码

外包装或单一包装的类型代码由阿拉伯数字和拉丁字母两部分组成，除复合包装为 4

字代码外，都是 2 字或 3 字代码。代码首位阿位伯数字表示包装的种类或包装更细的分类，第 2 位拉丁字母表示不同包装材料。如必要，代码末位再标一位阿拉伯数字用以描述包装类型更细的分类。具体的代码含义如下：

第 1 位，数字代码——包装种类（以阿拉伯数字表示）：

1——桶（Drum）

2——预留（Preserved）

3——方形桶（Jerrican）

4——箱（Box）

5——袋（Bag）

6——复合包装（Composite）

第 2 位，材料代码——材料（以拉丁字母表示）

A——钢（各种型号和各种表面处理的钢）［Steel（all types and surface treatments）］

B——铝（Alumninum）

C——天然木材（Natural wood）

D——胶合板（Plywood）

F——再生木（再制木）［Reconstitued wood］

G——纤维板（Fibreboard）

H——塑料（Plastic）

L——纺织品（Textile）

M——纸、多层的（Paper multiwall）

N——其他金属（不包括钢和铝）［Metal（other than steel or aluminum）］

P——玻璃、瓷器或粗陶（Glass，porcelain or stoneware）（DGR 中不使用）

（2）内包装代码

内包装编号中的大写拉丁字母"IP"表示"内包装"（INNER PACKAGINGS）；阿拉伯数字表示内包装的种类；有的情况下数字后还会有一个大写字母，表示这一种类内包装的更细分类以及其通过的性能测试标准。但现行 DGR 中只有气溶胶的内包装还在使用这种由"IP"和数字、字母的组合来表示其内包装描述的代号（IP7 系列），其他类型的内包装代号已经废止。

例如，IP7 代表用于盛装气溶胶的一次性金属容器，在制造标准方面，其内壁厚度不得少于 0.18mm，性能测试方面，至少能承受 1650kPa 的计示压力；而 IP7A 虽然也是用于盛装气溶胶的一次性金属容器，却有着不同制造和性能测试的详细标准，内壁厚度不得少于 0.20mm，至少应能承受 1860kPa 的计示压力。

（3）复合包装

复合包装代码是 4 字代码，第 1 位数字 6 表示复合包装，然后使用两个大写拉丁字母用以表示材料的种类，第一个字母表示复合包装所用内层材料，第二个字母表示外层材料，最后一位表示进一步的描述。

表 5-50 是用于航空运输的危险物品 UN 规格包装表，该表列明了包装类型和种类及

其联合国标准规格代码。

表 5-50　　　　　　　　　　　　　**联合国标准规格（UN）包装规格代码表**

包装类型	规格号码或代码
内包装	
玻璃 塑料 金属罐、筒或管 纸袋 塑料袋 硬纸盒或罐	
金属容器（气溶胶），一次性使用	IP7
金属容器（气溶胶），一次性使用	IP7A
金属容器（气溶胶），一次性使用	IP7B
塑料气溶胶容器	IP7C
金属或塑料软管	
外包装或单一包装 钢桶 盖子不可取下 盖子可取下	 1A1 1A2
铝桶 盖子不可取下 盖子可取下	 1B1 1B2
胶合板桶	1D
纤维板桶	1G
钢制方形桶 盖子不可取下 盖子可取下	 3A1 3A2
铝制方形桶 盖子不可取下 盖子可取下	 3B1 3B2
塑料圆桶及方形桶 圆桶，盖子不可取下 圆桶，盖子可取下 方形桶，盖子不可取下 方形桶，盖子可取下	 1H1 1H2 3H1 3H2
其他金属桶（非钢或铝制的） 盖子不可取下 盖子可取下	 1N1 1N2

表5-50(续)

包装类型	规格号码或代码
钢箱或铝箱或其他金属箱 钢箱 铝箱 其他金属箱	 4A 4B 4N
天然木箱或木制箱 普通型 接缝严密型	 4C1 4C2
胶合板箱	4D
再生木板箱	4F
纤维板箱	4G
塑料箱 泡沫塑料箱 硬质塑料箱	 4H1 4H2
编织袋 防筛漏型 防水型	 5L2 5L3
塑料编织袋 无内衬或涂层型 防筛漏型 防水型	 5H1 5H2 5H3
塑料薄膜袋	5H4
复合包装（塑料材质） 钢壳塑料桶 钢壳塑料板条箱*/箱 铝壳塑料桶 铝壳塑料板条箱*/箱 木壳塑料箱 胶合板壳塑料桶 胶合板壳塑料箱 纤维板壳塑料桶 纤维板壳塑料箱 塑料外壳塑料桶 硬质塑料壳塑料桶	 6HA1 6HA2 6HB1 6HB2 6HC 6HD1 6HD2 6HG1 6HG2 6HH1 6HH2
纸袋 多层型 多层防水型	 5M1 5M2

注：*表示板条箱为不完全封闭表面的外包装，在航空运输中，板条箱不许用作复合包装的外包装。

（4）包装限定代码

有一些包装的类型代码后面，可以有一个代码，这些代码具有下列含义：

①如果类型代码后有字母"V"，表明本包装为符合DGR要求的"特殊包装"，在特定条件下可以免于测试。如果字母"U"在包装类型代码后面，则表示本包装为符合DGR

规定的感染性物质特殊包装，也是一种在特定条件下免于测试的情况。

②如果类型代码后有字母"W"，表明虽然该代码是指同样的包装类型，但其包装生产规格与 DGR 不同。空运这类包装须由始发国书面批准。

③如果类型代码后有字母"T"，表明本包装为 DGR 规定的"补救包装"。补救包装指的是那些放置损坏、有缺陷、渗漏或不符合规定的危险品包装件和溢出或漏出的危险品的特殊包装，是用于回收或处理目的的运输。

5.5.5.2　UN 规格标记

UN 规格包装是普通数量和较大数量的危险品进行运输时所采用的一种标准规格的包装方式，包装具有严格的性能要求。用于这种包装的容器必须进行规定的性能试验并合格后，出厂前由制造商在其表面标注上持久、清晰、统一的合格标记，以反映容器的设计、质量和规格标准，这种标记就是 UN 规格标记（UN specification mark）。

UN 规格包装标记可以为包装的制造商、修理商、用户、经营人和有关当局提供某种帮助。对新包装的使用，初始标记是制造商用以区别包装类型和标明其达到某些性能试验的手段。

UN 规格包装标记必须压印或用其他方式标在包装件上，以便有足够的持久性和对比性，易于看清和了解。手写的 UN 规格包装标记不能接受。

UN 规格包装标记内包装不要求标记。除用于第 2 类气体、第 7 类放射性物质和第 9 类杂项危险品的一些包装外，按联合国规格要求进行生产和测试的组合包装和复合包装的所有单一包装和外包装必须带有耐久、易辩认和位置合适并且与包装相比大小适当易于看清的标记。

（1）新包装的 UN 规格标记

没有经过修复和再生的 UN 包装，一般情况都属于 UN 规格新包装标记，必须包括以下几部分，某些部分之间用斜线"/"隔开。

①联合国包装符号。如图 5-14 所示，本符号仅用于证明该包装已成功地通过 UN 规格包装所要求的试验，符合 UN 规格包装的适用规定。对模压金属包装，符号可用大写字母"UN"代替。

②包装类型代码。UN 规格包装类型代码，由阿拉伯数字和拉丁字母两部分组成，除复合包装为 4 字代码外，都是 2 字或 3 字代码。代码首位阿位伯数字表示包装的种类或包装更细的分

图 5-14　联合国包装符号

类，第 2 位拉丁字母表示不同包装材料。如必要，代码末位再标一位阿拉伯数字用以描述包装类型更细的分类。如 4G 为纤维板箱，1A1 为顶盖不可移动的钢制圆桶。

③表示包装等级的字母。字母 X、Y 或 Z 用于表示容器所容纳危险品的包装等级，其设计形式已通过了相应等级的测试标准：

·X 达到了 Ⅰ 级包装的测试标准，可用于盛装 Ⅰ、Ⅱ、Ⅲ 级包装的物品和物质；

·Y 达到了 Ⅱ 级包装的测试标准，可用于盛装 Ⅱ、Ⅲ 级包装的物品和物质；

·Z 达到了 Ⅲ 级包装的测试标准，只用于 Ⅲ 级包装的物品和物质。

UN 规格包装标记并非总是能够提供各种试验水平等方面的细节，凡需考虑这些细节，应参考合格包装的检验证书、测试报告或注册证明等。例如：同时带有 X 和 Y 标记的包装可用于装运具有较低危险程度的物质，其相对密度的最大值可按照包装测试要求中所给出的系数 1.5 和 2.25 来确定。即用于盛装 Ⅰ 级包装的物质限最大相对密度为 1.2，盛装 Ⅱ 级包装的物质限最大相对密度为 1.8，盛装 Ⅲ 级包装时限最大相对密度为 2.7。当然包装应满足相对高密度的物质所要求的所有性能标准。

④不同类型包装的设计标准。在包装等级字母后分为两种情况，拟盛装液体的单一包装和拟盛装固体或内容器的包装。

针对盛装液体的单一包装标记，包装等级字母后标的一个数字表示相对密度，精确至一位小数，表示按此相对密度的包装设计类型已通过了试验，若相对密度不超过 1.2 可省略。用斜线"/"隔开后，再紧跟的数字表示包装容器能承受的液压试验压力值，单位为千帕（Kpa），精确到十位数。

对于准备盛装固体或带有内包装的包装，包装等级字母后有一个数字，用来表明该包装最大允许毛重，单位为 kg，即以此毛重为限量的包装设计类型已通过了试验。用斜线"/"隔开后，紧跟一大写字母"S"以识别此种用于盛装固体或内包装的包装。

⑤包装制造年份。标出包装制造年份的最后两位数。如 13，表示 2013 年制造。

⑥制造商国籍识别标记。采用"国际机动车辆注册代号"中表示国家名称的识别标记。可在 DGR 的"附录 D：主管当局"中查到。例如：F-法国；NL-荷兰；GB-英国；CN-中华人民共和国；J-日本；USA-美国；BR-巴西。

⑦制造商代码或其他识别标记。制造商名称或国家主管当局所规定的其他识别符号。例如：VL（VL Leer）。

UN 规格包装标记新包装的标记示例如表 5-51 所示。

表 5-51　　　　　　　　　UN 规格包装标记示例——新包装

包装	UN 符号	类型代码	包装等级	毛重	固体或内包装	密度	试验压力	生产年份	国家	生产厂商	完整代码
纤维板箱	ⓤⓝ	4G	Y	145	S			18	NL	VL823	ⓤⓝ 4G/Y145/S/18/NL/VL823
纤维板箱	ⓤⓝ	4G	X, Y, Z	20, 30, 45	S			18	NL	ABC1234	ⓤⓝ 4G/X20-Y30-Z45/S/18/NL/ABC1234
盛装液体的钢桶	ⓤⓝ	1A1	Y			1.4	150	18	NL	VL824	ⓤⓝ 1A1/Y1.4/150/18NL/VL824
盛装固体的钢桶或内包装	ⓤⓝ	1A2	Y	150	S			18	NL	VL825	ⓤⓝ 1A2/Y150/S/18/VL825
等效规格塑料桶	ⓤⓝ	4HW	Y	136	S			18	NL	VL826	ⓤⓝ 4HW/Y136/S/18/NL/VL826

UN 规格包装标记实例如图 5-15 所示。

CARTRIDGES,POWER DEVICE,UN 0323
SHIPPER: NET QUANTITY:20 kg
Maclean Chemicals PLC
8 Old Kent Road
London E,C.1
England

CONSIGNEE:
Chemimport
Wiesengrund 6
D–50667 KÖln 40
Germany

4G/Y 35/S/17
GB/8231

图 5-15　UN 规格包装标记示例

现举一例说明 UN 规格包装标记各部分的含义，如图 5-16 所示。

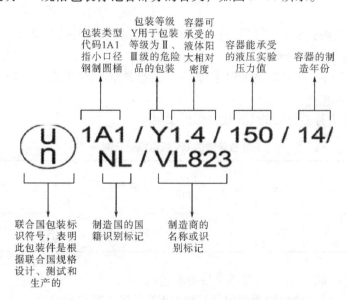

图 5-16　UN 规格包装标记说明示例

由此可见，UN 规格标记只用于表明容器已符合相关设计标准和包装制造方面的规定，并不用于进一步指明所盛装为何种危险品，与前文所述的危险品的标记有根本区别。

（2）修复和再生的 UN 规格包装标记

修复再生后的包装需要在保留原标记部分信息的基础上，加入修复和再生的信息。具体的表示方法是，在新的 UN 规格标记中，保留原包装的类型代码、包装等级字母、不同类型的试验标准、原包装制造年份后，加入以下标记：

①修复所在国家的国籍识别标记。

②修复制造商名称或国家主管当局所规定的其他包装识别符号。

③包装修复和再生年份的后两个数字。

④表明包装经修复和再生的识别标志，大写字母"R"；对已成功通过防渗漏试验的每个包装容器，注明"L"。

表5-52所示为2个修复再生容器UN规格标记的组成标例。

表5-52　　　　　　　　　　修复和再生UN规格包装标记示例

例	UN符号	原包装代码	修复国家	修复厂商	修复年份	完整代码
1	(UN)	1A1/Y1.4/150/05/NL/VL824	NL	RB	18RL	(UN) 1A1/Y1.4/150/05 NL/RB/18RL
2	(UN)	1A2/Y150/S/05/USA/AB-CPACK	USA	RB	18R	(UN) 1A2/Y150/S/05 USA/RB/18R

（3）补救包装的标记

补救包装的UN规格标记组成与新包装的标记大部分相同，只略有差异。在此只说明有差异的标记部分：

①包装类型代码：要在新包装标记（2）所示的类型代码基础上，加注大写字母"T"，以表示此包装用于补救包装。

②包装等级字母：注明的是大写字母"Y"，也是唯一一种情况，表示设计型号已通过Ⅱ级包装测试标准。

表5-53所示为补救包装的UN规格标记示例。

表5-53　　　　　　　　　　补救包装的UN规格标记示例

UN符号	类型代码	包装等级	毛重	固体或内包装	生产年份	国家	生产厂商	完整代码
(UN)	1A2T	Y	300	S	18	USA	ABC	(UN) 1A2T/Y300/S/ 18/USA/ABC

（4）其他UN规格标记：A级感染性物质包装

DGR要求，A级感染性物质的包装必须有UN标记，其组成包括：

①联合国包装符号；

②包装类型代码；

③文字"CLASS6.2（6.2项危险品）"；

④包装制造年份的后两位数字；

⑤制造国的国籍识别标记；

⑥制造商名称或国家主管当局所规定的其他包装识别符号。

UN 规格 A 级感染性物质包装件的标记示例如表 5-54 所示。

表 5-54 UN 规格包装感染性物质包装的标记示例

UN 符号	类型代码	试验	生产年份	国家	生产厂商	完整代码
⊕	4G	CLASS6.2	14	DK	SP-9989-ERIKSSON	⊕ 4G/CLASS6.2/14 DK/SP-9989-ERIKSSON

5.5.6 包装说明

5.5.6.1 包装说明概述

DGR 第 5 章的包装说明（Packing Instruction，简称 PI）是针对具体的危险品货物空运时对包装的具体要求。每一条包装说明都至少适用于一种或几种危险品。

包装说明的代号是三位数字代码或适用于限量包装的大写字母"Y"前缀加上三位数字代码。无论是否为限量包装代码，数字左边的第 1 位都代表适用危险品所属的分类。如包装说明 Y841 适用的危险品属于第 8 类腐蚀品，而包装说明 355 适用的危险品属于第 3 类易燃液体。

包装说明在纸质版 DGR 中用黄色页面印刷以便使用者查找。

5.5.6.2 包装说明的结构

包装说明一般由以下部分组成：

（1）国家和经营人差异规定。

（2）所适用危险品的包装等级与机型。

（3）满足 DGR 的一般包装要求的提示信息。例如提示物品性质需与包装材料兼容、封口的要求、附加包装要求（如需使用中间包装）等。有限数量包装"Y"开头的包装说明还有针对有限数量包装容器的测试标准和包装件毛重限量 30kg 的提示。

（4）组合包装规定。一般分为内容器和外容器两部分的规定，在内容器部分中规定了所适用危险品允许使用的内容器材质和每个内容器的限量以及整个包装件的限量，而外容器部分中规定了所有可采用的外容器材质及类型代码，若为限量包装"Y"开头的包装说明则无类型代码。

（5）单一包装规定（若允许使用），包括允许使用的容器材质描述和类型代码。

以下所举包装说明 Y845 和包装说明 351 样例分别见图 5-17 和图 5-18 所示。

PACKING INSTRUCTION Y845

OPERATOR VARIATIONS: 5X-02, AA-01, AM-08, AS-02, BW-01, BY-01, DE-01, FX-02, GA-03, GF-04, IJ-12, JU-06, KQ-08, LH-01, LX-02, MH-14, OM-04, OS-03, OU-04, PX-10, SW-02, TN-04, UX-02, VO-03, VT-01, WY-04, XG-01, XK-03, XQ-01

This instruction applies to Limited Quantities of Class 8 solids in Packing Group III.

The General Packing Requirements of Subsections 2.7.5, 5.0.2 to 5.0.4 (with the exception of 5.0.2.3, 5.0.2.5, 5.0.2.11 and 5.0.2.14.2) must be met except that the packagings do not have to meet the marking and testing requirements of 6.0.4 and Subsection 6.3. Packagings must meet the construction criteria specified in Subsections 6.1 and 6.2 and the test criteria specified in Subsection 6.6.

Compatibility Requirements
- substances must be compatible with their packagings as required by 5.0.2.6;
- metal packagings must be corrosion resistant or with protection against corrosion;
- substances of Class 8 are permitted in glass inner packagings only if the substance is free from hydrofluoric acid.

Closure Requirements
- closures must meet the requirements of 5.0.2.7.

Limited Quantity Requirements

The requirements of Subsection 2.7 must be met including:
- the capability of the package to pass a drop test of 1.2 m;
- a 24 hour stacking test;
- the gross weight of the completed package must not exceed 30 kg.

Single packagings are not permitted.

COMBINATION PACKAGINGS		
Inner Packaging (see 6.1)	Net quantity per inner packaging	Total net quantity per package
Glass	1.0 kg	
Metal	1.0 kg	5.0 kg
Plastic	1.0 kg	
Plastic bag	1.0 kg	

OUTER PACKAGINGS															
Type		Drums					Jerricans			Boxes					
Desc.	Steel	Alu-minium	Ply-wood	Fibre	Plastic	Other metal	Steel	Alu-minium	Plastic	Steel	Alu-minium	Wood	Ply-wood	Recon-stituted wood	Fibre-board	Plastic	Other metal

图 5-17　包装说明 Y845

PACKING INSTRUCTION 351

STATE VARIATION: BEG-03

OPERATOR VARIATIONS: AI-02, AM-03, BR-02, CX-02, FX-17, JJ-07, KA-02, KZ-07, LD-02, LY-04, OZ-04, TU-05, VN-04

This instruction applies to flammable liquids in Packing Group I on passenger aircraft.

The General Packing Requirements of 5.0.2 must be met.

Compatibility Requirements
- substances must be compatible with their packagings as required by 5.0.2.6.

Closure Requirements
- closures must meet the requirements of 5.0.2.7.

Additional Packing Requirements
- inner packagings must be packed with sufficient absorbent material to absorb the entire contents of the inner packagings and placed in a rigid leakproof receptacle before packing in outer packagings.

Single packagings are not permitted.

COMBINATION PACKAGINGS		
Inner Packaging (see 6.1)	Net quantity per inner packaging	Total net quantity per package
Glass	0.5 L	
Metal	1.0 L	1.0 L
Plastic	Forbidden	

OUTER PACKAGINGS																
Type		Drums					Jerricans			Boxes						
Desc.	Steel	Alu-minium	Ply-wood	Fibre	Plastic	Other metal	Steel	Alu-minium	Plastic	Steel	Alu-minium	Wood	Ply-wood	Recon-stituted wood	Fibre-board	Plastic	Other metal
Spec.	1A1 1A2	1B1 1B2	1D	1G	1H1 1H2	1N1 1N2	3A1 3A2	3B1 3B2	3H1 3H2	4A	4B	4C1 4C2	4D	4F	4G	4H1 4H2	4N

图 5-18　包装说明 351

5.5.6.3　包装说明的使用

包装说明主要用于查看危险品的包装要求或进行包装检查。托运人在包装危险品时，对于允许使用航空器运输的某一危险品，应首先查看品名表以确定适用的机型和包装方式下对应的包装说明代号，再在黄页中找到对应的包装说明，以确定包装的具体要求。而包装检查也是依据类似的步骤以确定危险品是否按照 DGR 规定的要求进行空运包装。

现举例说明托运人欲使用 UN 规格包装由货机运输危险品 Isoprene，stabilized 时了解其包装要求的一般流程。

首先，在表 5-55 所示的"Isoprene，stabilized"所在品名表的 I 栏查到适用的包装说明代号 361；其次，到 DGR 的黄页中找到 361 号的包装说明，如图 5-19 所示。

表 5-55 品名表与包装说明应用

UN /ID No.	Proper Shipping Name/Description	Class or Div. (sub Risk)	Hazard Labels	PG	EQ See 2.6	Passenger and Cargo Aircraft				Cargo Aircraft Only		S.P. See 4.4	ERG Code
						Ltd Qty		Pkg Inst	Max Net Qty/Pkg	Pkg Inst	Max Net Qty/Pkg		
						Pkg Inst	Max Net Qty/Pkg						
A	B	C	D	E	F	G	H	I	J	K	L	M	N
1218	Isoprene, stabilized	3	Flamm. liquid	I	E3	Forbidden		351	1L	361	30L		*3H*
2528	Isobutyl isobutyrate	3	Flamm. liquid	III	E1	Y344	10L	355	60L	366	220L		*10L*

如图 5-19 的包装说明 361 所示，在满足基本的包装要求后，特殊包装要求注明了需要用中间包装。因此，托运人可以采用组合包装和单一包装两种形式。若采用组合包装，则可以使用金属和塑料两种不同材质的内容器，限量分别是 1L 和 5L，整个包装件的限量是 30L，可以使用的外容器由"OUTER PACKAGINGS"的表格列出，共有圆桶、方桶和箱三种类型下多种不同材质的外容器可以选择，都给出了 UN 规格的类型代码；若采用单一包装，则可使用"SINGLE PACKAGINGS"列表下的容器，表中也都给出了类型代码，单一包装的数量限制也是 30L。

PACKING INSTRUCTION 361

STATE VARIATIONS: BEG-03, USG-04
OPERATOR VARIATIONS: 5X-02, AY-04, BR-02, CA-10, CX-02, EY-03, FX-02/15/17, JL-09, KA-02, KE-07, KZ-07, LD-02, MK-12, NH-06, OZ-08, TG-02

This instruction applies to flammable liquids with no subsidiary risk or a subsidiary risk of Division 6.1 in Packing Group I on Cargo Aircraft Only.

The General Packing Requirements of 5.0.2 must be met.

Compatibility Requirements
• substances must be compatible with their packagings as required by 5.0.2.6.

Closure Requirements
• closures must meet the requirements of 5.0.2.7.

Additional Packing Requirements
• inner packagings must be packed with sufficient absorbent material to absorb the entire contents of the inner packagings and placed in a rigid leakproof receptacle before packing in outer packagings.

Combination and single packagings are permitted.

COMBINATION PACKAGINGS		
Inner Packaging (see 6.1)	Net quantity per inner packaging	Total net quantity per package
Glass	1.0 L	
Metal	5.0 L	30.0 L
Plastic	Forbidden	

OUTER PACKAGINGS													
Type	Drums						Jerricans			Boxes					
Desc.	Steel	Aluminium	Plywood	Fibre	Plastic	Other metal	Steel	Aluminium	Plastic	Steel	Aluminium	Wood	Plywood	Reconstituted wood	Fibreboard	Plastic	Other metal
Spec.	1A1 1A2	1B1 1B2	1D	1G	1H1 1H2	1N1 1N2	3A1 3A2	3B1 3B2	3H1 3H2	4A	4B	4C1 4C2	4D	4F	4G	4H1 4H2	4N

SINGLE PACKAGINGS						
Type	Drums			Jerricans		Composites	Cylinders
Desc.	Steel	Aluminium	Other metal	Steel	Aluminium	Plastic	
Spec.	1A1	1B1	1N1	3A1	3B1	All	As permitted in 5.0.6.6

图 5-19 包装说明 361

5.5.7 包装检查

5.5.7.1 包装检查的依据

包装检查是对实际的包装件进行检查，查看包装件是否符合 DGR 的相关要求。在包装检查的过程中，所用到的工具或进行检查的依据主要有：

（1）UN/IATA 对危险货物运输包装的一般要求

危险品运输的航空运输必须遵守 UN/IATA 对危险货物运输包装的一般要求，可参考 DGR 相关规定。

当然，不同的危险品由于性质不同，仅遵守一般性的包装要求是不够的，还需要根据个体的性质确定不同运输条件或包装规格下正确的包装要求。这些就需要用到品名表和包装说明。

（2）危险物品品名表

前面的章节介绍了危险品常用的包装规格有两大类，UN 规格包装和有限数量包装。托运人可以在现实允许的情况（如客机或货机，是否允许采用限量包装等）下选择不同的规格来包装危险品，但选定规格下的包装要求必须符合 DGR 的规定。

通过在品名表中查找危险品的运输专用名称，找到危险品所在条目，就可以根据给定的条件确定适用品名表中的 G、H 栏，I、J 栏或 K、L 栏中的哪一种情况，进而确定适用的包装说明。

（3）包装说明

危险品的包装从结构上分为组合包装（Combination Packagings）和单一包装（Single Packagings）。前面中介绍过的包装说明对两种结构的包装具体要求作了规定。若允许使用该种结构的包装形式，包装说明详细规定了可以使用的容器材质和类型。检查时，依据包装说明对实际的包装件进行确认。

5.5.7.2 包装检查的步骤

为了确保危险货物包装符合运输要求，可用下列步骤对其进行检查。

第一步：查阅"品名表"。

①查找运输专用名称和 UN/ID 编号；

②查看 UN 包装级别；

③决定此危险物品是否可以允许在客机或货机上运输，或仅限由货机运输；

④查看包装说明代号；

⑤查看每一包装件的最大净含量或最大总毛重量限制；

⑥查阅可以应用于此项包装的任何特殊规定。

第二步：查阅相应包装说明。

在 DGR 中查找由上一步得到的适用的包装说明。其代号中的第 1 个数字表示该危险物品的主要危险性所属的类别/项别。如包装说明 355 适用的危险品属于第 3 类——易燃液体，包装说明 Y847 适用的危险品第 8 类——腐蚀性物质。

第三步：检查包装是否符合包装说明的所有要求。

　　以拟运输的货物性质、数量、可利用的包装及经营人的限制为基础，由托运人自行决定采用包装的方法，可以是 UN 规格包装，此类包装上标有 UN 试验合格标记或称 UN 规格包装标记；允许时也可以采用有限数量包装，此类包装无规格标记，包装说明有相应的包装性能要求的提示。

　　托运人在对货物进行包装时，必须确保包装：

　　①满足 DGR 对危险货物运输包装的基本要求；

　　②符合任何特殊包装、特殊规定以及不同国家和经营人的不同要求；

　　③符合"品名表"中的数量限制和包装说明中对内包装的数量限制要求。

　　第四步：确保符合标准规格包装的数量限制要求。

　　查验包装上的详细标记，特别是 UN 规格包装上的 UN 规格标记，确保包装等级和一些限制条件（总重、相对密度、压力等）都满足所装货物要求。

　　以上四个步骤是进行包装检查的顺序，对货物正确的包装是托运人的责任。如果获取所用内容器满足相关包装代号和基本要求（数量现实，衬垫和吸附材料等），那么作为货运代理人或航空公司的货物收运人员则不需要打开包装进行检查。

5.5.7.3　包装检查示例

　　【例 5-25】一个 UN 规格的组合包装的包装检查——根据给定的条件为所给的危险品包装件进行包装检查。

　　危险品名称：Copper chlorate（氯酸铜）

　　内包装的情况：4 个玻璃（Glass）瓶，每瓶盛装 1kg

　　外包装的情况：一个 UN 规格的木制箱 4C2

　　本次所运输的航段只有客机。

　　第一步：查"品名表"，如表 5-56 所示。

表 5-56　　　　　　　　　　　　品名表示例

UN /ID No.	Proper Shipping Name/Description	Class or Div. (sub Risk)	Hazard Labels	PG	Passenger and Cargo Aircraft					Cargo Aircraft Only		S.P. See 4.4	ERG Code
					EQ See 2.6	Ltd Qty		Pkg Inst	Max Net Qty/Pkg	Pkg Inst	Max Net Qty/Pkg		
						Pkg Inst	Max Net Qty/Pkg						
A	B	C	D	E	F	G	H	I	J	K	L	M	N
2721	Copper chlorate	5.1	Oxidizer	Ⅱ	E2	Y544	2.5kg	558	5kg	562	25kg		5L

　　可知：
　　●运输专用名称：　　　　Copper chlorate
　　●UN/ID 代号：　　　　　UN2721
　　●包装等级：　　　　　　Ⅱ
　　●包装说明代号：　　　　558
　　●每一包装件净数量限制：5kg
　　●特殊规定：　　　　　　无

　　第二步：查找并阅读包装说明，在 DGR 中找到适用的包装说明代号 558，如图 5-20 所示。

PACKING INSTRUCTION 558

STATE VARIATION: USG-04

OPERATOR VARIATIONS: 5X-02/04, AA-01, AM-05, AS-02, BW-01, BY-01, FX-02, KZ-07, TU-08, UX-04, X5-04

This instruction applies to Division 5.1 solids in Packing Group II on passenger aircraft.

The General Packing Requirements of 5.0.2 must be met.

Compatibility Requirements

- substances must be compatible with their packagings as required by 5.0.2.6;
- metal packagings must be corrosion resistant or with protection against corrosion for substances with a Class 8 subsidiary risk.

Closure Requirements

- closures must meet the requirements of 5.0.2.7.

Additional Packing Requirements

- for wetted substances where the outer packaging is not leakproof, a leakproof liner or equally effective means of intermediate containment must be provided.

Single packagings are not permitted.

COMBINATION PACKAGINGS		
Inner Packaging (see 6.1)	Net quantity per inner packaging	Total net quantity per package
Fibre	1.0 kg	
Glass	1.0 kg	
Metal	1.0 kg	5.0 kg
Paper bag	1.0 kg	
Plastic	1.0 kg	
Plastic bag	1.0 kg	

OUTER PACKAGINGS

Type		Drums					Jerricans			Boxes							
Desc.	Steel	Alu-minium	Ply-wood	Fibre	Plastic	Other metal	Steel	Alu-minium	Plastic	Steel	Alu-minium	Wood	Ply-wood	Recon-stituted wood	Fibre-board	Plastic	Other metal
Spec.	1A1 1A2	1B1 1B2	1D	1G		1H1 1H2	1N1 1N2	3A1 3A2	3B1 3B2	3H1 3H2	4A	4B	4C1 4C2	4D	4F	4G	4H1 4H2	4N

图 5-20　包装说明 558

第三步：检查包装是否符合包装说明的所有要求。

由包装说明可知：对于组合包装的 Copper chlorate，可装于玻璃制内容器中，每瓶最大净含量为 1kg。每一包件的最大净重量为 5kg，未超过，且类型代码规格为 4C2 的木箱也可以使用。同时该指令还指示不允许使用单一包装，且包装应符合 DGR 中 5.0.2 所规定的一般包装要求。

第四步：确保符合 UN 规格包装的各个要求。

本题没有提供容器的 UN 规格标记，假定这些要求都满足，因此本题的包装检查的结果是包装正确。如果题目提供了容器的 UN 规格标记，这一步就还需要确定容器的包装等级和危险品的包装等级是否相容，以及实际毛重（若给定）是否在组合包装外包装毛重限制以内。

【例 5-26】 UN 规格的单一包装的包装检查——根据给定的条件为以下危险品包装件进行包装检查。

危险品名称：Vinyltrichlorosilane

包装情况：单一包装，采用 2 个 UN 规格的钢制方形桶 3A1，每桶净含量为 2L。

由货机运输。

第一步：查品名表，如表 5-57 所示。

表 5-57 品名表示例

UN /ID No.	Proper Shipping Name/Description	Class or Div. (sub Risk)	Hazard Labels	PG	Passenger and Cargo Aircraft						Cargo Aircraft Only		S.P. See 4.4	ERG Code
					EQ See 2.6	Ltd Qty		Pkg Inst	Max Net Qty/Pkg		Pkg Inst	Max Net Qty/Pkg		
						Pkg Inst	Max Net Qty/Pkg							
A	B	C	D	E	F	G	H	I	J		K	L	M	N
1305	Vinyltrichlorosilane	3(8)	Flamm. Liquid & Corrosive	II	E0	Forbidden		Forbidden			377	5L		3CH

可知：●运输专用名称： Vinyltrichlorosilane

  ●UN/ID 代号： UN1305

  ●包装等级： II

  ●包装说明代号： 377

  ●每一包装件净数量限制： 5L

  ●特殊规定： 无

第二步：查找并阅读包装说明，在 DGR 中找到适用的包装说明代号 377，如图 5-21 所示。

第三步：检查包装是否符合包装说明的所有要求。

由包装说明 377 可知：可以使用单一包装，且单一包装规定中也允许使用钢制方形桶 3A1。需要注意的是，包装说明中提示了包装必须满足 DGR5.0.2 节中的一般包装要求，同时在兼容性要求方面需遵守 DGR5.0.2.6 的要求，对于金属包装，还要求有抗腐蚀性能或具备抗腐蚀保护层。

第四步：确保符合 UN 规格包装的各个要求。

本题没有提供容器的 UN 规格标记，假定这些要求都满足，因此本题的包装检查的结果是包装正确。如果题目提供了容器的 UN 规格标记，这一步就还需要确定容器的包装等级和危险品的包装等级是否相容，以及液体相对密度（若给定）是否在容器要求的范围。

【例 5-27】有限数量包装检查——根据给定的条件为以下危险品包装件进行包装检查。

危险品名称：Allyl iodide

内包装的情况：2 个玻璃（Glass）瓶，每瓶盛装 0.25L

外包装的情况：一个木制箱（Wooden box）

包装已满足一般包装要求和其他相关的要求。

该危险品采用有限数量包装，整个包装件毛重 20kg，由客机运输。

第一步：查"品名表"，如表 5-58 所示。

PACKING INSTRUCTION 377

OPERATOR VARIATIONS: AS-12, AY-04, CA-10, CX-02/05, EY-03, FX-15/17, JL-09, KA-02/05, KE-07, KZ-07, LD-02/06, LY-04, NH-06, OZ-08, TG-02

This instruction applies to chlorosilanes, liquid, flammable, corrosive in Packing Group II on Cargo Aircraft Only.

The General Packing Requirements of 5.0.2 must be met.

Compatibility Requirements

- substances must be compatible with their packagings as required by 5.0.2.6;
- metal packagings must be corrosion resistant or with protection against corrosion.

Closure Requirements

- closures must meet the requirements of 5.0.2.7.

Combination and single packagings are permitted.

COMBINATION PACKAGINGS			
UN Numbers	Inner Packaging (see 6.1)	Net quantity per inner packaging	Total net quantity per package
UN 1162, UN 1196, UN 1250, UN 1298, UN 1305, UN 2985	Glass	1.0 L	5.0 L
	Steel	5.0 L	
	Plastic	Forbidden	

OUTER PACKAGINGS										
Type	Drums				Boxes					
Desc.	Steel	Plywood	Fibre	Plastic	Steel	Wood	Plywood	Reconsti-tuted wood	Fibreboard	Plastic
Spec.	1A1 1A2	1D	1G	1H1 1H2	4A	4C1 4C2	4D	4F	4G	4H1 4H2

SINGLE PACKAGINGS				
Type	Drums	Jerricans	Composites	Cylinders
Desc.	Steel	Steel	Plastic	Steel
Spec.	1A1	3A1	6HA1	As permitted in 5.0.6.6

图 5-21　包装说明 377

表 5-58　　　　　　　　　　品名表示例

UN /ID No.	Proper Shipping Name/Description	Class or Div. (sub Risk)	Hazard Labels	PG	Passenger and Cargo Aircraft						Cargo Aircraft Only		S.P. See 4.4	ERG Code
					EQ See 2.6	Ltd Qty		Pkg Inst	Max Net Qty/Pkg		Pkg Inst	Max Net Qty/Pkg		
						Pkg Inst	Max Net Qty/Pkg							
A	B	C	D	E	F	G	H	I	J		K	L	M	N
1723	Allyl iodide	3(8)	Flamm.Liquid & Corrosive	II	E2	Y340	0.5L	352	1L		362	5L		3C

可知：●运输专用名称：　　　　Allyl iodide

●UN/ID 代号：　　　　　UN1723

●包装等级：　　　　　　II

●包装说明代号：　　　　Y340

●每一包装件净数量限制：　0.5L

●特殊规定：　　　　　　无

第二步：查找并阅读包装说明，在 DGR 中找到适用的包装说明代号 Y340，如图 5-22 所示。

PACKING INSTRUCTION Y340

OPERATOR VARIATIONS: 5X-02, AA-01, AM-03, AS-02, BW-01, CX-02, DE-01, FX-02/17, GA-03, GF-04, HA-01, IJ-12, JJ-07, KA-02, KE-07, KQ-08, LD-02, LH-01, LX-02, LY-04, MH-14, OM-04, OS-03, OU-04, PX-10, SW-02, TN-04, UX-02, VO-03, VT-01, WY-04, XG-01, XK-03, XQ-01

This instruction applies to Limited Quantities of flammable liquids with a Class 8 or a Class 8 and Division 6.1 subsidiary risk in Packing Group II.

The General Packing Requirements of Subsections 2.7.5, 5.0.2 to 5.0.4 (with the exception of 5.0.2.3, 5.0.2.5, 5.0.2.11 and 5.0.2.14.2) must be met except that the packagings do not have to meet the marking and testing requirements of 6.0.4 and Subsection 6.3. Packagings must meet the construction criteria specified in Subsections 6.1 and 6.2 and the test criteria specified in Subsection 6.6.

Compatibility Requirements

- substances must be compatible with their packagings as required by 5.0.2.6;
- metal packagings must be corrosion resistant or with protection against corrosion.

Closure Requirements

- closures must meet the requirements of 5.0.2.7.

Limited Quantity Requirements

The requirements of Subsection 2.7 must be met including:

- the capability of the package to pass a drop test of 1.2 m;
- a 24 hour stacking test;
- inner packagings for liquids must be capable of passing a pressure differential test (5.0.2.9);
- the gross weight of the completed package must not exceed 30 kg.

Single packagings are not permitted.

COMBINATION PACKAGINGS		
Inner Packaging (see 6.1)	Net quantity per inner packaging	Total net quantity per package
Glass	0.5 L	0.5 L
Metal	0.5 L	
Plastic	0.5 L	

OUTER PACKAGINGS															
Type			Drums					Jerricans						Boxes			
Desc.	Steel	Aluminium	Plywood	Fibre	Plastic	Other metal	Steel	Aluminium	Plastic	Steel	Aluminium	Wood	Plywood	Reconstituted wood	Fibreboard	Plastic	Other metal

图 5-22　包装说明 Y340

第三步：检查包装是否符合包装说明的所有要求。

由包装说明 Y340 可知：内包装可以使用玻璃瓶，且每个玻璃瓶的实际数量 0.25L，没有超过 Y340 中的限量 0.5L；整个包装件限量 0.5L，实际的数量也是 0.5L，没有超过；且外包装可以使用木制箱。

需要注意的是，包装说明中提示了包装必须满足 DGR5.0.2 节中的一般包装要求，同时在兼容性要求方面需遵守 DGR5.0.2.6 的要求，对于金属包装，还要求有抗腐蚀性能或具备抗腐蚀保护层；以及限量包装的相关要求都需要满足，毛重不得超过 30kg，实际毛重为 20kg，没有超过。其他所有的要求在题目给定条件中已提及。

第四步：确保满足限量包装的要求。

毛重要求在上一步的包装说明中已经涉及并检查过，符合规定。

结论：可以收运。

5.5.8 装于同一外包装中的不同危险品

本节讨论是组合包装中，将不同种类的危险物品的多个内包装放在同一个外包装中的情况。这种包装件与 Overpack 是不同的。不同的危险品之间如果不会发生危险反应，它们是可以装入同一个外包装的。

包装件可以是 UN 规格的包装，也可以是有限数量的包装方式。本节主要介绍形成这种混合包装形式的条件，以及这种包装件的包装检查方法。

5.5.8.1 UN 规格的同一外包装装入不同危险品

（1）UN/IATA 对不同物质装在同一外包装中的一般要求

①一种危险物品不得与可以互相发生危险反应并导致如下后果的其他危险品或非危险物品装在同一外包装内：

——燃烧或产生相当数量的热；

——放出易燃、有毒或窒息性气体；

——生成腐蚀性物质；

——生成不稳定物质。

②在符合第①条规定的前提下，如果具备以下条件，几种危险品可以装入同一种外包装内：

——除 DGR 中另有规定外，所装入的几种危险品无须按照表 5-59 所示的货物隔离表进行隔离；装有 6.2 项感染性物质容器的外包装，不准再装入其他物质的容器。

——所包含的每一种危险品使用的内容器及其装载量应符合该种危险品对应包装说明的有关规定。

——所使用的此外包装是每种危险物品相应包装说明中都允许使用的外包装。

——拟用于运输的包装件符合其内装物品最严格的包装类别性能试验的标准。

——一个外包装内所装的不同危险物品的数量，只有在"Q"值不大于 1 时才是允许的。"Q"值按照下式计算：

$$Q = \frac{n_1}{M_1} + \frac{n_2}{M_2} + \frac{n_3}{M_3} + \cdots + \frac{n_i}{M_i}$$

式中：n_i——表示第 i 种危险物品的净数量（净重或净容积）。

M_i——表示"品名表"中第 i 种危险货物品在客机或货机上运输的最大允许量；若其中一种危险物品是固体二氧化碳（干冰），UN1845，在计算"Q"值时可忽略不计。

（2）包装检查

根据对危险货物运输包装的基本要求、UN/IATA 对危险货物运输包装的一般要求以及本节具体的对不同物质装在同一外包装中的要求，参照"品名表"，就可以对此类包装进行检查了。步骤如下：

第一步：查阅每一种危险物品在"品名表"中的具体要求。

第二步：确保每种危险物品间不会发生危险性反应或无须按照表 5-59 危险货物隔离表进行隔离。

第三步：参照每一种危险物品对应的包装说明，确保：

——允许使用所用内包装；

——符合内容器的最大允许净数量；

——外包装符合每一包装说明的要求。

第四步：根据品名表及每一危险品对应的包装说明确定：

——适用于整个包装件的最严格的包装等级；

——满足包装件的最大允许毛重限制；

——Q 值必须≤1，且 Q 值保留一位小数，小数点后第二位必须向前进一位，也就是说第二位不可舍去。

第五步：确保外包装内不含有感染性物质的内包装件。

表 5-59　　　　　　　　　　　　　危险物品隔离表

危险性标签	1 不包括 1.4S	1.4S	2	3	4.2	4.3	5.1	5.2	8
1 不包括 1.4S	见 DGR9.3.2.2	见 DGR9.3.2.2.3	×	×	×	×	×	×	×
1.4S	见 DGR9.3.2.2.3		−	−	−	−	−	−	−
2	×	−		−	−	−	−	−	−
3	×	−	−		−	−	×	−	−
4.2	×	−	−	−		−	−	−	−
4.3	×	−	−	−	−		−	−	×
5.1	×	−	−	×	−	−		−	−
5.2	×	−	−	−	−	−	−		−
8	×	−	−	−	−	×	−	−	

注：1. 在行和列的交叉点注有"×"，表明装有这些类或项的危险品的包装件必须相互隔开。若在行和列的交叉点注有"−"，则表明装有这些类/项的危险品包装件无须隔开。

2. 表中不包含 4.1 项及 6、7 和 9 类，它们不需与其他类别的危险品隔开。

【例 5-28】下列危险物品的包装件准备由客机运输，确定包装件是否正确包装。

外包装：采用联合国（UN）规格包装——纤维板箱，其表面的 UN 规格标记为：

 4G/X10/S/14/PA-02/ABC1234

内包装 A：1 个玻璃（Glass）瓶，含 Pentanes（戊烷液体）0.5L，包装等级 I 级；

内包装 B：3 个玻璃（Glass）瓶，每瓶含 Phenylhydrazine（苯肼）0.5L。

整个包装件的毛重为 7kg。

第一步，查阅每一种危险物品在"品名表"中的具体要求，如表 5-60 所示。

表 5-60   品表名示例

UN /ID No.	Proper Shipping Name/Description	Class or Div. (sub Risk)	Hazard Labels	PG	EQ See 2.6	Passenger and Cargo Aircraft				Cargo Aircraft Only		S.P. See 4.4	ERG Code
						Ltd Qty		Pkg Inst	Max Net Qty/Pkg	Pkg Inst	Max Net Qty/Pkg		
						Pkg Inst	Max Net Qty/Pkg						
A	B	C	D	E	F	G	H	I	J	K	L	M	N
1265	Pentanes liquid	3	Flamm. liquid	I	E2	Forbidden		351	1L	361	30L		3H
				II	E3	Y341	1L	353	5L	364	60L		3H
2572	Phenylhydrazine	6.1	Toxic	II	E4	Y641	1L	654	5L	662	60L		6L

两种物质在本题指定条件下需按品名表 I 栏和 J 栏的要求运输。

所以，UN1265 适用包装说明 351，UN2572 适用包装细则 654。

第二步，查隔离表，见表 5-59。

查隔离表知，UN2572 属于 6.1 危险品无须隔离，故这两种危险物品可放在同一个外包装中。

第三步，参照每一危险物品的包装说明，如图 5-23 和图 5-24 所示，确保：

①允许使用所用的内容器。

查阅包装说明 351 和 654 知，在这两个包装说明中均允许以玻璃瓶作为内包装。

②符合内容器的最大允许数量限制。

包装说明 351 和 654 对于用玻璃瓶为内包装的危险物品最大允许净数量分别为 0.5L 和 1.0L，而本次运输中两种危险物品在每一玻璃瓶中只装 0.5L，故均未超限制。

③外包装符合每一包装说明的要求。

查阅 351 和 654 知，两个包装说明中均允许使用纤维板箱（4G）作为外包装。

PACKING INSTRUCTION 351

STATE VARIATION: BEG-03

OPERATOR VARIATIONS: AI-02, AM-03, BR-02, CX-02, FX-17, JJ-07, KA-02, KZ-07, LD-02, LY-04, OZ-04, TU-05, VN-04

This instruction applies to flammable liquids in Packing Group I on passenger aircraft.

The General Packing Requirements of 5.0.2 must be met.

Compatibility Requirements

- substances must be compatible with their packagings as required by 5.0.2.6.

Closure Requirements

- closures must meet the requirements of 5.0.2.7.

Additional Packing Requirements

- inner packagings must be packed with sufficient absorbent material to absorb the entire contents of the inner packagings and placed in a rigid leakproof receptacle before packing in outer packagings.

Single packagings are not permitted.

COMBINATION PACKAGINGS		
Inner Packaging (see 6.1)	Net quantity per inner packaging	Total net quantity per package
Glass	0.5 L	1.0 L
Metal	1.0 L	
Plastic	Forbidden	

OUTER PACKAGINGS														
Type	Drums					Jericans			Boxes					
Desc.	Steel	Aluminum	Plywood	Fibre	Plastic	Other metal	Steel	Aluminium	Plastic	Steel	Aluminium	Wood	Plywood	Reconstituted wood	Fibreboard	Plastic	Other metal
Spec.	1A1 1A2	1B1 1B2	1D	1G	1H1 1H2	1N1 1N2	3A1 3A2	3B1 3B2	3H1 3H2	4A	4B	4C1 4C2	4D	4F	4G	4H1 4H2	4N

图 5-23   包装说明 351

第四步：参照品名表和每一包装说明，决定：

①适用于整个包装件最严格的包装等级。

比较盛装两种危险物品的包装，可得最严格的包装等级为 I 级包装。本次运输的外包装 UN 规格标记为 4G/X……，包装等级字母"X"表明是可以盛装 I 级包装危险品的容器。

②计算 Q 值。

危险品 A：总净数量 $n_A = 0.5L$，最大允许净数量 $M_A = 1L$

危险品 B：总净数量 $n_B = 0.5×3 = 1.5L$，最大允许净数量 $M_B = 5L$

$$Q = \frac{n_A}{M_A} + \frac{n_B}{M_B} = \frac{0.5}{1} + \frac{0.5×3}{5} = 0.8 < 1$$

注：实际操作过程中，这里计算出的 Q 值必须标在"危险物品申报单"中。

第五步：确保不含感染性物质，本次运输不含。

结论：该包装件包装正确，可以由客机运输。

PACKING INSTRUCTION 654

STATE VARIATION: USG-04

OPERATOR VARIATIONS: 5X-02, AA-01, AM-06, AS-02, BW-01, CX-02, FX-02, HA-01, JJ-07, KA-02, KZ-07, LA-06, LD-02, LY-04, TU-09, UA-02, UX-04

This instruction applies to Division 6.1 liquids with no subsidiary risk or a Class 3 subsidiary risk in Packing Group II on passenger aircraft.

The General Packing Requirements of 5.0.2 must be met.

Compatibility Requirements

● substances must be compatible with their packagings as required by 5.0.2.6;

Closure Requirements

● closures must meet the requirements of 5.0.2.7.

Single packagings are not permitted.

COMBINATION PACKAGINGS		
Inner Packaging (see 6.1)	Net quantity per inner packaging	Total net quantity per package
Glass	1.0 L	
Metal	2.5 L	5.0 L
Plastic	1.0 L	

OUTER PACKAGINGS														
Type	Drums						Jerricans			Boxes					
Desc.	Steel	Alu-minium	Ply-wood	Fibre	Plastic	Other metal	Steel	Alu-minium	Plastic	Steel	Alu-minium	Wood	Ply-wood	Recon-stituted wood	Fibre-board	Plastic	Other metal
Spec.	1A1 1A2	1B1 1B2	1D	1G	1H1 1H2	1N1 1N2	3A1 3A2	3B1 3B2	3H1 3H2	4A	4B	4C1 4C2	4D	4F	4G	4H1 4H2	4N

图 5-24　包装说明 654

5.5.8.2　有限数量的同一外包装装入不同危险品

按照有限数量要求运输的危险物品，在包装中必须符合相应的包装规定。

当有限数量包装件内装入不同的危险品时，这些危险品的数量必须限制在：

（1）不包括第 2 类和第 9 类的其他危险物品，每一包装件内所装的数量的"Q"值不超过 1。"Q"值按下式计算：

$$Q = \frac{n_1}{M_1} + \frac{n_2}{M_2} + \frac{n_3}{M_3} + \cdots$$

其中，n_1，n_2，…是包装件内各种危险物品的净数量，M_1，M_2，…危险物品"品名表"中相关"Y"的包装说明对各种危险物品在每一包装件内的最大允许净数量。

（2）对于第2类和第9类危险物品有如下情况：

——未与其他类别危险物品混装时，每一包装件的毛重不得超过30kg；

——与其他类别的危险物品混装时，每一包装件的毛重不得超过30kg，并且每一包装件内所装其他危险物品的净数量，根据"Q"值计算公式在Q≤1时才允许。

（3）若包装中危险物品的UN代号及包装等级均相同时，不必计算"Q"值，但总净数量不得超过"品名表"中H栏所规定的每一包装件的最大允许净数量值。

此外，有限数量包装的危险物品必须按照相应限量包装说明（以前缀"Y"表示）进行包装。有限数量包装必须符合相关的构造和实验标准。在包装上没有UN规格包装标记，而只印有"有限数量标记"。

对于将不同的危险物品放入在同一有限数量包装中的检查过程如下：

第一步：查阅每一种危险物品在"品名表"中的具体要求。

第二步：查包装隔离表，确保危险物品间不会发生危险性反应或无需按隔离表进行隔离。

第三步：查阅每一危险物品所对应的有限数量包装说明"Y"，并确保：

——允许使用实际所用的包装；

——符合内容器的最大允许净数量限制；

——内包装符合DGR相应条件。

第四步：根据"品名表"及包装说明确定Q值。

——除第2类和第9类计算Q值。

——当第2类和第9类这两类危险物品包装在一起，且不含其他类危险物品时，整个包装件毛重不得超过30kg。

——当第2类和第9类危险物品包装在一起，且含有其他类危险物品时，整个包装件毛重应≤30kg，且其他类危险物品的Q值应≤1。

——当具有相同的UN代号且包装等级相同时，不需计算Q值，但包装件的总净数量不得超过品名表中所规定的每一包装件的最大允许净数量。

第五步：确保外包装符合DGR6.2和DGR6.7相关制造和试验标准。

第六步：确保包装件的总毛重不超过30kg。

【例5-29】对下列物品进行包装检查，确定是否可由客机运输。

外包装：一只标有菱形的有限数量标记的结实的纤维板箱（Fibreboard box），无其他标记。

内包装A：1个金属（Metal）罐，含0.5L的Isobutyl isobutyrate（异丁酸异丁脂）。

内包装B：3个金属（Metal）罐，每罐含0.1L的Ethyl chloroacetate（氯乙酸乙酯）包装件的总毛重：15kg。

第一步：查阅每一种危险物品在"品名表"中的具体要求，如表5-61所示。

表 5-61　　　　　　　　　　品名表示例

UN /ID No.	Proper Shipping Name/Description	Class or Div. (sub Risk)	Hazard Labels	PG	EQ See 2.6	Ltd Qty		Pkg Inst	Max Net Qty/Pkg	Pkg Inst	Max Net Qty/Pkg	S.P. See 4.4	ERG Code
						Pkg Inst	Max Net Qty/Pkg						
A	B	C	D	E	F	G	H	I	J	K	L	M	N
2528	Isobutyl isobutyrate	3	Flamm. liquid	III	E1	Y344	10L	355	60L	366	220L		10L
1181	Ethyl chloroacetate	6.1(3)	Toxic & Flamm. liquid	II	E4	Y641	1L	654	5L	662	60L		6F

第二步：查隔离表，可知可以放在一起运输。

第三步：查包装说明 Y344 和 Y641，如图 5-25 及图 5-26 所示。

PACKING INSTRUCTION Y344

STATE VARIATIONS: BEG-03, SAG-01, USG-04

OPERATOR VARIATIONS: AM-03, CX-02, DE-01, FX-02, GA-03, GF-04, HG-03, HQ-01, JU-06, KA-02, KC-11, KE-07, KQ-08, LD-02, LH-01, LX-02, LY-04, MH-14, MT-01, NH-07, OM-08, OS-01, OU-04, PX-10, SW-02, TN-04, UX-02, VO-03, VT-01, WY-04, X5-02, XG-01, XK-03, XQ-01

This instruction applies to Limited Quantities of flammable liquids with no subsidiary risk in Packing Group III.

The General Packing Requirements of Subsections 2.7.5, 5.0.2 to 5.0.4 (with the exception of 5.0.2.3, 5.0.2.5, 5.0.2.11 and 5.0.2.14.2) must be met except that the packagings do not have to meet the marking and testing requirements of 6.0.4 and Subsection 6.3. Packagings must meet the construction criteria specified in Subsections 6.1 and 6.2 and the test criteria specified in Subsection 6.6.

Compatibility Requirements
* substances must be compatible with their packagings as required by 5.0.2.6.

Closure Requirements
* closures must meet the requirements of 5.0.2.7.

Limited Quantity Requirements

The requirements of Subsection 2.7 must be met including:
* the capability of the package to pass a drop test of 1.2 m;
* a 24 hour stacking test;
* inner packagings for liquids must be capable of passing a pressure differential test (5.0.2.9);
* the gross weight of the completed package must not exceed 30 kg.

Single packagings are not permitted.

COMBINATION PACKAGINGS		
Inner Packaging (see 6.1)	Net quantity per inner packaging	Total net quantity per package
Glass	2.5 L	
Metal	5.0 L	10.0 L
Plastic	5.0 L	

OUTER PACKAGINGS														
Type	Drums						Jerricans			Boxes				
Desc.	Steel	Alu-minium	Ply-wood	Fibre	Plastic	Other metal	Steel	Alu-minium	Plastic	Steel	Alu-minium	Wood	Ply-wood	Recon-stituted wood	Fibre-board	Plastic	Other metal

图 5-25　包装说明 Y344

PACKING INSTRUCTION Y641

STATE VARIATION: USG-04

OPERATOR VARIATIONS: 5X-02, AA-01, AM-06, AS-02, BW-01, CX-02, DE-01, FX-02, GA-03, GF-04, HA-01, HG-02, HQ-01, JU-06, KA-02, KC-11, KE-07, KQ-08, LA-06, LD-02, LH-01, LX-02, LY-04, MH-14, MT-01, OM-08, OS-01, OU-04, PX-10, SW-02, TN-04, UA-02, UX-02, VO-03, VT-01, WY-04, X5-02, XG-01, XK-03, XQ-01

This instruction applies to Limited Quantities of Division 6.1 liquids in Packing Group II.

The General Packing Requirements of Subsections 2.7.5, 5.0.2 to 5.0.4 (with the exception of 5.0.2.3, 5.0.2.5, 5.0.2.11 and 5.0.2.14.2) must be met except that the packagings do not have to meet the marking and testing requirements of 6.0.4 and Subsection 6.3. Packagings must meet the construction criteria specified in Subsections 6.1 and 6.2 and the test criteria specified in Subsection 6.6.

Compatibility Requirements

- substances must be compatible with their packagings as required by 5.0.2.6;
- metal packagings must be corrosion resistant or with protection against corrosion for substances with a Class 8 subsidiary risk.

Closure Requirements

- closures must meet the requirements of 5.0.2.7.

Limited Quantity Requirements

The requirements of Subsection 2.7 must be met including:

- the capability of the package to pass a drop test of 1.2 m;
- a 24 hour stacking test;
- inner packagings for liquids must be capable of passing a pressure differential test (5.0.2.9);
- the gross weight of the completed package must not exceed 30 kg.

Single packagings are not permitted.

COMBINATION PACKAGINGS		
Inner Packaging (see 6.1)	Net quantity per inner packaging	Total net quantity per package
Glass	0.1 L	
Metal	0.1 L	1.0 L
Plastic	0.1 L	

OUTER PACKAGINGS														
Type	Drums						Jerricans			Boxes				
Desc.	Steel	Alu-minium	Ply-wood	Fibre	Plastic	Other metal	Steel	Alu-minium	Plastic	Steel	Alu-minium	Wood	Ply-wood	Recon-stituted wood	Fibre-board	Plastic	Other metal

图 5-26　包装说明 Y641

由包装说明 Y344 和 Y641 可知：

①Y344 和 Y641 均允许使用金属（Metal）罐作为内包装。

②内包装符合 DGR6.1 条件。且对于 UN2528，Y344 指出内包装的最大允许净数量为 5L，实际只含 0.5L，未超限制；对于 UN1181，Y641 指出内包装的最大允许净数量为 0.1L，实际含 0.1L，未超限制。

③Y344 和 Y641 均允许使用纤维板箱（Fibreboard box）作为外包装。

第四步：计算 Q 值。

包装 A：总净数量 $n_A = 0.5L$，最大允许净数量 $M_A = 10L$

包装 B：总净数量 $n_B = 0.1 \times 3 = 0.3L$，最大允许净数量 $M_B = 1L$

$$Q = \frac{n_A}{M_A} + \frac{n_B}{M_B} = \frac{0.5}{10} + \frac{0.1 \times 3}{1} = 0.35 < 1$$

第五步：确保外包装符合相关制造和试验标准。

根据"危险物品申报单"货主已签字。

第六步：包装件毛重不超过 30kg，本例中的实际毛重为 15kg，没有超过限制。

结论：该危险物品可以接受。

5.6　危险品包装的标记与标签

5.6.1　目的和作用

DGR 规定，托运人必须根据国际航协的规定保证所托运的危险物品包装或含有危险物品的 Overpack 已经被正确地做好标记和标签。

对危险品包装件进行正确的标签和标记是安全运输过程中的重要环节。标记和标签往往相辅相成，用各种简明易懂的图形、文字说明、字母标记以及阿拉伯数字在货物外包装上制作的特定记号和注意事项说明。它们主要有如下目的：标明包装件中的物品内容；指明包装件已满足相关标准；提供安全的操作、存储、装载及事故响应信息；标明危险品的来源与去向等。

5.6.2　危险品包装的标记

危险品在进行航空运输时必须在每一危险品的包装件上，或每一含有危险品的 Overpack 上，正确标注所需的标记（Marks）。

为危险品的包装件注明符合要求的标记是托运人的职责。具体来讲，包括以下几条：

（1）检查所有有关的标记是否标注在包装件或 Overpack 的正确位置上，并符合 DGR 的质量和规格要求；

（2）去除包装件或 Overpack 上所有无关标记；

（3）必须确保用来盛装危险品的每一外包装或单层包装上，均已按 DGR 的规格要求，标出 DGR 所规定的规格标记；

（4）任何相应的新标记都应标在正确的位置上，该标记要经久耐用并有正确的说明；

（5）托运人必须确保危险品的包装件或 Overpack 在交给航空公司托运时，标记职责已彻底履行。

5.6.2.1　标记的类型

标记分为以下两类，并满足下列要求：

（1）质量与规格标记（Quality and specification marks）

这种标记只用以识别包装所用容器的设计和规格，与容器最终被使用来盛装何种危险品、收货人、发货人无关，一般由容器的制造商提供并显示在容器外表面，需要满足 GDP 的相关要求，例如 UN 规格包装标记，由托运人承担其最终责任。有限数量包装的包装件不要求具备规格标记。

（2）包装使用标记（Packaging use marks）

用来识别特定货物的特殊包装的使用，包括包装的内装物（运输专用名称、UN/ID 编号）、发货人、收货人等内容。此类标记的提供完全是托运人的责任。

包装的规格标记主要由 UN 规格包装标记组成，具体内容见 DGR 的相关要求，所以本节主要介绍的是包装使用标记。在后面的内容中，如无特殊说明，"包装标记"用语均指包装的使用标记。

5.6.2.2　标记的要求

标注在包装件和 Overpack 上的所有标记不得被包装的任何部分及附属物，或任何其他标签和标记所遮盖。所需标记不得与其他可能影响这些标记效果的包装标记拴在一起。

对于危险品运输包装件的标记质量，要求所有的标记必须：

（1）经久耐用，用印刷或其他方式打印或粘贴在包装件或 Overpack 的外表面；

（2）清楚易见；

（3）能够经受暴露在露天环境中，且其牢固性和清晰度不致大大降低；

（4）显示在色彩反差大的（包装）背景上。

除需要特殊对待的危险品废料补救包装件，本类标记一般由基本标记和附加标记组成。

5.6.2.3　基本标记

基本标记作为最基本的要求，也是强制性要求，每个含有危险品的包装件或 Overpack 都需要清晰的标示出以下内容：

（1）运输专用名称（proper shipping name）

需要时补充以适当的技术名称。此外，对于第 1 类爆炸品，如适用还必须标出其附加说明，如商品名及军事名称。例如：

CORROSIVE LIQUID，ACIDIC ORGANIC，N. O. S.（CAPRIYY CHLORIDE）UN3265

腐蚀性液体，酸性的，有机的，N. O. S.（辛酷氯）UN3265

注：危险品品名表 B 栏中的补充性说明文字不属于运输专用名称的组成部分，可以不标注，但若标注也可用作运输专用名称的补充。

（2）UN/ID 代号（UN/ID number）

包括前缀字母 UN 或 ID 的 4 位数字代码。

（3）托运人及收货人名称及地址（full name and address of shipper and consignee）

详细的托运人及收货人名称地址的全称，而且在包装件尺寸允许的情况下，需要显示在运输专用名称及 UN/ID 代号所在的同一侧面的邻近位置。

举例说明基本标记，详见图 5-27 所示。

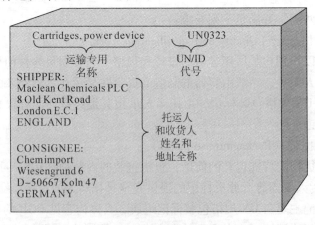

图 5-27　危险品包装基本标记示例

5.6.2.4　附加标记

（1）除以下三种情况以外，每一包装件内的危险品净数量都需要标注在包装件表面：

①所托运货物只含有一个包装件时；

②所托运货物含有数个完全相同的包装件（即每个包装件内所含危险品的运输专用名称、UN/ID 代号、包装等级和数量等完全相同）时；

③盛装 ID8000 或第 7 类放射性物质的包装件。

需要注意的是，当包装件中危险品对应的品名表的 H、J、L 栏中标明的数量限制为毛重（有大写字母 G）时，则包装件上也应注明毛重。

包装件上无论标明净数量或毛重，都必须标在与运输专用名称及 UN/ID 代号相邻的地方。

（2）固体二氧化碳（干冰）UN1845 包装件。每一包装件必须注明固体二氧化碳（干冰）的净重。

（3）第 6.2 项感染性物质包装件。必须在包装件表面标注有关负责人的姓名和电话号码，该负责人应具备处理该感染性物质的突发事件的能力。

（4）第 2 类中的深冷液化气体包装件。根据《危险品规则》包装说明 202 号，主要要求有：

①每一包装件上必须在两个相对的竖直侧面使用印刷的箭头，或"Package Orientation（包装件方向）"标签以显著标明竖直方向；

②包装件的每个侧面或者桶形包装件必须每隔 120° 标注 "KEEP UPRIGHT（保持竖直方向）"的字样；

③包装件上还必须清楚地标上 "DO NOT DROP–HANDLE WITH CARE（切勿扔摔、小心轻放）"的字样；

④包装件上还必须标注延误、到达站未及时提取或出现紧急情 **图 5-28　UN3373 标记** 况时遵循的处理说明。

（5）内装 UN3373 包装件。必须标注 "BIOLOGICAL SUBSTANCE，CATEGORY B（生物物质，B 类）"和在该危险品包装说明 650 号中要求的菱形标记，如图 5-28 所示。

注意，此类 B 级生物制品的包装件不需在外包装上标注净数量。但是，如果使用干冰作为制冷剂时，需标注干冰的净数量。

（6）呼吸保护装置包装件。当根据特殊规定 A144 运输带有化学氧气发生器的呼吸保护装置（PBE）时，必须在包装件上的运输专用名称旁标注下列文字："Air crew Protective Breathing Equipment（smoke hood）in accordance with Special Provision A144"（飞行机组呼吸保护装置（防烟罩）符合 A144 特殊规定。）

（7）环境危险品物质包装件。这类包装件主要针对 UN3077 或 UN3082，必须标有如图 5-29 所示带有死鱼和枯树图案的环境危害标记。该标记必须标记在危险品的运输专用名称旁边，除非包装件有更小尺寸，该标记的尺寸不得小于 100mm×100mm。

但若单一包装或组合包装件的内包装所盛装危险品满足以下情况时，则可不粘贴：

①净数量少于 5L 的液体物质；

②净数量少于 5kg 的固体物质。

（8）危险品有限数量包装件。这种包装件必须注明如图 5-30 所示的有限数量包装标记。此标记的最小尺寸为 100mm×100mm，如果是无法容纳此尺寸的小型包装件，则该标记的尺寸最小不得少于 50mm×50mm。

图 5-29　危害环境物质标记

图 5-30　有限数量包装标记

（9）锂电池。如果锂电池芯或锂电池是按照包装说明 965~970 第Ⅱ部分准备的，或按照包装说明 965 和 968 第 IB 部分准备的，则包装件必须按照如图 5-31 所示的图形和尺寸进行标记。其中，UN 代号的高度不得小于 12mm。如果包装件尺寸较小，可采用 105mm×74mm 的缩小尺寸版本。

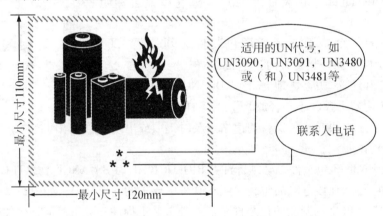

图 5-31　锂电池标记

这个标记是 2017 年 DGR 新增加的，原有的锂电池操作标签则取消。但考虑到实际操作中的新旧过渡问题，原来的操作标签可以持续使用至 2018 年 12 月 31 日。

另外，对于补救包装，托运人在交运前需保证：

①包装已标示内装危险品的运输专用名称和 UN 编号；

②包装件外已注明"SALVAGE（补救）"字样。

包装件或 Overpack 中 UN/ID 编号和字母"UN/ID"的高度至少应为 12mm。在特殊情况下，对于容量不超过 30L 或 30kg 的包装件或 Overpack，标记的高度至少为 6mm；对于容量不超过 5L 或 5kg 的包装件或 Overpack，标记高度也必须有适当的尺寸。

【例 5-30】两个分别装有不同危险品 Cartridges，power device 和 Articles，pyrotechnic 的 UN 规格包装件。

除各自的基本标记外，在每个包装件表面还标出了内装危险物品的净数量，分别为 20kg 和 15kg，如图 5-32 所示。

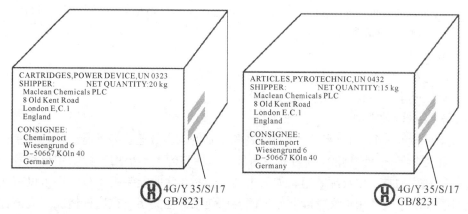

图 5-32　标出净数量的不同包装件

【例 5-31】一个感染性物质包装件的标记与标签。

责任人的姓名是 Mark Owen，24 小时联系电话号码是 +44-020-8463-7389。在包装件上除标出基本标记外，还标出责任人的相关信息，如图 5-33 所示。

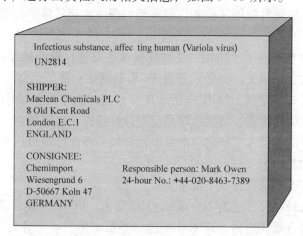

图 5-33　感染性物质包装件标出责任人姓名和电话

5.6.3　危险品包装的标签

危险品在进行航空运输时必须在每一危险品的包装件上，或每一含有危险品的 Overpack 上，正确粘贴所需的标签。

5.6.3.1　责任

为危险品的包装件及 Overpack 粘贴符合要求的标签也是托运人的职责。具体来讲，包括以下几条：

（1）去除包装件或 Overpack 上所有无关的标签；

（2）只能使用经久耐用及正确规格的标签；

（3）印记在标签上的任何补充内容必须具有耐久性；

（4）标签应牢固粘贴在正确的位置上；

（5）确保包装件或 Overpack 在向经营人交运时，标签粘贴的责任已彻底履行。

5.6.3.2　标签的质量与规格

（1）耐久性

标签的材料、印刷及粘贴剂必须充分耐久，以便在经过包括日晒雨淋在内的正常运输条件操作后，其牢固性和清晰度不会明显降低。

（2）标签的两种类型

①危险性标签（45°角菱形）。所有类别和项别的大多数危险品都需贴这种标签；危险性标签（正方形倾斜 45 度角）分为上下两部分，标签的上半部用于标示图形符号，下半部用于标示适用的类、项及配装组，如第 1 类爆炸品要注明配装组字母，还可以有文字说明危险性质，文字应使用英文，除非始发国要求使用其他文字，在这种情况下应该标有英文及其始发国文字的准确译文。但除了第 7 类放射性物质，这些文字的显示不是必须的，除非由于国家或经营人差异而要求必须使用文字。

②操作标签（矩形）。某些危险品需贴此种标签，有些可以单独使用（例如磁性物质、放射性物质例外包装件、例外数量的危险品、电池驱动的轮椅和移动辅助工具标签），有些又要同危险性标签同时使用（例如仅限货机、深冷液化气体、远离热源标签）。

（3）标签的规格

危险品包装件和 Overpack 上所用的各种标签（危险性标签和操作标签），在形状、颜色、格式、符号和文字说明上，都必须符合 DGR 的规定。除了已规定外，规格方面不允许有任何差异。除另有规定外，DGR 中所示操作标签的大小为其最小尺寸，尺寸不小于非易燃无毒气体、感染性物质、杂项危险品危险性标签以及仅限货机、低温液体、包装件方向操作标签说明中所示尺寸二分之一的危险性标签和操作标签可用在尺寸较小、只能粘贴小标签的感染性物质的包装件上。

对于危险性标签，必须符合以下规格要求：

①危险性标签的最小尺寸应为 100 毫米×100 毫米，以 45 度角放置（菱形）；都有一条与符号相同颜色的直线在边内 5 毫米处与边缘平行。标签被等分为两半，除第 1.4 项、1.5 项及 1.6 项的标签外，标签的上半部为图形符号的位置，下半部为文字和类、项别号码，适当时还要加上配装组字母。

②所有标签的符号、文字和号码都必须用黑色显示，下列情况除外：

·第 8 类危险品标签上的文字和类别号码必须用白色；

·以绿色、红色或蓝色为底色的危险性标签上可用白色；

·5.2 项的标签，符号可以为白色。

③1.4、1.5 和 1.6 项的标签，必须在上半部分标注项的号码，在下半部分标注配装组字母。

④用于第 2 类的气瓶，由于其形状、方向性、运输中的固定装置，可以在气瓶的肩部粘贴按照 ISO7225：1994 规定按比例缩小尺寸的标签。根据 ISO7225：1994，"Gas cylinders–Precautionary Lables"（气瓶-警示标签）粘贴的标签可以在边际处交叠，但是在任何情况下，标明主要危险性的标签以及任何标签上的数字、符号都必须保持清晰可见且能够识别。

（4）危险性标签上的文字

除另有适用的规定外，说明危险性质的文字可与类、项及配装组号码一起填入标签的下半部。除非始发国另有要求，文字应使用英文，如始发国有此项要求，两种文字应同样明显地填写。上述有关文字规定也同样适用于操作标签。

标签上可印有商标，包括制造商名称，但必须印在边缘实线之外，并不大于 10 号字体。

5.6.3.3　危险性标签

危险品包装件及 Overpack 所使用的危险性标签都在 DGR 危险品表中用缩写列出。表中列出的每一物品和物质要求确定使用一种主要危险性标签，具有次要危险性的每一物品应使用一种或两种以上次要危险性标签。

（1）说明危险品主要危险性和次要危险性的标签上必须标有类和项的号码。

（2）第 1 类爆炸品必须注意以下几点：

①要求贴 1.1、1.2、1.3、1.4、1.5 和 1.6 项爆炸品标签的包装件（少数例外），通常是禁止空运的；

②类、项及配装组号码或字母必须标注在标签上。

（3）第 2 类物质（气体）有三种不同标签：

①红色标签用于 2.1 项易燃气体（见表 5-62）；

②绿色标签用于 2.2 项非易燃无毒气体（见表 5-62）；

③白色标签用于 2.3 项毒性气体（见表 5-62）。

注：气溶胶标签见 DGR 危险品表中 UN1950，Aerosol…的有关条目和 D 栏的相应条目。

（4）第 4.2 项物质如果也是易燃固体，无需粘贴用于 4.1 项的次要危险性标签。

（5）第 5 类物质（氧化物和有机过氧化物）有两种不同标签：

①黄色标签用于 5.1 项——氧化性物质（见表 5-62），项别号码"5.1"必须填入标签底角；

②红色和黄色标签用于 5.2 项——有机过氧化物（见表 5-62），项别号码"5.2"必须填入标签底角。

注：符合第 8 类物质包装等级 I 级或 II 级的有机过氧化物，必须带有腐蚀性的次要危险性标签。

另外，许多液态有机过氧化物的成分是易燃的，但无需粘贴易燃液体的危险性标签，因为有机过氧化物标签本身就意味着该产品可能是易燃的。

（6）第 6 类：对于 6.2 项感染性物质，包装件除了主要危险性标签外，必须粘贴根据内装物性质所需要的其他标签。如果含有少于或等于 30 毫升的装于感染性物质主容器中的第 3、8 和 9 类危险品，在符合 2.6.1 和 2.6.5 的要求后，这一规定不是必需的。

（7）第 8 类物质如果其毒性只产生于对组织的破坏作用，则无需粘贴用于 6.1 项的次要危险性标签。

（8）第 9 类物质的包装件必须粘贴 DGR 危险品表所规定的第 9 类 "Miscellaneous（杂项危险品）" 标签。当包装件内盛装磁性物质时，必须粘贴 "MAGNETIZED MATERIAL（磁性物质）" 标签用来代替杂项危险品标签。

中型散装容器必须满足其他包装的要求，除此之外，容积超过 450L 的中型散装容器还必须在两个相对的侧面贴上第 9 类危险性标签。

（9）补救包装。托运人在交付任何补救包装进行航空运输之前，其必须确保：

①包装内所含危险品的所有相应标签均在该包装上贴出；

②仅限货机运输的含有危险品的包装件，要求粘贴 "Cargo Aircraft Only（仅限货机）" 标签。

（10）空包装。

①除第 7 类外，任何装过危险品的包装，在没有经过气体清洁、蒸气净化或重新装入非危险品以消除其有害性前，都必须按要求对那些危险品进行识别、标记、粘贴标签和标牌；

②装过感染性物质的空包装在返还托运人或运送至其他地点前，都必须要进行完全的消毒或灭菌，并且去除原有的任何表示曾装过感染性物质的标记和标签。

（11）当两种或两种以上的危险品被包装在同一外包装中时，应在包装件上按要求粘贴每一种物质的标签。包装件中的每类别或每项别危险品只需粘贴一个危险性标签。

表 5-62　　　　　　　　　　　　危险性标签规格说明与图例

危险性标签名称与说明	标签示意图
第 1 类——爆炸品（1.1，1.2，1.3 项） ** 填入项别配装组号码位置，如 "1.1C"。 名称：爆炸品（Explosive） 货运 IMPª代码：适用的 REX、RCX、RGX 最小尺寸：100mm×100mm 图形符号（爆炸的炸弹）：黑色 底色：橘黄色 注：贴有注明 1.1 或 1.2 项的标签的包装件通常禁止空运。	
第 1 类——爆炸品（1.4 项）包括配装组 S *** 填入配装组号码的位置。 印有标签上的数字 "1.4"，高度至少为 30mm，宽度为 5mm。 名称：爆炸品（Explosive） 货运 IMP 代码：适用的 RXB、RXC、RXD、RXE、RXG、RXS 最小尺寸：100mm×100mm 数字：黑色 底色：橘黄色	

表5-62(续)

危险性标签名称与说明	标签示意图
第 1 类——爆炸品（1.5 项） *** 填入配装组号码的位置。 印有标签上的数字"1.5"，高度至少为 30mm，宽度约 5mm。 名称：爆炸品（Explosive） 货运 IMP 代码：REX 最小尺寸：100mm×100mm 数字：黑色 底色：橘黄色 注：贴有此种标签的包装件通常禁止空运。	
第 1 类——爆炸品（1.6 项） *** 填入配装组号码的位置。 印有标签上的数字"1.6"，高度至少为 30mm，宽度约 5mm。 名称：爆炸品（Explosive） 货运 IMP 代码：REX 最小尺寸：100mm×100mm 数字：黑色 底色：橘黄色 注：贴有此种标签的包装件通常禁止空运。	
第 2 类——气体：易燃（2.1 项） 名称：易燃气体（Flammable Gas） 货运 IMP 代码：RFG 最小尺寸：100mm×100mm 图形符号（火焰）：黑色或白色 底色：红色 注：此标签也可印为红色底面，图形符号（火焰）、文字、数码及边线均为黑色。	
第 2 类——气体：非易燃，无毒（2.2 项） 名称：非易燃，无毒气体（Non-flammable, non-toxic gas） 货运 IMP 代码：RNG 或适用低温液体包装说明 202 号的冷冻液体 RCL 最小尺寸：100mm×100mm 图形符号（气瓶）：黑色或白色 底色：绿色 注：此标签也可印为绿色底面，图形符号（气瓶）、文字、数码及边线均为黑色。	
第 2 类——气体：有毒（2.3 项） 名称：毒性气体（Toxic Gas） 货运 IMP 代码：RPG 最小尺寸：100mm×100mm 图形符号（骷髅和交叉股骨）：黑色 底色：白色	

表5-62（续）

危险性标签名称与说明	标签示意图
第3类——易燃液体 名称：易燃液体（Flammable Liquids） 货运IMP代码：RFL 最小尺寸：100mm×100mm 图形符号（火焰）：黑色或白色 底色：红色 注：此标签也可印为红色底面，图形符号（火焰）、文字、数码及边线均为黑色。	
第4类——易燃固体（4.1项） 名称：易燃固体（Flammable Solid） 货运IMP代码：RFS 最小尺寸：100mm×100mm 图形符号（火焰）：黑色 底色：白色，带有七条红色竖条	
第4类——自燃物质（4.2项） 名称：自燃物质（Spontaneously combustible） 货运IMP代码：RSC 最小尺寸：100mm×100mm 图形符号（火焰）：黑色 底色：上半部白色，下半部红色	
第4类——遇水释放易燃气体的物质（4.3项） 名称：遇湿危险的物质（Dangerous when wet） 货运IMP代码：RFW 最小尺寸：100mm×100mm 数字：黑色或白色 底色：蓝色 注：此标签也可印为蓝色底面，图形符号（火焰）、文字、数码及边线均为黑色。	
第5类——氧化性物质（5.1项） 名称：氧化性物质（Oxidizer） 货运IMP代码：ROX 最小尺寸：100mm×100mm 图形符号（圆圈上带火焰）：黑色 底色：黄色 注：此标签也可印为红色底面，图形符号（火焰）、文字、数码及边线均为黑色。	
第5类——有机过氧化物（5.2项） 名称：有机过氧化物（Organic Peroxide） 货运IMP代码：ROP 最小尺寸：100mm×100mm 图形符号（火焰）：白色或黑色 底色：上半部红色，下半部黄色	

表5-62(续)

危险性标签名称与说明	标签示意图
第 6 类——毒性物质（6.1 项） 名称：毒性物质（Toxic） 货运 IMP 代码：RPB 最小尺寸：100mm×100mm 图形符号（骷髅和交叉股骨）：黑色 底色：白色	
第 6 类——感染性物质（6.2 项） 标签下部应有如下说明： 感染性物质（INFECTIOUS SUBSTANCE） 如有破损或渗漏（In Case of Damage or Leakage） 立即通知（Immediately Notify） 公共卫生部门（Public Health Authority） 名称：感染性物质（Infectious Substance） 货运 IMP 代码：RIS 最小尺寸：100mm×100mm 小型包装件的尺寸可为：50×50mm 图形符号（三枚新月叠加在一个圆圈上）和说明文字：黑色 底色：白色	
第 8 类——腐蚀性物品 名称：腐蚀性物品（Corrosive） 货运 IMP 代码：RCM 最小尺寸：100mm×100mm 图形符号（液体从两只玻璃容器中洒出并对一只手和一块金属造成腐蚀）：黑色 底色：上半部白色，下半部黑色，带有白色边线	
9 类——杂项危险品 名称：杂项危险品（Miscellaneous） 货运 IMP 代码：适用的 RMD、ICE 以及 RSB（聚合物颗料和适用于包装说明 957 号的塑料造型化合物） 最小尺寸：100mm×100mm 图形符号（上半部有七条竖道）：黑色 底色：白色 注：2018 年 12 月 31 日前可以用于锂电池包装件。	
9 类——杂项危险品中的锂电池 名称：锂电池（Lithium Batteries） 货运 IMP 代码：RLI、RLM 最小尺寸：100mm×100mm 图形符号（上半部有七条竖道；下半部为一组电池，其中 1 个电池破损并释放烟火）：黑色 底色：白色	

　　注：货运 IMP 代码，全称为 IATA Cargo Interchange Message Procedures code，即国际航空运输协会货物联运文电代码。这是 IATA 出于方便，为常见的货物、操作、文件等名词所设的三字英文代码，在航空公司行业内广泛使用。例如：CAO 为仅限货机运输，DGD 为托运人危险品申报单，MAG 为磁性物质等。

5.6.3.4　操作标签

操作标签（Handling label）既可以单独使用，也可以与危险性标签一起使用。具体说明如下：

（1）磁性物质

装有磁性物质的包装件及 Overpack 必须粘贴"Magnetized material（磁性物质）"标签。

（2）只限货机运输

只限货机运输的危险品包装件必须粘贴"Cargo Aircraft Only（仅限货机）"标签。

粘贴时，"Cargo Aircraft Only（仅限货机）"标签与危险性标签处于包装件同一侧面，且必须靠近危险性标签。

但当包装说明及包装件的限量指明客、货机均可载运时，不得使用"仅限货机"的标签。即使是因一票货中由于其他包装件而需在托运人申报单中标明"仅限货机"时，"仅限货机"标签也不能用于根据客机限制（品名表的 G 和 H 和/或 I 和 J 栏）包装的包装件上。

注：有时国家差异可以要求仅用货机运输一些通常允许用客机托运的货物，并粘贴"Cargo Aircraft Only（仅限货机）"的标签。

（3）深冷液化气体

含有深冷液化气体的包装件和 Overpack 上除粘贴非易燃无毒气体（2.2 项）危险性标签外，还必须同时使用"Cryogenic Liquid（低温液体）"操作标签（见表 5-63、图 5-34）。

图 5-34　"冷冻液体"操作标签必须与非易燃无毒气体危险性标签同时使用

（4）包装件方向

盛装液体的组合包装件及 Overpack 必须使用"Package Orientation（包装件方向）"（向上）标签（见表 5-63），或者使用符合国际标准化组织（780：1997）标准的事先印刷的包装件方向标签。

外包装上不需要方向性箭头的情况有：

①装有内包装的危险品，内包装和外包装之间应放置吸附材料，确保所装的液体能够

被完全吸收，每个内包装所装的危险品不超过 120mL；

②装有气密内包装的危险品，如管、袋及打破或刺穿打开的小瓶，每个内包装不得超过 500mL；

③装有感染性物质的主容器，内装物不得超过 50mL；

④装有放射性物品的包装件。

标签的横线下可以填入"Dangerous Goods（危险品）"的字样。标签至少粘贴或印刷在包装件相对的两个侧面以表明正确的包装件方向，以使其封闭处朝上。粘贴包装件方向标签时，也可在包装件或 Overpack 顶面标明"THIS END UP（此端向上）"或"THIS SIDE UP（此面向上）"字样。

如果需要粘贴此标签时，表示包装件方向的"This Way Up（向上）"标签至少在包装件上粘贴两个，在两个相对的侧面上各贴一个，箭头方向向上。

（5）远离热源

内装 4.1 项自身反应物质和 5.2 项有机过氧化物（可参见 DGR 特殊规定）的包装件和 Overpack，上除了适用的危险性标签外，必须使用"Keep Away From Heat（远离热源）"操作标签（见表 5-63）。

表 5-63　　　　　　　　　　　　　操作标签规格及示意图

操作标签名称与规格说明	标签示意图
第 9 类中的磁性物品 名称：磁性物品（Magnetized Material） 货运 IMP 代码：MAG 最小尺寸：110mm×90mm 底色：白色为底，图形和文字为蓝色	
仅限货机 名称：仅限货机（Cargo Aircraft Only） 货运 IMP 代码：CAO 最小尺寸：120mm×110mm 对于感染性物质（6 类，6.2 项）小型包装件的尺寸可减半 颜色：橘黄色为底，图形和文字为黑色	
低温液体 名称：低温液体（Crogenic Liquid） 货运 IMP 代码：RCL 最小尺寸：75mm×105mm 颜色：绿色为底，图形和文字为白色 注：可选文字"Caution—may cause cold burn injuries if spilled or leaked（小心——如果溢出或泄漏可能导致冻伤。）"	

表5-63(续)

操作标签名称与规格说明	标签示意图
包装件方向（再另见下方替代设计图案） 名称：包装件方向（向上）/Package Orientation（This way up） 最小尺寸：74mm×105mm 颜色：红色和黑色，配以对比鲜明的底色	
包装件方向替代设计图案 名称：包装件方向（向上）/Package Orientation（This way up） 最小尺寸：74mm×105mm 颜色：红色和黑色，配以对比鲜明的底色	
远离热源 名称：远离热源（Keep Away From Heat） 最小尺寸：75mm×105mm 颜色：白色或其他颜色为底，图形和文字为红色和黑色	
锂电池 名称：锂电池（Lithium Batteries）标签 ＊位置需根据危险品的类型填入适用的运输专用名称"Lithium Ion Batteries（锂离子电池）"或"Lithium Metal Batteries（锂金属电池）" 货运 IMP 代码：适用的 RLI、RLM、ELI 或 ELM 最小尺寸：120mm×110mm 如果小型包装件的尺寸仅足够粘贴更小尺寸的标签，则该标签最小不得少于74mm×105mm 颜色：标签的边线必须带有红色斜纹阴影。标签可以用黑色文字显示在白纸上。 注：由于 2017 年新增了锂电池标记，本操作标签将于 2018 年 12 月 31 日后废止。	
放射性物质，例外包装件 名称：放射性物质-例外包装件（Radioactive Material-Excepted Package） 货运 IMP 代码：RRE 颜色：标签的边线必须带有红色斜纹阴影。标签可以用黑色和红色打印在白纸或仅用红色打印在白纸上。 最小尺寸：74mm×105mm 注：1. 可以选择性地添加标签中最下方的文字"The information for this package need not appear on the Notification to Captain（此包装件的信息可以不显示于机长通知单中）"； 2. 当危险品适用于特殊规定 A130 时，可不粘贴此标签。	

（6）放射性物质，例外包装件

"Radioactive Material，Excepted Package（放射性物质，例外包装件）"操作标签（见表5-63）必须用在装有放射性物质的例外包装件上。

（7）锂电池

2017 年以前，符合包装说明 965 和 968 第ⅠB 部分及 965 至 970 第Ⅱ部分的含有锂电池的包装件，必须使用与包装说明相应的"（Lithium Battery 锂电池）"操作标签。标签的最小尺寸是长 120mm×宽 110mm，当含有锂电池的包装件仅适用小标签时一样也可使用长 105 mm×宽 74mm 的标签。当使用缩小版尺寸的标签时，标签上的图形与文字等特征必须与大尺寸标签的比例近似。标签上必须填写"锂金属电池"或"锂离子电池"的文字，如适用，填写能提供其他信息的电话号码。当包装内同时含有这 2 种电池时，标签上应显示"锂金属电池和锂离子电池"的字样。锂电池操作标签上的信息必须使用英文。此外，如需要，可印制正确翻译的另一种文字做为英文的补充。

2017 年开始，DGR 规定这部分锂电池包装件不再使用此操作标签，更换为使用新增的锂电池标记。

最后，DGR 规定了禁止使用的标签的情况：气瓶或其他细长形包装件，其尺寸不得小到使标签自身叠盖。另外，不是用来表示包装件方向的箭头不得标示在盛有液体危险品的包装件上。

5.6.3.5　标签的粘贴

（1）一般规定

①所有的标签必须牢固地粘贴在或印制在包装件上，并且必须全部可见，不准被包装的任何部分或其他标签所遮盖，标签所处的背景必须与标签形成鲜明的颜色对比。

②每一标签必须粘贴或印刷在颜色对比明显的底面上，标签的外边缘应有虚线和实线。

③标签粘贴时不得折叠，不得将同一标签粘贴在包装件的不同侧面上。

④如果包装件的形状非正规，其表面无法粘贴标签，可以使用硬质的栓挂标签。

⑤包装件必须有足够位置粘贴所有规定的标签。

（2）标签位置

①如包装件尺寸允许，标签应粘贴在标记运输专用名称的同一侧面，并靠近运输专用名称和托运人、收货人地址的位置。

②危险性标签只要求在包装件一侧粘贴。放射性物品的标签必须贴在包装件的两个相对的侧面上。

③如果需要粘贴标明主要危险性和次要危险性的标签，次要危险性标签应紧接着主要危险性标签粘贴在包装的同一侧面。

④若同一包装件中有不同条目的危险品需要粘贴多个危险性标签，则这些标签必须彼此相邻。

⑤除包装件的尺寸不足外，危险性标签必须以 45°（菱形）的角度粘贴。

（3）Overpack[①]

对于 Overpack，其内部包装件上使用的标签必须清晰可见，也可重新制作标签贴于

---

① Overpack 的名称翻译目前有较多争议，例如"合成包装件""合成包装""集合包装"等，但由于这不是一种特殊的包装形式，只是对一个或多个包装件采用的运输组织方式，以上翻译都易产生歧义。本书按照 DGR（中文版）的处理方式，保留英文术语原文。

Overpack 的外部。包装件中的每类或每项危险品只需一个危险性标签。

在顶部封盖的单一包装中含有液态危险品的 Overpack 上必须贴有"Package Orientation（包装件方向）"标签或 ISO 标准 780 1985 预印的包装件方向标签，除非这些标签已粘贴在包装件上，而且可从 Overpack 的外面看见。这些标签必须至少贴在或印在 Overpack 两个相对的垂直侧面，箭头的指向需要指示 Overpack 顶部封盖向上的方位，尽管这种单一包装一也可能具肩侧封盖。

（4）其他规则规定的标签

除 DGR 规定的标签外，另可使用其他国际、国家运输条例规定的标签，但其颜色、设计及样式不得与 DGR 的规定相矛盾或混淆。

（5）附加的操作和储存标记印刷标签

包装件上可以使用附加标记或符号的印刷标签，用以指明在搬运或储存包装件时需采取的预防措施，例如雨伞的图形符号表明该包装件需防潮。所使用的符号最好是国际标准化组织（ISO）推荐的。

【例 5-32】具有单一危险性的危险性标签——某危险品的运输专用名称为 Ferrocerium（铁铈齐），用客机运输，请确定包装件上应粘贴的危险性标签。

查危险品品名表，条目信息如表 5-64 所示，危险品包装件上的危险性标签如图 5-35 所示。

表 5-64　　　　　　　　　　　　　铁铈齐的品名表条目

UN /ID No.	Proper Shipping Name/Description	Class or Div. (sub Risk)	Hazard Labels	PG	EQ See 2.6	Ltd Qty		Pkg Inst	Max Net Qty/Pkg	Pkg Inst	Max Net Qty/Pkg	S.P. See 4.4	ERG Code
						Pkg Inst	Max Net Qty/Pkg						
A	B	C	D	E	F	G	H	I	J	K	L	M	N
1323	Ferrocerium	4.1	Flamm. Solid	II	E2	Y441	5kg	445	15kg	448	50kg	A42	3L

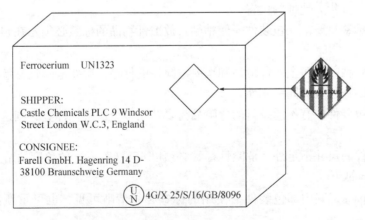

图 5-35　铁铈齐包装件的危险性标签

【例 5-33】具有多重危险性的危险性标签和操作标签——某危险品运输专用名称为 Benzyl chloride（氯化苄），包装件的净数量为 0.5L，试确定包装件上应粘贴的危险性标签和操作标签。

查危险品品名表，条目信息如表 5-65 所示，危险品包装件上危险性标签和操作标签如图 5-36 所示。

表 5-65　　　　　　　　　　　　氯化苄的品名表条目

UN /ID No.	Proper Shipping Name/Description	Class or Div. (sub Risk)	Hazard Labels	PG	EQ See 2.6	Ltd Qty		Pkg Inst	Max Net Qty/Pkg	Pkg Inst	Max Net Qty/Pkg	S.P. See 4.4	ERG Code
						Pkg Inst	Max Net Qty/Pkg						
A	B	C	D	E	F	G	H	I	J	K	L	M	N
1738	Benzyl chloride	6.1(8)	Toxic	II	E4	Forbidden		653	1L	660	30L		6C

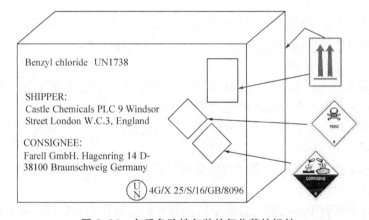

图 5-36　多重危险性包装件氯化苄的标签

【例 5-34】仅限货机的包装件的标签——例中的 Ferrocerium（铁铈齐），当包装件内净数量为 20kg，请确定包装件的操作标签。

查危险品品名表得知，该包装件已经超过客机的单个包装限量，因此仅限货机运输，如表 5-66 所示，危险品包装件上危险性标签如图 5-37 所示。

表 5-66　　　　　　　　　　　　铁铈齐的品名表条目

UN /ID No.	Proper Shipping Name/Description	Class or Div. (sub Risk)	Hazard Labels	PG	EQ See 2.6	Ltd Qty		Pkg Inst	Max Net Qty/Pkg	Pkg Inst	Max Net Qty/Pkg	S.P. See 4.4	ERG Code
						Pkg Inst	Max Net Qty/Pkg						
A	B	C	D	E	F	G	H	I	J	K	L	M	N
1323	Ferrocerium	4.1	Flamm. Solid	II	E2	Y441	5kg	445	15kg	448	50kg	A42	3L

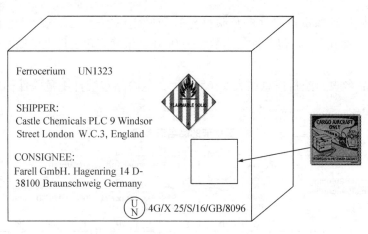

图5-37　仅限货机包装件铁铈齐的标签

5.6.4　Overpack 的标记和标签

Overpack 是指为了运输和装载的方便，同一托运人将若干个符号危险品物品包装、标记及标签要求的包装件合成一个作业单元，用于运输的包装件。

组成 Overpack 的要求是：

（1）Overpack 内不得装入性质相互抵触（即相互可能产生危险反应）的不同物质的包装件或根据隔离表需要相互隔离的危险品包装件。

（2）Overpack 的每个包装件都必须经过正确的包装，作标记、标签，且包装件不得有任何破损或泄漏。

（3）Overpack 内不得包含贴有"仅限货机"标签的包装件，但以下情况除外：

①仅包含一个包装件。

②包含有两个或若干个贴有"仅限货机"标签的包装件，它们可以从外部清楚地看到并容易接近。

③包装件内含有下列物质：

·第3类危险物品，Ⅲ级包装，无次要危险性；

·第6类危险物品；

·第7类危险物品；

·第9类危险物品。

④Overpack 不能损害其内装的每一个包装件的所有功能。

所以，Overpack 是由一个个的包装件组成的，这些包装件可以是单一包装件，也可以是组合包装件。图5-38 给出了 Overpack 的组成步骤。

由此可见，组成 Overpack 是将已经符合收运要求的包装件合并在一起，而由于合并方式的差异，Overpack 有两种组成形式：

①"敞开式"Overpack。组成 Overpack 的每一个包装件捆绑在一起，从外部可清楚地看到每一个包装件的标记、标签。如置于木托盘上的绑紧或裹紧的箱子。可参考以下实例：如图5-39 所示的仅捆绑在一起的几个包装件和如图5-40 所示的由货盘托起的捆绑在一起的几个包装件。

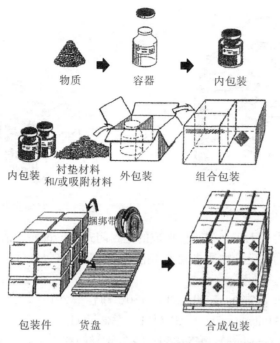

物质　　　　容器　　　　内包装

内包装　衬垫材料　外包装　　组合包装
　　　　和/或吸附材料

包装件　　货盘　　　　　合成包装

图 5-38　Overpack 的组成过程

图 5-39　捆绑形成的敞开式 Overpack

图 5-40　由货盘盛装捆绑的敞开式 Overpack

②"封闭式"Overpack。将组成 Overpack 的每一包装件放入同一个外包装中，从 Overpack 的外部看不到每一个包装件的具体情况。如置于纤维板箱内的一个或多个包装件。可参考如图 5-41 所示的一个坚实的外包装纤维板箱或圆桶，木制箱或瑟琶箱，金属琵琶箱或圆桶，以及如图 5-42 所示的一个板条箱的 Overpack。

由此可见，Overpack 的标记和标签的问题主要在于"封闭式"Overpack 如何正确地作出标记和标签。简单地说，如果 Overpack 内各包装的标志从外部看不见时，为了使内部各包装件的信息从外部清楚识别，必须按以下要求注明标记和粘贴标签：

①在 Overpack 的包装外表面上标注"OVERPACK"字样。

②Overpack 内各包装件上使用的运输专用名称，UN/ID 编号、标记、标签以及特殊运送说明等需在整个 Overpack 包装外表面重新进行复制。

图 5-41　封闭式 Overpack

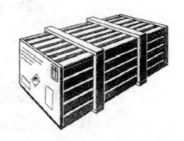

图 5-42　封闭式 Overpack（板条箱）

【例 5-35】一个由以下 3 个包装件形成的是封闭式 Overpack，请确定该 Overpack 外的所有标记和标签。已确定三种物质之间不需隔离，并假定该包装件的托运人和收货人信息与本节图 5-26 中相同。

包装件 A：樟脑油（Camphor oil），UN1130，净含量 30L；

包装件 B：丁腈（Butyronitrile），UN2411，净含量 1L；

包装件 C：镁（Magnesium），UN1869，净含量 18kg；

查品名表，可知三种不同的物质在品名表中的信息如表 5-67 所示：

表 5-67　　　　　　　　　组成 Overpack 的各物质的"品名表"条目

UN /ID No.	Proper Shipping Name/Description	Class or Div. (sub Risk)	Hazard Labels	PG	Passenger and Cargo Aircraft				Cargo Aircraft Only		S.P. See 4.4	ERG Code
					EQ See 2.6	Ltd Qty		Pkg Inst	Max Net Qty/Pkg	Pkg Inst	Max Net Qty/Pkg	
						Pkg Inst	Max Net Qty/Pkg					
A	B	C	D	E	F	G	H	I	J	K	L	M	N
2411	Butyronitrile	3(6.1)	Flamm. Liquid & Toxic	II	E2	Y341	1L	352	1L	364	60L		3P
1130	Camphor oil	3	Flamm. Liquid	III	E1	Y344	10L	355	60L	366	220L		3L
1869	Maganesium	4.1	Flamm. Solid	III	E1	Y443	10kg	446	25kg	449	100kg	A15	3L

由于封闭式的 Overpack 不允许含有仅限货机运输的包装件，所以本例中都是客机运输的情况。

（1）确定所有包装件都要作出的标记为：每种物质的运输专用名称、UN/ID 代号和托运人及收货人地址和姓名全称、每种物质的净数量。

（2）确定所有包装件需做的标签：

包装件 A：易燃液体危险性标签、向上标签。

包装件 B：易燃燃体和毒性物质的危险性标签、向上标签。

包装件 C：易燃固体危险性标签。

（3）在 Overpack 上复制所有的包装件的标记和标签，多个同样的标记和标签只需复制一次，最后，再标上"OVERPACK"的字样。

Overpack 表面的标记和标签如图 5-43 所示：

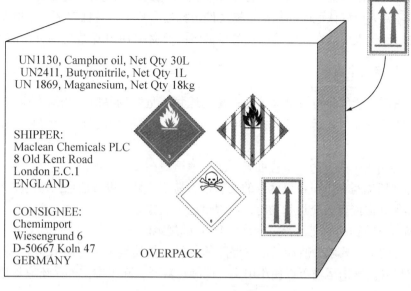

图 5-43　例题 Overpack 的标记和标签

5.7　危险品运输文件

正确填制航空货物运输文件是货物安全运输的基本要求和必要保证。它的准确性和完整性是保证安全、及时、准确、高效地完成危险品运输工作的基础。

危险品运输中涉及的主要文件包括以下四种：

（1）托运人危险物品申报单（Shipper's Declaration for Dangerous Goods，又简称申报单，DGD）；

（2）航空货运单（Airway Bill，简称货运单，AWB）；

（3）特种货物机长通知单（Special Load Notification To Captain，简称机长通知单，NOTOC）；

（4）危险品收运检查单（Dangerous Goods Acceptance Checklist）。

大多情况下，托运人需要填写前 2 种文件的危险品才能交付运输。以货物形式进行航空运输的物品都需要填写航空货运单。除 DGR 规定的几种例外情况，交运危险品时还必须由托运人填写"托运人危险品申报单"。这是托运人向经营人提供信息的关键方式和手段，也是运输中保存记录的重要对象。此外，如有特殊情况的危险品，还可能需要相关政府主管部门的批准文件和（或）豁免证书等。

危险货物被收运后，装机时还必须由地面人员填写"特种货物机长通知单"使机长在遇到意外事件时能准确、及时处理。

收运检查单是经营人在收运危险品时，为了检查托运人危险品申报单、货运单及危险品包装件是否完全符合要求所使用一种辅助的检查工具。收运检查单通过标准的确认程序，能提高检查的准确性，所以也成为 DGR 规定使用的一种危险品运输文件。

最后，经营人应确认危险品航空运输文件由托运人签字，并且签字人已按照规定的要求训练合格。经营人应当在航空器起飞前尽早向机长提供 DGR 中规定的书面信息。

5.7.1　托运人申报单

除已说明不需要危险物品申报单外，在托运每一危险物品时，托运人应按 DGR 中的定义和分类，填写好"托运人危险物品申报单"。交运含有危险物品货物时，托运人必须做到：

（1）只能用正确的方法、格式准确、清楚地填写；

（2）确保所填写在申报单里信息的准确性、易读、易懂以及信息保持的持久性；

（3）确保在向经营人交运货物时，申报单已正确签署；

（4）确保危险物品的交运，完全符合 DGR 的规定。

填写所有的文字要求为所涉及运输保障的各类人员均能读懂，DGR 规定需使用英文，但我国民航局规定国内运输可以使用中文，国际运输时，除了中文外，还应加用英文或直接使用英文。

除以下情况外，货物涉及危险品时都需填写托运人申报单。

（1）例外数量的危险品；

（2）UN3373，生物物质 B 类；

（3）UN2807，磁性物质；

（4）UN1845，固体二氧化碳（干冰）作为非危险品的制冷剂时；

（5）UN3245，转基因生物、转基因微生物；

（6）UN3164，液压物品；

（7）UN3164，气压物品；

（8）满足包装说明 965~970 号第 Ⅱ 部分的锂离子电池或锂金属电池；

（9）放射性物质的例外包装件。

5.7.1.1　申报单的规格

DGR 对托运人危险物品申报单的规格进行了详细的规定，主要有：

（1）颜色——申报单的表格可用黑色和红色印制在白纸上，或只用红色印制在白纸上。表格左右两边垂直的斜纹影线必须印成红色。

（2）尺寸——申报单印制必须使用国际标准化组织（ISO）的 A3 或 A4 型纸张。ISO 标准尺寸中，A3 为 297×420mm（11.75×16.5in），A4 为 297×210mm（11.75×8.25in）。

5.7.1.2　申报单的使用及存档

托运人托运危险物品时应正确、如实地填写托运人危险物品申报单，并必须保证危险物品运输的全部准备工作完全符合国家及经营人的有关规定。申报单的使用和存档如下：

（1）根据 DGR 要求，所有项目需用英文填写，为方便使用，可附中文。我国民航局规定，国内运输的危险品可以使用中文填写。

（2）托运人危险物品申报单一式两份复写。一份随附货运单和货物运输，一份由始发站经营人留存。

（3）按照 IATA 的要求，托运人的申报单保存期限至少为 3 个月。但按照我国对危险品运输文件的要求，申报单需要从飞行中止后保存至少 24 个月。

5.7.1.3　申报单填写要求

托运人危险物品申报单填写的主要要求有：

（1）字迹应清楚工整，用英文填写，可以在英文后面附上另一种文字的准确译文，如中文。

（2）申报单一式两份。签字后一份随货运单和货物送至到达站，一份交接收的经营人留存，其中一份包括上面的签字可为复印件。

（3）申报单的货运单号码栏、始发站机场栏和目的站机场栏可以由托运人填写，也可以由收货人员填写，但是其他栏目必须由托运人填写。除此之外，在任何情况下申报单都不得由拼装人、货运代理人或经营人来填制签字。

（4）申报单可以打印，或使用打字机。在任何情况下，申报单都不得由经营人、运输商或国际航协货运代理人签字并完成填写工作。

（5）申报单必须由托运人签字，签字必须使用全称，可以手写或盖章，但不准使用打字机。

（6）申报单上如有变更或涂改，托运人必须在涂改处签字，且涂改处的签字必须与文件最末的签字一致；否则，经营人不得接收。如果一批物品的申报单在被经营人拒收后，再次交运时，托运人必须重新填制申报单。

（7）申报单中不得包括与本次运输无关的信息，但可以描写与本次运送的危险物品共同包装在一起的非危险物品。

（8）在集运货物中，托运人除填写一份总的申报单外，每一不同托运人交运的物品还必须单独填制一份申报单。当到达目的地机场时，经营人须将每份申报单的复本交与货物解拼人员（Deconsolidator）。若解拼的目的是为了下一步运输时，则前一经营人必须交给后续经营人至少 2 份危险品申报单的复本。

注：集运（Consolidations）或集运货物指的是由于航空运输的物品种类多，单位包装件的体积、质量小，为了便于储运、保管、装卸，有时可以根据托运人的要求将同一流向的不同托运人欲交运的物品合并在一个大包装内，如一个货物托盘上，或一个集装箱内作为一个运输单元进行运输，又称为混载运输。当然，采用这种运输方式所涉及的所有托运人之间必须有协议。

（9）对于需一架以上的飞机运输的多批货物，第一经营人必须从托运人处取得每架飞机运送的每批货物的申报单复本。

5.7.1.4　申报单格式分类

托运人危险物品申报单有手工填制与机器填制两种，可分别参看图 5-44 和图 5-45。这两种申报单的功能完全一致，格式方面也只是在"NATURE AND QUANTITY OF DAN-GEROUS GOODS（危险品的种类和数量）"这一栏有所不同。手工填制申报单有虚线分栏，每一栏均对应一个需要填写的项目，因而填写更方便，不易出错，也更清晰易读；机

SHIPPER'S DECLARATION FOR DANGEROUS GOODS

Shipper	Air Waybill No.
	Page of Pages
	Shipper's Reference Number
	(optional)

Consignee	For optional use
	for
	Company logo
	name and address

Two completed and signed copies of this Declaration must be handed to the operator.	**WARNING**

TRANSPORT DETAILS

This shipment is within the limitations prescribed for: *(delete non-applicable)*	Airport of Departure:

PASSENGER AND CARGO AIRCRAFT	CARGO AIRCRAFT ONLY

Failure to comply in all respects with the applicable Dangerous Goods Regulations may be in breach of the applicable law, subject to legal penalties.

Airport of Destination:	Shipment type: *(delete non-applicable)*
	NON-RADIOACTIVE RADIOACTIVE

NATURE AND QUANTITY OF DANGEROUS GOODS

Dangerous Goods Identification						
UN or ID No.	Proper Shipping Name	Class or Division (Subsidiary Risk)	Pack-ing Group	Quantity and type of packing	Packing Inst.	Authorization

Additional Handling Information

I hereby declare that the contents of this consignment are fully and accurately described above by the proper shipping name, and are classified, packaged, marked and labelled/placarded, and are in all respects in proper condition for transport according to applicable international and national governmental regulations. I declare that all of the applicable air transport requirements have been met.

Name/Title of Signatory

Place and Date

Signature
(see warning above)

图 5-44   手工填制的空白托运人危险品申报单样本

SHIPPER'S DECLARATION FOR DANGEROUS GOODS

Shipper	Air Waybill No.
	Page of Pages
	Shipper's Reference Number
	(optional)

Consignee	For optional use for Company logo name and address

Two completed and signed copies of this Declaration must be handed to the operator.

WARNING

TRANSPORT DETAILS	Failure to comply in all respects with the applicable Dangerous Goods Regulations may be in breach of the applicable law, subject to legal penalties.

This shipment is within the limitations prescribed for: *(delete non-applicable)*

Airport of Departure:

PASSENGER AND CARGO AIRCRAFT	CARGO AIRCRAFT ONLY

Airport of Destination:

Shipment type: *(delete non-applicable)*
NON-RADIOACTIVE | RADIOACTIVE

NATURE AND QUANTITY OF DANGEROUS GOODS

UN Number or Identification Number, proper shipping name, Class or Division (subsidiary risk), packing group (if required), and all other required information.

Additional Handling Information

I hereby declare that the contents of this consignment are fully and accurately described above by the proper shipping name, and are classified, packaged, marked and labelled/placarded, and are in all respects in proper condition for transport according to applicable international and national governmental regulations. I declare that all of the applicable air transport requirements have been met.

Name/Title of Signatory

Place and Date

Signature
(see warning above)

图 5-45　机器填制的空白托运人危险品申报单样本

器填制申报单没有分栏，只在该栏的空白处上方注明了所填写项目的顺序要求，虽然没有手工填制申报单那样清楚方便，但由于可连续书写，不受栏目宽度的限制，比较自由。

本章涉及"NATURE AND QUANTITY OF DANGEROUS GOODS（危险品的种类和数量）"一栏的填写仅针对手工填制的申报单。

5.7.1.5 通用栏目填写

将申报单从"NATURE AND QUANTITY OF DANGEROUS GOODS（危险品的种类和数量）"处上下一分为二，上半部分的栏目涉及的是与危险品本身性质无关的其他通用信息，如托运人收货人、货运单号码、机型限制等，这些栏目暂称为通用栏目。根据 DGR 第 8 章相应要求，通用栏目的填写主要要求有：

（1）Shipper：填写托运人的姓名和地址全称。地址和姓名与货运单上的托运人的姓名和地址可以不同。

（2）Consignee：填写收货人的姓名和地址全称。地址和姓名与货运单上的托运人的姓名和地址可以不同。如果托运人托运感染性物质，还应填写发生事故时可与之联系并能够进行处理的负责人的姓名和电话号码。

（3）Air Waybill Number：填写所收运的危险物品的货运单号码。

（4）Page of Pages：填写当前页码和总页码，如无续页时均写为"1"，即"page 1 of 1 pages,（第 1 页，共 1 页）"。

（5）Transport Details：本栏由三部分组成，其中第一部分"This shipment is within the limitations prescribed for"带有两个框"PASSENGER AND CARGO AIRCRAFT"和"CARGO AIRCRAFT ONLY"要求选择危险物品运输时对机型的限制，如客机、货机均可或仅限货机等。应根据货物的情况而定，将两项中一项划掉，另一项保留。具体操作时，需要查看实际运输的数量在品名表相应栏目的数量限制情况，或者查看运输包装所使用的包装说明规定。第二部分和第三部分即下面的第（6）和（7）点的填写要求。

（6）Aircraft of Departure：填写始发站机场或城市的全称。注意不可以填写三字代码。

（7）Airport of Destination：填写目的站机场或城市的全称。注意不可以填写三字代码。

（8）Shipment Type：选择危险物品的性质是否属于放射性物质，需要划掉不适用的一项。

由于放射性物质的申报单填写方式与非放射性物质有较大差异，本章仅讨论非放射性物质。填写时均将"Radioactive（放射性）"字样删去以表明该货物不含放射性材料。

5.7.1.6 危险物品类别与数量栏填写

对于非放射性物质，在托运人危险物品申报单中"NATURE AND QUANTITY OF DANGEROUS GOODS"填写危险物品的类别与数量的要求如下：

（1）Dangerous Goods Identification 识别

①UN or ID No.：填写危险物品的 UN 或 ID 代号。应按照危险品在品名表的 A 栏中的代号来填写，4 位数字前面应缀上"UN"或"ID"。

②Proper Shipping Name：填写危险物品运输专用名称，必要时填写技术名称。应按照危险品在品名表的 B 栏填写。除运输专用名称中已含有"molten（熔化）"字样外，固体物质交付空运呈熔化状态时，"molten（熔化）"字样必须加进运输专用名称。

③Class or Division（Subsidiary Risk）：填写危险物品的类别或项别，对于第 1 类爆炸

品，应注明配装组。如有次要危险性，紧跟类别或项别用括号注明与标签相应的次要危险性所属类别或项别的编号。应按照危险品在品名表的 C 栏填写。

如果特殊条款要求或对于 4.1 项中的自身反应物质和 5.2 项中 DGR 附录 C 及注释所需的，也须填写次要危险性标签。

④Packing Group：填写危险物品的包装等级。对于装有多种化学药品的化学物品箱或急救箱，填写其指定的最严格的包装等级，应按照危险品在品名表的 E 栏填写，前面可冠以"PG"字样。如危险品没有包装等级，则这一栏保持空白。

（2）Quantity and Type of Packing：危险物品包装件数量和种类

①当包装件属于同一种类的包装且所有包装件的内装物为同一物质时，填写包装件的数量和包装的种类。如"Fiberboard box（纤维板箱）""Box fiberboard（箱，纤维板）"。不可直接使用 UN 规格的包装容器代码或缩写（如 4G），如使用只可作为附加说明，如"4 steel drums（1A2）"。

②每一包装件内危险品的净含量及单位。如 3kg、10L 等。当品名表中 H 栏、J 栏中有最大允许毛重代号"G"时，应注明毛重，并在计量单位后加注字母 G。

包装的类型信息和紧跟着填写的单位数量信息之间可以用符号"×"连接，但不是必须的。如"2 Plastic jerrican × 2L"。

③当两种或两种以上的危险品装入同一外包装内时，描述完各自所包含的内包装后，"All packed in one（description of type of package）［所有物品均包装在一个（某一包装类型）包装内］"字样必须紧随相关项目。如货物含有一件以上此类包装件，每一包装件含有相同组合且为同一类别并可兼容的物品，则下列说明应紧随有关项目："All packed in One（填入包装类型描述）×（……）（填入实际包装件数）"。

完成以上描述后，这种混合内包装的危险品在包装时计算出的"Q"也应紧随描述注明，按规定 Q 值应进位到小数点后一位，可参考后面例题。

对于有限数量的危险品，包装件有 30kg 的毛重限制。如果将其与其他不同的危险品放在同一外包装中，则必须标明整个包装件的毛重。

④当使用 Overpack 时，紧随所有 Overpack 内有关包装件的描述，"Overpack Used（使用 Overpack）"字样必须填入。在这种情况下，必须先列出 Overpack 内的包装件数，再列出非 Overpack 的情况，以免混乱。多件 Overpack 内装物相同时，应列出"Overpack Used（使用 Overpack）×（相同 Overpack 的件数）"以及各 Overpack 的编号。多件 Overpack 内装物不相同时，应将它们分别列出以便识别。

⑤必须注明化学药品箱或急救箱中危险品的总净重（包括计量单位）。箱内液体的净量应按 1 比 1 的基础计算其容积，即 1 升等于 1 千克。

⑥对于"机器或设备中的危险品"，无论呈固态、液态或气态，都必须注明各危险品的总数量。

⑦对于用补救包装运输的危险品，应填入估计剩余重量，并注明"SALVAGE PACKAGE（废料包装）"字样。

注：至/自欧洲运输的爆炸品，除爆炸品的净量外，还建议用千克/件标明"Net Explosive Quantity（爆炸物净量）"。爆炸物净量仅指爆炸物质的重量。

（3）Packing Instructions：包装说明栏

当使用 UN 规格包装时，根据所运输的危险品的性质、数量以及本次运输适用的机型，选择"品名表"中的 I 栏或 J 栏，注明适当的包装说明代号。如 344、855 等。

当使用有限数量包装时，则须根据"品名表"中的 H 栏填写包装说明的代号及其前缀"Y"。如 Y341、Y645 等。

当锂电池按照 PI965 和 PI968 的第 IB 部分准备时，需要将"IB"字样紧跟在包装说明的数字代号"965"或"968"后。为了突出显示，也可以将"IB"写在下一栏即"Authorizations"栏中。

（4）Authorizations：填写主管部门的批准或认可

①如果涉及的特殊规定是 A1、A2、A4、A5、A51、A81、A88、A99、A130、A190、A191、A201、A202、A211、A212 或 A331 时，应填写该特殊规定的编号。

②如物质是经政府当局批准按 A1 或 A2 运输时，需在本栏中注明信息表明批准或豁免证书已随附申报单。批准内容应包括数量限制、包装要求、机型（如适用）和其他任何有关信息。

③当危险品装在小型储罐中运输时，必须附带一份主管当局批准的文件。

④按照包装说明 101 号运输的爆炸物品，则国家引用的国际交通机动车辆国家识别符号必须标注在托运人危险品申报单上。标注方法为"Packing authorized by the competent authority of…（包装件由×××主管当局许可运输）"字样。

⑤当运输的爆炸品符合 PI101 并获得了有关国家主管当局的批准时，应在申报单上用国际交通机动车辆国家识别符号注明所列的批准当局的名称，如"Pakcaging authorized by the competent authority of …"。

⑥当有机过氧化物和自身反应物质的运输条件需事先得到批准时，得到批准的声明必须标注在申报单上。对于未列明的有机过氧化物和自身反应物质，关于分类批准和运输条件的文件必须附在申报单后面。

这些相关国家和主管部门的批准、许可及（或）豁免文件必须随附申报单一起运输。如果文件未使用英文，还必须随附一份准确的英译文。

5.7.1.7 附加操作栏填写

在托运人危险物品申报单"Additional Handling Information（附加操作说明）"中，填写任何其他有关的特殊操作说明。主要有：

（1）对 4.1 项中的自身反应物质及 5.2 项有机过氧化物，必须指明含有这些物质的包装件不得被阳光直射，远离热源，码放在通风良好的地方。可以这样填写"Packages containing UN×××× must be protected from direct sunlight, and all sources of heat and be placed in adequately ventilated area"。当运输这些物质的样品时，也应在附加操作信息栏中作相应的声明。

（2）当遵照特殊规定 A144 对安装在呼吸保护装置（Protective Breathing Equipment, PBE）中的化学氧气发生器进行运输时，须填写"Air crew protective breathing equipment （smoke hood）in accordance with special provision A144［符合特殊规定的 A144 的飞行机组呼吸保护装置（防烟面罩）］"字样的声明。

（3）对于 6.2 项 A 级感染性物质（UN2814 和 UN2900），根据国家法律或国际公约禁止在"n.o.s★"运输专用名称中公布其技术名称的物质，须在本栏填写责任人的姓名与电话号码。

（4）烟火物质分类编码：当运输 UN0336 或 UN0337 的烟火时，申报单必须包括国家主管当局给出的分类编码。分类编码必须包括以国际交通机动车辆符号（VRI 代码）来表示的有关主管当局所属国家、国家主管当局识别代码及唯一的序列号。这样的分类编码例如：

GB/HSE123456

D/BAM1234

USA EX20091234

（5）当易燃粘稠物质根据 DGR3.3.3.1.1 节中的条款被划分为包装等级Ⅲ级时，必须在申报单上声明。例如在附加操作信息栏中注明"UNxxxx 3.3.3.1.1"（xxxx 为易燃粘稠物质的 UN 编号）。

5.7.1.8　声明证明栏

申报单必须含有保证货物按 IATA DGR 的规定完成准备而且能够被收运的证明或声明。声明的文字为——"I hereby declare that the contents of this consignment are fully and accurately described above by the proper shipping name, and are classified, packaged, marked and labelled/placarded, and are in all respects in proper condition for transport according to applicable international and national governmental regulations.（我在此声明，上述运输专用名称完整、准确地表述了货物的内装物品并进行了分类、包装、标记、标签/挂签，且根据国际及国家的有关规定，各方面状态完好适于运输。）"——这一内容不需要填写，但需要在签字前确认。

空运时需要有以下的补充说明："I declare that all of the applicable air transport requirements have been met.（我声明，所有适用的空运要求均已符合）"。如果所用的申报单此栏中无此附加声明，则必须在申报单的附加操作信息栏中写明。

5.7.1.9　签名栏

除托运人签名外，本栏还有多项内容需要填写：

（1）Name/Title of Signatory：填写托运人的姓名和职务，可以打印，也可以用印章，对于从中国始发的危险品同时要求加盖发货单位公章。

（2）Place and Date：填写签字的地点和日期。日期的格式没有特别规定，在不产生误解的情况下，任何格式的日期填写方式都是可以接受的。DGR 指出的被较多接受的格式为 yyyy-mm-dd，如 2013-04-13 表示 2013 年 4 月 13 日。

（3）Signature：托运人签字，由填写申报单的托运人或托运人的货运代理人签字，只可手写或盖单，不可打印。

本章不介绍放射性物质的托运人申报单填写，有关放射性物质危险品的托运人危险品申报单填写详见 DGR 第 10 章，本书不再涉及。

5.7.1.10　申报单填写实例

【例 5-36】填妥的手工格式的托运人危险品申报单。

本次运输所涉及危险品中没有多个危险品放入同一外包装或 Overpack 的情况。另外，含有 4.1 项中的自身反应物质，所以在操作信息栏内填入相应的操作注意事项声明。如图 5-46 所示。

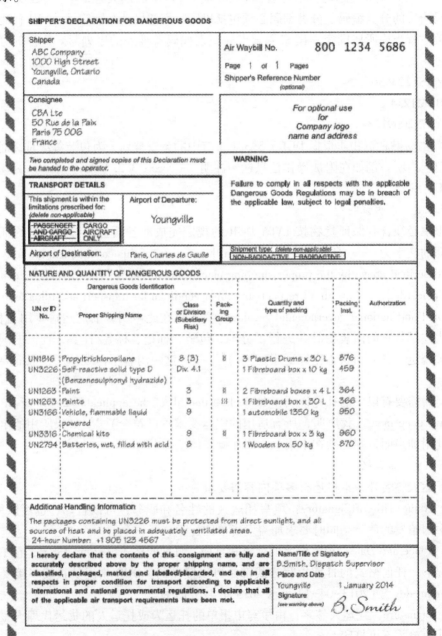

图 5-46　手工填制的托运人危险品申报单

【例 5-37】填妥的机器格式的托运人危险品申报单。

在"NATURE AND QUANTITY OF DANGEROUS GOODS"一栏中没有细分栏目，但填写的顺序按照栏中给出的说明执行，内容与例 5-36 无差别。显示同一危险品不同性质的项目之间采用"//"分离，同一项目之间的内容可以用逗号隔开。如图 5-47 所示。

SHIPPER'S DECLARATION FOR DANGEROUS GOODS

Shipper ABC Company 1000 High Street Youngville, Ontario Canada	Air Waybill No.　　800 1234 5686 Page 1 of 1 Pages Shipper's Reference Number 　　　　　　　(optional)
Consignee CBA Lte 50 Rue de la Paix Paris 75 006 France	For optional use for Company logo name and address
Two completed and signed copies of this Declaration must be handed to the operator.	WARNING

TRANSPORT DETAILS

This shipment is within the limitations prescribed for: (delete non-applicable) ~~PASSENGER AND CARGO AIRCRAFT~~ / CARGO AIRCRAFT ONLY	Airport of Departure: Youngville	Failure to comply in all respects with the applicable Dangerous Goods Regulations may be in breach of the applicable law, subject to legal penalties.

Airport of Destination:　Paris, Charles de Gaulle

Shipment type: (delete non-applicable) NON-RADIOACTIVE ~~RADIOACTIVE~~

NATURE AND QUANTITY OF DANGEROUS GOODS
UN Number or Identification Number, Proper shipping name, Class or Division (subsidiary risk) Packing Group (if required) and all other required information.

UN1816, Propyltrichlorosilane, 8 (3) II // 3 Plastic drums x 30L//876

UN3226, Self-reactive solid type D (Benzenesulphonyl hydrazide), Div. 4.1
1 Fibreboard box x 10 kg
459

UN1263, Paint, Class 3, II
2 Fibreboard boxes x 4L
3 Plastic drums x 60L
364

UN1263, Paints, 3, PGIII
1 Composite packaging (6HA1) x 30L
366

UN3166, Vehicle, flammable liquid powered, 9 // 1 automobile 1350kg // 950

UN3316, Chemical kits, 9, II // 1 Fibreboard box x 3kg// 960

Additional Handling Information
The packages containing UN3226 must be protected from direct sunlight and all sources of heat and be placed in adequately ventilated areas.
24-hour Number: +1 905 123 4567

I hereby declare that the contents of this consignment are fully and accurately described above by the proper shipping name, and are classified, packaged, marked and labelled/placarded, and are in all respects in proper condition for transport according to applicable international and national governmental regulations. I declare that all of the applicable air transport requirements have been met.

Name/Title of Signatory
B.Smith, Dispatch Supervisor
Place and Date
Youngville　　2014-01-01
Signature
(see warning above)
B. Smith

图 5-47　机器填制的托运人危险品申报单

【例5-38】2 个或 2 个以上的不同危险品放入同一个外包装内，UN 规格包装。

此例主要是 NATURE AND QUANTITY OF GOODS 栏中的"quantity and type of packing"分栏目的填写：需要先描述内部各危险品的内包装情况，再注明"All packed in one…"及外包装情况，最后注明 Q 值的大小。如图 5-48 所示。

NATURE AND QUANTITY OF DANGEROUS GOODS						
Dangerous Goods Identification						
UN or ID No.	Proper Shipping Name	Class or Division (Subsidiary risk)	Packing Group	Quantity and type of packing	Packing Inst.	Authorization
UN2339	2-Bromobutane	3	II	2 L	353	
UN2653	Benzyl Iodide	6.1	II	2 L	654	
UN2049	Diethylbenzene	3	III	5 L	355	
				All packed in one wooden box. Q=0.9		

图 5-48　2 个或以上不同危险品放入同一外包装的"数量与包装类型"栏填写

【例5-39】2 个或 2 个以上的不同的有限数量的危险品放入同一个外包装内。

此例的填写方法和例 5-38 相同，但需要注意计算 Q 值时，只用了 2 个在品名表的 G 栏数量限制显示不带有"kg G"的危险品进行计算，最后并加注整个包装件的毛重，且应注意 Packing Instruction 一栏中的包装说明都带有大写字母"Y"。如图 5-49 所示。

UN1950	Aerosols, non-flammable	2.2		5 kg	Y203
UN2653	Benzyl Iodide	6.1	II	0.3 L	Y641
UN2049	Diethylbenzene	3	III	0.5 L	Y344
				All packed in one wooden box. Q=0.4 Total Gross Weight: 10 kg G	

图 5-49　2 个或以上不同有限数量物质放入同一外包装"数量与包装类型"栏填写

【例5-40】干冰与 6.2 项感染性物质使用同一个 UN 规格包装。

此例是不需要计算 Q 值的，所以将包装的情况描述后，不需填写 Q 值，如图 5-50 所示。

UN2814	Infectious substance, affecting humans (Dengue virus culture)	6.2	25 g	620
UN1845	Dry Ice	9	20 kg	954
			All packed in one Fibreboard box.	

图 5-50　干冰与感染性物质装入 1 个 UN 纸箱的"数量与包装类型"栏填写

【例 5-41】干冰与 6.2 项感染性物质形成 Overpack。

与例 5-40 类似,干冰与感染性物质仍然一同包装,但不是 UN 规格的包装,而是一起放入一个 Overpack,并符合包装说明 954 的要求,按照 Overpack 的要求描述。如图 5-51 所示。

NATURE AND QUANTITY OF DANGEROUS GOODS

Dangerous Goods Identification						
UN or ID No.	Proper Shipping Name	Class or Division (Subsidiary risk)	Packing Group	Quantity and type of packing	Packing Inst.	Authorization
UN2814	Infectious substance, affecting humans (Dengue virus)	6.2		1 Fibreboard box x 25 g	620	
UN1845	Dry Ice	9		20 kg Overpack used	954	

图 5-51 干冰与感染性物质形成 Overpack 的"数量与包装类型"栏填写

【例 5-42】多个不同的 Overpack 进行运输。

Overpack 的填写,需要把组成 Overpack 的单个包装件的包装情况先进行描述,再描述其他包装件的情况,如遇到多个不同的包装件,可参考图 5-52 中的写法。

NATURE AND QUANTITY OF DANGEROUS GOODS

Dangerous Goods Identification						
UN or ID No.	Proper Shipping Name	Class or Division (Subsidiary risk)	Packing Group	Quantity and type of packing	Packing Inst.	Authorization
UN1950	Aerosols, flammable	2.1		200 Fibreboard boxes x 0.2 kg Overpack used #AA44 Total net quantity 40 kg 100 Fibreboard boxes x 0.1 kg Overpack used #AB62 Total net quantity 10 kg 100 Fibreboard boxes x 0.3 kg Overpack used x 3 #AA60 #AA72 #AA84 Total quantity per overpack 30 kg	203	

图 5-52 多个不同的 Overpack

【例 5-43】符合 965 号包装说明 Ⅰ B 部分规定包装的锂离子电池。

在包装说明 965 后应注明"Ⅰ B",也可以在 Authorization 栏中注明"Ⅰ B",如图 5-53 所示。同理,符合 968 号包装说明 Ⅰ B 部分规定的锂金属电池也应注明"Ⅰ B"。

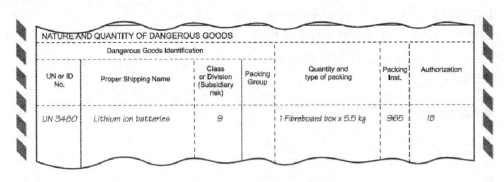

图 5-53　使用 965 号包装说明 I B 部分规定包装的锂电池

5.7.2　航空货运单

航空货运单（Airway Bill，缩写为 AWB）是经营人与托运人之间签订的运输契约，也是经营人或其代理人签发的货物收据，还可作为核收运费的依据和海关查验放行的基本单据。所以，航空货运单是民航经营人与托运人之间建立权利义务关系的契约，是办理货物运输的依据，又是计算货物运输的财务票证。

航空运输时，必须按照货物运输的要求填制航空货运单。本节仅介绍部分有关栏目中由危险品所涉及的填写要求，其他通用性栏目（危险品和非危险品都涉及的）的填写可以参考 IATA 的《航空货运单手册》，或参考民航货运课程的相关教科书。

航空货运单的格式可能随经营人的不同有少许差异，但按 IATA 的规定，基本的框架应大致相同，强制性填写的栏目均不得缺少，所以本节介绍的航空货运单中涉及危险品货物的栏目填写都是适用于所有经营人的。

在航空货运单上，一般情况下，对危险品货物需要注明的信息只涉及两栏，即"Handling Information"（操作信息栏）和"Nature and Quantity of Goods（Incl. Dimensions of Volume）"［货物的性质和数量（包括尺寸大小）栏］。如果是需申报的危险品（即需填写危险物品申报单），只在前一栏注明随附申报单，后一栏简单注明货品名称即可，更详细的危险品性信息会由申报单提供；如果是不需申报的危险品，如例外数量的危险品，则只需在后一栏中详细注明危险品的信息。

某些情况下出现的危险品与非危险品需要填写在同一张货运单上时，必须将危险物品列在前，非危险品列在后。

以下将分情况介绍各种情况下航空货运单涉及危险品的栏目的填写。

5.7.2.1　需申报危险品的填写

（1）对于客机与货机均可运输的需申报的危险物品，在航空货运单上的"操作信息"（Handling Information）栏内填写："Dangerous Goods as per attached Shipper's Declaration"或"Dangerous Goods as per attached DGD"。

【例 5-44】运输一批客机和货机均可运输的化学危险品，需要填写危险物品申报单。航空货运单的涉及栏目填写如图 5-54 所示。

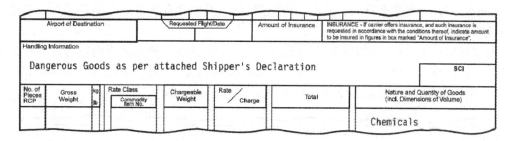

图 5-54　客机与货机均可运输的危险品的航空货运单

（2）对于仅限货机运输的危险物品，还需再注明：“Cargo Aircraft Only”或“CAO”（即仅限货机）。

【例 5-45】仅限货机运输的一批弹药，需要申报。

航空货运单相关栏的填写如图 5-55 所示。

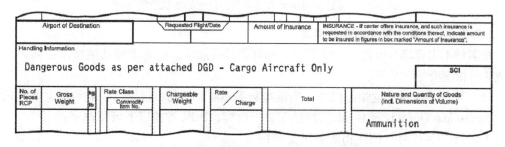

图 5-55　仅限货机运输的危险品的航空货运单

5.7.2.2　集运货物的填写

此处的集运货物既可以是托运人的货物中同时含有需申报危险品和非危险品的情况，也可以是前面介绍的多个托运人由集运（Consolidations）方式托运的货物同时包含有需申报危险品和非危险品的情况。后一种情况所涉及的航空货运单填写主要针对航空主运单的填写。

以上情况均混合了危险品和非危险品，必须在“操作信息”（Handling Information）栏内注明危险品的件数，此数字可标在“Dangerous Goods as per attached Shipper's Declaration”这一声明的前面或后面。

【例 5-46】一批家庭用品的集运货，其中含有 5 个需要申报的包装件，其他 20 件均为无需申报的危险。航空货运单相关栏填写如图 5-56 所示。

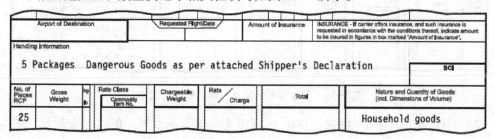

图 5-56　同时含有需申报和无需申报危险品的集运货物的航空货运单

【例 5-47】一批集运货物，共有 30 个包装件，其中含有 7 个危险品包装件，其他均为非危险品。

航空货运单主运单的相关栏填写如图 5-57 所示。注意，此集运货内部各非危险品包装件的内容由分运单提供，所以在"Nature and Quantity of Goods（Incl. Dimensions of Volume）"中只需填写"Consolidated Shipment as per attached list"。

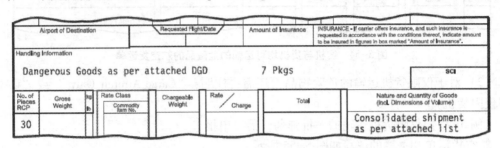

图 5-57　集运货物中含有需申报的危险品的航空货运单

5.7.2.3　无需申报危险品的填写

在多种不需要填写申报单的情况中，例外数量的危险品的要求和其他情况不同，所以分成 2 种情况介绍。

（1）除例外数量的危险品以外，当危险物品不需要填制申报单时，航空货运单上只需在"Nature and Quantity of Goods"栏注明以下内容，DGR 推荐以下填写顺序：

①UN 或 ID 代号（磁性物质不作要求）；

②运输专用名称；

③包装件数量；

④固体二氧化碳（干冰）需标出每一包装件的净数量。

注：放射性物质例外包装件的填除外。

【例 5-48】一批由干冰作为制冷剂一起运输生鲜货物（冻鱼），不需要填写申报单。

航空货运单相关栏填写如图 5-58 所示。

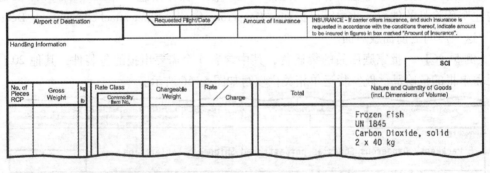

图 5-58　干冰与非危险品一起运输的货运单

（2）对于例外数量的危险品，DGR 已规定无需填写申报单，但同时也规定，填写航空货运单时需要在"Nature and Quantity of Goods"栏注明"Dangerous Goods in excepted quantities（例外数量危险品）"的字样，并标明包装件的数量。

【例 5-49】牙科器材中含有的 1 个包装件的危险品以例外数量的形式包装。

不需要填写申报单，航空货运单相关栏的填写如图 5-59 所示。

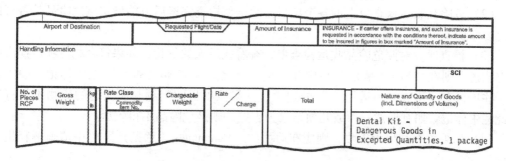

图 5-59　含有例外数量危险品的货物的货运单

（3）其他情况：符合包装说明 965–970 第Ⅱ部分的锂离子电池，根据本部分包装说明，应作为非危险品运输，无需填写申报单，但在填写航空货运单时需要在"Nature and Quantity of Goods"栏注明""Lithium ion/metal batteries（contained in/packed with equipment）in compliance with Section Ⅱ of PI＊＊"（＊＊为适用的包装说明三位数代码）。

【例 5-50】一批符合包装说明 965 号第Ⅱ部分要求的锂离子电池，作为非危险品运输。

此例不需要填写申报单，航空货运单相关栏的填写如图 5-60 所示，注意这类电池还需要仅限货机运输。

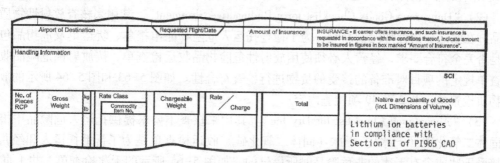

图 5-60　按包装说明 965 第Ⅱ部分要求准备的锂电池货运单

5.7.3　收运检查单

在收运危险品时，为了检查托运人危险品申报单、货运单及危险品包装件是否完全符合要求，经营人的收运人员必须使用危险品收运检查单。检查单包括了危险品运输的所有步骤，以确保在包装件、Overpack、货物集装器上正确地填写标记和粘贴标签；正确地填制托运人危险品申报单和航空货运单以及按照 DGR 的要求正确收运。

5.7.3.1　使用方法

在使用各种危险品收运检查单时，应该遵循以下规定：

（1）危险品收运检查单由经营人收运人员填写，一式两份，经复核签字后生效，以便拒收后可指出错误。如果收运人员未填写危险品收运检查单或者危险品收运检查单未经复核签字，则不得收运该危险品。

（2）危险品收运检查单上的各个项目必须全部检查完毕后方能确定该危险品是否可以收运。

（3）检查时，对照危险品收运检查单，查看托运人的货物，如果符合相应项目提出的状态描述，则在"Yes（是）"栏中作标记，反之是在"No（否）"栏中标记。表中也有一些项目有"N/A（不适用）"的选项，如果该项目的问题与所交运的货物不相符则在此栏中标记。如有任意一项或几项结果为否定，则该危险品不得收运。

（4）如果检查结果为拒收，则应在后面的"Commmets（意见）"栏中清晰解释拒收的原因。

（5）拒收后的货物再次提交时，需要重新查验，并使用新的收运检查单，不得使用原有的收运检查单。

5.7.3.2　检查单分类

根据危险品的性质不同，有三种针对不同类型危险品收运的检查单：

（1）"Dangerous Goods Checklist for a Non-radioactive Shipment"。其用来核查非放射性物质危险品。在收运非放射性危险物品时，为了检查托运人危险物品申报单、货运单及危物品包装件是否完全符合要求，经营人必须使用非放射性危险物品收运检查单，按非放射性危险品收运检查单规定的各项目对准备的接受的货物进行检查符合性。如图 5-61 和图 5-62 所示的非放射性物质检查单，共 2 页 53 项检查内容。

（2）"Dangerous Goods Checklist for a Radioactive Shipment"。其用来核查放射性物质危险品。在收运放射性危险物品时，为了检查托运人危险物品申报单、货运单及危物品包装件是否完全符合要求，经营人必须使用放射性危险物品收运检查单，按放射性危险品收运检查单规定的项目对准备的接受的货物进行检查符合性。如图 5-63 和图 5-64 所示的放射性物质检查单，共 2 页 49 项检查内容。

（3）"Acceptance Checklist for Dry Ice"。其用来核查不要求提供托运人危险品申报单的固体二氧化碳（干冰）。干冰（固体二氧化碳）收运检查单是为了帮助托运人和经营人在接受干冰或含有干冰的非危险品时所提供的。如图 5-65 所示的干冰检查单，共 1 页 18 项检查内容。

5.7.4　文件的保存期限

为了保证危险品运输的安全，危险品运输的相关文件规定了相应的保存期限。ICAO的《技术细则》规定所有文件的最短保存期限为 3 个月。但我国实行了更严格的规定，在《中国民航局危险品运输管理规定》第七十二条中规定，经营人应当在载运危险品的飞行终止后，将以下危险品航空运输的相关文件至少保存 24 个月：收运检查单、托运人危险品申报单等危险品运输文件、航空货运单和机长通知单。

2018
DANGEROUS GOODS CHECKLIST FOR A NON-RADIOACTIVE SHIPMENT

The recommended checklist appearing on the following pages is intended to verify shipments at origin. Copies of the checklist can be obtained from:

Website: http://www.iata.org/whatwedo/cargo/dgr/Pages/download.aspx

Never accept or refuse a shipment before all items have been checked.

Is the following information correct for each entry?

SHIPPERS DECLARATION FOR DANGEROUS GOODS (DGD)

	YES	NO*	N/A
1. Two copies in English and in the IATA format including the air certification statement [8.1.1, 8.1.2, 8.1.6.12]	☐	☐	
2. Full name and address of Shipper and Consignee [8.1.6.1, 8.1.6.2]	☐	☐	
3. If the Air Waybill number is not shown, enter it. [8.1.6.3]	☐		
4. The number of pages shown [8.1.6.4]	☐	☐	
5. The non-applicable Aircraft Type deleted or not shown [8.1.6.5]	☐	☐	
6. If full name of Airport or City of Departure or Destination is not shown, enter it. [8.1.6.6 and 8.1.6.7] Information is optional	☐		☐
7. The word "Radioactive" deleted or not shown [8.1.6.8]	☐	☐	

Identification

	YES	NO*	N/A
8. UN or ID number(s), preceded by prefix [8.1.6.9.1, Step 1]	☐	☐	
9. Proper Shipping Name and the technical name in brackets for asterisked entries [8.1.6.9.1, Step 2]	☐	☐	
10. Class or Division and for Class 1, the Compatibility Group, [8.1.6.9.1, Step 3]	☐	☐	
11. Subsidiary Risk, in parentheses, immediately following Class or Division [8.1.6.9.1, Step 4]	☐	☐	☐
12. Packing Group [8.1.6.9.1, Step 5]	☐	☐	☐

Quantity and Type of Packing

	YES	NO*	N/A
13. Number and Type of Packages [8.1.6.9.2, Step 6]	☐	☐	
14. Quantity and unit of measure (net, or gross followed by "G", as applicable) within per package limit [8.1.6.9.2, Step 6]	☐	☐	
15. For Class 1, the net quantity supplemented with the net explosive mass followed by unit of measurement [8.1.6.9.2, Step 6]	☐	☐	☐
16. When different dangerous goods are packed in one outer packaging, the following rules are complied with:			
– Compatible according to Table 9.3.A.	☐	☐	☐
– UN packages containing Division 6.2 [5.0.2.11(c)]	☐	☐	☐
– Wording "All packed in one (type of packaging)" [8.1.6.9.2, Step 6(f)]	☐	☐	☐
– Calculation of "Q" value must not exceed 1 [5.0.2.11 (g) & (h); 2.7.5.6; 8.1.6.9.2, Step 6(g)]	☐	☐	☐
17. Overpack			
– Compatible according to Table 9.3.A. [5.0.1.5.1]	☐	☐	☐
– Wording "Overpack Used" [8.1.6.9.2, Step 7]	☐	☐	☐
– If more than one overpack is used, identification marks shown and total quantity of dangerous goods [8.1.6.9.2, Step 7]	☐	☐	☐

Packing Instructions

	YES	NO*	N/A
18. Packing Instruction Number [8.1.6.9.3, Step 8]	☐	☐	
19. For lithium batteries in compliance with Section IB, "IB" follows the packing instruction [8.1.6.9.3, Step 8]	☐	☐	☐

Authorizations

	YES	NO*	N/A
20. Check all verifiable special provisions. The Special Provision Number if A1, A2, A4, A5, A51, A81, A88, A99, A130, A190, A191, A201, A202, A211, A212, A331 [8.1.6.9.4, Step 9]	☐	☐	☐
21. Indication that governmental authorization is attached, including a copy in English and additional approvals for other items under [8.1.6.9.4, Step 9]	☐	☐	☐

Additional Handling Information

	YES	NO*	N/A
22. The mandatory statement shown for self-reactive and related substances of Division 4.1 and organic peroxides of Division 5.2, or samples thereof, PBE, viscous flammable liquids and fireworks [8.1.6.11.1, 8.1.6.11.2, 8.1.6.11.3, 8.1.6.11.5 and 8.1.6.11.6]	☐	☐	☐
23. Name and Telephone Number of a responsible person for Division 6.2 Infectious Substance shipment [8.1.6.11.4]	☐	☐	☐
24. **Name of Signatory and Date** indicated and **Signature** of Shipper [8.1.6.13, 8.1.6.14 and 8.1.6.15]	☐	☐	
25. **Amendment** or alteration signed by Shipper [8.1.2.6]	☐	☐	☐

图 5-61　非放射性危险物品收运检查单（第 1 页）

	YES	NO*	N/A

AIR WAYBILL–HANDLING INFORMATION

26. The statement: "Dangerous goods as per attached Shipper's Declaration" or "Dangerous Goods as per attached DGD" [8.2.1(a)] .... ☐ ☐

27. "Cargo Aircraft Only" or "CAO", if applicable [8.2.1(b)] .... ☐ ☐ ☐

28. Where non-dangerous goods are included, the number of pieces of dangerous goods shown [8.2.2] .... ☐ ☐

PACKAGE(S) AND OVERPACKS

29. Packaging conforms with packing instruction and is free from damage or leakage [The relevant PI and 9.1.3] .... ☐ ☐

30. Same number and type of packagings and overpacks delivered as shown on DGD .... ☐ ☐

Marks

31. UN Specification Packaging, marked according to 6.0.4 and 6.0.5:
    - Symbol and Specification Code .... ☐ ☐ ☐
    - X, Y or Z meets or exceeds Packing Group/Packing Instruction requirements .... ☐ ☐ ☐
    - Gross Weight within limits (Solids, Inner Packagings or IBCs [SP A179]) .... ☐ ☐ ☐
    - Infectious substance package mark [6.5.3.1] .... ☐ ☐ ☐

32. UN or ID number(s), preceded by prefix [7.1.4.1(a)] .... ☐ ☐

33. The Proper Shipping Name(s) including technical name where required [7.1.4.1(a)] .... ☐ ☐

34. The full name and address of Shipper and Consignee [7.1.4.1(b)] .... ☐ ☐

35. For consignments of more than one package of all classes (except ID 8000 and Class 7) the net quantity, or gross weight followed by "G", as applicable, unless contents are identical, marked on the packages [7.1.4.1(c)] .... ☐ ☐ ☐

36. Carbon Dioxide, Solid (Dry Ice), the net quantity marked on the packages [7.1.4.1(d)] .... ☐ ☐ ☐

37. The Name and Telephone Number of a responsible person for Division 6.2 Infectious Substances shipment [7.1.4.1(e)] .... ☐ ☐ ☐

38. The Special Marking requirements shown for Packing Instruction 202 [7.1.4.1(f)] .... ☐ ☐ ☐

39. Limited Quantities mark [7.1.4.2] .... ☐ ☐ ☐

40. Environmentally Hazardous Substance mark [7.1.5.3] .... ☐ ☐ ☐

41. Lithium Battery mark [7.1.5.5] .... ☐ ☐ ☐

Labelling

42. The label(s) identifying the Primary hazard as per 4.2, Column D [7.2.3.2; 7.2.3.3(b)] .... ☐ ☐

43. The label(s) identifying the Subsidiary risk, as per 4.2, Column D [7.2.3.2; 7.2.6.2.3] .... ☐ ☐ ☐

44. "Cargo Aircraft Only" label [7.2.4.2; 7.2.6.3] .... ☐ ☐ ☐

45. "Orientation" labels on two opposite sides, if applicable [7.2.4.4] .... ☐ ☐ ☐

46. "Cryogenic Liquid" label, if applicable [7.2.4.3] .... ☐ ☐ ☐

47. "Keep Away From Heat" label, if applicable [7.2.4.5] .... ☐ ☐ ☐

48. All labels correctly located, affixed [7.2.6] and irrelevant marks and labels removed or obliterated [7.1.1; 7.2.1] .... ☐ ☐

For Overpacks

49. Packaging use marks and hazard and handling labels, as required must be clearly visible or reproduced on the outside of the overpack [7.1.7.1, 7.2.7] .... ☐ ☐ ☐

50. The word "Overpack" marked if marks and labels are not visible on packages within the overpack [7.1.7.1] .... ☐ ☐ ☐

51. If more than one overpack is used, identification marks shown and total quantity of dangerous goods [7.1.7.3] .... ☐ ☐ ☐

GENERAL

52. State and Operator variations complied with [2.8] .... ☐ ☐ ☐

53. Cargo Aircraft Only shipments, a cargo aircraft operates on all sectors .... ☐ ☐ ☐

Comments _____

_____

Checked by _____

Place: _____ Signature: _____

Date: _____ Time: _____

*IF ANY BOX IS CHECKED "NO", DO NOT ACCEPT THE SHIPMENT AND GIVE A DUPLICATE COPY OF THIS COMPLETED FORM TO THE SHIPPER.

图 5-62 非放射性危险物品收运检查单（第 2 页）

2018
DANGEROUS GOODS CHECKLIST FOR A RADIOACTIVE SHIPMENT

The recommended checklist appearing on the following pages is intended to verify shipments at origin. Copies of the checklist can be obtained from:

Website: http://www.iata.org/whatwedo/cargo/dgr/Pages/download.aspx

Never accept or refuse a shipment before all items have been checked.

Is the following information correct for each entry?

SHIPPERS DECLARATION FOR DANGEROUS GOODS (DGD)

	YES	NO*	N/A
1. Two copies in English and in the IATA format including the air certification statement [10.8.1.2, 10.8.1.4; 8.1.1; 10.8.3.12.2]	☐	☐	
2. Full name and address of Shipper and Consignee [10.8.3.1, 10.8.3.2]	☐	☐	
3. If the Air Waybill number is not shown, enter it. [10.8.3.3]	☐		
4. The number of pages shown [10.8.3.4]	☐	☐	
5. The non-applicable Aircraft Type deleted or not shown [10.8.3.5]	☐	☐	
6. If full name of Airport or City of Departure or Destination is not shown, enter it. [10.8.3.6 and 10.8.3.7] Information is optional	☐		☐
7. The word "Non-Radioactive" deleted or not shown [10.8.3.8]	☐	☐	

Identification

	YES	NO*	N/A
8. UN number, preceded by prefix "UN" [10.8.3.9.1, Step 1]	☐	☐	
9. Proper Shipping Name and where Special Provision A78 applies, the supplementary information in brackets [10.8.3.9.1, Step 2]	☐	☐	
10. Class 7 [10.8.3.9.1, Step 3]	☐	☐	
11. Subsidiary Risk, in parentheses, immediately following Class [10.8.3.9.1, Step 4] and Packing Group if required for Subsidiary Risk [10.8.3.9.1, Step 5]	☐	☐	☐

Quantity and Type of Packing

	YES	NO*	N/A
12. Name or Symbol of Radionuclide(s) [10.8.3.9.2, Step 6 (a)]	☐	☐	
13. A description of the physical and chemical form if in other form [10.8.3.9.2, Step 6 (b)]	☐	☐	☐
14. "Special Form" (not required for UN 3332 or UN 3333) or low dispersible material [10.8.3.9.2, Step 6 (b)]	☐	☐	☐
15. The number and type of packages and the activity in becquerel or multiples thereof in each package. For Fissile Material the total weight in grams or kilograms of fissile material may be shown in place of activity [10.8.3.9.2, Step 7]	☐	☐	
16. For different individual radionuclides, the activity of each radionuclide and the words "All packed in one" [10.8.3.9.2, Step 7]	☐	☐	☐
17. Activity within limits for Type A packages [Table 10.3 A], Type B, or Type C (see attached competent authority certificate)	☐	☐	☐
18. Words "Overpack Used" shown on the DGD [10.8.3.9.2, Step 8]	☐	☐	☐

Packing Instructions

	YES	NO*	N/A
19. Category of package(s) or overpack [10.8.3.9.3, Step 9 (a) and Table 10.5.C]	☐	☐	
20. Transport Index and dimensions (preferably in sequence Length x Width x Height) for Category II and Category III only [10.8.3.9.3, Step 9 (b) and (c)]	☐	☐	☐
21. For Fissile Material the Criticality Safety Index (with, in addition and if applicable*, reference to paragraphs 10.6.2.8.1.3 (a) to (c) or 10.6.2.8.1.4), or the words "Fissile Excepted" [10.8.3.9.3, Step 9 (d)]	☐	☐	☐

Authorizations

	YES	NO*	N/A
22. Identification marks shown and a copy of the document in English attached to DGD for the following [10.8.3.9.4, Step 10; 10.5.7.2.3]:			
– Special Form approval certificate	☐	☐	☐
– Low dispersible material approval certificate	☐	☐	☐
– Type B package design approval certificate	☐	☐	☐
– Other approval certificates as required	☐	☐	☐
– *See Q21. No fissile type approval is required in case of reference to one of paragraphs 10.6.2.8.1.3(a) to (c) or 10.6.2.8.1.4.	☐	☐	☐
23. **Additional Handling Information** [10.8.3.11]	☐	☐	☐
24. **Name of Signatory and Date** indicated [10.8.3.13 and 10.8.3.14] and **Signature** of Shipper [10.8.3.15]	☐	☐	
25. **Amendment** or alteration signed by Shipper [10.8.1.7]	☐	☐	☐

图 5-63　放射性危险物品收运检查单（第 1 页）

	YES	NO*	N/A

AIR WAYBILL–HANDLING INFORMATION

26. The statement: "Dangerous goods as per attached Shipper's Declaration" or "Dangerous Goods as per attached DGD" [10.8.8.1(a)] .... ☐ ☐

27. "Cargo Aircraft Only" or CAO, if applicable [10.8.8.1(b)] .... ☐ ☐ ☐

28. Where non-dangerous goods are included, the number of pieces of dangerous goods shown [10.8.8.2] .... ☐ ☐ ☐

PACKAGE(S) AND OVERPACKS

29. Same number and type of packagings and overpacks delivered as shown on DGD .... ☐ ☐

30. Unbroken transportation seal [10.6.2.4.1.2] and package in proper condition for carriage [9.1.3; 9.1.4] .... ☐ ☐

Marks

31. UN number, preceded by prefix [10.7.1.3.1] .... ☐ ☐

32. The Proper Shipping Name and where Special Provision A78 applies, the supplementary information in brackets [10.7.1.3.1] .... ☐ ☐

33. The full name and address of the Shipper and Consignee [10.7.1.3.1] .... ☐ ☐

34. The permissible gross weight if the gross weight of the package exceeds 50 kg [10.7.1.3.1] ..... ☐ ☐ ☐

35. Type A packages, marked as per 10.7.1.3.4 .... ☐ ☐ ☐

36. Type B packages, marked as per 10.7.1.3.5 .... ☐ ☐ ☐

37. Type C packages, Industrial Packages and packages containing Fissile material marked as per 10.7.1.3.6, 10.7.1.3.3 or 10.7.1.3.7 .... ☐ ☐ ☐

Labelling

38. Same category labels as per DGD affixed to two opposite sides of package. [10.7.4.3.1] .... ☐ ☐
   – Symbol of radionuclide or LSA/SCO indicated as required. [10.7.3.3.1] .... ☐ ☐
   – Activity in Bq (or multiples thereof). For Fissile material, the total mass in grams (may be used instead) [10.7.3.3.2] .... ☐ ☐
   – For Category II & III, same TI as per DGD, rounded-up to one decimal place. [10.7.3.3.3] ..... ☐ ☐

39. Applicable label(s) identifying the subsidiary risk [10.7.3.2; 10.7.4.3] .... ☐ ☐ ☐

40. Two "Cargo Aircraft Only" labels, if required, on the same surface near the hazard labels [10.7.4.2.4; 10.7.4.3.1; 10.7.4.4.1] .... ☐ ☐ ☐

41. For fissile materials, two correctly completed Criticality Safety Index (CSI) labels on the same surface as the hazard labels [10.7.3.3.4; 10.7.4.3.1] .... ☐ ☐ ☐

42. All labels correctly located, affixed [10.7.4] and irrelevant marks and labels removed or obliterated [10.7.1.1; 10.7.2.1] .... ☐ ☐

For Overpacks

43. Package use marks and labels clearly visible or reproduced on the outside of the overpack [10.7.1.4.1; 10.7.4.4] .... ☐ ☐ ☐

44. The word "Overpack" marked if marks and labels are not visible on packages within the overpack [10.7.1.4.1] .... ☐ ☐ ☐

45. If more than one overpack is used, identification marks shown [10.7.1.4.3] .... ☐ ☐ ☐

46. Hazard labels reflect the content(s) and activity of each individual radionuclide and the TI of the overpack [10.7.3.4] .... ☐ ☐ ☐

GENERAL

47. State and Operator variations complied with [2.8] .... ☐ ☐ ☐

48. Cargo Aircraft Only shipments, a cargo aircraft operates on all sectors .... ☐ ☐ ☐

49. Packages containing Carbon dioxide solid (dry ice), the marking, labelling and documentary requirements complied with [Packing Instruction 954; 7.1.4.1 (d); 7.2.3.9.1] .... ☐ ☐ ☐

Comments:_____

_____

Checked by:_____

Place: _____ Signature:_____

Date: _____ Time:_____

* IF ANY BOX IS CHECKED "NO", DO NOT ACCEPT THE SHIPMENT AND GIVE A DUPLICATE COPY OF THIS COMPLETED FORM TO THE SHIPPER.

图 5-64 放射性危险物品收运检查单 （第 2 页）

2018
ACCEPTANCE CHECKLIST FOR DRY ICE (Carbon Dioxide, solid)
(For use when a Shipper's Declaration
for Dangerous Goods is not required)

A checklist is required for all shipments of dangerous goods (9.1.4) to enable proper acceptance checks to be made. The following example checklist is provided to assist shippers and carriers with the acceptance of dry ice when packaged on its own or with non-dangerous goods.

Is the following information correct for each entry?

DOCUMENTATION

	YES	NO*	N/A
The Air Waybill contains the following information in the "Nature and Quantity of Goods" box (8.2.3)			
1. The UN Number "1845", preceded by the prefix "UN"	☐	☐	
2. The words "Carbon dioxide, solid" or "Dry ice"	☐	☐	
3. The number of packages of dry ice (may be in the pieces field of the AWB when they are the only packages in the consignment)	☐	☐	
4. The net quantity of dry ice in kilograms	☐	☐	

Note: The packing instruction "954" is optional.

Quantity

	YES	NO*	N/A
5. The quantity of dry ice per package is 200 kg or less [4.2]	☐	☐	

PACKAGES AND OVERPACKS

	YES	NO*	N/A
6. The number of packages containing dry ice delivered as shown on the Air Waybill	☐	☐	
7. Packages are free from damage and in a proper condition for carriage	☐	☐	
8. The packaging conforms with Packing Instruction 954 and the package is vented to permit the release of gas	☐	☐	

Marks & Labels

	YES	NO*	N/A
9. The UN number "1845" preceded by prefix "UN" [7.1.4.1(a)]	☐	☐	
10. The words "Carbon dioxide, solid" or "Dry ice" [7.1.4.1(a)]	☐	☐	
11. Full name and address of the shipper and consignee [7.1.4.1(b)]	☐	☐	
12. The net quantity of dry ice within each package [7.1.4.1(d)]	☐	☐	
13. Class 9 label affixed [7.2.3.9]	☐	☐	
14. Irrelevant marks and labels removed or obliterated [7.1.1(b); 7.2.1(a)]	☐	☐	☐

Note: The Marking and labelling requirements do not apply to ULDs containing dry ice

For Overpacks

	YES	NO*	N/A
15. Packaging Use marks and hazard and handling labels, as required must be clearly visible or reproduced on the outside of the overpack [7.1.7.1, 7.2.7]	☐	☐	☐
16. The word "Overpack" marked if marks and labels are not visible [7.1.7.1]	☐	☐	☐
17. The total net quantity of carbon dioxide, solid (dry ice) in the overpack [7.1.7.1]	☐	☐	☐

Note: The Marking and labelling requirements do not apply to ULDs containing dry ice

State and Operator Variations

	YES	NO*	N/A
18. State and operator variations complied with [2.8]	☐	☐	☐

Comments:_____

_____

Checked by:_____

Place: _____ Signature:_____

Date: _____ Time:_____

*IF ANY BOX IS CHECKED "NO", DO NOT ACCEPT THE SHIPMENT AND GIVE A DUPLICATE COPY OF THIS COMPLETED FORM TO THE SHIPPER.

图 5-65　干冰（固体二氧化碳）收运检查单

5.8　存储、装载与信息提供

5.8.1　危险品存储

危险品是特种货物，在存储时需要小心处理，一旦发生货物丢失或其他危险事故，就会给人员、财产带来危害和损失。因此，要求担任危险品仓库管理工作的人员必须具有高度的责任心和安全意识，具备危险品储运的专业知识。

5.8.1.1　仓库要求

对于存放危险品的库区，有以下要求：

（1）危险品的包装件应在专门设计的库房中堆放。如果在普通货物的库房中存储，必须放在指定区域以便集中管理。

（2）危险物品仓库及普通仓库的指定区域应具备如下条件：通风良好，无阳光直射，远离各种热源，夏季温度不宜过高；消防设备完善，消防器材齐备；远离其他货物，出事故时便于迅速抢运出库。

（3）用于存放放射性物质的仓库，其墙壁及仓库大门必须坚固，在一定程度上具有降低放射性物质辐射水平的功能。

（4）危险品库区严禁使用明火，严禁吸烟。

（5）危险品仓库内或存放区内外明显位置应标明应急救援电话号码。

（6）危险品存放场所必须设有明显的标志，有明显的隔离设施。

5.8.1.2　危险品存储要求

在运输过程中，含有特殊危险品的包装件或集装器必须注意一些特殊的存放要求，并注意存放时的标记和标签要求：

（1）装有4.1项的自身反应物质和5.2项有机过氧化物的包装件必须避免阳光直射，远离一切形式的热源，并放置在通风良好的地方。

（2）放射性物质包装件、Overpack和放射性物质的专用箱，无论在何处摆放，放射性物质的运输指数或临界安全指数均不得超过50。对于总运输指数或临界安全指数超过50的必须将其分开码放，且分开的两堆货物之间至少保持6米。有关放射性物质存储的全部要求，请参考DGR第10章，本书不再涉及。

（3）气瓶可以直立放在瓶架上，也可以平放在干燥的地面上，但不可倒置。气瓶平放时应避免滚动。多个气瓶存放时，钢瓶的首尾朝向须一致，且应该避免将瓶口指向人多处。

（4）标记和标签的可见性。在空运的整个（包括存储）的过程中，必须确保包装件上DGR规定的所有标记与标签都是清晰可见，而不是模糊不清，也不能被其他附加部分或是不相关的标签标记所遮盖。

5.8.2　装载要求

由于危险品可能会危及飞行安全，造成财产损失，因此经营人必须确保危险品包装件不会损坏，必须对运输的准备工作、拟装载的机型以及危险品装载在该机型上的方式给予特别重视，以此杜绝由于错误操作导致的意外损害。

（1）保证危险品的包装件无破损和泄漏

当危险品按照要求装入航空器时，装载人员必须保证该危险品的包装件不得破损，且必须特别注意在运输准备过程中包装件的操作和装机方式，以避免由于拖、拉或不正确的操作产生事故性损坏。

如果发现破损或泄露，危险货物或集装箱在飞机上的存放位置必须检查是否污染，并排除污染。

当装载人员发现标贴丢失、损坏或字迹模糊时，必须通知有关部门更换标贴。该要求不适用于收运时标贴脱落或字迹模糊的情况。

除非包装件或合成包装兼在装载之前已经经过检查并正是没有可见的渗漏或损坏，否则经营人不得将这些包装件和 Overpack 装上飞机或集装器，同时在将集装器装上飞机之前必须检查集装器并确认其所装载的危险品无任何泄漏或破损的迹象。

如果负责运输或开启含有感染性物质包装件的任何人员发现该包装件上有破坏或泄漏的迹象，上述有关人员必须：

①避免接触或尽可能少的接触该包装件。

②立即通知专业人员，由专业人员检查相邻的包装件的污染情况，将可能污染的包装件分开放置。

③立即通知有关部门，向该货物经过的其他国家提供有关接触该包装件的人员可能受到的伤害和信息。

④通知托运人及收货人。

（2）正确固定危险品

经营人必须采用一定的方法固定装在飞机中的危险品包装件，以防止飞行中因移动而改变包装件的位置。对于含有放射性的包装件或 Overpack，其固定方式必须确保在任何时候都符合相关的隔离要求。

（3）特殊装载要求

DGR 针对几种具体类别的危险品，对其装载要求进行了规定，本节暂举几种特殊的危险物品，对其装载要求进行简单介绍。

①磁性物质的装载。必须保证飞机的罗盘指向保持在此飞机适航要求允许的公差范围内，在实际过程中，应装载在对罗盘影响最小的位置上。多个包装件会产生累积效应。根据磁性物质适用的包装说明 953 所描述的在批准条件下运输的磁性物质，其装载必须符合主管当局批准的特定条件。

②低温液体的装载。装载其他温度敏感货物且无论是否有动物在同一航班上时，在经营人根据机型做好适当安排后可以运输在开放或封闭的低温容器中的含有冷冻液体气体的包装件。经营人应保证通知地面工作人员，含有低温液体的包装件将装载或已在飞机上，并提出相应的警示，以保证装载人员在进入飞机货舱前货舱门开启并释放所有积压气体。

③在整个装载过程，含有第 4.1 项中的自身反应物质或第 5.2 项的有机过氧化物的包装

件或集装器，应避免阳光直射，远离热源，且通风良好，切勿与其他货物码垛在一起。

④净重不得超过 100kg 的聚合物颗粒或可塑性的成型物品，按照包装说明 957，可以装载于任何飞机的无法接近的密闭舱内。

⑤经经营人批准，以行李形式运输的三种轮椅或助行器及其电池（即装配密封型湿电池或符合特殊规定 A123 的电池的轮椅或其他电池驱动的助行器、装配非密封型电池的轮椅或其他电池驱动的助行器，以及装配锂电池的轮椅或类似电池驱动力的助行器）的装载。并且，以上几种的情况，都必须通知机长装有电池的轮椅或移动辅助工具的位置或带包装电池的位置。建议旅客与每一个经营人事先做好安排，如果可能，非密封的电池应配有防溢漏的通气孔塞。为了便于操作装有电池的轮椅或移动辅助工具，可以使用标签来帮助识别是否已经取出轮椅中的电池，如图 5-66 所示。此标签分为两部分，左边部分贴在轮椅上用于注明是否已经取出电池；在轮椅和电池分开运输的特殊情况下，使用右边部分来识别电池，同时也可以保证电池和轮椅能够相对应。

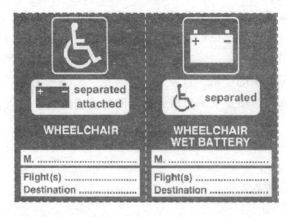

图 5-66　电池驱动的轮椅和移动辅助工具标签

5.8.3　检查危险的包装件

在危险品货物的卸载过程中，必须检查危险品包装件和 Overpack。如果发现损坏或泄漏，则还需要检查危险品或集装器在飞机上的装载位置，确认包装件的泄漏或损坏是否造成损失或污染。

任何出现破损或泄漏的包装件都必须从机内搬出，然后根据公司、机场和政府的规定由专门人员作安全处置，如果出现了放射性物质和感染性物质的泄漏则必须通知国家主管部门。一旦出现泄漏，经营人必须确保其余货物没有破损，且其他包装件、行李或货物没有受污染。

5.8.4　危险品固定

经营人必须采用一定的方法固定装在飞机中的危险品包装件，以防止飞行中因移动而改变包装件的位置。例如，保证小体积的包装件不会通过网孔从集装板上掉下；散装的包装件也不会在机舱内移动；桶形包装件难于用尼龙带束缚固定时，要用其他货物卡紧；用其他货物卡住散装的包装件时，必须从 5 个方向卡紧，即前、后、左、右、上这 5 个方向。对于含有放射性的包装件或 Overpack，其固定方式必须确保在任何时候都符合相关的隔离要求。

5.8.5 驾驶舱装载要求

（1）驾驶舱与客机的客舱

无论是客机或货机，驾驶舱装载限制和客机中用来载运旅客的客舱的要求都相同。

一般情况下，危险品只有符合 DGR 相关要求（即旅客和机组人员可以以行李运输的危险品要求和经营人资产中可以装入的危险品）或属于放射性物质的例外包装件时，才可以装入飞机驾驶舱和载有旅客的客舱。

（2）客机的货舱

①货舱分类

A 级货舱或行李舱的要求是：

·火情的存在易于被机组成员在他的或她的工作位置上发现；

·在飞行中易于接近该级舱内任何部位。

B 级货舱或行李舱的要求是：

·在飞行中有足够的通道使机组成员能够携带手提灭火器有效地到达舱内任何部位；

·当利用通道时，没有危险量的烟、火焰或灭火剂进入任何有机组或旅客的舱；

·有经批准的独立的烟雾探测器或火警探测器系统，可在驾驶员或飞行工程师工作位置上给出警告。

C 级货舱或行李舱是指不符合 A 级和 B 级舱要求的舱，但是该舱应具备下列条件：

·有经批准的独立的烟雾探测器或火警探测器系统，可在驾驶员或飞行工程师工作位置上给出警告；

·有经批准的，可在驾驶员或飞行工程师工作位置上操纵的固定式灭火系统；

·有措施地阻止危险量的烟、火焰或灭火剂进入任何有机组或旅客的舱；

·有控制舱内通风和抽风的措施，使所用的灭火剂能控制舱内任何可能的火情。

D 级货舱或行李舱的要求是：

·舱内发生的火灾将完全被限制在舱内，不会对飞机及其乘员的安全造成危险；

·有措施地阻止危险量的烟、火焰或其他有毒气体进入有机组或旅客的舱；

·可在每一舱内控制通风和抽风，使任何可能发生在舱内的火灾将不会发展到超过安全限度；

·考虑到舱内高温对相邻的飞机重要部件产生的影响。

E 级货舱是在飞机上仅限用于运载货物的舱，其要求是：

·有经批准的独立的烟雾探测或火警探测器系统，可在驾驶员或飞行工程师工作位置处给出警告；

·有措施切断进入舱内的或舱内的通风气流，这些措施的操纵器件是驾驶舱内的飞行机组可以接近的；

·有措施地阻止危险量的烟、火焰或有毒气体进入驾驶舱；

·在任何装货情况下，所要求的机组应急出口是可以接近的。

注意：关于货舱布局的详细定义和解释请查阅 ICAO 的《机上危险物品事故应急处理指南》。

②装载限制

只要客机（此处客机是指载运除机组人员、具有官方身份的经营人的雇员、国家主管当局授权的代表或货物的押运人员以外的任何人员的航空器）的主货舱符合 B 级或 C 级飞机货舱的所有适航标准，则可以将危险品装入该舱。不符合上述标准的客机主货舱，在特定条件下经始发国批准后也可以运输危险品。

带有"Cargo Aircraft Only（仅限货机）"标签的危险品，不得用客机装运。如图5-67所示。

图 5-67　带有仅限货机标签的危险品不得用客机装运

5.8.6　货机的装载限制

一般情况下，客机允许装载的危险品包装件或 Overpack 也是可以在货机上装载的。所以，那些只能在货机上装载的危险品的装载限制即构成了货机上危险品的装载限制，本节主要对这类"仅限货机"类的危险品的装载限制进行说明。

在装载时，必须使"仅限货机（粘贴有仅限货机标贴）"的危险品包装件具有可接近性，如图 5-68 所示。在必要的时候，只要包装件的大小和重量允许，应将该包装件放置在机组人员可以用手随时将其搬开的位置。这一要求对以下危险品不适用：

（1）无次要危险的Ⅲ级包装的易燃液体（第 3 类）；

（2）毒性物质和感染性物质（第 6 类）；

（3）放射性物质（第 7 类）；

（4）杂项危险品（第 9 类）。

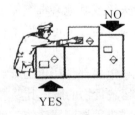

图 5-68　粘贴仅限货机标签的危险品包装件具有可接近性

5.8.7　危险品的隔离

5.8.7.1　不相容危险品的隔离

有些不同类别的危险品，互相接触时可以发生危险性很大的化学反应，称之为性质相互抵触的危险品。例如易燃液体和氧化剂。为了避免这样的危险品在包装件偶然漏损时发生危险的化学反应，必须在存储和装载时对它们进行隔离。

隔离要求的应用是以包装件上所有的危险性标签为基础的，无论是主要危险性还是次要危险性。需要互相隔离的危险品见表 5-68 所示：

表 5-68 危险物品隔离表

危险性标签	1 不包括 1.4S	1.4S	2	3	4.2	4.3	5.1	5.2	8
1 不包括 1.4S	见 9.3.2.2	见 9.3.2.2.3	×	×	×	×	×	×	×
1.4S	见 9.3.2.2.3	–	–	–	–	–	–	–	–
2	×	–	–	–	–	–	–	–	–
3	×	–	–	–	–	–	×	–	–
4.2	×	–	–	–	–	–	×	–	–
4.3	×	–	–	–	–	–	–	–	×
5.1	×	–	–	×	×	–	–	–	–
5.2	×	–	–	–	–	–	–	–	–
8	×	–	–	–	–	×	–	–	–

注:

1. 在行和列的交叉点注有 "×"，表明装有这些类或项的危险品的包装件必须相互隔开。若在行和列的交叉点注有 "–"，则表明装有这些类/项的危险品包装件无须隔开。

2. 表中不包含 4.1 项及 6、7 和 9 类，它们不需与其他类别的危险品隔开。

使用表 5-68 时，进行判断的项目仅需要考虑主要危险性的类别或项别即可，不必考虑其他的次要危险性。而且，除第 1.4 项的 S 配装组外，爆炸品不得与该类或项的物品一起存放，因此表中标明 1.4S 项；由于第 4.1 项及第 6、第 7 和第 9 类不需与其他类别的危险品隔开，因此，表中不包含这些类别的危险品。

【例 5-51】现有两个包装件，第一个包装件上贴有腐蚀性标签，第二个包装件上贴有 4.3 项危险性标签，确定包装件是否需要隔离。

根据表 5-68，在 4.3 和 8 的交叉处为 "×"，所以这两个包装件是不相容的，彼此之间需要隔离。

【例 5-52】如果在上例中第二个包装件上的标签不是 "Dangerous when wet"，而是 5.1 项危险性标签，确定包装件是否需要隔离。

根据表 5-68，在 5.1 和 8 的交叉处为 "–"，则这两个包装件是相容的，彼此之间不需要隔离。

性质不相容的危险品包装件在任何时候不得相互接触或相邻放置。实际操作时，这些不相容的危险品要装入不同的货舱、不同的集装板或集装箱，或与普通货物隔开。在运输和存储时需要满足：

（1）仓库存储时货与货之间应有 2m 以上的间隔距离；

（2）装在集装板上或在散货舱内装载的情况下，可采用如下两种方式中的任何一种，如图 5-69 所示：

①将两种性质互相抵触的危险品包装件分别用尼龙带固定在集装板或飞机货舱板上，两者的间距至少 1m；

②用普通货物的包装件将性质互相抵触的两个危险品包装件隔开，两者的间距至少 0.5m。

方式1：将危险品包装件捆绑并隔离

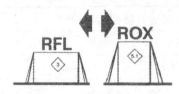

方式2：将普通的非危险品货物置于不相容的危险品之间

图 5-69　危险品机上隔离方式

在图 5-69 中，上方的第 3 类危险品（RFL 为易燃液体的货运三字代码，ROX、RCM、RFW 分别是氧化剂、腐蚀性物质和遇湿危险物质的货运 IMP 代码）与 5.1 项氧化剂需要隔离，因此在存放时要保持一定间距。同理，下方的第 8 类物质与遇湿危险物质也需要隔离，但为了充分利用存储空间（在机舱内空间的充分利用显得尤为重要），用普通的非危险货物将两种物质隔离开。

在任何时候都必须确保放射性物质的包装件和 Overpack 之间有充分的隔离和固定。

5.8.7.2　危险品与非危险品的隔离

某些危险品与非危险品也不相容，这些物质的装载需要注意彼此的隔离。有关的装载隔离要求详见表 5-69。

表 5-69　　　　　　　　　　危险品与非危险品装载隔离警告

危险品类别	毒性与感染性物质	放射性物质Ⅱ类与Ⅲ类	干冰与冷冻液化气体
货物	6	7	9
活体动物	×	←→	◀▶
种蛋		←→	◀▶
未冲洗的胶卷		←→	
食物或其他可食用物质（鱼，海产，肉类）	×		

注：◀▶ 表明包装件应采用物理手段隔开。

←→ 表明需要最短隔离距离。放射性物质与活体动物的最小隔离距离具体内容见 DGR9.3.14.2；放射性物质与未冲洗的胶卷的最短隔离距离可参考 DGR 表 9.3.F。

× 表明包装将绝对不能同舱存放。

放射性危险品与其他危险品、非危险品以及人员的装载隔离本书不再涉及，详情可参考 DGR 第 10 章相关内容。

5.8.8　几种特殊危险品的装载

5.8.8.1　爆炸品的隔离和装载

只有 1.4 项 S 配装组的爆炸品是允许使用客机运输的。而只有以下的爆炸品可以使用货机运输：

（1）1.3 项的 C、G 配装组；

（2）1.4 项的 B、C、D、E、G、S 配装组。

所以本节讨论的对象仅限航空运输中允许运输的这些项别和配装组。

哪些爆炸品可以在飞机中码放在一起是由其配装组决定的。如果它们能码放在一起而不会大幅增加事故可能性，也不会由于数量增加而改变事故的等级，则可以认为这些爆炸品是可以配装的。

S 配装组中的爆炸品可以与所有配装组中的爆炸品一起码放。1.4B 的爆炸品不得与1.4S 以外的其他爆炸品装在一起。当 1.4B 爆炸品与 1.4S 以外的其他爆炸品装载在同一飞机时，必须分别装载在不同的集装器内，装机时集装器之间必须由其他货物分隔开并保持最小距离 2m。如不使用集装器装载，1.4B 必须与其他爆炸品装载在不同且不相邻的位置且用其他货物隔离，最小距离也为 2m。

5.8.8.2　液体危险品包装件的装载

在运输过程中，带有"This Way Up（此面向上）"向上标记的包装件必须始终按照此标签进行装运，码放和操作。装有液体危险品的单一包装件如有顶端封口，即使这样的单一包装件可能存在侧面封口，也必须保证顶端封口向上码放。

5.8.8.3　第 6 类危险品与活体动物的隔离

对于所有贴有毒性或感染性物质标签的包装件，不得与以下物品码放在相同货舱内：

（1）活体动物。

（2）食品。

（3）饲料。

（4）其他供人类或动物消费的可适用物质，下列情况除外：

①危险品被放置在封闭的集装器中，而食品和动物放置在另一个封闭的集装器中；

②当分别放入适用的开放式集装器时，集装器彼此不能相邻存放。

活体动物不得靠近低温液体或固体二氧化碳（干冰）装载。由于固体二氧化碳释放的气体比空气重，这些气体会集中在货舱的底层。因此活体动物的装载位置应高于含有固体二化碳（干冰）的包装件。

放射性物品中，贴有Ⅱ级黄和Ⅲ级黄标签的包装件、Overpack 和专用货箱必须与活体动物隔离。运输时间小于或等于 24 小时，最小的间隔距离为 0.5m；运输时间大于 24 小时的，最小隔离距离为 1m。

5.8.8.4　干冰的装载

固体二氧化碳（干冰）对于活体动物存在两种危险性：一是放出二氧化碳气体，二氧化碳气体密度比空气大，而且会取代空气中的氧气，空气中二氧化碳含量若大于 2.5%，就会影响到人和动物的正常生理功能；二是降低周围温度，使动物处于低温环境。

经营人在运输固体二氧化碳（干冰）时，应根据机型、飞机通风率、包装与码放方式、同一航班上是否还装有动物以及其他装载要求等因素做好合理安排。

飞机正在装载或已装载干冰时必须通知地面操作人员。飞机在经停站着陆时，都应打开舱门，以利空气流通而降低货舱内的二氧化碳浓度。如果需要装卸货物，必须待货舱内空气充分流通后，工作人员才可进入货舱进行装卸作业。

如果干冰由单一托运人按包装说明954准备，装在集装器或其他类型的托盘中，而经营人在收运后又额外添加了干冰，则经营人必须保证在提供给机长的信息中，干冰的数量已经进行了修改。

此外，如果机组和旅客的交运行李中有干冰，则必须使用标记，表明其中含有干冰，且标明干冰的数量，或标明内装不超过 2.5kg 的干冰。为了便于处理，图 5-70 为行李牌示样，经营人可根据这种行李牌来标识此类交运行李。

图 5-70　含有干冰的行李使用的行李牌

5.8.9　信息提供

经营人必须用以下方式提供危险物品的信息：

（1）使用机长通知单向机长提供危险品的详细信息；

（2）在航空公司手册中写明危险物品的操作规定，以便使其工作人员能够履行其职责，包括在紧急情况下采取的措施；

（3）使用"告示"、公告牌或其他形式通知旅客，告诫其不准作为手提或交运行李登机的物品；

（4）在货物接受区公示关于危险物品运输的有关信息。

5.8.9.1　向机长提供信息

经营人应通过机长通知单向机长提供信息。机长通知单的填写要求和通知程序在后面部分详细介绍。

5.8.9.2　向经营人的雇员提供信息

经营人必须在运行手册或其他手册中提供使机组成员和其他雇员能够履行其关于危险品作业职责的信息。如适用，这些信息还必须提供给地面服务人员。此信息必须包括以下内容：

（1）如发生涉及危险品紧急情况时应采取的措施；

（2）货舱装载位置和编号的详细资料；

（3）每个货舱允许装载干冰的最大数量；

（4）如果运载放射性物质，此类危险品的装载说明。

5.8.9.3　向旅客提供信息

每一经营人及机场经营人必须保证通过宣传方式，告诫旅客哪些种类的危险品是禁止带上飞机的。

经营人或其服务代理人必须保证已提供信息，使旅客了解哪些类型的危险品是禁止带上飞机运输的。此类信息至少应由以下方式组成：

（1）在客票上或以其他的方式在旅客登机前或登记过程中获知这些信息。

（2）在机场的下列位置都应备有足够数量的醒目公告：

①售票点；

②旅客办理乘机手续处；

③登记区；

④行李提取处。

（3）旅客办理乘机手续的任何其他地方有醒目的显示。

除经营人外，与航空客运相关的任何组织或企业（如旅行社）都应该向旅客宣传哪些类型的危险品是禁止带上飞机的。至少这些信息应在与旅客接触的场所构成最低限度的通知。

经营人必须对办理登机手续的人员进行充分的培训，来帮助他们能够识别并发现旅客携带的除 DGR 中所允许之外的危险品。

办理登机手续的人员怀疑旅客携带的任何物品中含有危险品时，应与旅客进行确认，以防止旅客在行李中将不允许携带的危险品带上飞机。许多看似无害的物品都可能含有危险品。

5.8.9.4　向托运人提供信息

经营人必须保证在货物收运地点的明显位置提供有关危险品运输的信息。

5.9　危险品事故/事件应急响应

5.9.1　事故/事件的定义

危险品事故是指发生与危险品运输有关的，造成人的致命或严重伤害或重大财产损失的不安全事件。严重伤害是指在事故中对人身持续的伤害，并符合以下标准：

（1）从接受伤员开始，需要住院 48 小时以上；

（2）造成任何骨头的断裂（手指、脚趾或鼻梁的小断裂除外）；

（3）引起严重的出血、神经、肌肉或肌腱伤害的伤口；

（4）任何内部器官的伤害；

（5）二度或三度烧伤，或任何人体表面 5% 以上的烧伤；

（6）证实有对感染性物质或会造成伤害的辐射的暴露；

（7）危险品运输导致的飞行事故。

危险品事件不同于危险品事故，它与危险品的运输有关，不一定发生在飞机上，但造成人员伤害、财产损失、火灾、破损、流体溢出、泄漏、辐射等，任何发生会严重危及飞机或其乘员安全有关的事情也被认为构成危险品事件。

5.9.2 应急响应代码

在飞行中，当涉及或可能涉及某一或数个含有危险品的包装件引发的事件/事故时，可以查阅表5-70所示的应急代码处置方案字母含义和表5-71所示的航空器应急响应操作方法表，以选择正确的应急响应方法。

当包装件被确认后，则该危险品就可以从"机长通知单"中被找出。相应的处置代码就可在通知单中给出。如果不能给出的话，则可在通知单中找出所注明的该危险品货物品名的运输专用名称或联合国编号（UN），并使用"危险品英文字母目录表"和"危险品数字目录表"来找出。

表 5-70   航空器应急响应代码处置方案字母含义

处置方案字母	附加的危险性	处置方案字母	附加的危险性
A	麻醉的	M	磁性的
C	腐蚀的	N	有害的
E	爆炸的	P	有毒性的 *（毒性物质）
F	易燃	S	自动燃烧或发火
H	高度可燃	W	遇湿释放有毒或易燃气体
i	有刺激性的/催泪的	X	氧化性物质
L	其他较低或无危险性	Y	根据感染性物质的类别而定，有关国家主管当局可能需要对人员、动物、货物和航空器进行隔离

*注：作为毒性物质来说意味着具有毒性。

表 5-71   航空器应急响应操作方法表

操作方法代号	固有的危险性	对飞机的危险	对乘员的危险	溢出或渗漏处理程序	救火措施	其他考虑因素
1	爆炸可能引起飞机结构破损	起火或爆炸	参照有关措施字母	使用100%氧气，禁止吸烟	梭鱼使用的灭火剂；使用标准灭火程序	可能突然失去增压
2	气体、非易燃性，压力可能在起火情况下产生危险	最小	参照有关措施字母	使用100%氧气，对于操作字母"A"、"i"或"P"的物品，打开并保持最大限度的通风	使用所有可用的灭火剂；使用标准灭火程序	可能突然失去增压
3	易燃液体或固体	起火或爆炸	烟、烟雾和高温，以及如有关措施字母所述	使用100%氧气，打开并保持最大限度的通风；禁止吸烟；尽可能最少地使用电气设备	使用所有可用的灭火剂；对于字母"W"不得使用水作为灭火剂	可能突然失去增压

表5-71(续)

操作方法代号	固有的危险性	对飞机的危险	对乘员的危险	溢出或渗漏处理程序	救火措施	其他考虑因素
4	暴露空气中时，可自动燃烧或起火	起火或爆炸	烟、烟雾和高温，以及如有关措施字母所述	使用100%氧气，打开并保持最大限度的饿通风	使用所有适用的灭火剂；岁于字母"W"不得使用水作为灭火剂	可能突然失去增压；对于操作字母"F"或"H"尽可能最少地使用电气设备
5	氧化性物质，可能引燃其他物质，可能在火的高温中受热爆炸	起火或爆炸，可能造成腐蚀性破坏	刺激眼、鼻和咽喉；与皮肤接触造成损害	使用100%氧气，打开并保持最大限度通风	使用所有适用的灭火剂；对于字母"W"不得使用水作为灭火剂	可能突然减压
6	有毒物品，吸入、摄取或被皮肤吸收可能致命	被有毒液体或固体污染	剧烈中毒，后果可能会延迟发作	使用100%氧气，打开并保持最大限度的通风；没有手套不得接触	使用所有适用的灭火剂；对于字母"W"不得使用水作为灭火剂	可能突然失去增压；对于操作字母"F"或"H"尽可能最少地使用电气设备
7	破损或未加防护的包装发出辐射	被溢出的放射性材料污染	暴露于辐射中，并对人员造成污染	不得移动包装件；避免接触	使用所有适用的灭火剂	通知专业人员接机处理
8	腐蚀性物质或烟雾，吸入或与皮肤接触可能致残	腐蚀性破坏	刺激眼、鼻和咽喉；与皮肤接触造成损害	使用100%氧气，打开并保持最大限度通风；没有手套不得接触	使用所有适用的灭火剂；对于字母"W"不得使用水作为灭火剂	可能突然失去增压；对于操作字母"F"或"H"尽可能最少地使用电气设备
9	无通常固有的危险	见有关操作字母所述	见有关操作字母所述	使用100%氧气，对于操作字母"A"打开并保持最大限度的通风	使用所有适用的灭火剂；对于字母"W"不得使用水作为灭火剂	无
10	易燃气体，如果有任何火源，极易着火	起火或爆炸	烟、烟雾和高温，以及如措施字母所述	使用100%氧气，打开并保持最大限度的通风；禁止吸烟；尽可能最少地使用电气设备	使用所适用的灭火剂	可能突然失去增压
11	感染性物质，如果通过粘膜或外露的伤口吸入、摄取或吸收，可能会对人或动物造成影响	被感染性物质污染	对人或动物延迟发作的感染	不要接触。在受影响区域保持最低程度的再循环和通风	使用所有可用的灭火剂。对于操作方法字母"Y"的物品，禁止使用水	通知专业人员接机处理

5.9.3　应急响应程序

操作危险品时，必须设置有效的事故应急程序。ICAO 要求机场当局建立一套危险品事故应急响应程序或者手册。

此外，DGR 也要求经营人在其业务手册中向机组人员及其他职员提供有关危险品事故的处理信息。对于所有人员，都应该进行危险品应急响应的培训。

5.9.2.1　地面人员应急程序

危险品事故的一般响应程序是：

（1）立即通知主管人员，并获得帮助。

（2）识别危险品（如果这样做是安全的）。

（3）若能保证安全，通过将其他包装件或财产移开来隔离该危险品。

（4）避免接触危险品。

（5）若衣服或身体接触到危险品：

①用大量的水冲洗身体；

②脱掉被污染的衣服；

③不要吃东西或抽烟；

④手不要与眼睛、嘴和鼻子相接触；

⑤寻求医疗帮助。

（6）应对事故中所涉及的有关人员做好记录。

5.9.2.2　机组人员应急程序

机组人员应按以下的应急检查单进行相应的应急程序：

（1）遵循相应的机上灭火或清除烟雾的应急处理措施，包括：

①遵循机上应急灭火程序；

②开启"禁烟"指示灯；

③考虑尽快着陆；

④考虑关闭所有的非必要部件的电源；

⑤确定烟雾、火焰和浓烟的根源；

⑥对于客舱中危险品事故，见客舱事故检查单及机组人员行动指南；

⑦确定危险品应急相应措施代码（从机长通知单或"红皮书"中得到）；

⑧使用机上危险品事故应急处理措施列表指南帮助处理事故；

⑨如果可能，通知航管中心机上所载有的危险品。

（2）飞机着陆后：

①开启舱门之前，先将旅客和机组人员撤离飞机；

②通知地面应急中心有关危险品的性质及装载的位置；

③在飞行记录本上做相应的记录。

5.9.2.3　乘务人员应急程序

乘务人员的应急程序应该遵循相应的机上灭火或清除烟雾的应急程序：

（1）第一反应

①通知机长。任何涉及危险物品的事件/事故都应立刻通知机长，机长需要了解所采取的一切行动及其效果。飞行机组和客舱机组协调他们的行动，使每一组成员充分了解另

一组成员的行动和意图是十分重要的。

②辨认物品。请有关的旅客辨认物品并指出潜在的危险。该旅客或许能够对该物品的危险性质及如何处理这些危险给予一些指导。如果旅客能确认该物品，参考应急响应代表码以了解相应的应急响应操作方法。（注：当航空器上客舱机组仅有一名成员时，与机长协商是否应请求一名旅客来帮助处理事件/事故。）

（2）发生火情

必须使用标准应急程序处理火情。一般说来，对于溢出物或在出现烟雾时，不应使用水，因为它可能使溢出物扩散或加速烟雾的生成。当使用水灭火器时，还应考虑可能存在的电气部件。

（3）出现溢出或渗漏

①取出应急响应包或其他有用的物品。

取出应急响应包，或者取出用来处理溢出物或渗漏物的如下物品：

·一定量的纸巾或报纸或其他吸水性强的纸或物品（如椅垫套、枕套）；

·烤炉抗热手套或抗火手套（如配备）；

·至少两个大的聚乙烯废物袋；

·至少三个小一些的聚乙烯袋，如免税店或酒吧出售商品使用的袋子，如果没有，也可利用清洁袋。

②戴上橡胶手套和防烟面罩或防烟面具——便携式氧气瓶。在接触可疑的包装件或物品之前，应对双手加以保护。抗火手套或烤炉抗热手套再覆盖上聚乙烯袋可能起到适当的保护作用。当处理涉及烟、烟雾或火的事件/事故时，应戴上防护性呼吸设备（PBE）。

③将旅客从该区域撤走。不应考虑使用机上便携式氧气瓶的医疗面罩或供旅客使用的氧气系统来帮助处于充满烟或烟雾的客舱旅客，因为大量的烟或烟雾将通过面罩上的气门或气孔被吸入。帮助处于充满烟或烟雾的环境中的旅客的一个更加有效的方法，是使用湿毛巾或湿布捂住嘴和鼻子。湿毛巾或湿布可帮助过滤，而且其过滤效果比干毛巾或干布更佳。如果烟或烟雾在发展，客舱机组应迅速采取行动，并将旅客从涉及的区域转移，如有必要还要提供湿毛巾或湿布，并说明如何通过它们来呼吸。

④将危险物品装入聚乙烯袋中。

第一种情况，如有应急响应包时：如果可以完全确定该物品不会产生问题，则可以决定不移动它，然而，在大多数情况下，最好将该物品移走，并应按如下建议来做。将该物品装入聚乙烯袋的方法为：准备好两个袋子，把边卷起来，放在地板上；将物品放入第一个袋子中，使其封口端或其容器出现泄漏的部位朝上；取下橡胶手套，同时避免皮肤与手套上的任何污染物接触；橡胶手套放入第二个袋子中；封上第一个袋子，同时挤出多余的空气；扭上第一个袋子的开口端，并用一根捆扎绳将其系紧以确保安全，但又不要太紧以致不能产生等压；将（装有该物品的）第一个袋子放入已装入橡胶手套的第二个袋子中，并采用与第一个袋子相同的方法将其开口端系牢。

第二种情况，如果没有应急响应包，可按以下方法处理：拾起物品并将其放入一个聚乙烯袋子中；确保装有危险物品的容器保持正放或者渗漏的地方朝上；在确定用来擦抹的东西与危险物品之间不产生反应之后，用纸巾、报纸等抹净溢出物；将脏纸巾等放入另一个聚乙烯袋子中；将用于保护手的手套和袋子放入一个单独的小聚乙烯袋子中，或与脏纸巾放在一起；如果没有多余的袋子，将纸巾、手套等与该物品放在同一个袋子中；将多余的空气从袋子中排出，紧束开口以保安全，但不要太紧以致不能产生等压。

⑤隔离存放聚乙烯袋子。如果机上有配餐用的或酒吧用的箱子，腾空里面的东西，并将其放置在地板上，盖子朝上；将装有该物品和任何脏纸巾等的袋子装入箱子中并盖上盖；将箱子或袋子拿到一个离驾驶舱和旅客尽可能远的地方；如果有厨房或盥洗室的话，考虑将箱子或袋子放在那里，除非它靠近驾驶舱；只要可能，就使用后置厨房或盥洗室，但不要将箱子或袋子靠在密封隔板或机身壁上；如果使用厨房，箱子或袋子可存放在一个空的废物箱内；如果使用盥洗室，箱子可放在地板上或将袋子存放在一空的废物箱内，盥洗室的门应从外面锁上。在增压航空器内，如果使用盥洗室，任何烟雾将从客舱排出；然而，如果航空器未被增压，如果使用盥洗室，任何烟雾将无法从客舱排出。

在移动箱子时，务必使开口朝上，或在移动袋子时，务必使装有危险物品的容器的开口朝上或者使渗漏的部位朝上。

无论将箱子或袋子放在哪里，要将其牢牢固定住以防移动，并使物品正放，确保箱子或袋子放置的位置不会妨碍人员下机。

⑥采用处理危险物品的方式处理被污染的座椅垫/套。应将被溢出物污染的椅垫、椅背或其他陈设从其固定物上取下，并和最初用于覆盖它们的袋子一起装入一个大的帆布袋子或其他的聚乙烯袋子中。应采用与存放引起事件/事故的危险物品相同的方式存放这些物品。

⑦覆盖地毯/地板上的溢出物。用废物袋或其他的聚乙烯袋子来覆盖地毯或陈设上的溢出物，如果没有，则可使用清洁袋将其打开以便使用塑料的一面覆盖溢出物，或者使用旅客须知卡。

如果地毯被溢出物污染并且虽然被覆盖但依然产生烟雾，应尽可能将其卷起，放入一个大帆布袋子或其他聚乙烯袋子中。应将其放入垃圾箱中，并在可能的情况下，存放在后置盥洗室内或者后置厨房内。如果地毯不能移开，应始终用大帆布袋子或聚乙烯袋子等物盖住，并应在上面再盖一些袋子以减少烟雾。

⑧经常检查存放的危险物品/被污染的陈设。应该定期检查出于安全考虑而被撤走和存放起来的或被覆盖的任何危险物品、被污染的陈设或设备。

（4）着陆之后

①向地面工作人员指明危险物品及其存放地点，传达所有有关该物品的信息。

②在客舱记录本上作出记录，以便采取正确的维修措施，并酌情补充或更换应急响应包或任何用过的航空器设备。

5.10　危险品事故处理与报告

危险品事故是指在航空危险品运输过程中，由于危险品包装破损、内装物品散失、洒漏、火灾等造成人员伤亡或财产损失。任何与危险品运输有关、严重威胁飞机或机上人员安全的事件，都被认为是构成危险品事故。因而，本节针对各类危险品将危险品事故由包装件破损、洒漏、灭火措施及其注意事项几方面展开介绍。

5.10.1　爆炸品事故处理及灭火措施

（1）破损包装件的处理

如果收运后发现爆炸品包装件破损，则破损包装件不得装入飞机或集装器。已经装入的，必须马上卸下，认真检查同一批货物的其他包装件是否有相似的破损或者是否已受到了污染。将破损的包装件及时移至安全地点，立即通知有关部门进行事故调查和处理，并通知托运人或收货人。在破损包装件附近严禁烟火。

（2）洒漏处理

对于爆炸品的洒漏物，应及时用水润湿，撒以锯末或棉絮等松软物品，轻轻收集后并保持相当的湿度，报清消防人员或公安部门处理。

（3）灭火措施

①现场抢救人员应戴防毒面具；

②现场抢救人员应站在上风头；

③用水和各式灭火设备扑救。

（4）注意事项

①对于第 1.4 项的爆炸品包装件，除了含卤素灭火剂的灭火器之外，可以使用任何灭火器。对于在特殊情况下运输的第 1.1、第 1.2、第 1.3 或第 1.5 项爆炸品，应由政府主管当局预先指定可使用的灭火器的种类。

②属于 1.4S 配装组的爆炸品，发生事故时，其爆炸和喷射波及范围很小，不会妨碍在附近采取消防或其他应急措施。

③对于 1.4 配装组之外的第 1.4 项爆炸品，外部明火难以引起其包装件内装物品的瞬时爆炸。

5.10.2　气体事故处理及灭火措施

（1）破损包装件的处理

收运后发现包装破损，或有气味，或有气体逸漏迹象，则破损包装件不得装入飞机或集装器。已经装入的必须卸下，认真检查同一批货物的其他包装件是否有相似的损坏情况或是否已经受到污染。包装件有气体溢漏迹象时，人员应注意避免在附近吸入漏出气体。如果易燃气体或非易燃气体包装件在库房内或在室内发生逸漏，必须打开所有门窗，使空气充分流通，然后由专业人员将货物移至室外。如果毒性气体包装件发生逸漏，应由戴防毒面具的专业人员处理；在易燃气体破损包装件附近，不准吸烟，严禁任何明火，不得开启任何电器开关，任何机动车辆不得靠近。

（2）灭火措施

①立即报火警，说明现场有易燃气体或毒性气体包装件存在；

②报火警时，说明现场所备有的消防器材；

③现场抢救人员必须戴防毒面具；

④现场抢救人员应避免站在气体钢瓶的首、尾部；

⑤用水或雾状水浇在气体钢瓶上，使其冷却，并用二氧化碳灭火器扑救；

⑥在情况允许时，应将火势未及区域的气体钢瓶迅速移至安全地带。

（3）注意事项

装有深冷液化气体的非压力包装件，如在开口处有少量的气体逸出，放出可见蒸气并在包装附近形成较低温度，属正常现象，不应看作事故或事故征候，包装件可按《危险品规则》的要求装载；在漏气包装件附近因吸入气体而出现中毒症状的人员，应立即送往医疗部门急救。

5.10.3 易燃液体事故处理及灭火措施

（1）破损包装件的处理

收运后发现包装件漏损，则包装件不得装入飞机和集装器。已经装入的必须卸下，认真检查同一批货物的其他包装件是否有相似的损坏情况或是否已经受到污染。在漏损包装件附近，不准吸烟，严禁任何明火，不得开启任何电器开关；将漏损包装件移至室外，通知主管人员进行事故调查和处理，并通知托运人或收货人。

（2）洒漏处理

如果易燃液体在库房内或飞机货舱内漏出，应通知消防部门，并应清除掉漏出的易燃液体。货舱被清理干净之前，飞机不准起飞。

易燃液体发生洒漏时，应及时以沙土覆盖，或用松软材料吸附，集中至空旷安全的地带处理。覆盖时特别要注意防止液体流入下水道、河道等地方，以防止污染，更主要的是如果液体浮在下水道或河道的水面上，其火灾隐情更严重。在销毁收集物时，应充分注意燃烧时所产生的有毒气体对人体的危害，必要时戴防毒面具。

（3）灭火措施

①立即报火警，说明现场有易燃液体包装件存在，并应进一步具体说明其性质（包括易燃体的 UN 或 ID 编号、运输专用名称、包装等级等）及数量；

②报火警时，说明现场所备有的消防器材；

③现场抢救人员应戴防毒面具并使用其他防护用具；

④现场抢救人员应站在上风头；

⑤易燃液体燃烧时，可用二氧化碳灭火器、1211 灭火器、砂土或干粉灭火器扑救；

⑥将易燃液体包装件抢运到安全距离之外。

（4）注意事项

如果包装件本身或漏出的液体起火，所使用的灭火剂不得与该易燃液体的性质相抵触。在这种情况下，通常不用水灭火，应按照消防部门根据易燃液体性质所指示的方法灭火。

5.10.4　易燃固体、自燃物质和遇湿易燃物品事故处理及灭火措施

（1）破损包装件的处理

在破损包装件附近，不准吸烟，严禁任何明火；使任何热源远离破损的包装件，尤其是自反应物质和自燃物质的包装件；对于遇水燃烧物品的破损包装件，避免与水接触，应该用防水帆布盖好。

（2）灭火措施

①立即报火警，说明现场有易燃固体（或自燃物质或遇水释放易燃气体的物质）包装件存在，并应进一步具体说明其性质（包括其 UN 或 ID 编号、运输专用名称、包装件等级等）及数量。

②报火警时，说明现场所备有的消防器材。

③现场抢救人员应戴防毒口罩。

④对于易燃固体、自燃物质，可用砂土、石棉毯、干粉灭火器或二氧化碳灭火器扑救。

⑤对于遇水释放易燃气体的物质，如金属粉末等，可用砂土或石棉毯进行覆盖，也可使用干粉灭火器扑救。

⑥将此类危险物品包装件抢运到安全距离之外。

（3）洒漏处理

洒漏量大的可以收集起来，另行包装，收集的残留物不得任意排放、抛弃，应做深埋处理。对与水反应的洒漏物处理时不能用水，但清扫后的现场可以用大量的水冲洗。

（4）注意事项

如果包装件自身起火，所使用的灭火剂不得与内装物品的性质相抵触。对于第 4.3 项遇水释放易燃气体的物质的包装件，不准用水灭火而应按照消防部门根据危险物品性质所指示的方法灭火。

5.10.5　氧化剂及有机过氧化物事故处理及灭火措施

（1）破损包装件的处理

①在漏损包装件附近，不准吸烟，严禁任何明火；

②其他危险物品（即使是包装完好的）和所有易燃材料（如纸、硬纸板、碎布等）都不准靠近漏损的包装件；

③使任何热源远离有机过氧化物的包装件。

（2）洒漏处理

较大量的洒漏应轻轻扫起，另行装入。从地上扫起重新包装的氧化剂，因与空气接触过，为防止变化，须留在发货处适当地方观察 24 小时以后才能重新入库堆存，再另行处理。对少量的洒漏，可以将其残留物清扫干净进行深埋处理。

（3）灭火措施

①立即报火警，说明现场有氧化剂或有机过氧化物包装件存在，并应进一步说明其性

质及数量；

②报火警时，说明现场所备有的消防器材；

③有机过氧化物着火时，应使用干砂、干粉灭火器、1211灭火器或二氧化碳灭火器扑救；

④其他氧化剂着火时，应该用干砂或雾状水扑救，并且要随时防止水溶液与其他易燃、易爆物品接触；

⑤将氧化剂或有机过氧化物包装件抢运到安全距离外。

（4）注意事项

当有机过氧化物的包装件靠近较强热源时，即使包装件完好无损，里面的有机过氧化物的化学性质也因此会变得不稳定，并可能有爆炸的危险性。一旦发生火灾时，应将这种包装移至安全的地方，并由消防部门对其进行处理。

5.10.6 毒性和感染性物质事故处理及灭火措施

（1）毒性物质包装件漏损、有气味或有轻微渗漏的处理

①现场人员应避免皮肤接触漏损的包装件，避免吸入有毒蒸气。

②搬运漏、损包装件的人员，必须戴上专用的橡胶手套，并且在作业后五分钟内用流动的水把手洗净。

③当毒性物质的液体或固体粉末撒漏在库房或飞机货舱时，应通知卫生检疫部门，并由卫生检疫人员将被污染的库房、货舱及其他货物或行李进行清扫。在消除货舱的污染之前，飞机不准起飞。

④将漏损包装件单独放入分库房内。

⑤对于第6.1项毒性物质发生的漏损，如有意外沾染上毒性物质的人员，无论是否有中毒症状，均应立即送往医疗部门进行检查和治疗，并向医生说明毒性物质的运输专用名称。出现紧急情况下，必须及时通知最近的医疗急救部门。

上述急救部门的电话号码应写在库房、办公室和可能发生事故地点的明显位置，以备急用。

（2）感染性物质包装件漏、损或有轻微渗漏的处理

①对于漏损包装件，最好不移动或尽可能少移动，如果必须移动，如从飞机上卸下，为减少传染的机会，应只由一人进行搬运。

②搬运漏损包装件的人员，严禁将皮肤与其直接接触，作业时必须戴上专用的橡胶手套。

③现场抢救人员应做好全身性的防护，除了防毒面具之外，还应穿戴防护服和手套等。

④及时向环境保护部门和卫生防疫部门报告，并应说明如下情况：

·托运人危险物品申报单上所述的有关包装件的情况；

·与漏、损包装件接触过的全部人员名单；

·漏、损包装件在运输过程中所经过的地点，即该包装件可能影响的范围。

⑤通知货运部门的主管人员。

⑥严格按照环境保护部门和防疫部门的要求，消除对飞机货舱、其他货物和行李以及运输设备的污染，对接触过感染性物质包装件的人员进行身体检查，对这些人员的衣服进行处理，对该包装进行处理。

⑦通知托运人和收货人。未经防疫部门的同意，该包装件不得运输。

（3）灭火措施

①现场抢救人员应站在上风头；

②应该用砂土灭火；

③距漏损包装件至少 5 米范围内，禁止任何人进入，同时用绳索将这一区域隔离起来。

（4）注意事项

毒性物质发生漏损事件时，如有意外沾染上毒性物质的人员，无论是否出现中毒症状，均应立即送往医疗部门进行检查和治疗。

5.10.7　放射性物质事故处理及灭火措施

（1）破损包装件的处理

①将破损包装件卸下飞机之前，应该划出它在飞机货舱中的位置，以便检查和消除污染。

②除了检查和搬运人员之外，任何人不得靠近破损包装件。

③查阅托运人危险品申报单，按照"ADDITIONALHANDLING INFORMATION"栏中的文字说明，采取相应的措施。

④破损包装件应放入机场专门设计的放射性物质库房内，如果没有专用库房，应放在室外，距破损包装件至少 5 米之内，禁止任何人员靠近，应用绳子将这一区域隔离起来并标示出危险的标记。

⑤通知环境保护部门和（或）辐射防护部门，并由他们对货物、飞机及环境的污染程度进行测量和作出判断。

⑥必须按照环境保护部门和（或）辐射防护部门提出的要求，消除对机舱、其他货物和行李以及运输设备的污染；机舱在消除污染之前，飞机不准起飞。

⑦通知货运部门的主管人员对事故进行调查。

（2）灭火措施

①现场抢救人员应使用辐射防护用具；

②现场抢救人员应站在上风头；

③应该用雾状水灭火，并要防止水流扩散而造成大面积污染；

④受放射性污染影响的人员必须立即送往卫生医疗部门进行检查。

（3）注意事项

根据国际民航组织和国际原子能机构的规定，飞机的任何可接触表面的辐射剂量当量率不得超过 $5\mu Sv/h$（5 微西沃特/小时），并且非固定放射性污染不得超过表 5-72 中的标准，否则飞机必须停止使用。

表 5-72　　　　　机舱可接触表面非固定放射性污染的最高允许限度

污染	最高允许度 Bq/cm2
β 和 γ 辐射以及低毒的 α 辐射	0.4
所有其他的 α 辐射	0.04

* 上述限量适用于表面平均面积大于 300 平方厘米平面的任何部分。

5.10.8　腐蚀性物质事故处理及灭火措施

（1）破损包装件的处理

①现场人员避免皮肤接触漏损的包装件和漏出的腐蚀性物质，避免吸入其蒸气。

②搬运漏损包装件的人员，必须戴上专用的橡胶手套。

③如果腐蚀性物质漏洒到飞机的结构部分上，必须尽快对这一部分进行彻底清洗，从事清洗的人员应戴上橡胶手套，避免皮肤与腐蚀性物质接触；一旦发生这种事故应立刻通知飞机维修部门，说明腐蚀性物质的运输专用设备名称，以便及时做好彻底的清洗工作。

④其他危险品（即使包装完好）不准靠近该漏损包装件。

⑤通知货运部门的主管人员进行事故调查和处理。

⑥发生漏洒事故后，如果清洗不彻底而飞机的结构部分上仍残留少量的腐蚀性物质很可能影响飞机的结构强度。为了仔细地检查飞机的结构部分，应该拆除地板或某些部件；为了彻底清洗，如有必要应使用化学中和剂。

（2）洒漏处理

腐蚀性物品洒漏时，应用干沙、干土覆盖吸收后，再清扫干净，最后用水冲刷。当大量溢出时，或干沙、干土量不足吸收时，可视货物酸碱性，分别用稀酸或稀碱中和，中和时注意不要使反应太剧烈。用水冲刷时，不能直接喷射上去，而只能缓慢地浇洗，以防止带有腐蚀性的水珠飞溅伤人。

若腐蚀性物质洒漏到飞机的结构部分，必须尽快对这部分进行彻底清洗。从事清洗的人员应戴手套，避免皮肤接触腐蚀性物质。一旦发生这种事故应立即通知飞机维修部门，说明腐蚀性物质的运输专用名称，以便及时做好彻底的清洗工作。若清洗不彻底，仍有少量残留，则有可能影响飞机结构的强度，故为了仔细检查飞机的结构部分，有必要拆除地板或某些部件。

（3）灭火措施

①现场抢救人员除了防毒面具之外应穿戴防护服和手套等；

②现场抢救人员应站在上风头；

③应该使用干砂或干粉灭火器扑救。

5.10.9　杂项危险品事故处理及灭火措施

对于破损包装件的处理：

（1）收运后如果发现包装件破损，则不准将该包装件装入飞机或集装器，已经装入的必须卸下，认真检查同一比货物的其他包装件是否有相似的损坏情况和被污染的情况，检查飞机是否有损坏情况。

（2）通知主管人员进行事故调查和处理。

（3）通知托运人和收货人。

特别的，对于杂项危险品中的锂电池包装件的着火，必须使用标准的应急程序处理火情。拔掉外部充电电源，使用灭火器。虽然经验证明哈龙灭火器对于处理锂金属电池的火情是无效的，但在对付锂金属电池周围材料的继发火情或对付锂离子电池火情方面则是有效的。对于锂离子电池，可使用水质灭火器、哈龙灭火器灭火，并在装置上洒水（或其他不可燃液体）以降温，使电池芯冷却，并防止相邻电池芯起火。但锂金属电池决不可使用水或含水的灭火剂灭火。

5.10.10　事故报告

当飞机发生事故时，载运危险物品的航空器经营人必须尽快将信息提供给机载危险品事故或严重事件应急服务机构，这也是上一节中介绍的应急响应程序的组成部分。经营人必须尽快把这些信息提供给经营人所在国家的主管当局以及事故或严重事件发生国的主管当局。图 5-71 为我国某机场的危险品事故和事件报告程序流程图。

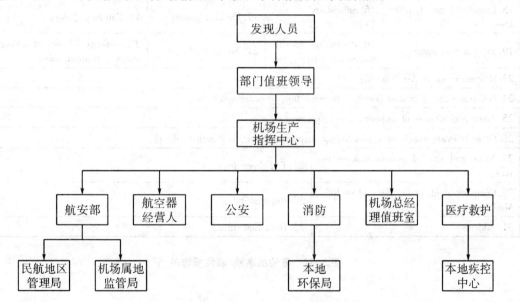

图 5-71　危险品事故/事件报告程序流程图

DGR 公布的危险品事件报告单样本如图 5-72 所示，如果主管当局没有对报告格式做特定要求时，可以在许多国家和地区使用。

Dangerous Goods Occurrence Report

See the Notes on the next page of this form. Those boxes where the heading is in italics need only be completed if applicable.

Make type of occurrence： Accident □　Incident □　Other Occurrence □

1. Operator：	2. Date of occurrence：		3. Local time of occurrence：
4. Flight date：	5. Flight no.：		
6. Departure airport：	7. Destination airport：		
8. Aircraft type：	9. Aircraft registration：		
10. Location of occurrence：	11. Origin of the goods：		
12. Description of the occurrence，including details of injury，damage，ect. (if necessary continue on the next page)：			
13. Proper shipping name (including the technical name)：			14. UN/ID no. (when know)：
15. Class/division (when known)：	16. Subsidiary risk (s)：	17. Packing group：	18. Category (class 7 only)：
19. Type of packaging：	20. Packaging specification marking：	21. No. of packages：	22. Quantity (or transport index，if applicable)：
23. Reference no. of Air Waybill：			
24. Reference no. of courier pouch，baggage tag, or passenger ticket：			
25. Name and address of shipper, agent, passenger, etc.：			
26. Other relevant information (including suspected cause, any action taken)：			
27. Name and title of person making report：	28. Telephone no.：		
29. Company/dept. code, E-mail or Info-Mail code：	30. Reporter ref.：		
31. Address：	32. Date/Signature：		

图5-72　危险品事故/事件报告单

5.11　特种货物机长通知单

5.11.1　机长通知单

特种货物机长通知单，也简称为机长通知单，是经营人向机长提供包括危险品在内的特种货物信息的单据。当危险品作为货物运输时，地面运输人员应按要求填写如图5-73

和图 5-74 所示的机长通知单正反面，将航空器所装载的危险物品和其他特种货物以清单的形式列出，并在机组直接准备阶段与该航班的责任机长进行交接。

"特种货物机长通知单"在危险品栏目内应涉及危险品的内容说明、航空器的装载位置、危险等级、包装分离和数量限制等；在其他特种货物栏目内应涉及特种货物的内容、描述、数量以及补充信息。机长可根据该通知单上提供的信息，在发生危险品或其他特种货物的航空事件/事故时作出应急反应。起飞前机长通知单需由机长签字，以确认给出的危险品和其他特种货物的信息已被知晓。

随着信息技术的发展，机长通知单已经不再局限于纸制的表格形式，当今有许多经营人已经采用了电子化的机长通知单，可由计算机生成并导出。但无论哪种形式，也无论表单的布局有何差异，都必须提供相同的必要信息，并让机长确认。图 5-73 和图 5-75 分别给出一份纸制版的机长通知单（正面）和一份电子版机长通知单。

IATA 规定的通用表格为英文形式，可以附加另一种语言的标准译文。现以图 5-73 所示的机长通知单正面为例，简单介绍机长通知单各栏的填写内容。

5.11.2　通用栏的填写

"特种货物机长通知单"第一行和最后一行的栏目为通用栏，该栏中需填写的信息有：

◆Station of Loading：装机站。

◆Flight Number：航班号。

◆Date：航班离港日期。

◆Aircraft Registration：飞机注册号。我国飞机注册号均以 B 开头。

◆Prepared By：填写人签字。

◆Loaded By（或 Load master's signature）：货物监装员签字。

◆Checked By：配载人员签字。

◆Captains Signature：执行该航班的机长及交接机长签字。

◆Position changed by：若危险品装机位置发生变化，移动危险品的人员签字。

5.11.3　危险品栏目的填写

"特种货物机长通知单"内标有"DANGEROUS GOODS"标题的栏目为危险品栏目，该栏目内需要填写的信息包含：

◆Station of Unloading：卸机站名称（可以填写机场或城市的三字代码）。

◆Air Waybill Number：航空货运单号码。

◆Proper Shipping Name：危险品的运输专用名称。

◆Class or Division：for Class1，Compatibility Group：危险品类别或项别，如果是第 1 类爆炸品，还要求注明其配装组代码。

◆UN or ID Number：危险品 UN 或 ID 代号。

◆Subsidiary Risk：次要危险性的类别或项别。

◆Number of Packages：危险品的包装件数量。

xxx AIRLINE

SPECIAL LOAD — NOTIFICATION TO CAPTAIN　特种货物机长通知单

Station of Loading 装机站	Flight Number 航班号	Date 日期	Aircraft Registration 飞机注册号	Prepared by 填单人
JFK	AB-1309	3 JAN 01	N-18805	B.Watkins

Dangerous Goods 危险品

Station of Unloading 卸机站	Air Waybill Number 航空货运单	Proper Shipping Name 运输专用名称	Class or Division for Class 1 Comp. Grp. 类或项（第1类的配装组）	UN or ID Number UN/ID 代号	Sub Risk 次要危险性	Number Of Packages 包装件数	Net Quantity Or Tranp.index Per Package 净数量或运输指数/包装件	Radio-Active Mat. Categ. 放射性物质总类	Packing Group 包装等级	Code (see Reverse) 包装等级（见背面）	CAO (X) 仅限货机	ULD ID 集装器代号	Position 货位
CDG	12345675	METHYL ACETATE	3	UN1231	—	10	14L	—	II	RFL	X	AA2101	A
CDG	12345675	SELENIUM OXYCHLORIDE	8	UN2879	6.1	4	0.5L	—	—	RCM		AF5040	23
CDG	12345675	RADIOACTIVE MATERIAL TYPE A PACKAGE	7	UN2915	—	1	3.5	III	—	RRY			53
CDG	23456783	CONSUMER COMMODITIES	9	ID8000	—	50	100Kg 0.6Kg 2.5Kg	—	—	RMD		0123AN	11R

* There is no evidence that any damaged or leaking packages containing dangerous goods have been loaded on the aircraft

OTHER SPECIA LOAD 其它特种货物

Station of Unloading 卸机站	Air Waybill Number 航空货运单	Contents and Description 内容与描述	Number of Packsges 包装件数	Quantity 数量	Other information 其它信息	Code (see Reverse) 代码	ULD ID 集装器代码	Position 货位
CDG	87213454	Foodstuff	23	800.00KG		EAT	AA2102	31P

Loading Supervisor's Signature 监装人: J.Smith

Capitain's Signature 机长: R.Matin

图5-73　纸质表单式特种货物机长通知单（正面）

TABLE OF INCOMPATIBILITIES

Class or Div. and Comp Group		1.3C	1.3G	1.4B	1.4C	1.4D	1.4E	1.4G	1.4S	2	2	3	4	5	6	7	8	9					
Cargo IMP Code		RCX	RGX	RXB	RXC	RXD	RXE	RXG	RXS	RNG RFG RPG	RCL	RFL	RSC RFW	ROX ROP	RPB BHF RIS	RRY	RCM	ICE	FIL	HUM	EAT	HEG	AVI
1.3C	RCX																						
1.3G	RGX	↕																					
1.4B	RXB	⇕	⇕																				
1.4C	RXC	⇕	⇕	⇕																			
1.4D	RXD	⇕	⇕	⇕	⇕																		
1.4E	RXE	⇕	⇕	⇕	⇕	⇕																	
1.4G	RXG	⇕	⇕	⇕	⇕	⇕	⇕																
1.4S	RXS																						
2	RNG/RFG/RPG	⇕	⇕	⇕	⇕	⇕	⇕	⇕															
2	RCL	⇕	⇕	⇕	⇕	⇕	⇕	⇕		⇕													
3	RFL	⇕	⇕	⇕	⇕	⇕	⇕	⇕		⇕	⇕												
4	RSC/RFW	⇕	⇕	⇕	⇕	⇕	⇕	⇕		⇕	⇕	⇕											
5	ROX/ROP	⇕	⇕	⇕	⇕	⇕	⇕	⇕		⇕	⇕	⇕	⇕										
6	RPB/RHF/RIS											↔	⇕	⇕									
7	RRY																						
8	RCM	⇕	⇕	⇕	⇕	⇕	⇕	⇕	⇕	⇕	⇕	⇕	⇕	⇕		↔							
9	ICE																						
	FIL																						
	HUM																			↕	↕		
	EAT										↕				⇕¹	↔	⇕	⇕			↕	↕	↕
	HEG																						↔
	AVI	↕³												↕	⇕¹	⇕	↕	↕			↕		↕³

Legend:

↔ Minimum separation distance as specified by IATA Regulations.

⇕ Shall not be loaded in close proximity of one another.

⇕¹ Must not be stowed in the same compartment, unless loaded in ULDs not adjacent to one another or in closed ULDs.

⇕² Must not be stowed in the same compartment.

⇕³ The ⇕ segregation requirement applies only to laboratory animals and to animals which are natural enemies.

图5-74　纸质表单式特种货物机长通知单（反面）

NOTIFICATION TO CAPTAIN (NOTOC) (COMPUTER PRODUCED)

```
SPECIAL LOAD          NOTIFICATION TO CAPTAIN
***************************************************************************
******************
FROM                  FLIGHT              DATE                    A/C REG
STN                   IC1001              02 FEB 2002             G-AAAA

***********************
```

TO	AWB	CL/DV COMP	UN/ID NR	SUB RSK	PCS	QTY/TI	RRR CAT	PCK GRP	IMP CODE	CAO	POS ULD/CODE
01. ACRIDINE											
YOW	010-1234 2222	6.1	UN 2713		2	50 KG		III	RPB	X	M DECK C4
02. FORMIC ACID											
YOW	010-1234 2222	8	UN 1779		1	20 L		II	RCM	X	M DECK C4
03. ACETYL CHLORIDE											
YOW	010-1234 2222	3	UN 1717	8	1	2 L		II	RFL	X	M DECK C4

```
***************************************************************************
*******************
THERE IS NO EVIDENCE THAT ANY DAMAGED OR LEAKING PACKAGES CONTAINING DANGEROUS GOODS HAVE
BEEN LOADED ON THE AIRCRAFT          O K Done
***************************************************************************
*******************
LOADED AS SHOWN              O K Done
***************************************************************************
*******************
CAPTAINS SIGNATURE          I M Speaking
***************************************************************************
```

图 5-75　电子表单式特种货物机长通知单

◆Net Quantity or Transport Index Per Package：填写每一包装件内危险品的净数量，如果是运输放射性物质则此栏填写包装件的运输指数。

◆Radioactive Category：放射性物质包装种类（如：Ⅰ级-白、Ⅱ级-黄或Ⅲ级-黄）。

◆Packing Group：危险品的包装等级。

◆Code（see reverse）：危险品的货运 IMP（即 Cargo-IMP：Cargo Interchage Message Procedures）三字代码。该代码是为传送信息更便利而由 IATA 规定的国际联运文电代码，由三个字母组成，对应危险品的类项及配装组等，填写时可以查看机长通知单反面的列表来确定。

◆CAO：如果该危险品包装件仅限货机运输，在此栏内标注"×"。

◆Loaded ULD ID：装有危险品的集装器编号。

◆Loaded Position：危险品的装机位置。

◆Moved to Position：若危险品装机时填写了机长通知单后又更改了位置，需要在此填写新的装机位置。

5.11.4　其他特种货物栏目的填写

"特种货物机长通知单"内标有"OTHER SPECIAL LOAD"标题的栏目为危险品栏目，该栏目内需要填写的信息包含：

◆Station of Unloading：同危险品栏目，即也为卸机站名称。可以填写机场或城市的三字代码。

◆Air Waybill Number：航空货运单号码，应填写适用的航空货运单号码。

◆Contents and description：特种货物的内容与描述，应填写装载的特种货物的名称和种类。

◆Number of packages：特种货物包装件的数量。

◆Quantity：特种货物的数量，当货物不是以包装件形式装载时适用，如活体动物填写动物的个数。

◆Supplement information：补充信息。填写特种货物运输条件及附加说明。如果需要保持某一特定温度，应填写所要求温度的数值。如"Temperature requirement：Heating required for …℃"（温度要求：加温要求至…℃）或"Temperature requirement：Cooling required for …℃"（温度要求：降温要求至…℃）。

◆Code（see reverse）：特种货物的货运 IMP（即 Cargo-IMP：Cargo Intercharge Message Procedures）三字代码。对应特种货物的种类（例如：AVI 为活体动物，VAL 为贵重货物），填写时可以查看机长通知单反面。

◆Loaded/ ULD ID：集装器识别代号。填写装有该特种货物的集装器识别编号。

◆Loaded/ Position：装机位置。填写特种货物的装机位置。

◆Moved to Position：若特种货物装机填写了机长通知单后更改了位置，需要在此填写新的装机位置。

◆Loading supervisor's signature：监装负责人签字。本架飞机的货物监装员的签字。

◆Captain's signature：机长签字。执行本次航班飞行的机长签字。

◆Other information：其他信息。对货物特别说明的内容。

5.11.5　背面信息

特种货物机长通知单的背面是特种货物配装禁忌表，通过查询该表可以知道不同特种货物之间的配装禁忌。特种货物配装禁忌表表中符号的含义分别为：

↔：按照国际航协《危险品规则》中规定的最低隔离距离。

◀ | ▶：不得装载在相互临近的位置。

◀ | ▶[1]：不得装载在同一货舱内，除非装载在不相互临近的集装器或封闭的集装器内。

◀ | ▶[2]：不得装载在同一货舱内。

◀ | ▶[3]：隔离要求只适用于试验用动物与非试验用动物以及天然相互为敌的动物之间。发情期内的动物不能装载在同一货舱内。

隔离要求的纵横表头用各特种货物的 IMP 货运代码显示。机长通知单正面的 Code

（see reverse）栏中填入的代码就是 IMP 代码，填写时可以参考此处的隔离表。常见的 IMP 货运代码如表 5-73 所示。

表 5-73　　　　　　　　　　部分特种货物名称的 IMP 货运代码

IMP 代码	名称	IMP 代码	名称	IMP 代码	名称
REX	1.3 项爆炸品	RFW	遇湿易燃物品	RMD	杂项危险品
RE_	1.4 项爆炸品配装组	ROX	氧化物（氧化剂）	CAO	仅限货机
RNG	非易燃无毒气体	ROP	有机过氧化物	AVI	活体动物
RFG	易燃气体	RPS	有毒物品	EAT	食品
RCL	深冷液化气体	RIS	感染性物质	HEG	种蛋
RPG	有毒气体	RRY	放射性—黄色	FIL	未显影的胶片
RFL	易燃液体	RRW	放射性—白色	HUM	尸体骨灰
RFS	易燃固体	RCM	腐蚀性物品	PER	鲜活易腐物品
RSC	易自燃物品	RSB	聚苯乙烯颗粒	LHO	人体活器官
MAG	磁性物质	ICE	干冰	AOG	紧急航空器材
RHF	有毒物品	DIP	外交信袋	BIG	超大货物
RIM	刺激性物品	FRX	冷冻货物	HEA	超重货物
RCO	自燃液体	MED	急救医疗用品	URG	急救货物

5.11.6　签收与存档

特种货物机长通知单至少要一式四份，其分配如下：

◆随货运单带往目的站一份；

◆交配载部门一份；

◆交机长一份；

◆始发站留存一份。

5.11.7　通知机长的程序

根据DGR规定的经营人信息提供的责任，当飞机上装有特种物品时，经营人必须在飞机起飞之前及早地向机长提供特种货物，特别是危险物品准确清晰的书面资料，告知将要作为货物运输的特种货物尤其是危险物品的情况。

特种货物机长通知单就是经营人向机长提供危险品信息的主要方式。前面的章节是从填写者的角度对机长通知单的结构做的简介，现在着重从信息提供的角度，了解机长通单如何向机长提供信息以及通知机长的程序。

如图5-76所示的东方航空公司的机长通知单，联系前面章节的通知单样例，可以看到为在应急情况下响应而提供的机长通知单包括以下内容。

SPECIAL LOAD — NOTIFICATION TO CAPTAIN （NOTOC）
特种货物机长通知单

中國東方航空
CHINA EASTERN

Station of Loading 装机站	Flight Number 航班号	Date 日期	Aircraft Registration 飞机注册号	Prepared by 填单人

Dangerous Goods危险品

Station of Unloading 卸机站	Air Waybill Number 航空货运单	Proper Shipping Name 运输专用名称	Class or Division for Class I Comp Grp. 类或项（第1类的配装组）	UN or ID Number UN/ID代号	Sub Risk 次要危险性	Number Of Packages 包装件数	Net Quantity Or Tranp.index Per Package 净数量或运输指数/包装件	Radio-Active Mat. Categ. 放射性物质总类	Packing Group 包装等级	Code (see Reverse) 包装等级（见背面）	CAO (X) 仅限货机	Loaded 装载 ULD ID 集装器代号	Loaded 装载 Position 货位
		* There is no evidence that any damaged or leaking packages containing dangerous goods have been loaded on the aircraft											

OTHER SPECIA LOAD　其它特种货物

Station of Unloading 卸机站	Air Waybill Number 航空货运单	Contents and Description 内容与描述	No of Packsges 包装件数	Quantity 数量	Supplement Information 补充信息	Code (see Reverse) 代码	ULD ID 集装器代码	Position 货位

Loading Supervisor's Signature: 监装人	Capitain's Signature: 机长	Other information 其它信息

图5-76　中国东方航空公司机长通知单示例

（1）航空货运单号码（已填开时）。

（2）运输专用名称，随附技术名称（如适用）及UN/ID编号。

（3）类别/项别，次要危险性，第1类危险品还应注明配装组代号。

（4）如托运人危险物品申报单上所示的包装等级。

（5）对于非放射性物质，包装件数、每个包装件的净含量或毛重（如适用）及他们确切的装载位置。但此条不适用于托运人危险物品申报单商不需填写净重与毛重的危险品。对于内装多个带有相同运输专用名称和UN编号的危险物品包装件的货物，只需提供总数量以及在每个装载位置注明最大和最小包装件。

（6）对于放射性物质，包装件、Overpack或专用货箱的数目、放射性等级、运输指数（如适用）及其确切的位置。

（7）包装件是否仅限于货机运输。

（8）包装件的卸机站。

（9）该危险品在某一国家豁免的条件下运输的说明（如适用）。

经营人若打算用向机长提供电话号码的方式代替根据 DGR 相关规定提供机上的危险物品详情，则必须在机长通知单上提供此电话号码，并保证此电话号码在飞行中能够获得。

机长通知单必须用专用表格填写，不得使用货运单、托运人危险物品申报单及发票等其他表格代替。在收到通知单时，机长必须在上签收或以其他方式表明他已经受到了机长通知单。

机长通知单必须包含已由装机负责人签字确认装机的货物无任何破坏与渗漏迹象或其他说明。

机长通知单必须方便机长在飞行中随时使用。

地面部门必须保留一份清晰的机长通知单，上面必须注明或随附说明机长已经签收此通知单。通知单中所包含的信息将提供给下一预定到站和最后始发站，知道通知单所涉及的班机飞行结束。

除了经营人国家使用的语言外，机长通知单中还应适用英文。

考虑到紧急情况下机长通知单的大量内容适合通过飞行中的无线电话进行传输，经营人还应另提供一份通知单的概要，其中至少要包括每个货仓中危险品的数量以及类别和项别。

经营人必须保证对于需要"托运人危险物品申报单"的货物，能够随时提供正确的信息，用于航空运输涉及危险物品的事故和时间的应急。这些信息必须向机长提供并可通过下列资料提供：

（1）《与危险品有关的航空器事故征候应急响应指南》；

（2）其他能够提供相似的涉及机上危险物品信息的文件。

如果在飞行中出现紧急情况，机长应在情况允许下，尽快通过相关空中交通管制单位通知机场主管部门，作为货物装载在飞机上的所有危险品的信息。如果情况允许，通知内容应包括危险品的运输专用名称和/或 UN/ID 编号、类别/项别、对于第一类的配装组、任何确定的次要危险性、数量、机上装载位置，或从机长通知单上获得的电话号码。当不可能包括所有信息时，应该提供与紧急情况最相关的部分或每个货舱内所装危险品的数量以及类别或项别的概述。

练习思考题

1. 民用航空危险品运输的法律法规依据有哪些？

2. 对于 DGR 中列明的 1 至 12 类人员，应分别培训危险品知识的哪些内容？

3. 指出下列工作属于托运人还是经营人的责任：

（1）包装 （4）检查

（2）准备危险品申报单 （5）识别危险品

（3）装载

（6）粘贴危险性标签

4. 使用 DGR，对以下术语给出解释：

（1）ID 代号（ID Number）

（2）合成包装（Overpack）

（3）二氧化碳（干冰）（Dry Ice）

（4）包装等级（Packing Group）

5. 哪个国际组织出版了《危险物品航空安全运输技术细则》？

6. 查阅 DGR，解释下列符号及所写的意义：

（1）CAO

（2）n.o.s.

（3）MAG

（4）★

（5）□

（6）△

（7）☢

7. 具有何种性质的危险物品在任何情况下都禁止空运？并指出在 DGR 中的位置。

8. 哪部规则包含了技术细则的所有要求，并且基于运营和行业标准实践方面的考虑，还增加了比《技术细则》更严格的要求？

9. 下列各项中可能含有哪些危险物品？

（1）牙科器械

（4）潜水设备

（2）修理箱

（5）旅客行李

（3）冷冻食品

（6）飞机零部件

10. 对于下列物品旅客是否需要得到经营人的许可？

（1）一只小型医用温度计

（3）运动弹药

（2）安全火柴

（4）液体燃料野营炉

11. 在国家及经营人差异部分可否找到以下国家及经营人？并指出在 DGR 中的位置。

（1）巴西

（3）JP

（2）中国

（4）BA

12. 根据机组人员和旅客携带的危险品要求的 DGR 表回答问题：

（1）对于装有密封性湿电池或符合特殊规定 A123 的电池的电动轮椅或其他电动代步工具：

a. 是否可随身携带？

b. 是否可放入或作为交运行李？

c. 是否可放入或作为手提行李？

d. 是否需要征得经营人同意？

e. 是否需要通知机长其位置？

（2）对于锂离子电池：

a. 是否可随身携带？

b. 是否可放入或作为交运行李？

c. 是否可放入或作为手提行李？

d. 是否需要征得经营人同意?

e. 是否需要通知机长其位置?

13. 说出危险品分类中的所有类别和项别的编号及名称。

14. 某弹药属于 1.4S 项危险品,该危险品是否能用民航客机运输?如果可以收运,交运时应做哪些工作?

15. 根据表 1 给定的性质描述和实验数据,判断危险品的类/项和包装等级。

表1

物质的特性描述	类/项	包装等级
接触时间小于 1 小时,完整的皮肤组织出现全部坏死		
口服毒性 LD_{50} 为 380mg/kg		
液体,闪点 50℃,初始沸点 35℃		

16. 试根据已有信息(见表2),确定以下几种液体的包装等级:

表2

闪点	初始沸点	包装等级
-12℃	34℃	
26℃	165℃	
63℃	220℃	

17. 是否属于 4.1 项的全部物质都需在运输过程中注意避免阳光直射,远离一切形式的热源,放在通风良好的地方,并粘贴"远离热源"的标签?

18. 举出 5 个第 9 类杂项危险品的实例。

19. 气溶胶属于哪个类别的危险品?

20. 危险品 A 和 B 经混合后,呈现各自原有的危险特性:

A 易燃性:闪点 22℃ 初始沸点 85℃

B 毒性:口服 LD_{50} 值为 100mg/kg

试根据给定信息利用危险性主次判断表确定该混合物的主、次危险性及包装等级。

21. 危险品品名表是按什么顺序排列的?哪个表是按 UN/ID 代号的数字顺序排列的?

22. 品名表的 H、J、L 栏中所列的数量是净重还是毛重?是每一架飞机运输的量,还是每一票货物运输的量,还是每一个包装件的量?

23. 查阅 DGR 的品名表,写出以下物质的运输专用名称:

Lighter flints

Gasoline

Jet fuel

Dry ice

24. 查阅 DGR 有关表格，写出以下物质的运输专用名称：

UN1170

UN1263

UN2809

UN3371

25. 查阅 DGR 品名表，完成表 3 中的内容。

表 3

描述	包装等级	单个包装件实际净数量	UN/ID 代号	运输专用名称	类/项	次要危险性	适用的包装说明代号
Kerosene	Ⅲ	60L					
	Ⅰ	15kg	UN1759				
		200kg	UN1845				
Monochlorobenzene	Ⅲ	220L					

26. 查阅 DGR 品名表，判断客机是否可以运输 0.5L 的 UN1831 的样品？

27. n-propoxyproganol amyl 是一种闪点为 58℃、沸点为 87℃的醇类，请确定其运输专用名称、UN 代号及包装等级。

28. 完成表 4 内容。

表 4

物品名称	每包装件实际净数量	UN/ID 代号	类/项	次要危险性	标签	包装等级	客机是否可运	货机是否可运	特殊规定代码
Acetal	60L								
Barium chlorate, solid	15kg								
Barium alloys, pyrophoric	2kg								
Sodium chlorate	40kg								
Mercaptan mixture, liquid, toxic, flammable, n.o.s★	5L								
Consumer commodity	15kg G								
Lithium ion batteries packed with equipment	10kg								

29. 一种含有 "Dimethyl Carbonate" 和某种非危险品的液体混合物，其闪点为 24℃，沸点高于 35℃，请确定其运输专用名称、UN 代号及包装等级。

30. 一种含有 "Arsenic" 和某种非危险品的固体混合物，其口服毒性的 LD50 为 45mg/kg。请确定其运输专用名称、UN 代号、包装等级及客机装载时的包装说明代码。

31. 一种需要航空运输的溶液，含有 "Ethanol"，符合第 3 类Ⅱ级包装标准，并含有少量下列物质：

氢氧化钠（Sodium hydroxide），第8类，Ⅱ级包装；

甲醇（Methanol），第3类主要危险性，6.1项次要危险性，Ⅱ级包装；

实验显示这种溶液的性质呈现为两种危险性：

第一种危险性为第3类，对应包装等级为Ⅱ级；第二种危险性为第8类，对应包装等级为Ⅲ级；而毒性危险性（即6.1项）可以忽略不计。

回答以下问题：

（1）此混合物的主、次危险性及包装等级分别是什么？

（2）运输专用名称是什么？

（3）UN代号是什么？

32. 说出以下几个UN规格标记各部分的含义。

（1）🄔4G/Y25/S/17/NL/DGM3829

（2）🄔1A1/Y1.4/120/17/USA/VL845

（3）🄔4D/Y30/S/17/GB/EILK2935

（4）🄔4G/Class6.2/17/DK/SP9980-ERIKSSON

（5）🄔4G/X25/S/05/USA/ABCPACK/17RL

（6）🄔1A2T/Y50/S/17/A/PA-382

33. 说出几种危险品包装性能测试的项目名称及试验目的。

34. 危险品包装件上都需要有什么使用标记？

35. 感染性物质需要什么附加标记？

36. 对于有限数量包装，包装件需要标注什么样的特殊标记？

37. 危险品的标签有哪两种？请说明。

38. 有两种类型的包装标记，它们分别是哪两种？

39. 一个易燃液体包装件与一个腐蚀性物质包装件组成一个封闭式Overpack，请指出该Overpack上需粘贴哪些危险性标签。

40. 锂电池在何种情况下需要粘贴第9类锂电池危险品的危险性标签，何种情况下不需要粘贴第9类锂电池危险品的危险性标签。

41. "仅限货机"标签必须贴于哪种包装件？

42. 是否所有的液体危险品都必须粘贴向上标签？

43. 回答下列问题的正误。

（1）危险性标签应贴于包装件的棱角处，这样从两个不同的面都可以看到。

（2）"敞开式"的Overpack可以由仅限货机的包装件组成。

44. 确定危险品包装件净含量30L的Allyl acetate所需要粘贴的所有标签。物质的品名表信息如表5所示：

表 5

UN/ID No.	Proper Shipping Name/Description	Class or Div. (sub Risk)	Hazard Labels	PG	EQ See 2.6	Passenger and Cargo Aircraft				Cargo Aircraft Only		S.P. See 4.4	ERG Code
						Ltd Qty		Pkg Inst	Max Net Qty/Pkg	Pkg Inst	Max Net Qty/Pkg		
						Pkg Inst	Max Net Qty/Pkg						
A	B	C	D	E	F	G	H	I	J	K	L	M	N
2333	Allyl acetate	3(6.1)	Flamm. Liquid & Toxic	II	E1	Y341	1L	352	10L	364	60L		3L

45. 请在图 1 的"封闭式"Overpack 上标出所要求的标记和标签，该 Overpack 由 3 个包装件组成，且准备由客机运输：

包装件 1：5LUN1219 Isopropanol 装于一个 UN4G 纤维板箱中。

包装件 2：12kg UN1712 Zinc arsenate 装于一个 UN1A2 铁桶中。

包装件 3：20kg UN0405 Cartridges，signal 装于 1 个 UN 规格 4D 胶合板箱。

题目涉及危险品在品名表中信息如表 6 所示。

表 6

UN/ID No.	Proper Shipping Name/Description	Class or Div. (sub Risk)	Hazard Labels	PG	EQ See 2.6	Passenger and Cargo Aircraft				Cargo Aircraft Only		S.P. See 4.4	ERG Code
						Ltd Qty		Pkg Inst	Max Net Qty/Pkg	Pkg Inst	Max Net Qty/Pkg		
						Pkg Inst	Max Net Qty/Pkg						
A	B	C	D	E	F	G	H	I	J	K	L	M	N
0405	Cartridges, signal	1.4S	Explosive 1.4		E0	Forbidden		135	25kg	135	100kg	A802	3L
1219	Isopropanol	3	Flamm.Liquid	II	E2	Y341	1L	353	5L	364	60L	A180	3L
1712	Zinc arsenate	6.1	Toxic	II	E4	Y644	1kg	669	25kg	676	100kg		6L

内装的所有危险品包装件的托运人和收货人信息为：

托运人

Golden Eagle Chemicals Ltd

101，Tai Yau Street

San Po Kwon，Kowloon，Hongkong

收货人

Chemicals Import Co. Ltd

48 Jianye Road，Hubin Bei

Xiamen，Fujian，China

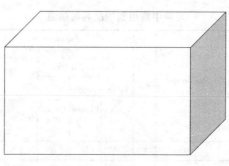

图 1

46. 谁应填写危险品申报单并在其上签字?

47. 干冰作为冷冻食品的冷却剂时,是否需要填写托运人申报单?

48. 什么时候应当检查危险品包装件可能存在的损坏与泄漏?

49. 为什么危险品包装件装在飞机上时要进行固定?

50. 为什么不相容的危险品包装件装在飞机上时要进行隔离?

51. 贴有"仅限货机"标签的危险品包装件能否装载在客机的货舱内?

52. 哪些类别的危险品包装件即使贴有"仅限货机"标签也不要求在飞行过程中必须可接触?

53. 表7中哪些包装件能够相邻码放?

表7

包装件	是否相容?	
6.1项和第3类	是/否:	
4.3项和第8类	是/否:	
第3类和第8类	是/否:	
5.1项和第3类	是/否:	

54. 表8中危险品包装件能够与特种货物相邻码放?

表8

(a) 第6类与	活体动物	是/否:	
(b) 第7类与	食品	是/否:	
(c) 固体二氧化碳与	种蛋	是/否:	

55. 简述危险品紧急情况等级分类。

56. 危险品运输不正常时怎样处置?

57. 简述危险品事故检查单的内容。

58. 请简述飞行中客舱内危险品报告程序。

59. 请阐述危险品紧急情况下的灭火程序。

附表1　　　　　　　　　　习题中需用到的品名表信息

UN/ID No.	Proper Shipping Name/Description	Class or Div (Sub Risk)	HazardLabel (s)	PG	E. Q. see 2.6	Passenger and Cargo Aircraft				Cargo Aircraft Only		S. P. See 4.4	ERG Code
						Ltd Qty							
						PkgInst	Max Qtyper Pkg	PkgInst	Max QtyPer Pkg	Pkg Inst	Max QtyPer Pkg		
A	B	C	D	E	F	G	H	I	J	K	L	M	N
1088	Acetal	3	Flamm. Liquid	II	E2	Y341	1L	353	5L	364	60L		3H

附表1（续）

UN/ID No.	Proper Shipping Name/Description	Class or Div (Sub Risk)	HazardLabel (s)	PG	E. Q. see 2.6	Passenger and Cargo Aircraft				Cargo Aircraft Only		S. P. See 4.4	ERG Code
						Ltd Qty							
						PkgInst	Max Qtyper Pkg	PkgInst	Max QtyPer Pkg	Pkg Inst	Max QtyPer Pkg		
1090	Acetone	3	Flamm. Liquid	II	E2	Y341	1L	353	5L	364	60L		3H
1716	Acetyl bromide	8	Corrosive	II	E2	Y840	0. 5L	851	1L	855	30L		8L
1133	Adhesivescontaining flammable liquid	3	Flamm. Liquid	I	E3	Forbidden		351	1L	361	30L	A3	3L
				II	E2	Y341	1L	353	5L	364	60L		3L
				III	E1	Y344	10L	355	60L	366	220L		3L
1558	Arsenic	6. 1	Toxic	II	E4	Y644	1kg	669	25kg	676	100kg		6L
1854	Barium alloys, pyro-phoric	4. 2				Forbidden		Forbidden		Forbidden			4W
1445	Barium chlorate, sol-id	5. 1 (6. 1)	Oxidizer & Toxic	II	E2	Y543	1kg	558	5kg	562	25kg		5P
	Benzenesulphonyl hydrazide, see Self-reactive solid type D ★（UN 3226）												
1738	Benzyl chloride	6. 1 (8)	Toxic	II	E4	Forbidden		653	1L	660	30L		6C
1570	Brucine	6. 1	Toxic	I	E5	Forbidden		666	5kg	673	50kg	A6	6L
1134	Chlorobenzene	3	Flamm. liquid	III	E1	Y344	10L	355	60L	366	220L		3L
2235	Chlorobenzyl chlorides, liquid	6. 1	Toxic	III	E1	Y642	2L	655	60L	663	220L		6L
3427	Chlorobenzyl chlorides, solid	6. 1	Toxic	III	E1	Y645	10kg	670	100kg	677	200kg		6L
8000	Consumer commodity	9	Miscellaneous		E0	Y963	30kg G	Y963	30kg G	Y963	30kg G	A112	9L
1759	Corrosive solid, n. o. s. ★	8	Corrosive	I	E0	Forbidden		858	1kg	862	25kg	A3	8L
				II	E2	Y844	5kg	859	15kg	863	50kg	A803	8L
				III	E1	Y845	5kg	860	25kg	864	100kg		8L
1161	Dimethyl carbonate	3	Flamm. liquid	II	E2	Y341	1L	353	5L	364	60L		3L
1845	Dry ice †	9	Miscellaneous		E0	Forbidden		954	200kg	954	200kg	A48 A151 A805	9L
1170	Ethanol	3	Flamm. liquid	II	E2	Y341	1L	353	5L	364	60L	A3 A58 A180	3L
				III	E1	Y344	10L	355	60L	366	220L		3L
1323	Ferrocerium	4. 1	Flamm. solid	II	E2	Y441	5kg	445	15kg	448	50kg	A42	3L
2623	Firelighters, solid with flammable liquid	4. 1	Flamm. solid	III	E1	Y443	10kg	446	25kg	449	100kg	A803	3L
1863	Fuel, aviation, turbine engine	3	Flamm. liquid	I	E1	Forbidden		351	1L	361	30L	A3	3L
				II	E2	Y341	1L	353	5L	364	60L		3L
				III	E3	Y344	10L	355	60L	366	220L		3L
1203	Gasoline	3	Flamm. liquid	II	E2	Y341	1L	353	5L	364	60L	A100	3H

附表1（续）

UN/ID No.	Proper Shipping Name/Description	Class or Div (Sub Risk)	HazardLabel (s)	PG	Passenger and Cargo Aircraft					Cargo Aircraft Only		S. P. See 4.4	ERG Code
					E. Q. see 2.6	Ltd Qty		PkgInst	Max QtyPer Pkg	Pkg Inst	Max QtyPer Pkg		
						PkgInst	Max Qtyper Pkg						
3481	Lithium ion batteries packed with equipment † (including lithium polymer batteries)	9	Miscellaneous	II	E0	Forbidden		966	5kg	966	35kg	A88 A99 A154 A164 A181 A185	9FZ
	Jet fuel，seeFuel, aviation，turbine engine（UN1863）												
1223	Kerosene	3	Flamm. liquid	III	E1	Y344	10L	355	60L	366	220L	A224	3L
	Lighter flints，seeFerrocerium（UN1323）												
1230	Methanol	3（6.1）	Flamm. liquid	II	E2	Y341	1L	352	1L	364	60L	A104 A113	3L
3071	Mercaptan mixture, liquid，toxic，flammable，n.o.s.★	6.1（3）	Toxic & Flamm. liquid	II	E4	Y641	1L	654	5L	661	60L		6F
	Monochlorobenzene，see Chlorobenzene（UN1134）												
2528	Isobutyl isobutyrate	3	Flamm. Liquid	III	E1	Y344	10L	355	60L	366	220L		3L
1265	PentanesLiquid	3	Flamm. Liquid	I	E2	Forbidden		351	1L	361	30L		3H
				II	E3	Y341	1L	353	5L	364	60L		3H
3155	Pentachlorophenol	6.1	Toxic	II	E4	Y644	1kg	669	25kg	676	100kg	A6	6L
2572	Phenylhydrazine	6.1	Toxic	II	E4	Y641	1L	654	5L	662	60L		6L
3226	Self-reactive solid type D★	4.1	Flamm. solid & Keep away from heat		E0	Forbidden		459	5kg	459	10kg	A20 A802	3L
1495	Sodium chlorate	5.1	Oxidizer	II	E2	Y544	2.5kg	558	5kg	562	25kg		5L
1823	Sodium hydroxide, solid	8	Corrosive	II	E2	Y844	5kg	859	15kg	863	50kg		8L
1824	Sodium hydroxide, solution	8	Corrosive	II	E2	Y840	0.5L	851	1L	855	30L	A3	8L
				III	E1	Y841	1L	852	5L	856	60L	A803	8L
1831	Sulphuric acid, fuming †	8（6.1）				Forbidden		Forbidden		Forbidden		A2	8P

附表2　　习题中需用到的部分数字交叉参考表信息（page no. 已略）

UN or ID No.	Name and Description
1169	Extracts，aromatic，liquid

UN or ID No.	Name and Description
1170	Ethanol
1170	Ethanol solution
1170	Ethyl alcohol
1170	Ethyl alcohol solution
1171	Ethylene glycol monoethyl ether
……	……
1262	Octanes
1263	Paint (including paint, lacquer, enamel, stain, shellac, varnish, polish, liquid filler and liquid lacquer base)
1263	Paint related material (including paint thinning or reducing compounds)
1264	Paraldehyde
1265	Pentanesliquid
……	……
1758	Chromium oxychloride
1759	Corrosive solid, n.o.s. ★
1760	Corrosive liquid, n.o.s. ★
……	……
1830	Sulphuric acidwith more than 51% acid
1831	Sulphuric acid, fuming†
1832	Sulphuric acid, spent†
……	……
1843	Ammonium dinitro-o-cresolate, solid
1845	Carbon dioxide, solid†
1845	Dry ice†
1846	Carbon tetrachloride
……	……
2045	Isobutyl aldehyde
2046	Cymenes
2047	Dichloropropenes
2048	Dicyclopentadiene
……	……

附表2(续)

UN or ID No.	Name and Description
2807	Magnetized material †
2809	Mercury
2810	Toxic liquid, organic, n.o.s. ★
……	……
3370	Urea nitrate, wetted with > 10% but < 20% water, by weight
3371	2-Methylbutanal
3373	Biological substance, Category B

第 6 章 航空运输锂电池知识及操作要求

6.1 锂电池航空运输规则产生背景

随着经济发展和人们生活水平的提高，现代人对锂电池的需求量日益增加，目前锂电池的使用在整个电池界占据了"半壁江山"，在智能手机、笔记本电脑、数码相机以及 IPAD 等便携式消费电子产品和电动汽车和电瓶车中得到了广泛应用，如图 6-1 所示，锂电池在现代人的生活和工作中起着越来越重要的作用。

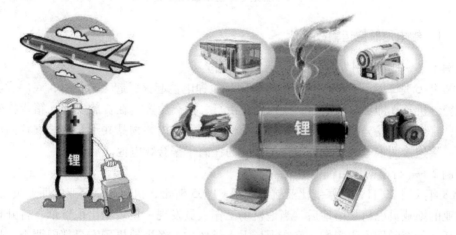

图 6-1 锂电池的应用领域

"锂"是一种非常活泼的金属，非常容易发生反应，释放出氢气和热量，并可能引起燃烧。锂电池在航空运输过程中，由于飞机货仓空间狭小，运输过程由于各种原因非常容易受到碰撞或挤压，可能发生内、外部短路，会出现锂电池高温过热，从而导致锂电池的自燃或爆炸，其燃烧产生的溶解锂会穿透货舱或产生足够压力冲破货舱壁板，使火势能够蔓延到飞机的其他部分。并且锂电池一旦出现燃烧情况，只有在它消耗完后，燃烧才能够被熄灭，而且航空器上所配备的 Halon-1301（灭火剂）对熄灭锂电池燃烧根本起不了作用，由此可见，锂电池航空运输的安全风险较为突出，增加了航空飞行的不安全隐患。

2014 年 FAA 收到了 11 份由锂电池引发的火灾、烟雾、高热和爆炸事故的报告。IATA 指出：这只是全球锂电池事故的一小部分，航空公司必须要使用清楚全面的方法来预防锂电池带来的安全风险隐患。图 6-2 为所发生的锂电池航空事故或者事件。

图 6-2　锂电池航空事故或者事件

6.1.1　锂电池航空运输故事件

案例 1——锂电池引发的不安全事件（广州）

2006 年 6 月 2 日，广州一成都的客机因货舱锂电池起火，起飞滑行时，底层货舱甲板火警报警。机长立即释放灭火器，飞机停止滑行，撤离旅客。在货舱发现一箱货物外包装被烤焦，冒烟并散发异味。之后打开包装箱检查，发现内装物品共十几块长方状固体，每块固体一端连接两根电线。发生燃烧的货物为锂离子聚合物电池。

案例 2——行李落地后锂电池发生爆燃

2008 年 4 月 29 日，埃塞俄比亚航空公司 ET605 航班，执行北京至亚的斯亚贝巴任务。航班在亚的斯亚贝巴机场落地后，当地机场工作人员发现一集装箱出现冒烟，打开检查时有一件托运行李随即发生爆燃，好在现场无人员伤亡。经当地机场安全部门调查，爆燃原因是该托运的行李里随电子设备一起托运的备用锂电池引起的。托运行李的是中国籍旅客，机场安全部门对其进行了调查询问，同时，对该航班做了清舱，对所有行李重新进行了安全检查，航班延误了近 5 个小时。

案例 3——UPS 迪拜坠机祸起锂电池

2010 年 9 月 3 日，一架美国联合包裹服务公司（UPS）的波音 747-400 型货机由迪拜飞往德国科隆，当地时间晚上 6 点 40 分，从迪拜机场起飞后不久，机组报告驾驶舱冒烟并起火，要求返航，但飞机在返回迪拜机场途中与地面失去联系，飞机失控坠毁在两条高速路之间的一处无人区，距离机场跑道约 10 千米，机上两名飞行员不幸遇难。根据阿联酋民航局调查报告显示，失事的 UPS 货机（从香港起飞，经迪拜飞往科隆）搭载了大量的家用电子产品，有 81 000 块锂电池。货机上的锂电池引发大火，浓烟充斥整个驾驶舱，飞行员既看不到仪表盘也看不到窗外，随后飞机在迪拜坠毁，最终导致悲剧的发生。图 6-3 为 UPS 迪拜坠机情况。

案例 4——摄像机锂电池在飞机上起火

2011 年 5 月 25 日，国航 B6513 飞机执行北京至上海 CA1549 航班在起飞爬升过程中，公务舱 15H 行李舱内，一名美籍旅客所携带肩包摄像机锂电池发生火情，机组人员迅速采取应急措施，连续使用了 3 个灭火瓶后，将火扑灭。经初步调查发现，起火原因是该旅客放置行李箱中的摄像机锂电池发生自燃所致。

美籍旅客是美国广播公司的雇员，摄像机是由 SONY 公司生产的专业设备，内装北京星恒电源有限公司生产的方向牌锂电池，额定容量为 130Wh。

图 6-3　UPS 迪拜坠机情况

案例 5——韩亚航空波音 747 货机在济州岛附近海域坠毁

2011 年 7 月 28 日，注册号为 HL7604 的一架韩亚航空公司波音 747-400 全货机，于韩国时间上午 2 时 47 分，由韩国首尔仁川机场起飞，前往中国上海浦东国际机场，4 时 03 分，机长汇报指机舱发生火警，要求转飞济州并紧急降落。4 时 11 分，航管中心与飞机失去联系，飞机随后坠毁于济州岛以西 107 千米海面，2 名机组成员遇难。机组人员与上海航管部门最后的通讯内容是"机舱起火"。失事货机搭载 58 吨货物，包括大批的手提电话、锂电池、半导体、发光二极管和液晶显示器等，余下货物则有树脂、油漆和其他化学品。

调查结果显示，火灾导致操作系统失效，起火原因为飞机上的锂电池爆炸。该空难对韩亚航空公司造成 1.9 亿美元损失。空难发生后，国际民航组织（ICAO）开始考虑在新的航空运输安全标准中对锂电池的运输加以限制。

案例 6——波音 787 飞机上锂离子电池系统起火

2013 年 1 月 7 日，一架日航的波音 787 在波士顿洛根国际机场的停机坪上，机身后部的辅助动力系统（APU）中的辅助动力锂电池发生过热，导致起火。机场消防队花了一个多小时才扑灭火焰。事后检查发现，不光锂电池和壳体严重损坏，泄漏的熔融电解质和炽热气体使得半米以外的机体结构也受到损坏。美国国家交通安全调查局（简称 NTSB）的调查发现，局部钢结构有气化后冷凝的迹象，这说明局部温度有可能高达 3 000 度。

9 天之后的 2013 年 1 月 16 日，另一架全日空的波音 787 从山口往东京成田机场飞行，起飞后不久即将达到巡航高度时，飞行员在驾驶舱内闻到刺鼻的烟味，仪表板上警告灯也显示锂电池故障。飞机立刻在高松机场紧急降落，所幸机上 129 名乘客和 8 名机组人员通过紧急出口和充气滑梯安全逃生成功。事后检查发现，前机身驾驶舱下电子舱里的锂电池过热烧毁，壳体严重损坏。

随后日航和全日空立刻宣布所有波音 787 停飞，FAA 也宣布所有美国注册的波音 787 停飞，这是 1979 年后 FAA 首次下令特定的民航客机停飞。在日本和美国相继停飞后，世界其他国家也迅速跟进。全球波音 787 全部就地停飞，被迫散布在 9 个国家 17 个机场，其中最多的是东京成田，这里有日航和全日空的 11 架波音 787。波音 787 的后续交付也全部停止。到 4 月中为止，波音积压了至少 25 架波音 787 不能交付，其中 20 架在华盛顿州的艾弗莱特工厂，另有 5 架在南卡罗莱纳州的查尔斯顿工厂。

波音 787 全面停飞后，波音公司紧急调集了 300 多工程师，分成 10 队人马，日夜奋战，集中攻关，力求尽快解决锂电池问题。三个月里，投入了 20 万小时的工作量。地面试验集中在 6 个星期里，累计 60 000 小时。2013 年 2 月 7 日波音获得 FAA 特批，用一架预定交付中国南航的波音 787 从得克萨斯飞往华盛顿州的艾弗赖特工厂，稍后在华盛顿州海岸外空载飞行，用于科研和试验飞行。3 月 13 日，FAA 批准了波音的初步修改方案。4 月 5 日，波音用预定交付波兰 LOT 航空公司的第 86 架波音 787 验证最后修改方案，方案和试验结果得到 FAA 批准，此后 FAA 批准波音 787 复飞，埃塞俄比亚航空公司在 2013 年 4 月 27 日的亚的斯亚贝巴到内罗毕进行了历史性的飞行。

案例 7——警告：手机掉飞机座椅缝隙处，别乱动！

2016 年 6 月 21 日，澳洲航空一架波音 747-400 客机（注册号 VH-OJS，航班号 QF11）从悉尼飞往洛杉矶途中在太平洋上空，一名乘客的手机掉入可调节座椅的调节处。调节座椅时手机遭到挤压，手机电池着火，随后被空乘扑灭。飞机继续飞往洛杉矶并且安全降落。

事实上，这并不是第一次发生手机掉入座椅缝隙处挤压后起火的事件。2015 年 8 月，英国航空一架波音 787 客机（航班号 BA18）从韩国首尔飞往英国伦敦途中，由于一名乘客的手机掉落在两个座椅间的缝隙处，手机电池遭受挤压后冒烟。最后客机不得不在俄罗斯伊尔库茨克备降。

手机电池会在挤压后起火冒烟，因为手机使用的电池是锂电池。锂是极不稳定的金属，锂电池在摩擦或者碰撞中很容易产生火花，锂电池容易自燃。一旦出现燃烧情况，只有在它消耗完后，燃烧才能够被完全熄灭。正是因此锂电池不能放入托运行李中。如果将锂电池直接放入行李中托运，行李在狭小的货舱空间中容易受到挤压或碰撞等，锂电池容易发生自燃，增加了危险性。而随身携带的话空间就会宽松很多了。但是上述两例事件中，手机锂电池掉落座椅缝隙遭受挤压，因此才会起火冒烟。所以大家在飞行途中，手机不巧掉入座椅缝隙处，千万不要自己动手取出，为了避免意外产生，最好还是叫空乘。

因此，一些大型航空公司均在其安全短片中强调："如果你的手机掉了，不要乱动座椅，去找空乘！"

案例 8——三星 Galaxy Note7 手机电池不合格事件

三星 Galaxy Note7 是于 2016 年 8 月 2 日北京时间 23：00 在美国纽约、英国伦敦、巴西里约同步发布。该款三星手机发布仅一个多月，在全球范围内就发生了 35 起因电池缺陷造成的爆炸和起火事故。

2016 年 9 月 8 日，美国联邦航空局发表声明称，"强烈建议"乘客在登机后不要启动 Note7 手机或为其充电，也不要把它放在托运行李里面。日本国土交通省 9 月 9 日发布类似警告，要求国内各航空公司不要让乘客在飞机上使用 Note7 手机。据韩联社报道，韩国交通部 9 月 10 日发表声明，要求 Note7 手机用户在乘坐飞机时全程关机、不给手机充电，且手机不能放在托运行李内。

为保障航空运输安全，2016 年 9 月 14 日，中国民航局发出安全警示，提醒旅客不得在飞机上使用三星 Note7 或为其充电，不要将三星 Note7 放入托运行李中托运，不允许将三星 Note7 作为货物运输。同时欧洲航空安全局（EASA）、加拿大民航当局等国家正式宣布，将三星 Galaxy Note7 设备列为危险品，多个国家及地区的数十家航空公司要求旅客在飞行期间禁止使用该款设备或为其充电，也不得将该款设备随行李托运。

2016 年 10 月 10 日，三星要求全球停止 Note7 销售，建议用户关机停用。

2017 年 1 月 23 日，三星电子召开发布会，联合三家国际中立机构，正式公布了 Galaxy Note7 起火事件调查结果。三星移动总裁高东真在发布会上表示，Note 7 的电池尺寸与电池仓不匹配，存在制造缺陷，导致电池过热，从而起火爆炸。这一调查结果是三星所聘请的三家质检和供应链分析公司所进行的独立调查的结果。

案例 9——香港机场近一月内发生两起货物爆炸事件，锂电池出货要慎重

2017 年 11 月 4 日下午 5 时左右，香港赤鱲角机场骏运路九号超级一号货站内，有货物突然起火，冒出滚滚浓烟。火势迅速蔓延，波及多个空运货箱。据货站职员形容，当时听到一声巨响，怀疑其中一个货箱发生爆炸，幸好当时附近无职员，大批货物被烧毁。货站人员及时发现火情，并疏散了人员，期间有职员报警求助，没有造成人员伤亡。消防接报后，到场经过约一小时后将火扑灭，并将烧毁的货箱移出货站外进行进一步的检查。

事故原因是阿塞拜疆丝绸之路航空公司（Silk Way Airlines）集装板 PMC13047ZP 上的锂电池着火引起的。图 6-4 为事故现场。

图 6-4　2017 年 11 月 4 日香港机场着火情况

2017 年 10 月 9 号香港机场也发生了类似的飞机起火，事发当时是美国航空一班编号 AA192 客机原定于傍晚 6 时 10 分出发前往美国洛杉矶，至下午 5 时许于 42 号停机坪停泊时，近机尾的上货位置有货物怀疑起火，火速迅速蔓延，客机亦被波及。火警期间，有职员逃生时不慎坠地受伤。消防接报赶至，迅速将火熄灭。事故原因也是锂电池着火引起的。图 6-5 为事故发生现场。

图 6-5　2017 年 10 月 9 日香港机场着火情况

案例 10——南航：旅客充电宝冒烟着火，未造成进一步损害

2018 年 2 月 25 日南方航空公司 CZ3539（广州—上海虹桥，机型 B77W）航班在登机过程中，一名已登机旅客所携行李在行李架内冒烟并出现明火，机组配合消防和公安部门及时进行处置，未造成进一步损害。该航班被迫更换了飞机和机组。涉事旅客被警方带走调查。经初步了解，系旅客所携带充电宝冒烟并着火，事发时充电宝未在使用状态。

这样的故事以前也发生过。2017 年 7 月 31 日南方航空公司 CZ6163 航班从北京飞杭州，一名旅客充电宝着火。事发时飞机已经上跑道等待起飞了。事后该旅客被移交给公安。该航班起飞时间原定为 18：35 起飞，实际起飞时间为 20：48。

根据现行有效国际民航组织《危险物品安全航空运输技术细则》和《中国民用航空危险品运输管理规定》，旅客携带充电宝乘机应遵守以下规定（同时适用于机组人员）：

（1）充电宝必须是旅客个人自用携带。

（2）充电宝只能在手提行李中携带或随身携带，严禁在托运行李中携带。

（3）充电宝额定能量不超过 100Wh，无需航空公司批准；额定能量超过 100Wh 但不超过 160Wh，经航空公司批准后方可携带，但每名旅客不得携带超过两个充电宝。

（4）严禁携带额定能量超过 160Wh 的充电宝；严禁携带未标明额定能量同时也未能通过标注的其他参数计算得出额定能量的充电宝。

（5）不得在飞行过程中使用充电宝给电子设备充电。对于有启动开关的充电宝，在飞行过程中应始终关闭充电宝。

与个人携带的锂电池相比，货运锂电池数量更为庞大，涉及的环节也更多，涵盖了航空公司、机场、货运代理等众多人员。哪个环节出现问题，都可能导致事故的发生。因此，只有让各环节人员详细了解和掌握锂电池及其运输的相关知识和标准，才能保障运输安全。

6.1.2　锂电池航空运输规则的更新背景

在航空运输中由于锂电池运输造成的不安全事件和事故频繁的发生，据美国联邦航空管理局（Federal Aviation Administration，简称 FAA）的统计资料表明，1991—2015 年，仅在美国就发生了 100 起锂电池所引发的空运火灾事件。锂电池航空运输的安全风险问题引起了国际民航组织（ICAO）和国际航空运输协会（IATA）以及世界各国民航当局的重视。

自 2009 年起，为了保障航空运输的安全，国际航空运输协会（IATA）每年都会在针对锂电池的航空运输规则进行持续变更，但锂电池的航空运输事故和事件仍然不断发生，锂电池的航空运输成为航空公司、民航机场和社会大众关注的热点问题。包括美国、加拿大、日本、中国等世界各国民航当局和欧盟等组织不断发布锂电池航空运输的风险提示，要求社会各界关注锂电池的航空运输安全风险问题，希望社会各界按照锂电池航空运输的规则标准和操作规范进行锂电池的航空运输。

鉴于各国政府对锂电池航空运输风险的共识，国际民航组织（ICAO）在 2012 年 2 月 6 至 10 日召开了锂电池航空运输的工作会议。会议针对锂电池的航空运输集中讨论的问题主要有：非限制性锂电池大量运输如何保证运输安全？非限制性锂电池如何通知航班机长？如何对运输非限制性锂电池的托运人和货运代理进行培训？锂电池运输如何给生产厂商和航空公司不增加太大的经济压力？等等。经过各国专家的激烈讨论和多方权衡，国际民航组织（ICAO）就锂电池部分的运输对《危险品安全航空运输技术细则》（TI）进行了重大修订，与此同时国际航空运输协会（IATA）对《危险品规则》中锂电池运输的内容也进行了相应的重大修订，并且每年都会针对社会各界所反映的锂电池运输问题，对《危险品规则》中的锂电池航空运输的内容进行修订，目前锂电池运输的内容已经修订到 2018 版《危险品规则》。

2013 年 1 月 16 日，中国民航局正式颁发了锂电池航空运输的行业文件，《锂电池航空运输规范》（MH/T 1020-2013）以及《航空运输锂电池测试规范》（MH/T 1052-2013），对锂电池航空运输以及航空运输的锂电池测试的具体执行标准进行了规范，为锂电池航空运输的安全运输、规范操作提供了统一的指导。

随着国民经济的快速发展和人们生活的需要，未来还会有越来越多的锂电池需要通过航空运输的方式进行运输。对于航空货运来说，尽管锂电池或含锂电池的货物存在危险性，如果能够正确认识违规运输锂电池的危害性，树立锂电池安全运输的意识，采取有针对性的安全检查，遵守安全运输规则，锂电池的航空运输完全是有安全保障的。

6.2　锂电池常识

6.2.1　锂电池的类型与结构

锂电池（Lithium battery）是指电化学体系中含有锂（包括金属锂、锂合金和锂离子、锂聚合物）的电池。

锂电池大致可分为两类：锂金属电池和锂离子电池。

锂金属电池（lithium metal battery）是以锂金属或锂合金作为阳极的锂电池。通常是不可充电的，且内含金属态的锂。

锂离子电池（lithium ion battery）不含有金属态的锂，而是以离子态或类原子态锂嵌入正负晶格中，通常为可充电的二次电池。锂聚合物电池（lithium polymer battery）也是锂离子电池的一种。一般来说，锂离子电池的形状主要有圆柱形和菱形两种，无论是何种锂离子电池，它的结构基本为：正极（positive）、负极（negative）、电解质（electrolyte）、隔膜（separator）、正极引线（positive lead）、负极引线（negative plate）、中心端子、绝缘材料（insulator）、安全阀（safety vent）、密封圈（gasket）、PTC（正温度控制端子）、电池壳，如图6-6所示。

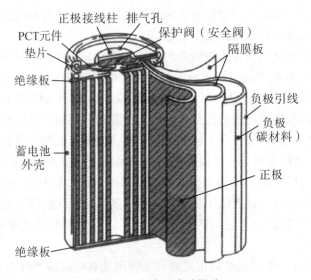

图 6-6　锂离子电池构造

电池芯（lithium cell）是一个单一的电化学封闭单元，由一个正极和一个负极组成，两极之间有电位差。单电池芯电池应视为电池芯而不是电池。

电池（battery）是由两个或多个电池芯通过电路进行连接组成的。

6.2.2　锂电池计量标准

对于锂金属电池，用锂含量（Lithium content）衡量，用 g 表述。它适用于锂金属或锂合金电池芯和电池。锂含量是指锂金属或锂合金电池阳极中的锂质量。对于电池芯，锂含量是在电池为放电的状态下测量的；电池的锂含量等于电池芯各组成电池的锂含量克数之和。

对于锂离子电池，由于不含锂金属，所以用额定能量来衡量，用额定瓦特-小时（WATT-HOUR RATING）（简称 Wh）表述。额定能量是用额定电压（单位伏特，常用 V 表示）乘以安培-小时（常用 Ah 表示）为单位的额定容量计算出来的。2009 年 1 月 1 日以后生产的锂离子电池在电池的外壳上列明，如图6-7所示。

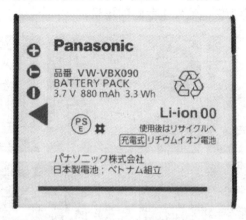

图6-7　锂离子电池的额定能量

如果锂离子电池的额定能量未标明，在已知电池额定电压（V）和额定容量（Ah）时，额定瓦特小时的数值可由以下公式计算：

Wh = V×Ah

额定电压（V）和额定容量（Ah）通常标记在电池上，从电池上的标记就可以找到。

注意：如果电池上只标记有毫安时（mAh），可将该数值除以1000得到安培小时数（Ah）。

例如：880mAh/1000 = 0.88Ah

3.7×0.88 = 3.256Wh ≈ 3.3Wh

6.2.3　锂电池的危险性

6.2.3.1　锂的危险性

锂是一种特别容易发生反应的金属，外观呈银白色，非常柔软、可伸展，且易燃。金属锂属于第4.3项危险品，即遇水释放易燃气体的物质。

锂的主要特性还有：锂遇水或潮湿空气时会释放易燃的氢气；呈固体状态时，当温度超过其熔点180℃时，可自己燃烧；呈粉末时，可在室温条件下燃烧；可导致严重灼伤及腐蚀。

6.2.3.2　锂电池的危险性

锂电池芯或锂电池属第9类危险品，其危险性取决于所含的锂。锂电池的主要危险表现在以下方面：

（1）锂电池高度易燃。

（2）短路、过度充电、极限温度、错误操作或其他错误的情况下都能够着火。

（3）不管是因为内部原因还是外部加热或物理撞击，它都能产生足够的热使毗邻的电池也发生热失控。

锂金属电池释放易燃的电解质混合着融化的锂金属，并伴有一个大的压力脉冲。易燃电解质和熔融锂金属可产生爆炸混合物。

（4）在 C 级货舱的灭火剂哈龙 1301（三氟一溴甲烷灭火剂），不能有效控制锂金属电池的着火。图 6-8 所示均为锂电池发生危险的场景。

图 6-8　锂电池的危险性

6.2.4　UN38.3 测试

按照 ICAO 和 IATA 的规定，交付航空运输的所有类型锂电池芯及电池，必须经测试证明其符合联合国《实验和标准手册》第 3 部分 38.3 条款（简称 UN38.3 测试）的所有要求。

UN38.3 测试专门针对准备用航空运输的锂电池的检测。通过模拟航空运输中在正常的运输条件下可能出现的各种情况，以检测锂电池是否符合航空运输的必要条件。

在航空运输中有可能出现的正常变化情况包括气压变化、温度变化、湿度变化、正常的颠簸、冲击、撞击等。因此，UN38.3 测试是一组试验项目，共包括 8 个基本的测试：

（1）试验 T.1：高度模拟。试验模拟的是低压条件下的空运。试验电池和电池组必须在压力等于或低于 11.6Kpa 和环境温度 20℃（±5℃）下存放至少 6 小时。

（2）试验 T.2：温度试验。试验评估电池和电池组的密封完善性和内部电连接。试验是利用迅速和极端的温度变化进行的。试验电池和电池组在试验温度等于 75℃（±2℃）下存放至少 6 小时，接着在试验温度-40℃（±2℃）下存放至少 6 小时。两个极端试验温度之间的最大时间间隔为 30 分钟。这一程序须重复 10 次，接着将所有试验电池和电池组在环境温度（20±5℃）下存放 24 小时。对于大型电池和电池组，暴露于极端试验温度的时间至少应为 12 小时。

（3）试验 T.3：振动试验。试验模拟运输过程中的振动。试验时，电池和电池组以不使电池变形以便正确地传播振动的方式紧固在振动机平面上，振动为正弦波形，频率在 7 和 200 赫兹之间摆动再回到 7 赫兹的对数扫频为时 15 分钟。这一振动过程须对三个互相垂直的电池安装方位的每一个方向都重复进行 12 次，总共为时 3 小时。其中一个振动方向必须与端面垂直。对数扫频为：从 7 赫兹开始保持 1gn 的最大加速度直到频率达到 18

赫兹。然后将振幅保持在 0.8 毫米（总偏移 1.6 毫米）并增加频率直到最大加速度达到 8gn（频率约为 50 赫兹）。将最大加速度保持在 8gn 直到频率增加到 200 赫兹。

（4）试验 T.4：冲击试验。试验模拟运输过程中的可能发生的撞击。试验时，电池和电池组用坚硬支架紧固在试验装置上，支架支撑着每个试验电池组的所有安装面。每个电池和电池组须经受最大加速度 150gn 和脉冲持续时间 6 毫秒的半正弦波冲击。每个电池或电池组须在三个互相垂直的电池或电池组安装方位的正方向经受三次冲击，接着在反方向经受三次冲击，总共经受 18 次冲击。不过，大型电池和大型电池组须经受最大加速度 50gn 和脉冲持续时间 11 毫秒的半正弦波冲击。每个电池或电池组须在三个互相垂直的电池安装方位的正方向经受三次冲击，接着在反方向经受三次冲击，总共经受 18 次冲击。

以上 4 个试验的合格标准均为电池或电池组无重量损失、无渗漏、无排气、无解体、无破裂和无燃烧，并且每个试验电池或电池组在试验后的开路电压不小于其在进行这一试验前电压的 90%。

（5）试验 T.5：外短路试验。试验模拟外短路的情形。试验用的电池或电池组的温度必须予以稳定，并使其外壳温度达到 55±2℃，然后使电池或电池组在 55±2℃下经受总外阻小于 0.1 欧姆的短路条件。这一短路条件应在电池或电池组外壳温度回到 55±2℃后继续至少 1 小时。电池或电池组必须再观察 6 小时才结束试验。

（6）试验 T.6：撞击/挤压试验。试验模拟撞击的情形。试样电池或电池组放在平坦表面上，将一根直径为 15.8 毫米的棒横放在试样的中心。一块 9.1 千克的重锤从 61±2.5 厘米高处落到试样上。待受撞击的圆柱形或棱柱形电池的纵轴应与平坦表面平行并与横放在试样中心的直径 15.8 毫米弯曲表面的纵轴垂直。棱柱形电池还必须绕纵轴转动 90 度以便其宽侧面和窄侧面都经受撞击。每一试样只经受一次撞击。每次撞击都使用不同的试样。硬币形或钮扣形电池经受撞击时，试样的平面应与平坦表面平行并且直径 15.8 毫米的弯曲表面横放在其中心。

以上两个试验的合格标准为：电池或电池组如果外壳温度不超过 170℃并且在进行这一试验后 6 小时内无解体、无破裂和无燃烧。

（7）试验 T.7：过度充电试验。试验评估可再充电电池组承受过度充电状况的能力。充电电流必须是制造商建议的最大连续充电电流的两倍。试验的最小电压应为如下：①制造商建议的充电电压不大于 18 伏特时，试验的最小电压应是电流组最大充电电压的两倍或 22 伏特两者中的较小者。②制造商建议的充电电压大于 18 伏特时，试验的最小电压应是电流组最大充电电压的 1.2 倍。试验应在环境温度下进行。进行试验的时间应为 24 小时。

（8）试验 T.8：强制放电。试验评估原电池或可再充电电池承受强制放电状况的能力。每个电池必须在环境温度下与 12 伏特的直流电电源串联在起始电流等于制造商给定的最大放电电流的条件下强制放电。给定的放电电流由将一个适当大小的电阻负荷与试验电池串联计算得出。每个电池被强制放电的时间（小时）应等于其标定电容量除以起始试验电流（安培）。

以上两个试验的合格标准为：可再充电的电池组在进行试验后 7 天内无解体和无燃烧。

图 6-9 所示为各项试验的环境和设备。

高度测试

振动测试

温度测试

冲击测试

撞击测试

外短路测试

过充电测试

过放电测试

图 6-9　UN38.3 测试项目与设备

每个锂电池芯和电池必须被证明符合 UN38.3 的每项试验要求。

特殊情况下，某些原型样品锂电池在送交测试时交付航空运输，暂无 UN38.3 检测报告，在符合 DGR 中 A88 特殊规定的情况下，经始发国主管部门的书面批准可仅限货机运输。

如没有 UN38.3 检测报告，也不符合 A88 特殊规定，或未经始发国主管部门批准，是禁止航空运输的。

除了锂电池本身需要进行 UN38.3 测试，用于运输锂电池的容器也必须满足联合国危险品包装的规格标准和要求。例如，包装件通常要求通过 1.2 米的跌落试验如图 6-10 所示。该测试模拟了运输时包装件被扔摔时发生跌落的情况，以测试包装件的强度和包装内的固定措施。具体方法可参考 DGR 包装性能测试部分。该测试不适用于安装有锂电池的设备，例如 IPAD。

图 6-10　包装件 1.2 米跌落测试

6.3　锂电池分类、 识别、 特殊规定

6.3.1　锂电池的分类

6.3.1.1　锂电池是第 9 类杂项危险品

含有任何形式锂元素的电池芯和电池、安装在设备中的电池芯和电池或与设备包装在一起的电池芯和电池，必须恰当地划归 UN3090，UN3091，UN3480 或 UN3481 条目。但需满足：

（1）每个电池芯或电池按类型满足《联合国试验及标准手册》第Ⅲ部分第 38.3 节的每项试验要求。

（2）每个电池芯和电池配置一个安全排气装置，或者在正常运输条件下其设计本身可防止爆裂。

（3）每个电池芯和电池装有有效的防外部短路措施。

（4）每个含有电池芯或一系列电池芯并联的电池应采用有效的方法进行装配，以在必要时防止危险的逆向电流（例如二极管、保险丝等）。

（5）电池芯和电池必须在质量管理程序下生产，包括：

①组织机构和负责设计、产品质量人员职责的说明。

②相关的检查和测试、质量控制、质量保证和作业指导书。

③过程控制应包含发现和防止电池芯可能发生内部短路的程序和措施。

④质量记录，如检验报告、试验数据、校准数据和认证。测试数据必须保存且在国家主管当局要求检查时是可用的。

⑤管理评审以确保质量管理程序有效进行。

⑥文档控制及其修订的程序。

⑦对于未通过 UN38.3 测试的电池芯或电池的控制方法。

⑧相关人员的培训大纲和资质审查程序。

⑨确保最终产品完好无损的程序。

6.3.1.2　分类流程图

在 DGR 中将锂离子电池进行分类，其分类的结果如图 6-11 所示。

在 DGR 中将锂金属电池进行分类，其分类的结果如图 6-12 所示。

6.3.2　锂电池的识别

在危险品表中，锂电池的条目信息见表 6-1。

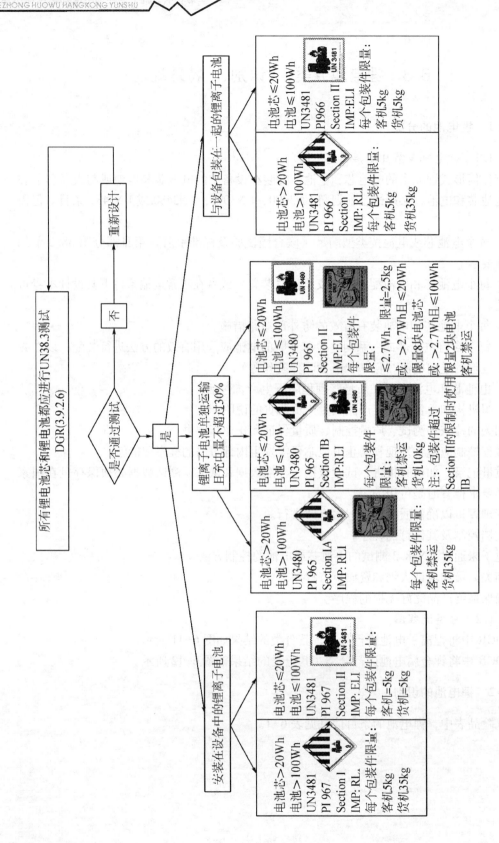

图6-11　锂离子电池分类流程图

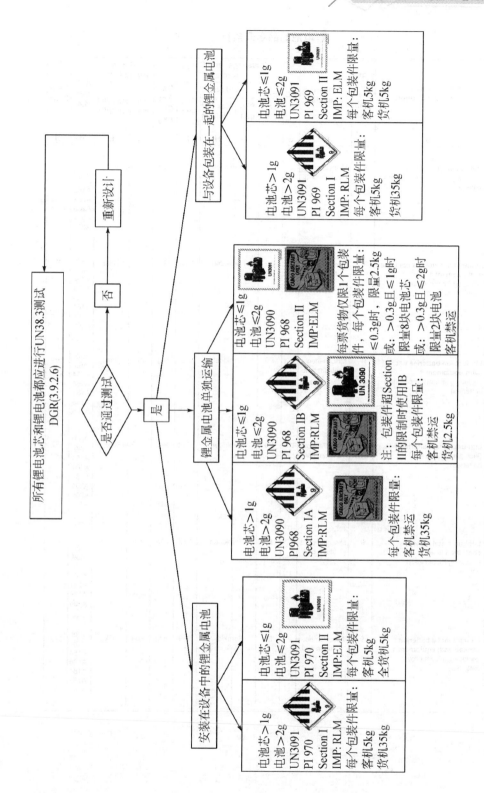

图6-11　锂离子电池分类流程图

表6-1   锂电池的品名表条目

UN /ID NO.	Proper Shipping Name/Description	Class or Div. (sub Risk	Hazard Labels	PG	Passenger and Cargo Aircraft					Cargo Aircraft Only		S.P. See 4.4	ERG Code
					EQ See 2.6	Ltd Qty		Pkg Inst	Max Net Qty/ Pkg	Pkg Inst	Max Net Qty/Pkg		
						Pkg Inst	Max Net Qty/Pkg						
A	B	C	D	E	F	G	H	I	J	K	L	M	N
3480	**Lithium ion batteries †** (including lithium ion polymer batteries)	9	Miscellaneous Lithium batt		E0	Forbidden		Forbidden		See 965		A88 A99 A154 A164 A183 A201 A206 A331 A802	9F
3481	**Lithium ion batteries contained in equipment †** (including lithium ion polymer batteries)	9	Miscellaneous Lithium batt		E0	Forbidden		967	5kg	967	35kg	A48 A88 A99 A154 A164 A181 A185 A206	9F
3481	**Lithium ion batteries packed with equipment †** (including lithium ion polymer batteries)	9	Miscellaneous Lithium batt		E0	Forbidden		966	5kg	966	35kg	A88 A99 A154 A164 A181 A185 A206	9F
3090	**Lithium metal batteries †** (including lithium alloy batteries)	9	Miscellaneous Lithium batt		E0	Forbidden		Forbidden		See 965		A88 A99 A154 A164 A183 A201 A206 A802	9FZ
3091	**Lithium metal batteries contained in equipment †** (including lithium alloyl batteries)	9	Miscellaneous Lithium batt		E0	Forbidden		970	5kg	970	35kg	A48 A88 A99 A154 A164 A181 A185 A206	9FZ
3091	**Lithium metal batteries packed with equipment †** (including lithium alloy batteries)	9	Miscellaneous Lithium batt		E0	Forbidden		969	5kg	969	35kg	A88 A99 A154 A164 A181 A185 A206	9FZ

将条目的名称、UN 代号和含义汇总后，可以归纳为表 6-2。

表 6-2　　　　　　　　　　　　锂电池品名表条目归纳表

UN 编号	运输专用名称		包装说明
UN3480	lithium ion batteries	锂离子电池	PI965
UN3481	lithium ion batteries packed with equipment	锂离子电池与设备包装在一起	PI966
UN3481	lithium ion batteries contained in equipment	锂离子电池安装在设备中	PI967
UN3090	lithium metal batteries	锂金属电池	PI968
UN3091	lithium metal batteries packed with equipment	锂金属电池与设备包装在一起	P1969
UN3091	lithium metal batteries contained in equipment	锂金属电池安装在设备中	PI970

6.3.3　锂电池的特殊规定

锂电池涉及的特殊规定包括 A48、A88、A99、A154、A164、A181、A183、A185、A201、A206、A331、A802 等。

根据 DGR，这些特殊规定的具体要求分别是：

（1）A48 不必进行包装测试。

（2）A88 原型或低产量（如年产量不大于 100 块锂电池或电池芯）锂电池或电池芯，没有经过 UN38.3 试验的，若经过始发国有关当局批准，可按照下列条件仅限货机运输：

①电池或电池芯必须使用 I 级测试的金属、塑料或胶合板圆桶或箱子，c 段中描述的情况除外。

②每个电池或电池芯必须有独立的内包装，内包装放置于外包装内，且周围使用不燃烧、不导电的衬垫材料保护，必须防止短路。

③具有坚固、耐撞击外壳的单个大于等于 12kg 的锂电池，或此类电池的电池组件，可以使用未按照 DGR 中第六章要求测试过的包装，但此包装应坚固。电池或电池组件应防止短路。

④一套批准文件必须伴随货物运输，批准文件上应注明数量限制。

尽管在 DGR 中有限制，但是运输的电池或电池组件的重量可以超过 35kg。

（3）A99 尽管在 DGR 中有限量，且包装说明 965、966、967、968、969、970 的第一部分也有限量，锂电池或电池组件（UN3090、UN3480），包括在设备中或与设备包装在一起的锂电池或电池组件（UN3091、UN3481），只要满足相应包装说明第一部分，重量可超过 35kg，前提是经过始发国有关当局的批准，一套批准文件必须随货物运输。

（4）A154 禁止运输制造商认为安全性有缺陷的锂电池，或出现破损、会造成潜在受热、火灾或短路的电池（例如由于安全原因而被制造商召回的电池）。

（5）A164 任何电池或以电池驱动的设备、装置或车辆，如果会产生危险放热，其运输必须采取以下保护措施：

①防短路（例如：将蓄电池裸露的电极进行有效的绝缘；或者将设备中的蓄电池断开并保护裸露的电极）。

②防意外启动。

（6）A181 如果包装件既含有装在设备中的锂电池，也含有与设备包装在一起的锂电池，则包装件必须根据情况，标明 UN3091 Lithium metal batteries packed with equipment（与设备包装在一起的锂金属电池）或 UN3481 Lithium ion batteries packed with equipment（与设备包装在一起的锂离子电池）。如果包装件既含有锂金属电池，也含有锂离子电池，则包装件必须根据要求标明这两种电池类型。但是不需考虑装在设备中（包括线路板在内）的钮扣式电池。

（7）A183 除非经过始发国和营运人所属国的国家有关当局批准，否则禁止航空运输废电池和为回收或处理目的运输的电池。

（8）A185（360）用锂金属电池或锂离子电池作为唯一动力的车辆必须划归 UN3171，Battery-powered vehicle（电池驱动车辆）。

（9）A201 只有经原产国和经营人所在国有关当局的事先批准，并通过这些机构制定书面条件，锂金属电池的货物可以在客机上运输。这些条件必须包括数量限制，尺寸限制，以及 ICAO 技术细则补篇中指定的包装说明。当局按本特殊规定签发的许可必须在发布的三个月内提供一份复印件给 ICAO 危险品部领导，通过邮件发送到：DGS@icao.int，通过传真 1514-954-6077 或者通过邮寄到以下地址：

Chief, Dangerous Goods Section

International Civil Aviation Organization

999 University Street

Montreal, Quebec

CANADA H3C 5H7

除原产国和经营人所在国以外，已经通知 ICAO 按本特殊规定、批准制作的货物需要事先批准的国家，还必须酌情得到这些国家的批准。

（10）A206（384）危险性标签必须使用 DGR 中图 7.3.X（注：即 2017 年 DGR 更新后的锂电池专属危险性标签）的样式。图 7.3.W 所示的第 9 类杂项危险品危险性标签可继续使用至 2018 年 12 月 31 日。

（11）A331 锂离子电池芯或电池，如果其荷电状态超过其标称容量的 30%，在获得了始发国和经营人所在国主管当局的批准后，并根据这些主管当局制定的书面条件，方可仅限于在货机上运输。在考虑给予批准时至少应考虑下列标准，以在电池芯、电池或包装件一级缓解装有锂电池芯或电池的包装件发生过热、冒烟或失火事件所带来的风险：

①不允许在包装件外有可造成危害的火焰量。

②包装件外表面温度不能超过可点燃邻近包装材料或导致邻近包装件内电池或电池芯发生热逸散的温度值。

③不能从包装件内掉出可造成危害的碎片，包装必须保持结构完好。

④发散的易燃蒸气的数量不得超过这一气体量——如与空气混合且点燃，可导致形成一个能使航空器货舱内的过压板移位或造成航空器货舱衬板损坏的压力脉冲。

（12）A802 尽管 E 栏无包装等级，此条目所列物质或物品必须包装在符合包装等级 Ⅱ 级的联合国规格包装容器中。此规定不适用于按有限数量规定运输的气溶胶。

注：为了正确识别和填写运输文件，即使实际包装已按以上要求满足了更高一级包装等级的性能，在完成托运人申报单时，仍应填写显示于 DGR 中的包装等级。

6.4 锂电池包装

6.4.1 锂电池包装要求

锂电池适用的包装说明（简称 PI）为 965-970。其中 PI965、968 中有 3 部分，IA、IB 部分和第Ⅱ部分，其余每个包装说明中只有第Ⅰ部分和Ⅱ部分。

6.4.1.1 PI965-970 第Ⅰ部分及 IA 部分

PI965-970 第Ⅰ部分及 IA 部分（Section I/IA）都是按照危险品运输，包括：

（1）进行危险品培训；

（2）分类；

（3）锂电池包装的限量；

（4）UN 规格包装（UN 包装不适用于 PI967 和 970）；

（5）贴第 9 类锂电池危险性标签；

（6）填写危险品托运人申报单。

6.4.1.2 PI965、968 的 IB 部分

PI965、968 的 IB 部分（Section IB），锂离子或锂金属电池的额定能量或锂含量符合 PI965 和 PI968 第Ⅱ部分的限制，但重量或数量超过 DGR 表 965Ⅱ或表 968-Ⅱ的允许量时，除了 UN 包装要求外，需符合 DGR 规定的所有规定。包括：

（1）危险品培训；

（2）分类；

（3）每个包装件的总量限制（适用的包装说明）；

（4）坚固的外包装（见适用包装说明的 Section IB）；

（5）包装件必须有锂电池标记、第 9 类锂电池危险性标签和仅限货机标签；

（6）填写危险品托运人申报单。

6.4.1.3 PI965—970 第Ⅱ部分

锂离子或锂金属电池的额定能量或锂含量符合 PI965 和 PI968 第Ⅱ部分（Section Ⅱ）限制的小电池只受 DGR 指定部分的限制。限制内容在每个包装说明开始处的"基本要求"和后面的"Section Ⅱ"给出的附加规定。包括：

（1）危险品培训；

（2）分类；

（3）每个包装件里的锂电池芯或电池的数量限制（适用包装说明图Ⅱ）；

（4）坚固的外包装（见适用包装说明第二部分）；

（5）包装件粘贴锂电池标记。

6.4.2　锂电池包装说明

6.4.2.1　包装说明965

（1）经营人差异

3V-02，5X-01/02/03/04/07，AA-07，AF-05，AM-09，BA-01，BI-03，BR-18，BZ-10，CA-13，CI-01/09，CV-03，CX-01，D0-03，D5-03，DE-10，EI-04，EK-02，ES-03，EY-06，FX-04/05，G3-07，GK-06，GS-03，HQ-10，HX-07，I2-01，IB-01，JJ-08，JQ-06，KA-01，KC-13，KE-04，KQ-09，KZ-04，L7-08，LA-09/16，LD-01，LH-08，LP-08，LU-08，LX-06，M3-08，M7-08，MP-07，MT-10，NH-07/08/09/10，OZ-10，P3-03/04，QF-06，QR-07，QY-03/05，PZ-08，RH-07，RO-04，RS-06，RU-03，SQ-07，SV-14，TG-09，TK-01，TR-07，UC-08，VN-10，WN-01，XG-08，XL-08，XQ-08

（2）介绍

本说明适用于客机和仅限货机运输的锂离子或锂聚合物电池芯和电池（UN3480）。

一般包装要求适用于根据此包装说明运输的所有锂离子电池芯和电池。

第ⅠA部分适用于瓦时额定值超过20Wh的电池芯和瓦时额定值超过100Wh的电池，或超过本包装说明第ⅠB部分锂离子电池芯或电池的允许量。此部分必须划为第9类且必须符合本规则所有适用的要求。

第ⅠB部分适用于瓦额定值不超过20Wh的锂离子电池芯和瓦时额定值不超过100Wh的锂离子电池，但超过第Ⅱ部分中表965-Ⅱ的允许量。

第Ⅱ部分适用于瓦时额定值不超过20Wh的锂离子电池芯和瓦时额定值不超过100Wh的锂离子电池，且未超过第Ⅱ部分表965-Ⅱ的允许量。

按照《联合国关于危险物品运输试验和标准手册》（以下《联合国试验和标准手册》）第38.3.2.3节定义，一个单芯电池应被视作"电池芯"，且必须按照本包装说明中有关"电池芯"的要求来运输。

（3）一般要求

以下包装要求适用于锂离子或锂聚合物电池芯和电池：

①被制造商识别为存在安全缺陷或已经损坏，有可能产生危险放热、着火或短路的电池芯和电池禁止空运（如因安全原因被制造商召回的）。

②除非始发国和经营人所在国主管当局批准，废旧锂电池和回收或销毁的锂电池禁止空运。

③电池芯和电池必须加以保护防止短路，包括防止同一包装件内可能导致短路的导电材料接触。

（4）第ⅠA部分

本要求适用于划为第9类危险品的瓦时额定值超过20Wh的锂离子电池芯和瓦时额定

值超过 100Wh 的锂电池。

①必须符合 DGR5.0.2 一般要求。

②每一电池芯和电池必须：符合 3.9.2.6.1 规定①，并符合以上一般要求；锂离子电池芯和电池必须在充电电荷量（SoC-State of Charge）不超过荷载电荷量 30% 的状态下才可付诸运输。若得到始发国和经营人注册国的主管当局书面许可，锂电池芯和/或电池可以在 SoC 大于 30% 的情况下运输。

注：为确定荷载电荷量，其方法和技术可参考《联合国试验和标准手册》（第 6 次修订版）中第 38.3.2.3 节内容。

（5）附加要求——第 IA 部分

①锂电池芯和电池在装入外包装之前，必须严格包装在内包装中，包装必须符合 II 级包装性能标准。

②锂电池芯和电池不得与以下危险品放入同一个外包装内：除 1.4S 项以外的第 1 类（爆炸品）、2.1 项（易燃气体）、第 3 类（易燃液体）、4.1 项（易燃固体）或 5.1 项（氧化性物质）。

③经始发国主管当局批准，质量在 12kg 或以上的锂电池并具有坚固、耐撞击外壳的锂离子电池或此类电池组件，可以放在不受 DGR 规则第 6 章要求限制的坚固的包装或保护性封罩中（如装在完全封闭的箱子或木质板条箱中）进行运输。批准文件副本必须随附托运货物。

④2011 年 12 月 31 日之后生产的电池必须在电池外壳标注瓦时额定值。

⑤锂电池芯和电池的包装件不得与含有以下危险品的包装件组成 Overpack：除 1.4S 项以外的第 1 类、2.1 项、第 3 类、4.1 项或 5.1 项。

（6）第 IB 部分

符合 DGR3.9.2.6.1 规定（a）和（e），以及符合下列所有规定的锂离子电池芯和电池可以运输：

①锂离子电池芯，瓦时额定值不超过 20Wh。

②锂离子电池，瓦时额定值不超过 100Wh。2009 年 1 月 1 日之后生产的必须将瓦时额定值标注在电池上。

③锂离子电池芯和电池必须在充电电荷量（SoC-State of Charge）不超过荷载电荷量 30% 的状态下才可付诸运输。若得到始发国和经营人注册国的主管当局书面许可，锂电池芯或电池可以在 SoC 大于 30% 的情况下运输。

注：确定荷载电荷量的方法和技术可参考《联合国试验和标准手册》（第 6 次修订版）中第 38.3.2.3 节内容。

第 IB 部分适用于包装超过第 II 部分表 965-II 的允许量的电池芯和电池。

按本部分准备的锂离子电池芯或电池量应符合 DGR 所有规定（包括此包装说明中的一般要求），第六章规定除外。

---

① DGR3.9.2.6 中规定了航空运输的锂电池的质量要求，即锂电池芯或电池满足《联合国试验和标准手册》第 III 部分第 38.3 节每项试验要求，且配有安全排气装置，有效的防外部短路措施和防止逆向电流的装配方法，并在合理的质量管理程序下生产等。

按照 IB 运输的电池芯和电池必须按照 DGR8.2.1 和 DGR8.2.2 的要求填写危险品托运人申报单及航空货运单。

电池芯和电池必须包装在符合 DGR5.0.2.4、DGR5.0.2.6.1 和 5.0.2.12.1 的坚固外包装中。

包装说明 965-IA 见表 6-3。

表 6-3 包装说明 965-IA

UN 代号	每个包装件净数量 客机	每个包装件净数量 仅限货机
UN 3480 锂离子电池	禁运	35kg

965-IA 外包装见表 6-4。

表 6-4 965-IA 外包装

外包装														
类型	圆桶						方形桶			箱					
名称	钢	铝	胶合板	纤维	塑料	其他金属	钢	铝	塑料	钢	铝	木材	胶合板	再生木	纤维板	塑料	其他金属
规格	1A2	1B2	1D	1G	1H2	1N2	3A2	3B2	3H2	4A	4B	4C1 4C2	4D	4F	4G	4H2	4N

（7）附加要求——第 IB 部分

电池芯和电池必须包装在完全封闭的内包装中。

锂电池芯和电池不得与以下危险品放入同一个外包装内：除 1.4S 项以外的第 1 类（爆炸品）、2.1 项（易燃气体）、第 3 类（易燃液体）、4.1 项（易燃固体）或 5.1 项（氧化性物质）。

每个包装件必须能承受任意方向的 1.2 米跌落试验，且满足以下条件：

· 不损坏所装的电池芯和电池；

· 不使内装物移动，以致使电池与电池（或电池芯与电池芯）接触；

· 不使内装物释出。

锂电池芯和电池的包装件不得与含有以下危险品的包装件组成 Overpack：除 1.4S 项以外的第 1 类、2.1 项、第 3 类、4.1 项或 5.1 项。

每个包装件必须依据 DGR 中 7.1.4.1（a）和（b）的要求标记，此外根据 DGR 中 7.1.4.1（c）的要求将净重标注在包装件上。

每个包装件需牢固且清晰地显示 DGR 规定的锂电池标记，并粘贴第 9 类锂电池专属的危险性标签（DGR 图 7.3.X）和仅限货机的操作标签（DGR 图 7.4.B）。

包装说明 965-IB 见表 6-5。

表6-5　　　　　　　　　　　　包装说明965-IB

	每个包装件净数量 客机	每个包装件净数量 仅限货机
锂离子电池芯与锂离子电池	禁运	10kg

965-IB外包装见表6-6。

表6-6　　　　　　　　　　　　965-IB外包装

外包装														
类型	圆桶						方形桶			箱						
名称	钢	铝	胶合板	纤维	塑料	其他金属	钢	铝	塑料	钢	铝	木材	胶合板	再生木	纤维板	塑料	其他金属

（8）第Ⅱ部分

符合部分要求的锂离子电池芯和电池不受DGR规则其他条款的限制。除下列情况：

①集运货物中的危险品限制（DGR中1.3.3.2.3和1.3.3.2.6节）。

②具有足够培训指导信息（DGR中第1.6节）。

③旅客和机组人员行李中的危险品（DGR中第2.3节），仅指那些特别允许放入手提行李中锂离子电池。

④航空邮件中的危险品（DGR中第2.4节）。

⑤集装器的使用（DGR中第5.0.1.3节）。

⑥包装件的标记（DGR中第7.1.5.5节）。

⑦货机的装载（DGR中第9.3.4节）。

⑧危险品事故、事件和其他差错的报告（DGR9.6.1和9.6.2）。

提交运输的锂离子电池芯和电池必须符合DGR中3.9.2.6.1节中（a）和（e）条的要求。本包装说明的一般要求，且：

①对于电池芯，瓦时额定值不大于20Wh。

②对于电池，瓦时额定值不大于100Wh，2009年1月1日之后生产的锂电池必须将瓦时额定值标在电池壳体外。

③锂离子电池芯和电池必须在充电电荷量（SoC-State of Charge）不超过荷载电荷量30%的状态下才可付诸运输。

注：确定荷载电荷量的方法和技术可参考《联合国试验和标准手册》（第6次修订版）中第38.3.2.3节内容。

电池芯及电池必须包装在满足DGR中5.0.2.4、5.0.2.6.1和5.0.2.12.1的坚固外包装中。

（9）附加要求——第Ⅱ部分

电池芯和电池必须包装在完全封闭的内包装中。

锂电池芯和电池不得与其他危险品放入同一个外包装内。

每个包装件必须能承受任意方向的 1.2m 跌落试验，而不造成：

①使其中的电池芯或电池受损；

②使内装物移动，以致电池与电池（电池芯与电池芯）互相接触；

③内装物释出。

不需要托运人危险品申报单。

任何准备或提供电池芯或电池运输的个人，必须获得针对这些要求的充足培训指导，并与其职责相匹配。有关充足教导的信息可在 DGR1.6 节中查阅。

根据本节要求运输的货物，托运人在每票货中不得运输超过 1 个包装件。

根据 DGR7.1.5.5，每个包装件必须持久且清晰地标有如 DGR 图 7.1.C 所示的锂电池标记和仅限货机操作标签（DGR 图 7.4.B）。包装件必须具备合理尺寸，以留出足够空间粘贴标记而避免标记折叠。当包装件大小足够时，仅限货机标签必须位于锂电池标记的同一侧面，并与其相邻。

当使用航空货运单时，必须在"货物性质和数量"栏注明"锂离子电池符合包装说明 965 的第Ⅱ部分（Lithium ion batteries in compliance with section Ⅱ of PI 965）"和"仅限货机（Cargo Aircraft Only）"或"CAO"的字样。

在向经营人提交符合第Ⅱ部分要求的锂离子电池包装件和 OVERPACK 时，必须与不受这些规则限制的货物分开提交，且提交前不得装载于集装器内。

（10）Overpacks—第Ⅱ部分

符合第Ⅱ部分要求的包装件在数量不超过 1 个时，可以组成 OVERPACK。除 1.4S 项以外的第 1 类（爆炸品）、2.1 项（易燃气体）、第 3 类（易燃液体）、4.1 项（易燃固体）或 5.1 项（氧化性物质），Overpack 可以含有其他危险品或不受限制的物品，只要各个包装件中的物质之间不会发生危险反应。Overpack 必须标注"OVERPACK"字样，并牢固而清晰地标有 DGR 图 7.1.C 所示的锂电池标记和仅限货机标签（DGR 图 7.4.B），除非 Overpack 中各个包装件的标签均可见。

注：根据第Ⅱ部分，一个 Overpack 是由一个单独的托运人使用的封装包，且内部仅含有不超过一个按本节要求准备的包装件。第Ⅱ部分的单包装件要求同样适用于按照 IA 和 IB 部分准备的运输对象。

包装说明 965-Ⅱ见表 6-7。

表 6-7　　　　　　　　　　包装说明 965-Ⅱ

内容	瓦时额定值不超过 2.7Wh 的锂离子电池芯或电池	瓦时额定值超过 2.7Wh 但不超过 20Wh 的锂离子电池芯	瓦时额定值超过 2.7Wh 但不超过 100Wh 的锂离子电池
1	2	3	4
每个包装件电池芯/电池的最大允许数量	无限制	8 个电池芯	2 个电池
每个包装件最大允许净数量	2.5kg	不适用	不适用

表 6-7 中，965-Ⅱ 的 2、3 和 4 中的电池芯或电池不能包装在同一包装件中。965-Ⅱ 外包装见表 6-8。

表 6-8　　　　　　　　　　　　　965-Ⅱ 外包装

外包装																
类型	圆桶						方形桶			箱							
名发称	钢	铝	胶合板	纤维	塑料	其他金属	钢	铝	塑料	钢	铝	木材	胶合板	再生木	纤维板	塑料	其他金属

6.4.2.2　包装说明 966

（1）经营人差异

2K-02，3K-06，4C-09，4M-09，5X-07，AC-06，AF-05，AM-09，AR-11，AU-11，BM-01，BR-18，BZ-10，CI-01，D0-03，D5-03，ES-03，FX-05，GS-03，HA-06，JJ-09，KQ-09，L7-09，LA-09，LH-08，LP-09，LU-09，LX-06，M3-09，M7-09，MK-16，OM-19，OS-08，OZ-10，P3-03/04，PZ-09，QK-06，QY-03/05，RS-06，RU-03，RV-06，SS-03，TG-09，UC-09，UX-11，VN-12，WN-01，X5-11，XG-08，XL-09，XQ-08

（2）介绍

本说明适用于客机和仅限货机运输的与设备包装在一起的锂离子或锂聚合物电池芯和电池（UN3481）。

本包装说明中的"设备"是指需要与其包装在一起的锂电池芯或电池方可运行的装置。

一般要求适用于所有的按照本包装说明运输的与设备包装在一起的锂离子电池芯和电池。

第Ⅰ部分适用于与设备包装在一起，瓦时额定值超过 20Wh 的电池芯和瓦时额定值超过 100Wh 的电池。此部分必须划为第 9 类且必须符合 DGR 中所适用的要求。

第Ⅱ部分适用于与设备包装在一起，瓦时额定值不超过 20Wh 的锂离子电池芯或瓦时额定值不超过 100Wh 的锂电池。

按照《联合国试验和标准手册》第 38.3.2.3 节定义，一个单芯电池应被视作"电池芯"，且必须按照本包装说明中有关"电池芯"的要求来运输。

（3）一般要求

以下要求适用于所有锂离子或锂聚合物电池芯和电池：

①被制造商识别为存在安全缺陷或已经损坏，有可能产生危险放热、着火或短路的电池芯和电池禁止空运（如因安全原因被制造商召回的）。

②电池芯和电池必须加以保护防止短路，包括防止同一包装件内可能导致短路的导电材料接触。

（4）第Ⅰ部分

本要求适用于划为第9类危险品的瓦时额定值超过20Wh的锂离子电池芯和瓦时额定值超过100Wh的锂电池。

①必须符合DGR中5.0.2一般要求。

②每一电池芯和电池必须：符合DGR3.9.2.6.1的要求；符合以上一般要求。

（5）附加要求——第Ⅰ部分

每个包装件电池芯或电池的数量不得超过为驱动设备所需的适当数量，外加两个备用电池。

①锂电池芯和电池必须：完全封装于内包装后再放入坚固的外包装，电池芯或电池的包装必须符合包装等级Ⅱ级的性能标准；完全封装于内包装后与设备放入符合Ⅱ级性能标准的包装件内。

②设备必须在外包装内得到固定以免移动，并配备防止发生意外启动的有效装置。

③本包装说明中的"设备"是指需要与其包装在一起的锂离子电池方可运行的装置。

④2011年12月31日之后生产的电池必须在电池外壳标注瓦时额定值。

包装说明966-Ⅰ见表6-9。

表6-9　　　　　　　　　　　　　　包装说明966-Ⅰ

UN代号	每个包装件净数量客机	每个包装件净数量仅限货机
UN 3481 锂离子电池与设备包装在一起	5kg	35kg

966-Ⅰ外包装见表6-10。

表6-10　　　　　　　　　　　　　966-Ⅰ外包装

外包装														
类型	圆桶						方形桶			箱					
名称	钢	铝	胶合板	纤维	塑料	其他金属	钢	铝	塑料	钢	铝	木材	胶合板	再生木	纤维板	塑料	其他金属
规格	1A2	1B2	1D	1G	1H2	1N2	3A2	3B2	3H2	4A	4B	4C1 4C2	4D	4F	4G	4H2	4N

（6）第Ⅱ部分

符合本部分要求的锂离子电池芯或电池不受本规则其他条款的限制。除以下情况：

①提供了充足的培训（DGR第1.6节）；

②旅客和机组人员行李中的危险品（DGR第2.3节），仅指那些特别允许放入手提行李中锂离子电池；

③航空邮件中的危险品（DGR第2.4节）；

④包装件的标记（DGR 第 7.1.5.5 节）；

⑤危险品事故、事件和其他差错的报告（DGR 第 9.6.1 和 9.6.2 节）。

提交运输的锂离子电池芯和电池必须符合 DGR3.9.2.6.1 中的（a）和（e）条要求，以及本包装说明的一般要求，且：

①对于电池芯，瓦时额定值不大于 20Wh；

②对于电池，瓦时额定值不大于 100Wh。2009 年 1 月 1 日之后生产的锂电池必须将瓦时额定值标在电池壳体外；

电池芯及电池必须包装在符合 DGR 中 5.0.2.4、5.0.2.6.1 和 5.0.2.12.1 的坚固包装中。

（7）附加要求——第Ⅱ部分

电池芯和电池必须：

①完全封装于内包装后再放入坚固的外包装；

②完全封装于内包装后再与设备一起放入坚固的包装件内。

设备必须在外包装内得到固定以免移动，并配备防止发生意外启动的有效装置。

每个包装件内电池的最大允许数量不得超过为驱动设备所需电池最小数量，加上两个备用电池。

每个电池芯或电池包装件或完整包装件都必须能够承受从任何方向进行的 1.2 米跌落试验，而不发生下列情况：

①使其中所装的电池芯或电池受损；

②使内装物移动，以致电池与电池（电池芯与电池芯）互相接触；

③内装物释出。

根据 DGR7.1.5.5，每个包装件必须持久且清晰地标有如 DGR 图 7.1.C 所示的锂电池标记和仅限货机操作标签（DGR 图 7.4.B）。包装件必须具备合理尺寸，以留出足够空间粘贴标记而避免标记折叠。

不需要托运人危险品申报单。

当使用航空货运单时，必须在"货物性质和数量"栏注明"锂离子电池符合包装说明 966 的第Ⅱ部分（Lithium ion batteries in compliance with section Ⅱ of PI966）"。

当一个包装件同时装有包含在设备中的锂电池和与设备包装在一起的锂电池，且电池和电池芯都满足第Ⅱ部分限制时，有以下附加要求：

①托运人须保证满足所有适用的包装说明各章节要求，且任一包装件内锂电池的总量不得超过 5kg。

②使用航空货运单时，必须在"货物性质和数量"栏注明"锂离子电池符合包装说明 966 的第Ⅱ部分（Lithium ion batteries in compliance with section Ⅱ of PI966）"。

准备或提交运输电池芯或电池的任何人必须接受与其责任相称的有关运输要求的培训。有关充足培训的信息可在 DGR1.6 节中查阅。

（8）Overpacks——第Ⅱ部分

符合第Ⅱ部分要求的包装件可以组成 OVerpack。Overpack 可以含有其他危险品或不受限制的物品，只要各个包装件中的物质不会发生危险反应。Overpack 必须标注"OVER-PACK"字样，并牢固而清晰地标明锂电池标记（DGR 图 7.1.C），除非 Overpack 中各个包装件的标签均可见。

包装说明 966-Ⅱ 见表 6-11。

表 6-11　　　　　　　　　　　　包装说明 966-Ⅱ

	客机	仅限货机
每个包装件中锂离子电池芯或电池的净数量	5kg	5kg

966-Ⅱ 外包装见表 6-12。

表 6-12　　　　　　　　　　　966-Ⅱ 外包装

外包装																
类型	圆桶						方形桶			箱						
名称	钢	铝	胶合板	纤维	塑料	其他金属	钢	铝	塑料	钢	铝	木材	胶合板	再生木	纤维板	塑料	其他金属

6.4.2.3　包装说明 967

（1）经营人差异

2K-02，3K-06，4C-09，4M-09，5X-07，AC-06，AF-05，AM-09，AR-11，AU-11，BM-01，BR-18，BZ-10，D0-03，D5-03，ES-03，FX-05，GS-03，HA-06，JJ-09，KK-11，KQ-09，L7-09，LA-09，LH-08，LP-09，LU-09，LX-06，MK-16，OM-19，OS-08，OZ-10，P3-03/04，PZ-09，QK-06，QY-03/05，RS-06，RU-04，RV-06，SS-03，TG-09，UA-05，UC-09，UH-11，UX-11，VN-12，VO-01，WN-01，X5-11，XG-08，XL-09，XQ-08

（2）介绍

本说明适用于客机和仅限货机运输的安装在设备中的锂离子或锂聚合物电池芯和电池（UN3481）。

本包装说明中的"设备"是指需要与其包装在一起的锂电池芯或电池方可运行的装置。

一般要求适用于所有的按照本包装说明运输的安装在设备包装中的锂离子电池芯和电池。

第Ⅰ部分适用于安装在设备中瓦时额定值超过 20Wh 的电池芯和瓦时额定值超过 100Wh 的电池。此部分必须划为第 9 类且必须符合本规则所适用的要求。

第Ⅱ部分适用于安装在设备中瓦时额定值不超过 20Wh 的锂离子电池芯或瓦时额定值不超过 100Wh 的锂电池。

按照《联合国试验和标准手册》第38.3.2.3节定义，一个单芯电池应被视作"电池芯"，且必须按照本包装说明中有关"电池芯"的要求来运输。

（3）一般要求

以下要求适用于所有锂离子或锂聚合物电池芯和电池。

①被制造商识别为存在安全缺陷或已经损坏，有可能产生危险放热、着火或短路的电池芯和电池禁止空运（如因安全原因被制造商召回的）；

②电池芯和电池必须加以保护防止短路，包括防止同一包装件内可能导致短路的导电材料接触；

③设备必须采取有效的方法包装以防止意外启动；

④安装有电池的设备必须包装在符合DGR中5.0.2.4、5.0.2.6.1和5.0.2.12.1的坚固外包装中；

⑤安装有电池芯和电池的设备必须固定在外包装中以免发生移动，并防止运输中被意外启动。

（4）第Ⅰ部分

本要求适用于划为第9类危险品的瓦时额定值超过20Wh的锂离子电池芯和瓦时额定值超过100Wh的锂电池。

每个电池芯和电池必须：

①符合DGR3.9.2.6.1的要求；

②符合以上一般要求。

（5）附加要求——第Ⅰ部分

①设备必须装入坚固的外包装中，此外包装应有适当的材料制造，包装的设计应有足够的强度以适应其容积和预计用途，除非设备能给其中的电池提供相同的保护。

②2011年12月31日之后生产的电池必须在电池外壳标注瓦时额定值。

包装说明967-Ⅰ见表6-13。

表6-13　　　　　　　　　　　　　包装说明967-Ⅰ

UN代号	每个包装件净数量客机	每个包装件净数量仅限货机
UN 3481 锂离子电池包含在设备中	5kg	35kg

967-Ⅰ外包装见表6-14。

表6-14　　　　　　　　　　　　　967-Ⅰ外包装

外包装															
类型	圆桶						方形桶			箱						
名称	钢	铝	胶合板	纤维	塑料	其他金属	钢	铝	塑料	钢	铝	木材	胶合板	再生木	纤维板	塑料	其他金属

（6）第Ⅱ部分

符合本部分要求的锂离子电池芯或电池不受本规则其他条款的限制。除以下情况：

①提供了足够的培训指导（DGR 第 1.6 节）；

②旅客和机组人员行李中的危险品（DGR 第 2.3 节），仅指那些特别允许放入手提行李中锂离子电池；

③航空邮件中的危险品（DGR 第 2.4 节）；

④包装件的标记（DGR 第 7.1.5.5 节）；

⑤危险品事故、事件和其他差错的报告（DGR 第 9.6.1 和 9.6.2 节）。

提交运输的锂离子电池芯和电池必须符合 DGR3.9.2.6.1 中的（a）和（e）条要求，以及本包装说明的一般要求，且：

①对于电池芯，瓦时额定值不大于 20Wh。

②对于电池，瓦时额定值不大于 100Wh。2009 年 1 月 1 日之后生产的锂电池必须将瓦时额定值标在电池壳体外。

射频识别（RFID）标签、手表和温度记录仪等不会产生危险热量的装置，在开启状态下可以运输。这些装置在开启状态下必须符合规定的电磁辐射标准，确保此装置的运行不会对航空器系统产生干扰。必须确保运输途中该装置不会发出干扰信号（如蜂鸣报警、灯光闪烁等）。

（7）附加要求——第Ⅱ部分

设备必须装入坚固的外包装中，此外包装应有适当的材料制造，根据其容积和预计用途具有足够的强度和设计，除非设备能给其中的电池芯或电池提供相同的保护。

根据 DGR7.1.5.5，每个包装件必须持久且清晰地标有如 DGR 图 7.1.C 所示的锂电池标记和仅限货机操作标签（DGR 图 7.4.B）。包装件必须具备合理尺寸，以留出足够空间粘贴标记而避免标记折叠。

此要求不适用于：

①仅含有安装在设备（包括线路板）中的纽扣电池；

②内含安装在设备中的不多于 4 个电池芯或 2 个电池的少于或等于两个包装件。

不需要托运人危险品申报单。

当使用航空货运单时，必须在"货物性质和数量"栏注明"锂离子电池符合包装说明 967 第Ⅱ部分（Lithium ion batteries in compliance with section Ⅱ of PI967）"。

准备或提交运输电池芯或电池的任何人必须接受与其责任相称的有关运输要求的培训。有关充足培训的信息可在 DGR1.6 节中查阅。

（8）Overpacks——第Ⅱ部分

符合第Ⅱ部分要求的包装件可以组成 Overpack。Overpack 可以含有其他危险品或不受限制的物品，只要各个包装件中的物质不会发生危险反应。Overpack 必须标注"OVERPACK"字样，并牢固且清晰地标明锂电池标记，除非 Overpack 中各个包装件的标签均可见。

包装说明 967-Ⅱ见表 6-15。

表6-15 包装说明967-Ⅱ

	客机	仅限货机
每个包装件中锂离子电池芯或电池的净数量	5kg	5kg

967-Ⅱ外包装见表6-16。

表6-16 967-Ⅱ外包装

外包装																
类型	圆桶						方形桶			箱						
名称	钢	铝	胶合板	纤维	塑料	其他金属	钢	铝	塑料	钢	铝	木材	胶合板	再生木	纤维板	塑料	其他金属

6.4.2.4 包装说明968

（1）国家差异

USG-03

（2）经营人差异

3V-02，4C-08，4M-08，5X-01/02/03/04/07/08，AF-05，AM-09，BI-03，BR-18，BZ-10，CA-13，CI-09，CV-04，CX-07，CZ-08，D0-03，D5-03，DE-10，EK-02，ES-03，EY-04，FX-04/05，G3-07，GK-05，GS-03，HQ-10，HX-06，JJ-08，KA-07，KK-10，KQ-09，KZ-04，L7-08，LA-16，LD-07，LH-08，LP-08，LU-08，LX-06，M3-08，M7-08，MP-07，MT-10，NH-07/08/09，OZ-10，P3-02/04，PZ-08，QF-05，QR-07，QY-03/05，RH-06，RS-06，RU-02/04，SQ-07，SV-14，TK-01，UC-08，UH-10，VN-10，WY-07，XG-08，XL-08，XQ-08

（3）介绍

本说明适用于客机和仅限货机运输的锂金属或锂合金电池芯和电池（UN3090）。

一般要求适用于根据此包装说明运输的所有锂金属电池：

第ⅠA部分适用于锂金属含量值超过1g的锂金属电池芯和锂金属含量超过2g的锂金属电池，或超过本包装说明第ⅠB部分锂金属电池芯和电池的允许量。此部分必须划为第9类且必须符合本规则所有适用的要求。

第ⅠB部分适用于锂金属含量不超过1g的锂金属电池芯和锂金属含量不超过2g的锂金属电池，但超过第Ⅱ部分中表968-Ⅱ的允许量。

第Ⅱ部分适用于锂金属含量不超过1g的锂金属电池芯和锂金属含量不超过2g的锂金属电池，且未超过第Ⅱ部分表968-Ⅱ的允许限量。

按照《联合国试验和标准手册》第38.3.2.3节定义，一个单芯电池应被视作"电池芯"，且必须按照本包装说明中有关"电池芯"的要求来运输。

（4）一般包装要求

以下包装要求适用于锂金属或锂合金电池芯和电池：

①被制造商识别为存在安全缺陷或已经损坏，有可能产生危险放热、着火或短路的电池芯和电池禁止空运（如因安全原因被制造商召回的）。

②除非始发国和经营人所在国主管当局批准，废旧锂电池和回收或销毁的锂电池禁止空运。

③电池芯和电池必须加以保护防止短路，包括防止同一包装件内可能导致短路的导电材料接触。

（5）第 IA 部分

本部分要求适用于划为第 9 类危险品的锂金属含量超过 1g 的锂金属电池芯和锂金属含量超过 2g 的锂金属电池。必须符合 DGR 中 5.0.2 一般包装要求。

每个电池芯和电池必须：

①符合 DGR3.9.2.6.1 的要求；

②符合以上一般要求。

（6）附加要求——第 IA 部分

①锂金属电池芯和电池在装入外包装之前，必须严格包装在内包装中，包装必须符合 Ⅱ 级包装性能标准。

②锂电池芯和电池不得与以下危险品放入同一个外包装内：除 1.4S 项以外的第 1 类（爆炸品）、2.1 项（易燃气体）、第 3 类（易燃液体）、4.1 项（易燃固体）或 5.1 项（氧化性物质）。

③质量在 12kg 或以上的锂电池并具有坚固、耐撞击外壳，或这种电池的组件，当包装在坚固的外包装并外加保护性封盖时可以运输（如装在完全封闭或木质板条箱中）。包装材料不必满足 DGR 规则第 6 章的要求。包装必须有始发国主管当局批准，且必须随同货物一份批准副本。

④锂电池芯和电池的包装件不得与含有以下危险品的包装件组成 Overpack：除 1.4S 项以外的第 1 类、2.1 项、第 3 类、4.1 项或 5.1 项。

包装说明 968-IA 见表 6-17。

表 6-17　　　　　　　　　　　　包装说明 968-IA

UN 编号	每个包装件的净数量客机	每个包装件的净数量仅限货机
UN3090 锂金属电池	2.5kg	35kg

968-IA 外包装见表 6-18。

表 6-18　　　　　　　　　　968-IA 外包装

外包装																
类型	桶						方形桶			箱						
名称	钢	铝	胶合板	纤维	塑料	其他金属	钢	铝	塑料	钢	铝	木材	胶合板	合成木材	纤维板	塑料	其他金属
规格	1A2	1B2	1D	1G	1H2	1N2	3A2	3B2	3H2	4A	4B	4C1 4C2	4D	4F	4G	4H2	4N

（7）第 IB 部分

符合 DGR3.9.2.6.1 节中（a）和（e），以及符合下列所有规定的锂金属电池芯和电池可以运输：

①锂金属电池芯，锂金属含量不超过 1g；

②锂金属或锂合金电池，锂金属总含量不超过 2g。

第 IB 部分适用于电池芯和电池包装的量超过第Ⅱ部分表 968-Ⅱ 的允许限量。

按照本部分准备的锂金属电池芯或电池的量应符合本规则所有规定（包括此包装说明中的一般要求）。但 DGR 中第 6 章规定的除外。

按照 IB 运输的电池芯和电池必须按照 8.2.1 和 8.2.2 的要求填写危险品托运人申报单及航空货运单。

电池芯和电池必须包装在符合 DGR 中 5.0.2.4、5.0.2.6.1、和 5.0.2.12.1 的坚固外包装中。

（8）附加要求——第 IB 部分

电池芯和电池必须包装在完全封闭的内包装中。

锂电池芯和电池不得与以下危险品放入同一个外包装内：除 1.4S 项以外的第 1 类（爆炸品）、2.1 项（易燃气体）、第 3 类（易燃液体）、4.1 项（易燃固体）或 5.1 项（氧化性物质）。

每个包装件必须能承受任意方向的 1.2 米跌落试验，且不会：

①损坏所装的电池芯和电池；

②使内装物移动，以致使电池与电池（或电池芯与电池芯）接触；

③内装物释出。

锂电池芯和电池的包装件不得与含有以下危险品的包装件组成 Overpack：除 1.4S 项以外的第 1 类、2.1 项、第 3 类、4.1 项或 5.1 项。

每个包装件必须牢固且清晰地显示 DGR 图 7.1.C 所示的锂电池标记，并粘贴第 9 类锂电池专属的危险性标签（DGR 图 7.3.X）和仅限货机的操作标签（DGR 图 7.4.B）。

每个包装件必须依据 DGR 中 7.1.4.1（a）和 7.1.4.1（b）的要求标记，此外当 7.1.4.1（c）要求时，须将净重标注在包装件上。

包装说明 968-IB 见表 6-19。

表 6-19　　　　　　　　　　　　包装说明 968-IB

	每个包装件的量客机	每个包装件的量仅限货机
锂金属电池芯和电池	禁运	2.5kg

968-IB 外包装见表 6-20。

表 6-20　　　　　　　　　　　　968-IB 外包装

外包装															
类型	桶						方形桶			箱						
名称	钢	铝	胶合板	纤维	塑料	其他金属	钢	铝	塑料	钢	铝	木材	胶合板	合成木材	纤维板	塑料	其他金属

（9）第Ⅱ部分

符合本部分要求的锂金属或锂合金电池芯和电池不受 DGR 规则其他条款的限制。除以下情况：

①集运货物中危险品的限制（DGR 中 1.3.3.2.3 和 1.3.3.2.6 节）；

②具有足够培训指导信息（DGR1.6 节）；

③旅客和机组人员行李中的危险品（DGR 中第 2.3 节），仅指那些特别允许放入手提行李中锂离子电池；

④航空邮件中的危险品（DGR 中第 2.4 节）；

⑤集装器的使用（DGR 中第 5.0.1.3 节）；

⑥包装件的标记（DGR 中第 7.1.5.5 节）；

⑦货机的装载（DGR 中第 9.3.4 节）；

⑧危险品事故、事件和其他差错的报告（DGR 中第 9.6.1 和 9.6.2 节）。

提交运输的电池芯和电池必须符合 DGR 中 3.9.2.6.1 节中（a）和（e）条的要求及本包装说明的一般要求。

提交运输的锂金属电池芯和电池必须符合本包装说明的一般要求，且：

①对于电池芯，锂含量不大于 1g；

②对于电池，总锂含量不大于 2g。

电池芯级电池必须包装在符合 DGR 中 5.0.2.4、5.0.2.6.1 和 5.0.2.12.1 的坚固外包装中。

（10）附加要求——第Ⅱ部分

电池芯和电池必须包装在完全封闭的内包装中。

锂电池芯和电池不得与其他危险品放入同一个外包装内。

每个包装件必须能承受任意方向的 1.2 米跌落试验，而不造成：

①使其中的电池芯或电池受损；

②使内装物移动，以致电池与电池（或电池芯与电池芯）互相接触；

③内装物释出。

根据 DGR7.1.5.5，每个包装件必须持久且清晰地标有如 DGR 图 7.1.C 所示的锂电池标记和仅限货机操作标签（DGR 图 7.4.B）。包装件必须具备合理尺寸，以留出足够空间粘贴标记而避免标记折叠。当包装件大小足够时，仅限货机标签必须位于锂电池标记的同一侧面，并与其相邻。

每个包装件必须粘贴锂电池操作标签。

不需要托运人危险品申报单。

根据本节要求运输的货物，托运人在每票货中不得运输超过 1 个包装件。

当使用航空货运单时，必须在"货物性质和数量"栏注明"锂金属电池符合包装说明 968 的第 Ⅱ 部分（Lithium ion batteries in compliance with section Ⅱ of PI968）"和"仅限货机（Cargo Aircraft Only）"或"CAO"的字样。

在向经营人提交符合第 Ⅱ 部分要求的锂电池包装件和 Overpack 时，必须与不受这些规则限制的货物分开提交。集运货物中的包装件和 Overpack 在提交给经营人前不得装载于集装器内。

准备或提交运输电池芯或电池的任何人必须接受与其责任相称的有关运输要求的培训。有关充足教导的信息可在 DGR1.6 节中查阅。

（11）Overpacks——第 Ⅱ 部分

符合第 Ⅱ 部分要求的包装件在数量不超过 1 个时，可以组成 Overpack。除 1.4S 项以外的第 1 类（爆炸品）、2.1 项（易燃气体），第 3 类（易燃液体）、4.1 项（易燃固体）或 5.1 项（氧化性物质）。Overpack 可以含有其他危险品或不受限制的物品，只要各个包装件中的物质之间不会发生危险反应。Overpack 必须标注"OVERPACK"字样，并牢固而清晰地标有 DGR 图 7.1.C 所示的锂电池标记和仅限货机标签（DGR 图 7.4.B），除非 OVERPACK 中各个包装件的标签均可见。

注：根据第 Ⅱ 部分，一个 Overpack 是由一个单独的托运人使用的封装包，且内部仅含有不超过一个按本节要求准备的包装件。第 Ⅱ 部分的单包装件要求同样适用于按照 IA 和 IB 部分准备的运输对象。

包装说明 968-Ⅱ 见表 6-21。

表 6-21　　　　　　　　　　包装说明 968-Ⅱ

内容	锂含量不超过 0.3g 的锂金属电池芯和/或电池	锂含量超过 0.3g 但不超过 1g 的锂金属电池芯	锂含量超过 0.3g 但不超过 2g 的锂金属电池
1	2	3	4
每个包装件电池芯/电池的最大允许数量	无限制	8 个电池芯	2 块电池
每个包装件最大允许净数量	2.5kg	不适用	不适用

表6-21中，968-Ⅱ的2、3和4中的电池芯或电池不能包装在同一包装件中。968-Ⅱ外包装见表6-22。

表6-22   968-Ⅱ外包装

外包装																
类型	桶						方形桶			箱						
名称	钢	铝	胶合板	纤维	塑料	其他金属	钢	铝	塑料	钢	铝	木材	胶合板	合成木材	纤维板	塑料	其他金属

6.4.2.5 包装说明969

（1）国家差异

USG-02，USG-03

（2）经营人差异

2K-02，3K-06，4C-08，4M-08，5X-07，AC-06，AF-05，AM-09，AR-11，AU-11，BM-01，BR-18，BT-01，BZ-10，CV-04，CZ-08，D0-02，D5-03，ES-03，EY-04，FX-05，G3-01，GF-14，GS-03，HA-06，HX-06，JJ-08，JU-13，KQ-09，L7-08，LA-09/16，LH-08，LP-08，LU-08，LX-06，M3-08，M7-08，MK-16，OM-15，OS-08，OZ-10，P3-02/04，PZ-08，QK-06，QR-04，QY-03/05，RS-06，RU-02/04，RV-06，SQ-07，SS-03，TG-08，TR-06，UC-08，UX-11，VN-12，WN-01，WY-07，X5-11，XG-08，XL-08，XQ-08

（3）介绍

本说明适用于客机和仅限货机运输的与设备包装在一起的锂金属或锂合金电池芯和电池（UN3091）。

本包装说明中的"设备"是指需要与其包装在一起的锂电池芯或电池方可运行的装置。

一般要求适用于所有的按照包装说明运输的与设备包装在一起的锂金属电池芯和电池。

第Ⅰ部分适用于与设备包装在一起，锂金属含量超过1g的锂金属电池芯或锂金属含量超过2g的锂金属电池。此部分必须划为第9类危险品且必须符合DGR规则所有适用的要求。

第Ⅱ部分适用于与设备包装在一起，锂金属含量不超过1g的锂金属电池芯和锂金属含量不超过2g的锂金属电池。

按照《联合国试验和标准手册》第38.3.2.3节定义，一个单芯电池应被视作"电池芯"，且必须按照本包装说明中有关"电池芯"的要求来运输。

（4）一般要求

以下要求适用于所有锂金属或锂合金电池芯和电池：

①被制造商识别为存在安全缺陷或已经损坏，有可能产生危险放热、着火或短路的电池芯和电池禁止空运（如因安全原因被制造商召回的）。

②电池芯和电池必须加以保护防止短路，包括防止同一包装件内可能导致短路的导电材料接触。

（5）第Ⅰ部分

本要求适用于划为第9类危险品的锂金属含量超过1g的锂金属电池芯和锂金属含量超过2g的锂金属电池。

①必须符合DGR中5.0.2一般包装要求。

②每一电池芯和电池必须：符合DGR3.9.2.6.1的要求；符合以上一般要求

（6）附加要求——第Ⅰ部分

①锂金属电池芯和电池必须：完全封装于内包装中，然后再放入坚固的外包装，电池芯或电池的包装必须符合包装Ⅱ级包装的性能标准。完全封装于内包装，然后与设备一起放入符合Ⅱ级性能标准的包装件内。

②设备必须在外包装内得到固定以免移动，并配备防止发生意外启动的有效装置。

锂金属和锂合金电池芯和电池作为第9类危险品在客机上运输必须：

①装入坚固的金属中层包装或金属外包装中；

②在装入金属中层包装或金属外包装之前，电池芯和电池的周围必须加衬垫材料，此衬垫材料应不燃、不导电；

③包装件不符合上述要求时必须粘贴"仅限货机"标签，托运人申报单中必须注明"仅限货机"字样。

包装说明969-Ⅰ见表6-23。

表6-23　　　　　　　　　　包装说明969-Ⅰ

UN编号	每个包装件的净数量客机	每个包装件的净数量仅限货机
UN3091 锂离子电池 与设备包装在一起	5kg	35kg

969-Ⅰ外包装见表6-24。

表6-24　　　　　　　　　　969-Ⅰ外包装

外包装														
类型	桶						方形桶			箱						
名称	钢	铝	胶合板	纤维	塑料	其他金属	钢	铝	塑料	钢	铝	木材	胶合板	合成木材	纤维板	塑料	其他金属
规格	1A2	1B2	1D	1G	1H2	1N2	3A2	3B2	3H2	4A	4B	4C1 4C2	4D	4F	4G	4H2	4N

（7）第Ⅱ部分

符合本部分要求的锂金属电池芯或电池不受本规则其他条款的限制。除以下情况：

①提供了充足的培训（DGR 第 1.6 节）；

②旅客和机组人员行李中的危险品（DGR 第 2.3 节），仅指那些特别允许放入手提行李中锂离子电池；

③航空邮件中的危险品（DGR 第 2.4 节）；

④包装件的标记（DGR 第 7.1.5.5 节）；

⑤危险品事故、事件和其他差错的报告（DGR 第 9.6.1 和 9.6.2 节）。

提交运输的锂金属电池芯和电池必须符合 DGR3.9.2.6.1 中的（a）和（e）条要求，以及本包装说明的一般要求，且：

①对于电池芯，锂含量不大于 1g；

②对于电池，总锂含量不大于 2g。

电池芯及电池必须包装在符合 DGR 中 5.0.2.4、5.0.2.6.1 和 5.0.2.12.1 的坚固外包装中。

（8）附加要求——第Ⅱ部分

锂金属电池芯和电池必须：

①完全封装于内包装中，再放入坚固的外包装；

②完全封装的内包装，再与设备一起放入坚固的外包装内。

设备必须在外包装内得到固定以免移动，并配备防止发生意外启动的有效装置。

每个包装件内电池最大允许量不得超过为驱动设备所需电池最小数量，加上两个备用电池。

每个电池芯或电池包装件或整个包装件都必须能够承受从任何方向的进行的 1.2m 跌落试验，而不发生下列情况：

①使其中所装的电池芯或电池受损；

②使内装物移动，以致电池与电池（电池芯与电池芯）互相接触；

③内装物释出。

根据 DGR7.1.5.5，每个包装件必须持久且清晰地标有如 DGR 图 7.1.C 所示的锂电池标记和仅限货机操作标签（DGR 图 7.4.B）。包装件必须具备合理尺寸，以留出足够空间粘贴标记而避免标记折叠。

不需要托运人危险品申报单。

当使用航空货运单时，必须在"货物性质和数量"栏注明"锂金属电池符合包装说明 969 的第Ⅱ部分（Lithium metal batteries in compliance with section Ⅱ of PI969）"。

当一个包装件同时装有包含在设备中的锂电池和与设备包装在一起的锂电池，且电池和电池芯都满足第Ⅱ部分限制时，有以下附加要求：

①托运人须保证满足所有适用的包装说明各章节要求，且任一包装件内锂电池的总量不得超过 5kg。

②使用航空货运单时，必须在"货物性质和数量"栏注明"锂金属电池符合包装说明准备或提交运输电池芯或电池的任何人必须接受与其责任相称的有关运输要求的培训。

有关充足培训指导信息的内容可参阅 DGR1.6 节。

（9）Overpacks——第Ⅱ部分

符合第Ⅱ部分要求的包装件可以组成 Overpack。Overpack 可以含有其他危险品或不受限制的物品，只要各个包装件中的物质不会发生危险反应。Overpack 必须标注"OVER-PACK"字样并牢固而清晰地显示 DGR 图 7.1.C 所示的锂电池标记，除非 Overpack 中各个包装件的标签均可见。

包装说明 969-Ⅱ见表 6-25。

表 6-25　　　　　　　　　　　　　　　　包装说明 969-Ⅱ

	客机	仅限货机
每个包装件内锂金属电池芯和电池的净数量	5kg	5kg

969-Ⅱ外包装见表 6-26。

表 6-26　　　　　　　　　　　　　　　　969-Ⅱ外包装

外包装														
类型	桶						方形桶			箱						
名称	钢	铝	胶合板	纤维	塑料	其他金属	钢	铝	塑料	钢	铝	木材	胶合板	合成木材	纤维板	塑料	其他金属
规格	1A2	1B2	1D	1G	1H2	1N2	3A2	3B2	3H2	4A	4B	4C1 4C2	4D	4F	4G	4H2	4N

6.4.2.6　包装说明 970

（1）国家差异

USG-03

（2）经营人差异

2K-02，3K-06，4C-08，4M-08，5X-07，AC-06，AF-05，AM-09，AR-11，AU-11，BM-01，BR-18，BT-01，BZ-10，CV-04，CZ-08，D0-03，D5-03，ES-03，EY-04，FX-05，G3-01，GF-14，GS-03，HA-06，HX-06，JJ-08，JU-13，KK-11，KQ-09，L7-08，LA-09/16，LH-08，LP-08，LU-08，LX-08，M3-08，M7-08，MK-16，OM-15，OS-08，OZ-10，P3-04，PZ-08，QK-06，QR-04，QY-03/05，RS-06，RU-02/04，RV-06，SQ-07，SS-03，TG-08，TR-06，UC-08，UH-11，UX-11，VN-12，WN-01，X5-11，WY-07，XG-08，XL-08，XQ-08

（3）介绍

本说明适用于客机和仅限货机运输的安装在设备中的锂金属或锂合金电池芯和电池（UN3091）。

本包装说明中的"设备"是指需要与其包装在一起的锂电池芯或电池方可运行的装置。

一般要求适用于所有的按照本包装说明运输的安装在设备中的锂金属或锂合金电池芯和电池。

第Ⅰ部分适用于安装在中设备中锂金属含量超过1g的锂金属电池芯或锂金属含量超过2g的锂金属电池。此部分必须划为第9类危险品且必须符合本规则所有适用的要求。

第Ⅱ部分适用于安装在设备中锂金属含量不超过1g的锂金属电池芯或锂金属含量不超过2g的锂金属电池。

（4）一般要求

以下要求适用于所有锂金属或锂合金电池芯和电池：

①被制造商识别为存在安全缺陷或已经损坏，有可能产生危险放热、着火或短路的电池芯和电池禁止空运（如因安全原因被制造商召回的）；

②电池芯和电池必须加以保护防止短路，包括防止同一包装件内可能导致短路的导电材料接触；

③设备必须采取有效的方法包装以防止意外启动；

④安装有电池的设备必须包装在符合DGR中5.0.2.4、5.0.2.6.1和5.0.2.12.1的坚固外包装中；

⑤安装有电池芯和电池的设备必须固定在外包装中以免发生移动，并防止运输中被意外启动。

（5）第Ⅰ部分

本要求适用于划为第9类危险品锂金属含量超过1g的锂金属电池芯和锂金属含量超过2g的锂金属电池。

每个电池芯和电池必须：

①符合DGR3.9.2.6.1的规定；

②符合以上一般要求。

（6）附加要求——第Ⅰ部分

①设备必须装入坚固的外包装中，此外包装应有适当的材料制造，包装的设计应有足够的强度以适应其容积和预计用途，除非设备能给其中的电池提供相同的保护。

②任何一件设备中的锂金属含量，每个电池芯不得超过12g，每个电池不得超过500g。

包装说明970-Ⅰ见表6-27。

表6-27　　　　　　　　　　　　　　包装说明970-Ⅰ

UN 编号	每个包装件的净数量 客机	每个包装件的净数量 仅限货机
UN3091 锂金属电池安装在设备中	5kg	35kg

970-I外包装见表6-28。

表6-28 970-I外包装

外包装—坚固的外包装																
类型	桶						方形桶			箱							
名称	钢	铝	胶合板	纤维	塑料	其他金属	钢	铝	塑料	钢	铝	木材	胶合板	合成木材	纤维板	塑料	其他金属

（7）第II部分

符合本部分要求的锂金属电池芯或电池不受本规则其他条款的限制。除以下情况：

①提供了充足的培训（DGR第1.6节）；

②旅客和机组人员行李中的危险品（DGR第2.3节）。仅指那些特别允许放入手提行李中锂离子电池；

③航空邮件中的危险品（DGR第2.4节）；

④包装件的标记（DGR第7.1.5.5节）；

⑤危险品事故、事件和其他差错的报告（DGR第9.6.1和9.6.2节）。

提交运输的锂金属电池芯和电池必须符合DGR3.9.2.6.1中的（a）和（e）条要求，以及本包装说明的一般要求，且：

①对于电池芯，锂含量不大于1g；

②对于电池，总锂含量不大于2g。

射频识别（RFID）标签、手表和温度记录仪等不会产生危险热量的装置，在开启状态下可以运输。这些装置在开启状态下必须符合规定的电磁辐射标准，确保此装置的运行不会对航空器系统产生干扰。必须确保运输途中该装置不会发出干扰信号（如蜂鸣报警、灯光闪烁等）。

（8）附加要求——第II部分

设备必须装入坚固的外包装中，此外包装应有适当的材料制造，根据其容积和预计用途具有足够的强度和设计，除非设备能给其中的电池提供相同的保护。

根据DGR7.1.5.5，每个包装件必须持久且清晰地标有如DGR图7.1.C所示的锂电池标记和仅限货机操作标签（DGR图7.4.B）。包装件必须具备合理尺寸，以留出足够空间粘贴标记而避免标记折叠。

此要求不适用于：

①仅含有安装在设备（包括线路板）中的纽扣电池；

②内含安装在设备中的不多于4个电池芯或2个电池的少于或等于两个包装件。

不需要危险品托运人申报单。

当使用航空货运单时，必须在"货物性质和数量"栏注明"锂金属电池符合包装说明970第II部分（Lithium metal batteries in compliance with section II of PI970）"。

准备或提交运输电池芯或电池的任何人必须接受与其责任相称的有关运输要求的培训。有关充足的培训指导，相关信息可查阅 DGR1.6 节。

（9）Overpacks——第Ⅱ部分

符合第Ⅱ部分要求的包装件可以组成 Overpack。Overpack 可以含有其他危险品或不受限制的物品，只要各个包装件中的物质不会发生危险反应。Overpack 必须标注"OVER-PACK"字样，并牢固而清晰地显示如 DGR 图 7.1.C 所示的锂电池标记，除非 Overpack 中各个包装件的标签均可见或内部包装件不要求带有锂电池标记。

包装说明 970-Ⅱ 见表 6-29。

表 6-29 包装说明 970-Ⅱ

	客机	仅限货机
每个包装件内锂离子电池芯和电池的净数量	5kg	5kg

970-Ⅱ 外包装见表 6-30。

表 6-30 970-Ⅱ 外包装

外包装—坚固的外包装														
类型	桶						方形桶			箱						
名称	钢	铝	胶合板	纤维	塑料	其他金属	钢	铝	塑料	钢	铝	木材	胶合板	合成木材	纤维板	塑料	其他金属

6.5 锂电池的标记与标签

6.5.1 锂电池标记

在 2017 年以前，空运的锂电池货物包装件或合成包装件在满足包装说明 965～970 第 IB 和第Ⅱ部分条件时，需要粘贴本章 6.5.2.2 节所示的"锂电池操作标签"，而并没有专属的标记。

但 2017 年，IATA 更新锂电池规定时，取消了原有的锂电池操作标签，并为满足以上条件的包装件新增如图 6-13 所示的锂电池标记。在新标记上，需标出包装件内锂电池适用的 UN 代号和电话号码，其中 UN 代号数字的高度不能小于 12mm。

图 6-13　锂电池标记

6.5.2　锂电池标签

6.5.2.1　危险性标签

在 2017 年以前，锂电池货物在空运时，根据包装说明，如需要粘贴危险性标签时，直接使用第 9 类杂项危险品标签，见图 6-14 所示。

但从 2017 年开始，IATA 在原有第 9 类的通用危险性标签基础上增加电池图样，从而为锂电池货物专门设计了新的专属危险性标签，如图 6-15 所示。运输时，托运人应使用新颁布的标签。

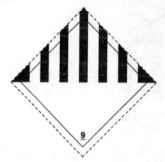

图 6-14　第 9 类杂项危险品危险性标签
（可使用到 2018 年 12 月 31 日）

图 6-15　锂电池专属危险性标签

6.5.2.2　操作标签

锂电池运输时可能涉及的操作标签主要是 2017 年以前的锂电池专属操作标签和仅限货机运输标签。

（1）锂电池专属操作标签（2017 年前）

当锂电池包装件或 Overpack 满足包装说明 965～970 第 Ⅱ 部分要求时，需粘贴锂电池专属的操作标签。该标签尺寸为 120mm×110mm，如图 6-16 所示。如果用的是小包装，可以使用 74mm×105mm 尺寸的标签，如图 6-17 所示。需在星号所示的位置填入包装件或 Overpack 内锂电池适用的运输专用名称，如"锂离子电池（Lithium ion battery）"或"锂金属电池（Lithium metal battery）"。

105MM

74MM

'Place for "Lithium metal battery"
or 'Lithium ion battery'

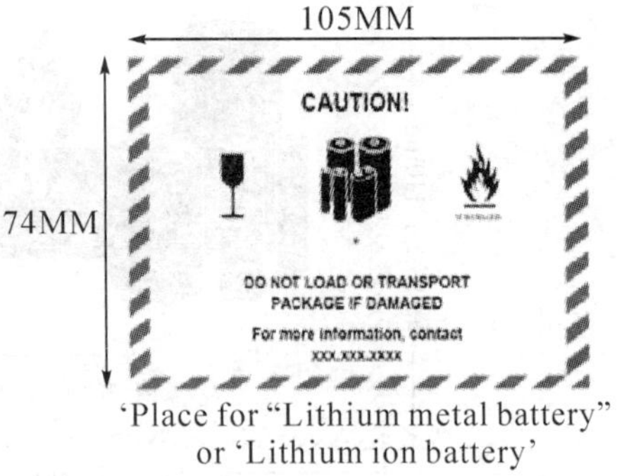

图 6-17　小尺寸锂电池的操作标签

图 6-16　锂电池的操作标签
（可使用到 2018 年 12 月 31 日）

在 2017 年，IATA 更新了锂电池的规定，取消了以上的锂电池操作标签，并新增锂电池标记。

（2）仅限货机标签

当满足锂电池仅限货机运输要求时，包装件或 Overpack 应粘贴仅限货机标签，见图 6-18 所示。

图 6-18　仅限货机标签

6.5.3　标记与标签的粘贴

6.5.3.1　按照 PI965-970 第 I/IA 部分运输的标记与标签

首先，按照危险品货物包装基本标记的要求，所有 PI965-970 第 I/IA 部分运输的锂电池芯和锂电池，每个包装件或 Overpack 上都需要清晰地标示出：

（1）运输专用名称（如锂离子电池包含在设备中　lithium ion batteries contained in equipment）；

（2）UN 编号（如 UN3481）；

（3）托运人和收货人的姓名及地址全称。

其次，根据法规中各类锂电池包装说明的要求，按照 PI965-970 第 I/IA 部分运输的锂电池芯和锂电池，每个包装件或 Overpack 上必须粘贴锂电池专属的第 9 类危险性标签。如图 6-19 所示即为某个满足 PI967 第Ⅰ部分要求的锂电池包装件的标记和标签示例。

图 6-19　按照 PI967 第Ⅰ部分运输的锂电池包装件的标记标签

并且，当数量超出客机限制或运输单独的锂电池（UN3480 或 UN3090）时，还应按要求粘贴适用的仅限货机操作标签。图 6-20 所示即为某个单独的锂电池包装件，因符合 PI965 第 IA 部分的要求仅限货机运输，所以需要粘贴"仅限货机"的标签。

图 6-20　按照 PI965 第 IA 部分运输的锂电池的标记标签

6.5.3.2　按照 PI965、968 的 IB 部分运输的标记与标签

首先，按照危险品货物包装基本标记的要求，依据 PI965、968 的 IB 部分运输的每个包装件或 Overpack 上都需要清晰地标示出：

（1）运输专用名称（如锂离子电池 lithium ion batteries）；

（2）UN 编号（如 UN3480）；

（3）托运人及收货人名称及地址全称。

其次，根据法规中各类锂电池包装说明的要求，按照 PI965、PI968 的 IB 部分运输的锂电池芯和锂电池属于仅限货机接收的单独的锂电池，每个包装件或 Overpack 上需要标出包装件内锂电池的净数量，并粘贴专属的锂电池标记、专属第 9 类锂电池危险性标签和仅限货机操作标签。图 6-21 为符合 PI965 的 IB 部分要求的包装件所需的标记和标签。

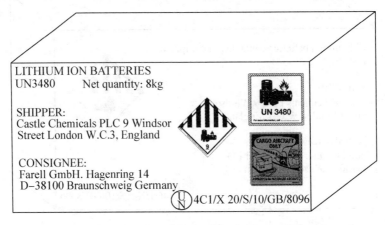

图 6-21　按照 PI965 IB 部分运输的锂电池标记标签

此外，符合这部分要求的货物若使用"封闭式"的 Overpack 运输，则包装外表面还应注明"OVERPACK"的字样。

6.5.3.3　按照 PI965~970 第Ⅱ部分运输的标记与标签

首先，按照危险品货物包装基本标记的要求，依据 PI965~970 第Ⅱ部分运输的锂电池芯或锂电池，每个包装件或 Overpack 必须带有以下标记：

（1）运输专用名称（如锂离子电池 lithium ion batteries）；

（2）UN 编号（如 UN3480）；

（3）托运人及收货人名称及地址全称。

其次，根据法规中各类锂电池包装说明的要求，依据 PI965~970 第Ⅱ部分运输的锂电池芯或锂电池，每个包装件或 Overpack 必须粘贴专属的锂电池标记。

图 6-22 所示为某个符合 PI969 第Ⅱ部分运输的 UN3091 例子。

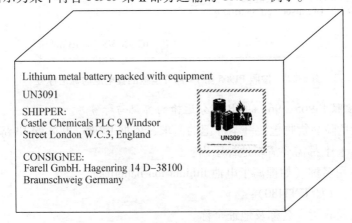

图 6-22　按 PI969 第Ⅱ部分运输的锂电池标记与标签

另外，当电池或电池芯的数量、规格超过客机限制或遇到运输单独的锂电池时，还应在锂电池标记的基础上附加"仅限货机"操作标签，图 6-23 所示即为某个单独运输的锂离子电池包装件的例子，只能由货机运输。

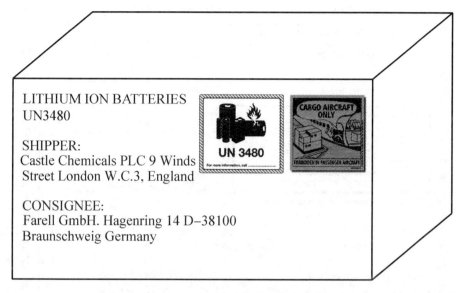

图 6-23　按 PI965 第 II 部分运输的锂电池标记与标签

此外，符合这部分要求的货物若使用"封闭式"的 OVERPACK 运输，则包装外表面还应注明"OVERPACK"的字样。

6.6　锂电池运输文件的填写

航空运输的锂电池危险货物需要托运人提供正确的运输文件，如 UN38.3 测试报告、托运人危险品申报单（DGD）、航空货运单（AWB）、危险品检查单、特种货物机长通知单（NOTOC）。如使用 UN 包装，还应出具包装检测机构出具的包装性能测试报告和包装使用鉴定结果单。限于篇幅，本书仅介绍申报单和货运单中危险品相关栏目的填写。

6.6.1　危险品申报单的填写

按照 PI965-970 第 I 部分（包括 PI965 和 PI968 中的 IA 和 IB 部分）运输的锂电池芯和锂电池，托运人需要按照 DGR8.2.1 和 8.2.2 节要求填写危险品托运人申报单（DGD）。图 6-24 所示为一票满足 PI965 第 IA 和 IB 部分的锂电池托运人申报单填写示例，特别需要注意的是，满足 IB 部分要求的锂电池芯或电池还必须在包装说明代号后注明"IB"的字样，为了突出显示，也可以在"Authorization（批准）"栏内注明"IB"的字样。

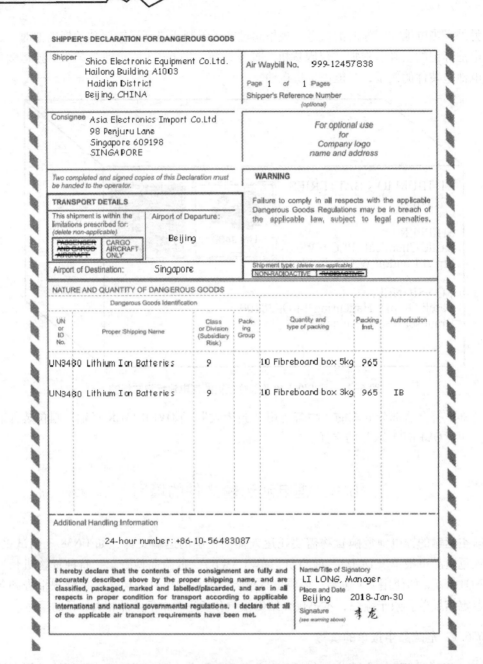

图 6-24　满足 PI965 第 I 部分的锂电池的危险品托运人申报单示例

6.6.2　航空货运单的填写

（1）按照 PI965-970 第 I 部分（包括 PI965 和 PI968 中的 IA 和 IB 部分）运输的锂电池芯和锂电池需在航空货运单中注明锂电池已随附托运人申报单。特别地，满足 PI965 和 PI968 的 IA 和 IB 部分要求的电池芯或电池（即 UN3480 和 UN3090）还应注明仅限货机运输，如图 6-25 所示。

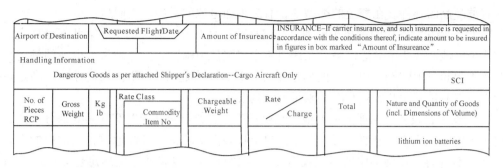

图 6-25　按照第 PI965 第 I 部分运输的锂电池的航空货运单栏目

（2）按照 PI965-970 第 II 部分包装的锂电池芯和锂电池的航空货运单。

按照 PI965-970 第 II 部分包装的锂离子电池或锂金属电池不需要填写托运人申报单，但必须在航空货运单的"货物性质与数量栏"中注明其符合相关包装说明要求的文字。例如："锂离子电池符合包装说明 965 的第 II 部分（Lithium ion batteries in compliance with section II of PI 965），特别是对满足 PI965 或 PI968 第 II 部分的包装件，还须在"操作信息栏"内注明"Cargo Aircraft Only（仅限货机运输）"或"CAO"的字样，如图 6-26 所示。

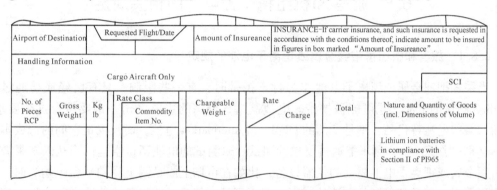

图 6-26　按照 PI965 第 II 部分运输的锂电池航空货运单

6.6.3　锂电池特种货物机长通知单 NOTOC

对于 UN3480 锂离子电池和 UN3090 锂金属电池，UN3481 安装在设备中或与设备包装在一起的锂离子电池和 UN3091 安装在设备中或与设备包装在一起的锂金属电池，在特种货物机长通知单上只注明 UN 编号、运输专用名称、类别、每一装载位置的总数量、是否仅限货机运输等信息。

按照 PI965-970 第 II 部分运输的锂电池芯和锂电池，不需要填写机长通知单。

6.7　锂电池邮件运输规定

根据 DGR2.4 节，除了几种豁免的危险品外，万国邮政联盟禁止采用航空运输形式运送含有危险品的邮件。在豁免的类型中，有 2 种锂电池的类型，它们是：

（1）安装在设备中的锂离子电池（UN3481），且符合包装说明 967 第 II 部分规定，不超过 4 个电池芯或 2 个电池，可以在任何单个包装件中邮寄。具体地讲，电池的额定瓦特小时数不得超过 100Wh，电池芯的额定瓦特小时数不得超过 20Wh；包装件还应满足包装说明中所有测试、包装方式和净重限量方面的要求。

（2）安装在设备中的锂金属电池（UN3481），且符合包装说明 970 第 II 部分规定，不超过 4 个电池芯或 2 个电池，可以在任何单个包装件中邮寄。具体地讲，电池中的金属锂含量不得超过 2g，电池芯中的金属锂含量不得超过 1g；包装件还应满足包装说明中所有测试、包装方式和净重限量方面的要求。

根据我国法规，邮件运输锂电池在管理方面还必须得到民航主管当局颁发的特殊许可，并制定相应的操作程序。

此外，培训方面还要求：邮政经营人的培训大纲必须得到主管当局审查和批准，员工也必须按照类别接受与其职责相符的培训。

6.8　旅客和机组携带锂电池的相关规定

6.8.1　旅客和机组携带锂金属或锂离子电池的规定

当乘客把锂金属或锂离子电池作为行李携带时，有一些限制。只有已经成功通过了 UN38.3 测试的电池，才可能被携带。电池制造、分销的主要公司一定要符合这个要求，然而，某些电池替代品，不是所谓的 OEM[①] 或 aftermarket 电池，而仅仅是它们的低成本复制品（即"赝品"），则不能通过要求的测试。未测试的电池不得空运，当从未知来源购买由锂金属或锂离子电池驱动的仪器设备，比如在市场上或是网上竞拍平台上购买时，用户应该警惕。真品和复制品电池的区别可能不可见，但是可能很危险。这样的未经检测的电池可能会有过热或引起火灾的风险。

由于备用电池运输导致的风险，备用电池不可以放在乘客的托运行李中被运输，必须放在自理行李里。

旅客或机组成员为个人自用并应作为自理行李携带的、内含锂或锂离子电池芯或电池的便携式电子装置（手表、计算器、照相机、手机、手提电脑、便携式摄像机等）。备用电池必须单个做好保护以防短路（放入原零售包装或以其他方式将电极绝缘，如在暴露的电极上贴胶带，或将每个电池放入单独的塑料袋或保护盒当中），并且仅能在自理行李中携带。此外，每一已安装电池或备用电池不得超过以下限制：

（1）每一个安装好的或是备用电池不得超过：

①对于锂金属电池或是锂含量不能超过 2g；

---

① OEM（Original Equipment Manufactwrer）即"原厂委托制造"。它是指受托厂商按来样厂商之需求与授权，依特定的条件而生产，所有的设计图等都完全依照来样厂商的设计来进行制造加工。

②对于锂离子电池，瓦时额定值不能超过 100Wh。

（2）电池和电池芯必须通过联合国检测和标准手册第Ⅲ部分第 38.3 节要求的测试。

（3）如果设备在乘客或机组人员的托运行李内，则必须采取措施防止意外启动。

对于大的锂离子电池额定，瓦时超过 100Wh 但不超过 160Wh，在仪器设备内或作为备用电池不超过 2 个小时，需要经航空公司批准才可以运输。

6.8.2　行李中携带锂电池及含锂电池的设备一览表

DGR 在 2.3 节对旅客和机组成员行李中携带的危险品限制作出详细规定。其中，有关锂电池及含锂电池的设备的规定有多个条目，将其总结后如表 6-17 所示。

表 6-17　　关于旅客和机组成员携带锂电池及含锂电池设备的规定（2018 年）

	允许在交运行李中或作为交运行李	允许在手提行李中或作为手提行李	必须通知机长装载位置	需由经营人批准
电池，备用/零散的，包括锂金属或锂离子电池芯或电池　轻便电子装置所用电池只允许旅客在手提行李中携带。锂金属电池中的锂金属含量不得超过 2g，锂离子电池的瓦特小时数不得超过 100Wh。以提供电力为主要目的的产品，如移动电源，应被视作为备用电池。这些电池必须单独保护以防止短路。每位旅客携带备用电池的数量限制为 20 块。 注：经营人可以批准 20 块以上的携带数量。	否	否	是	否
电子香烟　含有电池的（包括电子雪茄、电子烟斗、其他私人用汽化器）必须单独保护以防止意外启动。	否	否	是	否
锂电池：装有锂电池的保安型设备（详见 DGR2.3.2.6）。	是	是	否	否
锂电池：含有锂金属或锂离子电池芯或电池的轻便电子装置（PED）包括医疗装置如旅客或机组人员携带的供个人使用的便携式集氧器（POC）和消费电子产品，如照相机、移动电话、笔记本电脑、平板电脑（见 2.3.5.9）。锂金属电池的锂含量不超过 2g，锂离子电池的瓦时数不超过 100Wh。交运行李中的设备必须完全关机并加以保护防止破损。每位旅客携带装置的数量限制为 15 个。 注：经营人可以批准 15 块以上的携带数量。	否	是	是	否
锂电池：备用/零散的　消费电子装置和轻便医用电子装置（PMED）使用的瓦特小时大于 100Wh，但不大于 160Wh 的锂离子电池，或仅轻便医用电子装置（PMED）使用的锂含量超过 2g 但不超过 8g 的锂金属电池。最多 2 个备用电池仅限在手提行李中携带。这些电池必须单独保护以防短路。	是	否	是	否
锂电池供电的电子装置　轻便电子装置（包括医用）使用的瓦特小时数大于 100Wh，但不大于 160Wh 的锂离子电池。锂含量超过 2g 但不超过 8g 的仅医用电子装置专用锂金属电池。交运行李中的设备必须完全关机并加以保护防止破损。	是	是	是	否
助行器：以锂离子电池供电的轮椅或其他类似的助行装置（可折叠），必须将锂离子电池移除后置入客舱运输（详见 DGR2.3.2.4（d））。	是	否	是	是

为进一步方便查阅，旅客和机组成员行李中携带锂电池及含锂电池的设备乘坐民用航空器还可参照表 6-18。

表 6-18　　　　　　　行李中携带锂电池及含锂电池的设备一览表

	额定能量或锂含量限制	行李类型	数量限制	经营人批准	保护措施	通知机长
个人自用轻便电子设备	≤100Wh 或 2g	托运或手提	每人 15 个	—	彻底关机并防意外启动	
	100Wh~160Wh		—	是		
个人自用轻便电子设备的备用电池	电池≤100Wh 或 2g	手提	每人 20 块	—	单个保护	
	锂离子电池 100Wh~160Wh		每人 2 块	是		
保安型设备	电池芯≤20Wh 或 1g	托运	—	是	防意外启动	
	电池≤100Wh 或 2g					
便携式电子医疗装置	≤160Wh 或 8g	托运或手提	—	是	防意外启动	
便携式电子医疗装置的备用电池		手提	每人 2 块		单个保护	
电动轮椅或代步工具	电池不可拆	托运	—	建议提前告知经营人做好安排	电池防短路防受损	通知机长
	电池可拆 ≤300Wh	电池应卸下并手提	—			
电动轮椅或代步工具的备用电池	≤160Wh	手提	每人 2 块			
	≤300Wh		每人 1 块			

＊携带备用电池数量应以旅客和机组成员在行程中使用设备所需的合理数量为判断标准。

6.9　应急措施

　　锂电池在着火必须使用标准应急程序处理火情。拔掉外部充电电源，使用灭火器。虽然经验证，哈龙灭火器对于处理锂金属电池火情是无效的，但在对付锂金属电池周围材料的继发火情或对付锂离子电池火情方面则是有效的。对于锂离子电池，可使用水质灭火器、海伦灭火器灭火，并在装置上洒水（或其他不可燃液体）降温，以使电池芯冷却并防止相邻电池芯起火（锂金属电池不可用水及含水灭火剂灭火）。

6.10　国家及经营人差异

　　有些国家和经营人对于锂电池的运输有更严格的要求，例如国家差异 USG-03，经营人差异 CZ-08 等。在运输时还必须查阅 DGR2.8，以确定相关国家和经营人的差异规定均得到满足。

6.11　常见问题

（1）什么是纽扣电池？

纽扣电池也称扣式电池，是指外形尺寸象一颗小纽扣的电池，一般来说直径较大，厚度较薄（相对于柱状电池如市场上的 5 号 AA 等电池）。纽扣电池是从外形上对电池来分类，同等对应的电池分类有柱状电池、方形电池、异形电池。

（2）如何安全地包装锂电池进行运输？

电池和电池动力设备运输时，最主要的风险之一就是电池两极接触其他电池、金属物体或其他导电体而引起的电池短路。因此，必须将包装好的电池芯和电池使用适当的方式隔开，以防止发生短路和电极破损。此外，电池和电池芯还必须包装在坚固的外包装内，或者安装在设备中。符合规定的包装样例如图 6-27 所示。

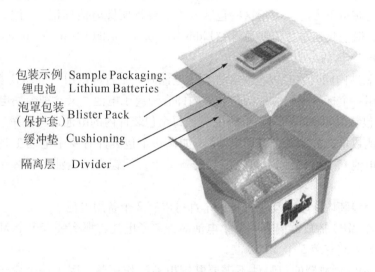

包装示例　Sample Packaging:
锂电池　　Lithium Batteries
泡罩包装
（保护套）Blister Pack
缓冲垫　　Cushioning
隔离层　　Divider

图 6-27　锂电池包装样例

（3）如何对电池进行有效的防短路保护？

防止电池短路包括但不限于以下方法：

①在可行的情况下，用非导电材料（如塑料袋）制成的完全封闭的内包装来装每个电池或每个电池动力设备。

②使用适当的方式对电池进行隔离或包装，使其无法与包装件内的其他电池、设备或导电材料（如金属）相互接触；

③对裸露的电极或插头使用不导电的保护帽、绝缘带或其他适当的方式进行保护。

如果外包装不能抵挡碰撞，那么就不能仅使用外包装作为防止电池电极破损或短路的唯一措施。电池还应使用衬垫防止移动，否则由于移动导致的电极帽松动，或者电极改变方向易引起短路。

电极保护方法包括但不限于以下措施：

①将电极牢固地附上有足够强度的盖；

②将电池包装在刚性塑料包装内；

③电池电极使用凹陷设计或有其他保护方式，即使包装件跌落电极也不会破损。

（4）如何进行"意外启动"保护？

电池安装在设备中时，设备的包装方式应该能够防止意外启动，或者有防止意外启动的单独措施（如包装能防止接触开关、有开关保护帽或锁、开关使用凹陷设计、触动锁、温度感应断流器等）。

（5）何时不需要在包装件上标明锂电池标记？

符合包装说明 965~970 第Ⅰ部分及 PI965、968 第ⅠA 部分规定的包装件不需要标明锂电池标记。对于安装在设备中的锂离子电池 UN3481 和安装在设备中的锂金属电池 UN3091，若其包装件符合包装说明 967 和 970 第Ⅱ部分的规定，且其安装在设备中的电池芯不超过 4 个或电池不超过 2 个时，这些包装件也不需要标明锂电池标记。此时安装在设备中的钮扣电池芯可不考虑。由于这些包装件不需要标明锂电池标记。（注：只有在需要锂电池标记时，航空货运单才需要显示"Lithium「ion or metal」batteries in compliance with section Ⅱ of PI9XX"的声明字样。）

（6）当包装件内同时装有锂金属和锂离子电池时，是否可以用一个标签来表明？

可以。可用一个标签来同时标明包装件内即含锂离子电池，又含锂金属电池。

（7）根据包装说明 966 和 969 中的说明"每个包装件内的电池最大数量应是设备动力所需的最少电池数量，再加 2 个备用电池"。如果一个包装件有 4 个电动工具（每个工具有 1 个锂离子电池），是否可以为每个工具配备 2 个备用锂离子电池一共 8 个备用电池放在包装件内？

可以。整个包装内 4 个电动工具每一个都可以有 2 个备用电池。

（8）若一个 MP3 播放器内有一个单电池芯锂离子电池，那么装有 1 个 MP3 的盒子是否要贴标签？如果装有装 5 个 MP3 呢？

装有一个 MP3 播放器的包装件不需要贴锂电池操作标签，因为一个盒子内最多可以放 4 个这样的单电池芯电池而在其外部无需贴锂电池操作标签。如果一个交运的包装件里放 5 个这样的 MP3，包装件外部就必须粘贴锂电池操作标签。

（9）有 2kg 重的 2.7Wh 的电池芯是和 2 节电池，都符合第二部分限制要求，可以将它们装在一起吗？

在 Section Ⅱ 时不可以。表 965Ⅱ 和表 968Ⅱ 中都有限制。包装需要分开，2kg，2.7Wh 的电池芯装一个包装中，另外的 2 节电池装一个包装。或者按 SectionⅠB 条款运输。

（10）当鲜活易腐货物和锂电池供电的温度计或者数据计数器一起运输时，还需要按照危险品规则运输吗？

需要，当托运的设备含有锂电池，所有锂电池适用的条款都需要满足，包括对于运输中"运行状态"的设备的一些限制。

注：这些货物同时需满足鲜活易腐货物的规则要求。

练习思考题

1. 每名旅客携带的轻便电子装置中的锂离子电池的瓦特小时（Wh）不得大于多少？锂金属电池锂含量不超过多少克？

2. 若旅客或托运人不能提供 UN38.3 测试，带有锂电池的行李或货物能否接受？

3. 单独运输小型锂离子电池 2.5Wh，每个包装件最多可以装多少千克？5.92Wh 的手机电池芯，每个包装件最多可以装几块？48Wh 的笔记本电脑电池，每个包装件最多可以装几块？

4. 锂电池包装件是否可以放在一个 OVERPACK 内？

5. 对于安装在设备中的锂电池货物，若符合 PI967 或 PI970 Section Ⅱ（第Ⅱ部分），每个包装件中电池的最大净数量分别是多少？

6. 运输锂电池时，需要接受危险品培训吗？